U0898586

全面推进乡村振兴的福建实践

李四能　主编

高云莺　陈慧萍　副主编

海峡出版发行集团 | 福建人民出版社
THE STRAITS PUBLISHING & DISTRIBUTING GROUP | FUJIAN PEOPLE'S PUBLISHING HOUSE

图书在版编目（CIP）数据

全面推进乡村振兴的福建实践 / 李四能主编 ；高云莺，陈慧萍副主编. --福州 ：福建人民出版社，2024. 7.

ISBN 978-7-211-09428-8

Ⅰ. F327. 57

中国国家版本馆 CIP 数据核字第 2024J0V541 号

全面推进乡村振兴的福建实践

QUANMIAN TUIJIN XIANGCUN ZHENXING DE FUJIAN SHIJIAN

主　　编：李四能
副 主 编：高云莺　陈慧萍
责任编辑：陈　宽
责任校对：李雪莹
美术编辑：林　玲
出版发行：福建人民出版社　　**电　　话：**0591-87533169（发行部）
网　　址：http：//www. fjpph. com　　**电子邮箱：**fjpph7211@126. com
地　　址：福州市东水路 76 号　　**邮政编码：**350001
印　　刷：福建省金盾彩色印刷有限公司
地　　址：福州市金山浦上工业区 D 区 24 座
开　　本：700 毫米×1000 毫米　1/16
印　　张：32
字　　数：489 千字
版　　次：2024 年 7 月第 1 版　　2024 年 7 月第 1 次印刷
书　　号：ISBN 978-7-211-09428-8
定　　价：50. 00 元

前　言

“三农”工作作为党和国家工作的重点，在党和国家长期以来的不懈努力下取得了全世界为之赞叹的成就。习近平总书记关于“三农”问题的重要论述为“三农”事业的发展提供了理论指导。党的十九大报告强调“农业农村农民问题是关系国计民生的根本性问题，必须始终把解决好‘三农’问题作为全党工作重中之重”，为农业农村现代化建设指明了方向。党的二十大报告指出：“全面推进乡村振兴，坚持农业农村优先发展，巩固拓展脱贫攻坚成果，加快建设农业强国，扎实推动乡村产业、人才、文化、生态、组织振兴。”习近平总书记指出，没有农业现代化，没有农村繁荣富强，没有农民安居乐业，国家现代化是不完整、不全面、不牢固的。[①] 乡村振兴战略正是要从根本上解决人民日益增长的美好生活需要和不平衡不充分的发展之间的社会主要矛盾，解决城乡差别过大、乡村发展不均衡问题，实现城乡融合和可持续发展，让亿万农民有更多实实在在的获得感、幸福感和安全感，实现共同富裕。实施乡村振兴战略是改革开放 40 余年来不断探索和不断丰富的结果，是符合中国国情的顶层设计的伟大创举，对全面建设社会主义现代化国家、实现第二个百年奋斗目标具有全局性和历史性意义。

福建作为中国东南沿海的重要区域，一直以其丰富的自然生态资源

---

① 引自：农业农村部发展规划司．农业现代化成就辉煌全面小康社会根基夯实［EB/OL］．(2021-05-10)［2022-03-26］．http：// www.moa.gov.cn/xw/zxfb/202105/t20210510_6367489.htm.

和深厚的历史文化底蕴著称。党的十九大以来，福建省学习贯彻习近平总书记的重要讲话精神，立足福建省情推动乡村的全面振兴，取得实实在在的成效，推动全省农业全面升级、农村全面进步、农民全面发展。2023年2月17日，中共福建省委、福建省人民政府印发《关于做好2023年全面推进乡村振兴重点工作的实施意见》，要求各地各部门做好2023年和今后一个时期全省“三农”工作，要坚持以习近平新时代中国特色社会主义思想为指导，全面贯彻落实党的二十大精神，深入贯彻落实习近平总书记关于“三农”工作的重要论述和对福建工作的重要讲话、重要指示批示精神，坚持和加强党对“三农”工作的全面领导，坚持稳中求进工作总基调，更好统筹经济社会发展，更好统筹发展和安全，坚持农业农村优先发展，坚持城乡融合发展，强化科技创新和制度创新，坚决守牢确保粮食安全、防止规模性返贫等底线，扎实推进乡村发展、乡村建设、乡村治理等重点工作，加快建设宜居宜业和美乡村，走具有福建特色的乡村振兴之路，为建设农业强国贡献福建力量。

乡村振兴是一项系统工程，涉及农村经济、政治、文化、社会、生态文明建设和党的建设等方方面面。全面推进乡村振兴，要突出抓好产业、人才、文化、生态、组织“五大振兴”，抓住重点、补齐短板、协同推进。在全面推进乡村振兴的过程中，要注重统筹兼顾，全面安排，产业、人才、文化、生态、组织“五大振兴”一起抓、全面推进，不可偏废任何一方，也不能单打独斗、单兵冒进。在力量分配上，要因地制宜，坚持问题导向和目标导向，提高全面推进的整体效能。

习近平总书记指出：“要坚持乡村全面振兴，抓重点、补短板、强弱项，实现乡村产业振兴、人才振兴、文化振兴、生态振兴、组织振兴，推动农业全面升级、农村全面进步、农民全面发展。”① 这一科学论断指明了实施乡村振兴战略的目标和路径，为我们制定了清晰明确的乡村振兴任务书和路线图。

“五大振兴”缺一不可。产业振兴是乡村振兴的基础，只有产业兴

---

① 引自：习近平要求乡村实现“五个振兴”［EB/OL］.（2018-07-16）［2022-04-07］. https：// china.huanqiu.com/article/9CaKrnKarvU.

旺，农民的收入才能稳定增长。要促进乡村产业高质量发展，做好“土特产”文章，促进一二三产业融合发展，推动乡村产业全链条升级，发展壮大村集体经济，实现农民增收致富。人才振兴是乡村振兴的关键，要改变人才由农村向城市单向流动的局面，完善可以落地的政策和机制，把对家乡怀有感情的离退休人员和离乡的创业能人请回来，制定激励措施，吸引更多的专业人才，特别是年轻人前往农村发展。文化振兴是乡村振兴的重要基石、乡村发展内生动力的重要源泉，要传承农耕文明、发展特色文化、弘扬传统美德、树立社会主义核心价值观，培育文明乡风、良好家风、淳朴民风，提高农民精神风貌，提高乡村社会文明程度，焕发乡村文明新气象。生态振兴不仅是乡村振兴的重要基础，而且是乡村振兴的内在要求，要让农业生产实现绿色可持续发展，农村生活实现生态宜居、环境整洁，建设适应现代生活，体现乡土风貌和优美环境的美丽乡村。组织振兴是乡村振兴的根本保障，基层党组织是农村基层组织的核心，是实施乡村振兴战略的政治优势和根本保障。

在党中央乡村振兴战略引领和福建省委的全面部署领导下，福建全省各地充分利用各自不同的资源禀赋，积极探索加快推进乡村振兴的实践路径，因地制宜打造乡村产业，利用互联网技术实现电子商务进农村，通过壮大乡村集体经济，带动农民增收致富。这些乡村振兴的实践使福建乡村产业发展迈上新台阶，乡村建设扎实推进，乡村治理得到强化提升，农民收入水平居全国第6位。为进一步深入贯彻落实全面推进乡村振兴战略，总结福建乡村振兴经验启示，中共福建省委党校、福建行政学院乡村振兴教研团队组织编写党校系统干部读本《全面推进乡村振兴的福建实践》，收集整理全省各地全面推进乡村振兴过程中涌现出来的具有典型性、代表性的案例，推介乡村振兴过程中党建引领乡村振兴以及产业、人才、文化、生态和组织振兴等方面的做法，为各地乡村提供可以推广和借鉴的经验。

本书具有以下特点：

一是主题鲜明。选择的每一个乡村振兴案例都有其突出的亮点，重点选择具有典型性和代表性的案例并着重展现其主要特色，重点介绍其实践经验。

二是资料真实。由案例亲历者或者案例所在地党校老师直接收集整理一手资料，重点描述乡村振兴过程中的具体做法，保持事实材料的客观性和真实性，关注乡村振兴过程中解决问题的过程，使读者有身临其境的现场体验。

三是借鉴启示。围绕示范村、实绩突出村的经验做法，在发展成效的分析基础上做好经验启示和案例评析，探索形成一批可复制可推广的乡村振兴参考示范，达到以点带面、促进乡村振兴“赋能添彩”的推动效果。

在案例选择过程中，本书注重点面结合，尽可能覆盖各种类型，但考虑到写作的实际需要，不完全以重点村为选择标准，虽然重点村有许多可圈可点的成绩，但有些不一定具备可复制性和可推广性。我们更加注重特色和落后乡村因地制宜的发展思路，将来还会有更多的乡村振兴成功案例有待继续跟踪研究，希望这些案例的做法、经验和模式能够为全面推进乡村振兴提供参考。

编著者

2023 年 8 月

目　　录

第二篇　人才振兴

第三篇　文化振兴

第四篇　生态振兴

第五篇　组织振兴

走进乡村，走近精彩

导语：走具有福建特色的乡村振兴之路

在向第二个百年奋斗目标迈进的历史关口，巩固拓展脱贫攻坚成果，全面推进乡村振兴，加快农业农村现代化，是需要全党高度重视的一个关系大局的重大问题。推进中国式现代化，最难啃的硬骨头依然是“三农”工作。全面推进乡村振兴是新时代建设农业强国的重要任务，巩固拓展脱贫攻坚成果是全面推进乡村振兴的底线任务。要把推进乡村全面振兴作为新时代新征程“三农”工作的总抓手，因地制宜、分类施策，循序渐进、久久为功，集中力量抓好办成一批群众可感可及的实事。

福建是习近平新时代中国特色社会主义思想的重要孕育地和实践地，一直坚定不移走具有福建特色的乡村振兴之路，为推进中国式现代化的福建实践贡献“三农”力量。习近平同志在福建工作期间，深入开展摆脱贫困、生态省建设、山海协作、选派干部驻村、集体林权制度改革等实践，这些探索与思考，为他关于“三农”工作的重要论述积累了丰富素材，提供了思想基础，创造了必要条件。近年来，福建省委、省政府坚持“一张蓝图绘到底”、一任接着一任干，在以习近平同志为核心的党中央坚强领导下，统筹部署，协同推进产业、人才、文化、生态、组织“五大振兴”，自信自强、守正创新，抓住重点、补齐短板，推动福建乡村振兴全面发展，不断取得新成就，也涌现了一批具有地方特色的经验。总结这些经验和典型案例，对扎实推动乡村振兴持续走深走实，帮助近 2 亿人就业的农业、近 5 亿农民常住的农村找准切口、因地制宜，将地区优势转化为发展优势，形成产业兴、百姓富的良好局面，具有特殊意义。

2021年3月，习近平总书记在福建考察时指出，要加快推进乡村振兴，立足农业资源多样性和气候适宜优势，培育特色优势产业。[①] 沿着习近平总书记指引的方向，福建省坚持走特色路、打特色牌，按照“五级同抓、千村试点、万村推进、全面振兴”的思路，在乡村产业发展、环境整治、基层治理、“两山”转换等方面重点发力，加快建设宜居宜业和美乡村，在山海间逐梦共富共美，走出一条具有福建特色的高质量发展的振兴之路。

乡村产业振兴是重中之重。产业兴则百业兴。福建省立足资源多样和气候适宜优势，培育特色优势产业。2017年以来，先后印发《福建省乡村产业振兴专项规划（2018—2022年）》《福建省促进乡村产业振兴实施方案》《进一步推动十大乡村特色产业高质量发展工作方案》《关于全面推进乡村振兴加快农业农村现代化的实施意见》等文件，持续培育壮大乡村特色产业，累计创建27个省级以上现代农业产业园、19个优势特色产业集群、84个农业产业强镇，培育970个“一村一品”专业村，农业利用台资数量和规模保持全国第一。坚持把保障粮食等重要农产品有效供给作为“三农”工作的首要任务，严格落实粮食安全党政同责，持续加大稳粮惠农政策力度，深入实施藏粮于地、藏粮于技战略，巩固提升粮食产能，粮食播种面积、总产量分别稳定在1250万亩、500万吨以上。“菜篮子”产品供应充裕，果茶菜菌、肉蛋奶等量足质优，茶叶、食用菌产量和肉蛋奶规模化生产水平居全国前列，农产品质量安全总体合格率保持在98%以上，满足了人民群众多样化需求。通过推进数字农业、智慧农业，加快建设现代农业体系，围绕农村一二三产业融合发展，聚焦农业产业链的延伸及农业多功能的拓展，实施特色现代农业高质量发展工程，创建3个国家优势特色产业集群、7个国家现代农业产业园、44个全国农业产业强镇，释放乡村产业振兴新动能。

---

① 引自：锦绣沃野春来早　乡村振兴画卷新．习近平总书记考察福建在全省干部群众中持续引发热烈反响［EB/OL］．（2021-03-29）［2022-05-12］．http：//fj.people.com.cn/n2/2021/0329/c181466-34645711.html．

加快转变农业生产方式，推动实施质量兴农、绿色兴农、品牌兴农战略，以生态农业为引领方向，推动农业由增产导向转为提质导向，培育了安溪铁观音、武夷岩茶、古田食用菌、平和蜜柚、光泽肉鸡等9个特色产业百亿强县和79个十亿强镇、146个亿元村，打造“福农优品”优质农产品品牌，茶叶、水果、蔬菜、食用菌、林竹、畜禽、水产等十大乡村特色产业，提高农业发展的创新力和竞争力。坚定不移走特色路、打特色牌，做好“土特产”文章，扩大本地品牌影响力，茶叶单产、全产业链产值居全国首位，大黄鱼、鲍鱼、紫菜等水产产量居全国首位，枇杷、龙眼等水果产量居全国前列，木材、竹笋等林产品产量居全国前列，竹业产值居全国首位，生猪、蛋鸡、肉鸡规模化养殖水平全国领先，40％的蔬菜产品调供省外，食用菌产量居全国第二位，其中10个品种产量居全国首位。深入推进农业供给侧结构性改革，培育新型农民经营主体，促进小农户与现代农业体系的良好衔接，推进农业的高质量发展，让农业成为经营有效益、发展有奔头的产业，实现农民富裕和农村繁荣。

乡村人才振兴是关键要素。全面推进乡村振兴需要一批懂农业、爱农村、爱农民的“三农”工作队伍。近年来，福建省持续强化乡村人才支撑，累计选派1.2万余名科技特派员下乡服务推动乡村振兴。深化闽台乡建乡创，累计引进100多支台湾团队、340多名台湾建筑师和文创团队驻村开展村庄规划设计、文创等陪伴式服务。建立健全产业与人才之间的统筹规划机制，坚持本土培养和外部引进相结合，抓好“带头人”、育好“田秀才”、选好“科特派”、引好“生力军”，用乡村广阔天地的发展机遇吸引人，用乡村田园宜居的优美环境留住人，吸引毕业生到乡、能人回乡、农民工返乡、企业家入乡，投身到乡村建设的事业中。创新乡村人才工作体制机制，创造有利于各类人才发挥作用和成长的良好环境，在将现有农村各类人才稳定好、利用好的基础上，鼓励社会各类人才看到乡村希望、看好乡村未来、看见乡村生活，建设宜居宜业的和美乡村。

乡村文化振兴是内生动力。乡村振兴，既要塑形也要铸魂，既要“富口袋”又要“富脑袋”。历史上福建是相对独立的地理单元，造就了八闽文化的原真性和多元性两大特色，不同地域在信仰、饮食、建筑等方面呈现出千姿百态的文化形态，很多村庄有几百年甚至上千年的历史，依然保持完整，很多风俗习惯、村规民约等具有深厚的优秀传统文化基因，在引导农民向上向善方面，至今仍发挥着重要作用。近年来，福建省大力弘扬八闽乡村文化，积极发掘和保护农业文化遗产，推进"乡村记忆工程"，乡村社会文明程度实现较大提升。采取符合农村、农民特点的有效方式大力传承弘扬中华优秀传统文化，挖掘乡村中由故事、传统、习俗等构成的农耕文化，努力推动社会主义核心价值观融入乡村，加强农村精神文明和乡村道德建设，推进移风易俗，培育文明乡风、良好家风、淳朴民风，增强民族文化自信，汇聚强大的精神力量。

乡村生态振兴是重要支撑。福建省坚持"绿水青山就是金山银山"的理念，既要生态美，又要百姓富，把村庄整治建设与特色产业开发结合起来，在促进人与自然和谐共生中，挖掘乡村多种功能、多元价值，培育新产业新业态新模式，不断增强农业竞争实力、农民增收能力、农村内生动力。下大力气守护蓝天碧水净土，接续努力让良好生态环境成为最普惠的民生福祉。通过扎实推进农村人居环境整治，实现乡村自然资源增值。推广建设农村卫生厕所，全面建成全省乡镇生活垃圾转运系统，持续提高农业资源高效利用水平，推进"无废"乡村建设，探索创建零碳乡村，维护农村生态系统健康，推进农村农业绿色低碳发展。省市县三级全面完成乡村振兴五年规划，全面实施宜居乡村、基础设施、公共服务等专项规划，乡村两级制定计划和方案，做到"一乡一计划、一村一方案"。完成全国首单农田碳汇、首批农业碳票交易。保护修复乡村生态环境，水土保持生态文明建设居全国领先水平。实施安全生态水系建设，初步形成遍布全省乡村的河流生态走廊。推进乡村生态文化建设，提升农村居民的生态文明意识，大力建设安居乐业的美丽乡村。

乡村组织振兴是根本保障。福建省坚持党建引领赋能乡村振兴，强化基层党组织政治功能和组织功能，加强农村基层党组织建设，大力推进党支部标准化规范化建设，选优配强农村基层党组织书记，持续整顿软弱涣散村党组织，夯实乡村振兴基层党组织战斗堡垒，着力抓好基层党建的“政治引领”、基层组织的“典型引领”、基层干部的“先锋引领”和基层治理的“创新引领”，充分发挥党组织的战斗堡垒作用和党员干部的先锋模范作用。坚持和发展新时代“枫桥经验”，推进乡村法治和平安乡村建设。贯彻落实“五级书记”亲自抓乡村振兴，探索建立健全政府主导、农民为主体、社会资助、企业参与、市场运作的共建机制。丰富基层民主协商的实现形式，发挥村民监督的作用，让农民自己“说事、议事、主事”，做到村里的事村民商量着办，凝聚力量办实事。深入开展“听党话、感党恩、跟党走”宣讲活动，大力弘扬和践行社会主义核心价值观，自治、法治、德治相结合的乡村治理体系不断完善，乡村振兴“百镇千村”试点示范扎实推进，绘就乡村振兴生动画卷。

实施乡村振兴战略的“五大振兴”相辅相成、相互促进，形成有机整体。“五大振兴”具有鲜明的人本理念，都是为了让农民过上美好生活，都是为了更好地推动人的全面发展和社会全面进步，必须注重协同性、关联性，整体部署、协调推进。“五大振兴”中的组织振兴非常重要，基层党组织是实施乡村振兴战略的“主心骨”，只有把农民组织起来，充分发挥农民的主动性，才能调动农民参与实现其他四大振兴的积极性，以组织振兴作为乡村发展的保障。各个乡村可以立足自身优势和发展机遇，因地制宜地实现某个方面的优先振兴，进而其他振兴将围绕着优先振兴起来的方面不断发展起来，四大振兴又进一步促进了组织振兴。所以，“五大振兴”相互联系、相互作用、相互促进，在强村富民中实现推进乡村全面振兴。

注重总结经验是我们党的优良传统和政治优势。中共福建省委党校、福建行政学院乡村振兴教研团队结合教学实践，深入基层开展乡村振兴实践和典型案例专题调研，按照产业、人才、文化、生态和组织振兴等五个方面，在全省各地全面推进乡村振兴过程中涌现出来的好经验好做法中，精选51个具有示范参考价值的典型案例，系统总结每个案例的主要做法、发展成效和经验启示，整理编纂出版成实践案例教材，旨在深入学习贯彻习近平新时代中国特色社会主义思想，全面落实《干部教育培训工作条例》和《全国干部教育培训规划（2023—2027

年）》，践行“为党育才、为党献策”初心，充分发挥校院作为党领导和培养党的领导干部培训的主渠道和主阵地作用，充分挖掘和利用全省各地乡村振兴的优势资源，既有助于广大乡村振兴亲历者和同行间相互交流，也有利于不断提高“三农”工作领域的领导干部的工作本领，还有益于各地找准切口，探寻一条可借鉴、可复制、可推广的发展路径，有力有效推进乡村全面振兴，以加快建设农业强国，更好推进中国式现代化建设。

第一篇　产业振兴

乡村振兴，产业兴旺是基础。习近平总书记指出，产业兴旺是解决农村一切问题的前提，要推动乡村产业振兴，紧紧围绕发展现代农业，围绕农村一二三产业融合发展，构建乡村产业体系，实现产业兴旺，把产业发展落到促进农民增收上来。① 中共中央、国务院印发了《关于实施乡村振兴战略的意见》和《乡村振兴战略规划（2018—2022 年）》，对发展壮大乡村产业作出专项部署。全国各地、各部门深入贯彻实施乡村振兴战略，以农业农村现代化为目标，以农业供给侧结构性改革为主线，采取了一系列有力措施，全力推进乡村产业发展。党的二十大对全面推进乡村振兴作出系统部署，坚持农业农村优先发展，坚持城乡融合发展，畅通城乡要素流动，加快建设农业强国，扎实推动乡村产业、人才、文化、生态、组织振兴。近年来，全国各地在乡村产业振兴方面探索出各具特色的发展模式。截至 2022 年底，在全国已建设的优势特色产业集群中，全产业链产值超 100 亿元的产业集群有 118 个，超 500 亿元的有 31 个，超 1000 亿元的有 4 个。2023 年，又有 40 个优势特色产业集群入选农业产业融合发展项目创建名单，乡村产业基础进一步夯实，乡村产业呈现稳中向好的发展态势。

全国各地区各部门学习运用“千万工程”经验，强化组织领导，健全工作机制，加大工作力度，聚合资源力量，全面推进乡村振兴取得积极进展，实施农产品加工业提升行动，农产品加工业产值与农业总产值比值提高到 2.52。农业功能价值不断拓展，乡村休闲旅游稳步恢复，乡村业态更加丰富多元。新建 50 个国家现代农业产业园、40 个优势特色产业集群、200 个农业产业强镇和 100 个农业现代化示范区，促进产村融合、产镇融合，更多农民实现就近就地就业。

福建省在全面推进乡村振兴过程中，坚持绿色发展，把发展壮大村级集体经济作为推进乡村振兴的有力支撑。2023 年 2 月 17 日，中共福建省委、福建省人民政府印发的《关于做好 2023 年全面推进乡村振兴

---

① 引自：黄海．实现乡村振兴要答好三题［EB/OL］．(2019-08-27)［2022-08-25］．http：// theory. people. com. cn/GB/n1/2019/0827/c40531-31318775. html? ivk _ sa = 1024320u.

重点工作的实施意见》明确提出，要培育壮大乡村优势特色产业，深入实施品种培优、品质提升、品牌打造和标准化生产提升行动，做强做优做大茶叶、蔬菜、水果、林竹、花卉苗木、畜禽、水产、食用菌等乡村特色产业；推动农村一二三产业融合发展，推进国家农村产业融合发展示范园、农业现代化示范区建设，实施乡村休闲旅游精品工程等。目前全省已建设福安赛岐葡萄、晋江东石胡萝卜、罗源起步食用菌等 27 个全国农业产业强镇；支持创建省级以上现代农业产业园 27 个，培育安溪铁观音、武夷岩茶、建瓯笋竹、古田食用菌、平和蜜柚、光泽肉鸡、宁德大黄鱼、福鼎白茶等一批特色产品带动的百亿产业强县；构建安溪茶叶、平和蜜柚、古田食用菌等国家、省、市、县四级现代农业产业园；建设食用菌、设施蔬菜、生猪、红茶、柑橘、百香果、禽蛋等省级产业集群，其中武夷岩茶产业集群获批创建首批国家优势特色产业集群。每个乡村重点发展壮大 1 个主导产业，已培育“一村一品”专业村近 970 个、农业产业强镇 84 个、优势特色产业集群 19 个。

福建省一方面把发展壮大村级集体经济作为强农业、美农村、富农民的重要举措，按照“宜水则水、宜山则山、宜粮则粮、宜农则农，宜工则工、宜商则商”的发展思路，因时制宜，充分利用资源优势，盘活集体资产，增加集体收入，逐步把集体经济做大做强；另一方面进一步优化集体利益和村民收益分配制度，让农民在乡村振兴的共建共享中分享产业增值收益。如惠安县崇武镇前垵村发挥海滨地域优势，充分利用自然资源创新旅游项目，做强渔旅产业，壮大村集体经济。上杭县古田镇充分挖掘和利用革命历史遗址和红色文化遗产，探索出“四办”乡村产业运营机制，激活乡村资源、资金、资产，带动集体经济增收和农民致富。在发展特色现代农业方面，福建省依托丰富的农业资源，发展特色农业、绿色农业，积极培育茶叶、蔬菜、水产等优势特色产业，并加大食用菌产业、乡村旅游业、乡村物流业的培育力度，形成多个优势特色产业。同时，推动农业科技成果转化，完善现代农业产业技术体系，提升农业创新力和竞争力。如德化县国宝乡佛岭村坚持差异化定位，通过打造精品民宿、红色研学、陶瓷文创等带动乡村产业，引入省农科院专家团队建言献策，发展壮大特色农业。上杭县古田镇竹岭村立足当地高海拔气候和紧邻古田会议旧址群的红色优势，在发展特色现代农业的同时，推行“旅游＋”产业发展模式，建成青年研学农事体验基地等设施，走出一条“红色＋绿色”的乡村发展之路。在培育新型农业经营主体方面，部分乡村按照“合作社＋农户＋基地”的经营模式，大力推行产业合作社，积极培育专业大户、家庭农场、农民合作社、农业社会化服务组织等新型农业经营主体，鼓励开展多种形式的适度规模经营，提高农业生产效率和农民组织化程度。如东山县陈城镇澳角村打破传统渔业销售渠道的局限，鼓励渔民成立合作社、家庭农场等新型经营主体，推动当地电商产业快速发展，进而促进产业集聚，带动产业融合发展。长汀县濯田镇寨头村通过“头雁”引领、龙头带动，培育新型经营主体，打造特色蔗糖产业，建标准、树品牌、增效益。泰宁县梅口乡水际村立足世界地质公园和世界自然遗产核心景区的资源优势，大胆探索，通过“三大协会”引领的多元产业发展思路，形成符合自身实际且成效良好的经营模式。永安市曹远镇霞鹤村成立农民专业合作社，引导村民以土地和资金入股，挖掘和传承本土文化，利用抗战文化丰富乡村旅游的文化内涵。邵武市水北镇龙斗村通过引进优质品种、推广先进技术、加强品牌建设、创新经营方式等措施，培育壮大主导产业，提高农产品附加值和市场竞争力。在加强区域公共品牌和农产品品牌建设方面，部分乡村注重农产品品牌建设，提高农产品知名度和附加值，增强农产品的市场竞争力。如翔安区新店镇大宅社区专注挖掘当地火龙果产业优势，自主培育火龙果品牌“大宅红”，并推动果脯、果酒、果面加工，延伸产业价值链，形成一产有特色、二产有成效、三产有抓手的发展思路。翔安区新圩镇规划先行，以区域品牌抱团发展、“市级国企＋区级国企＋国有农场”融合运行机制创新为抓手，打造全域振兴田园综合体和康养旅居综合体的“富美样板”。沙县区夏茂镇俞邦村充分发挥“沙县小吃第一村”品牌优势，围绕沙县小吃供应链做乡村发展大文章，着力延链补链强链。部分乡村推进公司化运行和联片产业发展，将老区的生态资源优势与特色产业结合。寿宁县下党乡依托高山生态条件和丰富的富硒富锌土壤资源，大力发展特色产业，通过推广“平台＋合作社＋农户”的经营模式，做优做强“下乡的味道”这一公共品牌和“寿宁高山茶”“生态硒锌农产品”两大特色产业。

目前，福建省紧紧围绕“聚焦产业促乡村发展”，着力提高农业创新力、竞争力、全要素生产率，促进农村一二三产业融合发展，加快实现产业兴旺。加快转变经济增长方式，按照“优农业、强工业、兴三产”的要求，着力优化产业结构，实现产业升级。锚定“两多”目标，拓展农业多种功能、挖掘乡村多元价值，充分利用自然资源优势，提升农业产业发展潜力，促进农民收入增长，推动农村社会事业发展。以推进农业产业化经营为载体，以发展高效生态农业为主攻方向，加快发展现代农业，突出粮食安全，持续提升粮食和重要农产品供给保障能力。加快提升粮食产能，严格落实粮食安全党政同责，深入实施种业振兴行动，强化农业科技和装备支撑，加快建设高标准农田，推进“菜篮子”工程建设，树立大食物观，统筹抓好蔬菜、水果、肉蛋奶等生产，强化生猪产能调控，增加优质农产品供给。坚持把促进农民增收作为中心任务，持续拓宽农民增收致富渠道，完善利益联结机制，真正把资源变资产、资金变股金、农民变股东，让农民共享更多的产业增值收益，促进共同富裕。

发展集体经济，奔向共同富裕

——惠安县崇武镇前垵村强村富民的实践*

一、乡村概况

前垵村位于泉州市惠安县崇武半岛南部，全村陆域面积 3.5 平方千米，海岸线长 3.8 千米。东与崇武古城接壤，西临青山湾，南朝大海。全村分 4 个片区，辖 24 个村民小组，共有 1911 户 7740 人。村党委下设 14 个党支部，现有党员 215 人。前垵村具有三个发展优势：一是便利的交通地理位置。前垵村区位优势明显，交通便利，绵延 3 千米的沿海大通道贯穿其中，距离惠安高速出口、惠安动车站、泉州高铁站、晋江机场均为 1 小时车程。二是丰富的特色生态资源。前垵村绿水青山，空气清新，景观优美，周边 3 千米范围内无污染源。海岸线长约 3.8 千米，曲折绵延，金色沙滩、峭壁岩群具有极强的观赏性。近年建设的雷山湾更是充满了浪漫诗意，与青沙湾、西沙湾、半月湾构成了惠安四大海湾。三是独特的人文历史资源。明朝时，陈、黄等姓村民相继迁居于鞍后坂台地。前垵陈氏宗祠始建于明嘉靖年间，2002 年公布为第八批县级文物保护单位，祠内尚存有明代雕工精致的辉绿岩柱。村内还有闽南文化生态保护区惠安县展示点、泉州市非物质文化遗产保护单位、始建于明嘉靖年间的前垵雷山宫，全国少有的保存完整的渔村礼堂——前垵渔民礼堂，以及志心寺、上帝公宫、太子爷宫等古寺庙，历史文化资源丰富。

---

* 本文资料由郭惠婷（中共惠安县委党校、惠安县行政学校副校长）提供。

前垵村美丽的海岸线（前垵村委会　供图）

近年来，前垵村党委团结带领全村广大党员群众，以强村富民为目标，通过发挥地域特色和优势，有效整合区域资源，围绕高雷山渔港经济与休闲旅游项目打造乡村渔旅特色产业，2022年村集体经济收入387万元，带动百余户农户实现年增收1.2万元，走出一条“渔旅融合式”可持续发展道路，推动全村各项事业蓬勃发展。前垵村始终坚持发展壮大集体经济不动摇，实现了村集体经济从无到有、从小到大的转变，带动全体村民共同富裕，先后获得福建省财政奖补乡村振兴示范村、福建省乡村振兴实绩突出村、福建省乡村振兴示范村等荣誉称号。

二、主要做法

（一）强化党建引领，筑牢发展“桥头堡”

一是选优配强班子队伍。围绕创建“五个好”党组织目标，以强化村党委为核心，落实党要管党、全面从严治党，选优配齐村“两委”班子成员7人；注重加强自身建设，吸收新鲜力量，培养后备年轻干部8人；引入企业管理制度，严格考勤管理和奖惩制度，打造“服务型”领导班子，提高工作效率和服务质量，形成团结协作、合力推进各项工作的良好氛围。

二是健全完善制度机制。建立目标管理责任制度，实行村党委书记主要抓、村“两委”班子成员包干抓、各村民小组长协助抓的工作责任制，形成各司其职、齐抓共管村集体经济发展的良好工作格局；健全民主议事协商制度，定期召集党员、村民代表等开展座谈，全面盘点村集体“三资”的存量、分布和使用效益，商定发展壮大村集体经济的工作计划；规范管理监督制度，及时通过村务公开栏、微信公众号等方式全面公开村集体资金和集体经济收支使用情况，自觉接受监督，有效提高集体资金使用效益。

三是把牢把准发展方向。坚持因地制宜，瞄准定位，努力打造乡村建设与滨海旅游相结合、与渔家文化相结合、与市场资本相结合的乡村发展之路。注重“线上＋线下”同步推进，在全县率先开设“前垵村党员直播间”、微信公众号、抖音号等对村级工作进行宣传，让党员群众“零距离”了解参与村里的各项工作，同时传递正能量，引领乡村树立文明新风尚，进一步激发全村团结奋进的合力。

改造后的前垵渔民礼堂（黄亚雄　供图）

（二）紧抓渔旅融合，打通发展“主动脉”

一是挖掘资源定项目。积极引导村民参与文化建设，丰富村庄的文化内涵，提高村民的文化素质和生活品质。以崇武国家级海洋公园设立为契机，统筹抓好海岸线保护、渔村文化挖掘、雕艺产业融合等重点工程，促进优质文化旅游资源一体化开发。推进渔民礼堂、高雷山生态旅游文化园等项目，每年增加村集体收入约90万元。

二是变废为宝增效益。原先临海的垃圾堆场进行全面整改，引入第三方资本，规划建设“高雷山生态旅游文化园”，打造“问海文创园”“平居客栈”“6号餐厅”等网红旅游项目，在改良环境的同时，鼓励村民积极创业，帮助他们寻找创业机会和发展方向，从而增加村集体收入，带动村民就业。

三是聚焦服务提质效。投资1200多万元建设智慧体育公园，融合本地文化设置惠女广场和法治长廊等，配备智能健身驿站以及篮球场、足球场、气排球场等一系列运动场地，打造集健身、休闲、法治教育、惠女文化宣传等于一体的多功能智慧体育公园，实行智慧管理，丰富群众业余文化生活的同时拓展体育经济方面收入。

（三）建立产业综合体，跑出发展“加速度”

依托石雕、鲍鱼养殖等传统产业和海洋特色旅游、度假、康养等新兴产业，充分利用高雷山渔港经济旅游资源，将村庄内的各种资源进行整合和优化，积极探索采用“村集体＋公司＋农户”发展产业模式，让党支部建在农业发展产业链上、党员聚在产业链上、村民富在产业链上。

一是借鸡生蛋，培育石产业。主动对接镇石材加工产业规划，整合村集体闲置土地和闲置资源，租赁集体土地给石材企业建厂房，每年增加村集体收入200多万元；搬迁零星坟墓，规划平整长期荒废土地，作为石雕石材企业荒料堆放场地，实现年产值2550万元，每年增加村集体收入38万元。

二是变废为宝，拓展新业态。对原先临海的垃圾堆场进行全面整改平整，引入第三方资本，规划建设“高雷山生态旅游文化园”，打造

“问海文创园”网红旅游项目，每年到访游客50多万人次，增加村集体收入、带动村民就业。在2020年完成集体土地股份制改革的基础上，加快沿海公路旁优质良田集中统一流转，挖掘和整合有限资源，建设前垵共享农庄，开发旅游体验项目，培育田园综合体、研学拓展等业态，为乡村振兴注入更多的活力和动力，实现乡村旅游的多元化和可持续发展。

三是无中生有，探索夜经济。主动融入崇武全域旅游发展格局，加紧策划生成一批夜经济项目，先后建成闻海天然海水游泳馆、前垵村渔市、渔村旅游特色一条街等项目，打造“一馆一市一条街”夜经济圈。

四是村集体入股，培育共富联合体。前垵村大力发展当地特色产业，村集体累计投资300万元入股鲍鱼养殖、海泳馆、民宿等项目，带动当地群众增收致富，逐步将特色产业品牌化。

三、发展成效

（一）想方设法让村集体“钱袋子”鼓起来

一是镇村联动，盘点家底。县镇村三级干部同频共振，通过实地考察、翻阅资料、入户走访等形式，不仅把身子沉下去，更把思想放下去，落实好村级民主议事协商制度和农村党员议事会制度，广泛听取群众意见，全面摸清村集体“三资”的存量、分布和运用效益等情况，守护好村民的“钱袋子”，同时积极策划接地气、可操作的闲置资产盘活利用方案。

二是上级支持，增添动能。经过努力，目前前垵村每年的村财收入达300多万元，再加上每年上级财政的以奖代补和交通、生态等重点项目建设支持，乡村振兴“钱从哪里来”的问题基本得到解决，昔日的薄弱村面貌焕然一新，到处是欣欣向荣、干净整洁的美好景象。

（二）千方百计让村庄人居环境美起来

一是线路全打通，人气旺起来。前垵村是个传统的小渔村，由于渔业发展滞后，村里曾一度脏乱差。为改变这一现象，前垵村以建设景区的理念建设村庄，多次召开村民代表大会统一思想，及时研究部署，实地排查摸底，形成工作方案和任务清单，细化责任分工，落实分包责任。镇、村领导干部迅速下沉，将村容村貌整治情况作为每月村级例会的重点内容跟踪推进，发动各小组召开村民代表大会，动员各小组投入环境整治过程中。交通方面，前垵村一改以前拥堵、无序的情况，现在村民小车、旅游大巴都能开得进来，比以前方便、安全许多，为乡村振兴提供更加宜居的环境。

二是全村总动员，颜值露出来。前垵村在全县率先开设“前垵村党员直播间”，开通“前垵村民委员会”公众号做深做细群众工作，得到了村民们的拥护和支持，全村动员、全民投入，村民们自发拿起工具，把全村巷头巷尾的鸡鸭舍、厕杂物等清理干净，实现了整村污水管网“全接入”，整理出闲置土地 30 亩，建成一个 5 人制足球场，并投资 1200 万元建设“智慧体育公园”，同时还成立了“海漂清洁队”及“沿海南环路清洁队”，每天都安排专人负责海岸沿线的卫生，用心把“脸面”擦干净、让“颜值”露出来。

三是文化深挖掘，乡愁留下来。环境卫生抓起来以后，前垵村又从保护传统文化的角度出发，投入 350 万元对全国少有保存完整的渔村礼堂——前垵渔民礼堂进行保护性修复改造，留下乡愁记忆，打造群众聚会、休闲散步等文体娱乐活动场所；村里的 80 后、90 后妇女自发成立“雷山下”广场舞表演队，成为惠女服饰的爱好者和推广者。每天傍晚，上至八旬老太，下至年幼女童，不约而同地穿上靓丽的惠女服饰，跳起广场舞——鲜艳的服饰、婀娜的姿态，别有一番风味，也吸引了很多游客前来参观，村里更加和谐，人气也旺了不少。

（三）多点开花，让村里的群众尽快富起来

一是网红点位上热搜。得益于县里出台支持民宿发展的政策，在上级的帮助下，前垵村把群众都动员起来，并引入第三方团队和资本，根据当地的实际情况和特色，成功打造出独具特色的“问海文创园”“平居客栈”“6 号餐厅”等一批网红旅游项目，以满足游客对于乡村休闲度假的需求。同时，在打造民宿的过程中，注重保护当地的环境和生态，并开发出环保的旅游产品，提高游客的满意度和回头率。

《姐姐的爱乐之程》首站路演现场（问海文创园　供图）

二是综艺节目添名气。前垵村受到湖南电视台《乘风破浪的姐姐》之《姐姐的爱乐之程》节目组青睐，该节目组第一站就来“问海”拍摄取景，这是对前垵村民宿旅游的高度肯定。随着前垵村知名度不断提高，每年慕名前来的游客达到50多万人次。

三是夜市经济增收入。县镇两级政府积极指导前垵村发展夜市经济，先后建成“闻海”海水游泳馆、前垵村渔市，同时推动县文旅集团与前垵村进行合作，打造“渔村旅游特色一条街”项目，为村民们提供平台，把好吃的、好玩的、有文化的、有特色的都展示出来，通过推动当地文化和传统手工艺的发展，从而打造出独具特色的“一馆一市一条街”夜市经济圈，以吸引更多游客前来体验，进一步增加集体收入，真正带动村民共同致富。

（四）改善民生让全体村民都幸福起来

一是改善农村人居环境。针对村居集中规模大，村中交通拥挤等问题，因地制宜开展村中道路整治，拆除旧房等建筑物200多座，投资800万元完成3千米环村公路改造工程，贯穿村中道路5条，超8千米，大大方便了村民的生产、生活，同时盘活了村中废弃土地；在全县率先实现农村污水管道铺设投入使用，全村环境卫生得到质的提升。

二是教育事业有序发展。加快推动前垵小学校安工程和附属设施建设，先后完成百米围墙改建、200 米环形塑胶跑道及 60 米直道、教师宿舍楼、操场硬化等工程；成立前垵村教育基金会，表彰优秀师生 1000 多人，发放奖学金 260 多万元；发放助学金 10 多万元，帮助 20 多名学生圆了上学梦。

三是社会治理不断深化。党员率先垂范，发动群众参与共建共治，推行群防群治模式，落实夜间巡逻制度，投入 44 万元在村中主要路口和重点位置设置 42 个视频监控器；成立全镇首个村级渔家调解室，负责村内渔业、海事各类矛盾纠纷事故的调处工作，同时对《渔业法》《环境保护法》等涉渔法律法规开展宣传。

四是文艺活动丰富多彩。成立“雷山下”广场舞表演队、雷山歌友会、前垵南音社及夕阳红腰鼓队 4 支村级文艺队伍；创立“永庆雕艺文创馆”和“浩瀚雕艺文创园”等村级特色文化展示馆，组织开展渔村楹联文化节、南音交流等形式多样的群众文化活动。

四、经验启示

（一）聚力加强基层党组织建设，筑牢乡村振兴桥头堡

“火车跑得快，全靠车头带。”前垵村牢牢抓住基层党组织建设这个“牛鼻子”，充分发挥基层党组织的战斗堡垒作用。

一是选优配强带头人。坚持把政治标准放在首位，精准选人、精准用人，采取从致富带头人中“推”、优秀人才中“引”等方式，在 2021 年圆满完成村“两委”换届选举工作，选拔出致富带头人陈腾飞担任村党组织书记、村民委员会主任和村集体经济负责人，实现“一肩挑”。

二是加强队伍建设。目前配备班子成员 7 人，培养后备年轻干部 8 人。围绕创建“五个好”党组织目标，引入企业管理制度，打造“服务型”领导班子，营造团结协作、合力共为的良好氛围。每个月至少召开一次党委会、推进会，专题研究部署基层党建工作，落实党建主体责任，每个月组织开展两次党员、党务工作者、村“两委”培训。通过学习和培训，让党支部书记当好党建的“引路人”，致富的“带头人”，作

风正的“勤快人”，知冷暖的“贴心人”。

三是健全考评制度。坚持真管真严、敢管敢严、长管长严。明确对履职不力、作风不实、严重违规等现象的管理制度，每季度开展一次履职分析评估。按照“年初承诺、年中践诺、年末评诺”程序述职评议，每年对本村“一肩挑”履职情况开展一次“双述双评”（分别向镇党委、本村党员群众“双述职”，接受两方“双评议”），推动“一肩挑”在监督下履职尽责。

（二）强化提升农村党员带富能力，迸发乡村振兴新活力

乡村强不强，全看“领头羊”。前垵村遵循“依托产业抓党建，抓好党建促发展”的工作思路，把加强基层党建与推进乡村振兴和产业发展结合起来，起到互相融合、互相促进的作用。

一是将“三会一课”制度化。通过培训提升党员能力，通过不断规范化开展组织生活，不断加强党员政治素养。通过召开支部例会、农村党员乡村振兴培训等方式，不断提升基层党组织战斗力，充分发挥基层党员作用。2022年以来，共组织农村党员大培训、行动学习等各类培训20余次，培训党员800余人次，让党员“活”起来。

二是发挥党员示范带头作用。通过树立先进典型，党员干部充分发挥先锋模范作用，大胆探索，带头先行先试，在全县率先开设“前垵村党员直播间”；鼓励党员创业，积极参与农村建设，从多方面为村民提供服务，为他们创造更好的发展环境，帮助他们寻找创业机会和发展方向。

（三）抱团引领发展特色产业，铸就乡村振兴“聚宝盆”

前垵村发挥特色优势，抓住崇武国家级海洋公园设立的契机，发挥海滨地域特色，整合高雷山生态旅游文化园、问海民宿、前垵共享农庄和雕艺产业等，打造乡村特色产业。根据当地的资源条件和市场需求，采取积极措施，推动当地农业、乡村旅游、文化创意等发展，引导村民抱团发展文创园、网红民宿、鲍鱼养殖、海水游泳馆、智慧体育公园等特色产业和服务，打造一批与自然山水、乡村风貌、文化特色融为一体的渔旅项目，为附近城乡居民提供更多的文化、生活和消费体验，走渔

旅融合新路子，推动产业转型升级和可持续发展，为群众创出一条致富路，实现了产业升级和社会的可持续发展。

案例评析

惠安县崇武镇前垵村以强村富民为目标，积极探索助推乡村发展的新路径、新模式，把村庄整治建设与特色产业开发结合起来，采用“村集体＋公司＋农户”的发展模式，围绕高雷山渔港经济与休闲旅游项目，走出一条渔旅融合多元发展的道路，发展乡村特色产业，村集体经济实现从无到有、从小到大的转变，创新村集体带动村民增收致富渠道，不断提升老百姓幸福感和获得感。乡村振兴是一项系统工程，要进一步发挥区位与资源优势，重视研究土地利用和确权问题，在明晰产权的基础上，在法治框架内不断完善利益分配机制，管好用好集体资源资产，推动当地特色种植、养殖业与工业、物流业、休闲旅游业、服务业等多元化业态进一步融合，通过滨海休闲旅游、特色农产品加工等产业延伸发展，取得更好的经济效益和社会效益。

以文旅产业之火点亮乡村振兴之光

——德化县国宝乡佛岭村的乡村振兴之路*

一、乡村概况

国宝乡佛岭村地处“闽中屋脊”戴云山山麓，是“中国天然氧吧”和闽江、晋江两江源头腹地，交通便利，生态和地理优势明显。全村面积12平方千米，辖4个自然村12个村民小组，有485户1496人。

佛岭村于五代唐长兴（930—933）年间逐步形成聚落形态，“原生态”格局一直延续至今。全村有百年以上历史的古厝67座，另外还有抗倭古堡、岩前瀑布、云龙宫、云龙谷国家AAAA级旅游景区等文物

佛岭村全貌（叶振生　供图）

* 本文资料由周志江（德化县国宝乡党政综合办公室主任）提供。

古迹及知名景点，是一个集传统闽南古民居、古厝、古寨、古宗祠和森林氧吧、天然峡谷、田园风光于一体，自然与人文资源并茂的古村落。近年来，佛岭村基于乡村特色禀赋，在建设宜居宜业和美乡村的过程中依据不同的乡村特点，因地制宜发展具有独特风格的乡村旅游产业，为农村地区产业振兴赋能，获得中国传统村落、中国乡村旅游模范村、中国美丽休闲乡村、全国乡村重点旅游村、全国宜居村庄、省级森林村庄、省级特色景观旅游名村、全国“美丽乡村”试点村、省级“一村一品”示范村、省级金牌旅游村、省级乡村振兴试点村等20多项荣誉。

二、主要做法

(一) 开展六个行动，推进生态环境提升

佛岭村处于“中国天然氧吧”和闽江、晋江两江源头腹地，始终把保护好绿水青山和清新洁净的田园风光作为乡村振兴的头等大事。

一是编制村庄规划。委托福建省地勘设计院编制完成《佛岭村村庄规划》，规范村庄建设，提升乡村宜居宜业水平，充分发挥村庄规划设计在乡村振兴中所起的指导性作用，通过规划设计，优化村庄的空间布局，合理划分不同功能区域，保护和修复乡村的自然生态环境，保留和提升乡村的生态资源，提高生态系统的稳定性和可持续性发展能力。

二是整治人居环境。全面落实“一清二整三美化”重要部署，以省道206线和云龙谷景区为轴线，实施人居环境提升行动，落实“路景靓化、集镇序化、村居洁化”三化工程，拆除填埋改造旱厕52座、猪牛羊圈等15处。探索实施保洁自主轮值、垃圾不落地和垃圾分类三项机制，有效整治了柴草乱垛、垃圾乱倒、污水乱排、畜禽乱跑等行为。完善基础设施建设，建成垃圾中转站1座、污水处理设施1处、标准化公共厕所1座、五星级旅游公厕1座，投入10余万元建设垃圾屋10座，配置干湿垃圾箱20多个，购置铁丝围栏网1500米，引导村民圈养鸡鸭。

三是严格清水保护。结合国宝溪水环境综合治理项目、小流域治理项目，建设生态护岸8千米、生态隔离带0.5平方千米，铺设污水管网3千米，清理河道湖库垃圾0.5万吨，砌筑防洪堤1.2千米，实施3千米河道清淤和6.3千米安全饮水工程，对镇区污水实行集中收集处理，全面清理整治禁养区内家禽家畜的养殖污染。

四是推进绿化美化。落实“两高”沿线环境整治，在主干道沿线规划种植特色花卉、风景树等，实施滨溪公园、紫薇长廊、景观大道等美化绿化项目建设，使镇区形成有层次、有绿量、有纵深感的景观绿化带，佛岭村的美丽乡村建设经验在《中国城市报》专版刊发。

五是实施农房整治。坚持“修旧如旧、建新如旧”，规范村民改造，修缮农房3000多平方米，对传统村落核心区探索实行水泥使用审批制，以“硬”的措施确保留住乡村“暖”的乡愁韵味。

六是建设农业公园。探索减产差价补偿措施，邀请农科院专家对中心村500多亩农田尝试进行土壤改良，减少病虫害，推广采用农家肥等有机肥料，杜绝农药、化肥及其他合成生长剂，有效保护乡村农田环境和农耕文化。

（二）紧抓四个重点，推进乡村产业发展

依托山水禀赋资源及多年文旅产业发展成效，全面推动全域旅游发展，为山区农村的乡村振兴探索出一条好路子。

一是做强龙头景区。紧抓云龙谷景区这个旅游拳头产品，投资1000余万元，全面完成景区“福文化”、服务配套夜间景观等项目建设。成功举办“山海泉州露营生活节”“世界瓷都围炉煮茶文化生活节”等旅游热点活动，同时，打造小蛙营地并获评省级露营基地；打造“福文化”景区的相关经验被省文旅厅发表推广；入选全国乡村旅游精品线路；获评国家AAAA级旅游景区。

二是做优精品民宿。以“山有福美”和“谷外云居”获评省文旅厅“旅游住宿地·最甜好梦乡”为契机，新建“山有清欢”“扬光堂”“兰溪草堂”3座精品民宿，并投入300余万元，建成3千米龙山休闲步道

及民居走廊，“旅宿国宝”民宿聚集区初见规模，年接待游客达2万人次，产值达1000余万元。此外，还通过“西南五镇跨镇联建”工作机制串联周边五镇各具特色的旅游资源优势，主导成立民宿发展联盟，统一设计标准，优化经营理念，把片区民宿从各自为战变为共同发展，推动了民宿的一体化、规范化建设。

三是做实基础设施配套。累计投入5000余万元，全面完善基础设施配套，新增拓宽硬化景区内外路面3.9千米，实施道路“白改黑”2.3千米，架设栈道长廊900多米，完成1万平方米1号至2号生态停车场的配套建设；流转土地500多亩，设立“创新创业基地”，推出垂钓、骑行、生态探险等配套项目，延长“旅游+”产业链；发挥厦沙高速出口的交通优势，建设集旅游体验、土特产品展销、餐饮服务等功能于一体的“遇见国宝”文旅驿站，串联德化西线全域旅游资源，年接待游客超5万人次，创收500万元左右。

四是配合做好重点项目。积极配合乡党委、政府做好“国宝开发区”的各项前期准备工作，引导村民积极配合做好项目的安征迁工作。利用佛岭山头角落独特的地理位置，依傍云龙谷景区，将园区规划建设成大师研学展示基地、茶道香道培训展示基地和传统文化综合园区。

“谷外云居”民宿（巴洪武　供图）

(三) 打造三个基地，推进乡风文明建设

树立新风，重塑良好社会道德，激发村庄活力，是体现一个地方乡风文明和文化素养的关键。

一是打造家风教育基地。依托古村落保护工作，以规范阵地建设为抓手，按照“一栏一场一点五室”的建设配置标准规划布局，完善佛岭龙楼堂“家风讲堂”和“乡贤评理堂”，收藏家族家谱书册，上墙展示叶氏源流、祖训、家训，打造移风易俗特色馆，开展党的政策、中华优秀传统文化、身边好人等文化宣讲活动，引导村民注重家庭建设、家教传承和家风培育，形成健康向上的精神风貌。

二是打造海丝非遗游学基地。围绕打造海丝文化交流中心，着重抓好沿线景观改造，设立剪刻纸工作室、龙楼书屋、叶氏家风家训馆及国宝乡“身边故事共同铭记”展示等，构成“一纸一书一馆一故事”，开展多样式、多形式的活动，在潜移默化中提升乡风文明，实现原有文化根脉的新生。紧扣“文旅融合”发展思路，以云龙谷景区为龙头，带动辐射，盘活利用民居走廊闲置资源资产，着力打造具有闽南山区古村落特色的精品文化民宿集群，将海丝文化、闽南文化、农耕文化、民风民俗等融入其中，共同构建海丝非遗游学基地。

三是打造“美德银行”基地。以村民中的“文明行为和道德善举”为内容，以“银行储蓄”为手段，以“榜样教育”为途径，以“激励提高”为目的，鼓励拥有美德银行储蓄卡的村民代表带动其他村民一起做好事，激励村民从一点一滴的实际行动中提高自身道德素养，让群众自己推荐、评选对本村最具影响、最值得纪念的人物或事迹，根据所有储户美德币的统计与结算，评选出“美德村民”并进行公示。

(四) 实施“三个培育”，推进乡村和谐发展

立足实际，深挖乡愁记忆里的乡土文化元素，传承集聚乡村特色文化，为文旅产业融合发展厚植文化基础。

一是培育党建“红旗村”。以党建引领，开展强基促稳和海丝先锋达标创星活动，深化党员“承诺、践诺、评诺”活动，实施“领头雁”培养工程，建设党建文化长廊。

二是培育村集体经济。实施村集体经济“消薄倍增”行动，通过入股优质国企、入股扶贫开发公司、集体自然资源流转入股、购置出租集体资产等措施，不断增强村级造血功能。

三是培育特色乡土饮食。传承集聚具有浓郁乡村特色的红酒鸡、全猪宴、糯米糍、蒸甜粿、元宵、笋叶粽、米龟等乡土特色食品，探索培育药膳特色饮食，凸显传统饮食文化的独特韵味。

三、发展成效

（一）以产业兴旺为重点，走出旅游带动振兴发展之路

一是实施“一村一特色”发展项目。以云龙谷景区和古村落民宿群为主题打造佛岭—国宝片区旅游、以永德葡萄园为核心打造海峡两岸现代休闲农业观光园、以祥云文创园为核心打造美丽库区，挖掘南斗“戴云之战”红色资源并打造爱国主义教育基地，树立上洋村“德化黑鸡”和“德化黑兔”育种基地两块品牌，努力打造“一村一特色”的旅游带动型乡村振兴特色乡镇。

二是培育旅游支柱型产业。围绕德化县西线栖养度假旅游发展布局，以云龙谷景区作为龙头旅游产品，推动“景区、古村、民宿”组团发展，通过开展“全域旅游呈现年”活动，编写“遇见国宝”“国宝笔记”文旅推介丛书；逐步完善云龙谷景区软硬件设施；持续开展泉州市特色乡村旅游村建设，实施“遇见国宝”、重点提升改善传统村落等一揽子项目；盘活闲置房屋，建设精品民宿并使其成为全县精品民宿创建样板，社会各界好评不断。

三是持续壮大特色农业。充分发挥省级科技特派员作用，引入泉州市第二层次人才，邀请省农科院专家团队建言献策，引进牛奶玉米等新型生态农产品，打造海峡两岸现代农业休闲观光园，推动园区主体永德生态农业专业合作社获评福建省“百佳农民合作社示范社”；加大本地黑鸡、黑兔养殖企业扶持力度，扩大“德化黑兔之乡”品牌优势，持续巩固佛岭黑兔保种场、上洋村省直控黑鸡养殖基地建设场养殖技术优势，推动佛岭村获评省级“一村一品”示范村；拓宽农产品

销售渠道，实施“电商+农产品”销售模式，组织开展“遇见国宝·约一夏”等直播带货活动，参加海峡两岸农产品订货会并获“最佳展台奖”。

（二）以生态宜居为关键，贯彻“两山”理论，打造宜居佛岭

一是坚持规划引领。聘请专业规划机构，推动佛岭村空间规划编制，强化用地管理，在空间使用、土地利用上为今后预留足够的发展空间。围绕政策要求，聘请圭一（厦门）建筑设计院、福州品鉴旅游规划设计有限公司等专业技术团队作为农村人居环境整治常驻机构，为乡村建设建言献策，辅助村“两委”决策，助推环境改善建设工作更加规范，脉络更加清晰。

二是完善基础设施。对辖区内省道215线进行“白改黑”提升，并绿化美化沿线景观带；实施雷锋至佛岭乡村旅游景观线沿线的景观工程，建设国宝高速出口形象景观墙；拓宽改造村级道路5.5千米；建成佛岭村供水设施项目，实施饮用水源保护项目、饮水安全“补缺提升”项目；推进佛岭村土地开发270亩。

三是改善人居环境。落实“一清二整三美化”，投入资金建设垃圾处理相关设施，最大限度地对垃圾进行减量化和无害化处理，乡村生活垃圾收集率达到90%以上；开展旱厕整治专项行动，全面摸排辖区内存量旱厕，并加大力度进行全面整改；加大对占道经营、违建等违法行为的管理力度，组织工作人员对沿街店铺进行巡查，对占道经营的商户进行单独约谈；开展杆线整治行动，拔除、清理村庄废弃杆塔、线路，整治违法交越、搭挂，引导合理共杆；实施农房整治，规范村民改造、修缮、建设农房，整治“两高”沿线裸房，采用“戴云山筑”平改坡，维护乡村生态原貌。

（三）以乡风文明为保障，引领移风易俗，厚植文明乡风

一是创建爱心幸福城。深入贯彻落实建设“爱心幸福城”精神，推动乡村全面建成“爱心厨房”。致力于“爱心厨房”常态化，创新探索“共享餐厅”农村养老模式。围绕“爱心幸福城”创建工作广泛开展爱

心公益活动，引导社会各界积极捐资，汇聚源源不断的公益资源。举办文明创城志愿同行、“孝老爱亲”等爱心活动，承办“我们的节日·重阳节”主题活动，着力保障农村老人的幸福晚年。

二是引领移风易俗。积极盘活闲置古厝，打造移风易俗馆、宣传长廊等特色宣传阵地，相关情况被《福建日报》《泉州晚报》等媒体刊发，接待多位省市领导现场调研并获肯定。制定《国宝乡“美德银行”实施方案（试行）》，成立国宝乡“美德银行”组织管理机构，试行美德银行活动，在启动现场向部分村民发放了美德银行储蓄卡，加强乡村道德氛围建设，国宝乡入选泉州市移风易俗典型乡镇，佛岭村获评泉州市移风易俗典型村。

三是完善公共服务。不断夯实公共文化服务，分批次推进村级文化服务中心建设，佛岭村被确定为基层综合文化服务中心示范点，举办“墟日文化车”百场文艺展演、剪纸体验、“家＋阅读”等文化活动，让群众能在家门口享受文化大餐，让“非遗”成为文旅融合的窗口，推进基层精神文明建设，采取“四合四促”推进佛岭村基层文化中心建设，国宝乡获评省级文旅融合示范单位、泉州市文明乡镇。

（四）以治理有效为基础，保障强基促稳

一是开展“海丝先锋”达标创星活动。认真贯彻落实《中国共产党支部工作条例（试行）》《中国共产党农村基层组织工作条例》，按照“六个基本”标准，开展达标创星活动。持续深化党员“承诺、践诺、评诺”活动，培育党建“红旗村”，在两年间先后获得10多项中央、省、市、县荣誉表彰。

二是积极创建“诚信村庄”。通过“党建＋金融助理”暨“整村授信”“诚信家庭”评选等活动，以小及大、正反结合、多措并举、持续用力，打好诚信建设“组合拳”，努力营造“知信、用信、守信”的良好氛围，让诚信成为一把令人肃然起敬的标尺。

三是探索建立“三治融合”体系。创新村民自治形式，通过修订村规民约，持续落实“四议两公开一监督”“阳光议事日”等基本制度。

建设法治乡村，运用“板凳法庭”解决村民日常生活中遇到的问题。提升德治水平，设立“乡贤评理堂”，强调道德教化作用，弘扬真善美，传播正能量。

（五）以增收致富为根本，提高乡村民生保障水平

一是巩固脱贫攻坚成果。严格实施防返贫、控新贫、稳脱贫机制，完善数据动态共享机制，争取上级补助资金，不断完善脱贫村基础设施，增加集体收入，引导村民发展特色种养业，发放生活补助、应急救助、住房修缮等资金，夯实脱贫基础。

二是大力促进农民增收。把就业创业作为农民增收主渠道，加大村民职业技能培训力度，依托片区乡村旅游、精品民宿、云龙谷景区等旅游项目，新增就业岗位 120 多个，辐射带动更多的农民增收致富，积极探索“农户＋合作社＋企业”模式，多渠道促进农村劳动力转移就业或创业。

三是壮大村集体增收。针对村财薄弱的实际情况，通过实施村集体经济“消薄倍增”行动，持续推进发展壮大村集体经济三年行动，2022 年全村集体经济收入达 100 万元。

佛岭乡村旅游区（叶振生　供图）

四、经验启示

（一）创新“党建＋”工作新模式，引领高质量发展

通过实施一个规划、制定一系列文件、建立一整套机制“三个一”行动，激发党建工作活力，优化乡村建设大环境，充分发挥抓党建促乡村振兴的“组织引擎”作用。一是以“党建＋人才”汇聚乡村发展的“强劲动能”。选优配强村级班子队伍，整合各方资源力量，成立“党员建设先锋队”等队伍，组建“乡贤顾问团”微信群，借力解决产业发展困惑、矛盾纠纷等。二是以“党建＋邻里”打通乡村治理的“最后一米”。以“党建＋”邻里中心建设为抓手，实施“6＋6”（即设立医疗卫生所、党群驿站、服务驿站、便民代办、群众接访、共享餐厅6个服务点，建立中心轮值、养老中心户长、“茶桌”调解、乡村巡查、便民服务、留守老人电话随访6项工作制度）工作模式，全面提升服务群众水平。三是以“党建＋民生”擦亮乡村振兴的“幸福底色”。建立医疗、养老等民生服务清单，通过群众“点单”、邻里中心“派单”、部门“接单”、纪检监察跟进监督、统筹推进闭环管理等，提升服务群众水平。与兰花草志愿服务中心等几十家单位共建，常态化开展巡回医疗、理发、电工、顺风车、代购等志愿服务，推动城市资源反哺农村。

（二）创新“四共”机制，有效破解山区“空心村”困境

立足山区乡村人口空缺化、产业空心化、服务空壳化、文化空心化的问题，通过实施“共建共创共治共享”工作机制，补齐山区乡村资源、产业、治理、服务的短板。一是聚焦资源整合，推动片区共建。整合优化山村行政资源，推动地域毗邻、宗族渊源较深的村落跨村联建，实行规划共用、项目共建、事务共管、利益共享。整合经费资源，结合片区发展规划，集中发力以休闲旅游、研学教育为代表的主导产业，以点带面，辐射带动南斗片区全面振兴发展。整合人力资源，共建护林员、保洁员等队伍，实行人员共用共管。二是聚焦业态融合，推动产业共创。一方面，推动农文旅深度融合。紧扣德化县陶瓷、旅游、城乡共建三大突破，立足自然资源禀赋和产业基础，发展陶瓷文创、红色研学

和康养农旅等产业。另一方面，加大招商引资力度。坚持项目带动，多渠道、全媒体开展招商引资，成功引进兴岩集团来村发展文旅产业。三是聚焦治理和合，推动区域共治。以自治“共治共享”。完善村级民主议事协商制度，推动村级自我议事、自我管理、自我服务、自我监督。以法治“定分止争”。落实“一村一警务助理”机制，深化普法宣教，建立信访矛盾公开听证制度，推动依法办事蔚然成风。以德治“春风化雨”。发挥村委会、老人协会、村规民约等作用，建立乡贤调解工作室，运用“茶桌调解”及村“两委”交叉调解机制，推动矛盾纠纷多元化解。四是聚焦民生汇合，推动服务共享。以佛岭“党建＋”邻里中心建设为抓手，汇聚兰花草志愿服务中心、德化县医院等机构力量，深入实施六邻里（邻里优质办、邻里帮帮团、邻里爱心餐、邻里关爱行、邻里文化圈、邻里乡村秀）特色服务，构建爱心幸福村，提升公共服务水平。

（三）创新人才机制，赋能乡村振兴

充分发挥人才资源和政策优势，全面激活乡村文化资源，推动乡村全面振兴，走向共同富裕。一是以研学兴旺产业。充分利用“双减”政策契机和德化“世界瓷都”“全域旅游”品牌影响力，以“研学＋”为主线，做深“研学＋陶瓷”“研学＋农业”“研学＋红色”“研学＋拓展”等线路，推动研学与农业、文化、旅游等资源有机整合，串联成线，集聚人、财、物等要素，打造研学康养农旅综合体。二是以文化充盈内涵。依托德化县乡村振兴研究院，组织专家学者，对佛岭自然生态及文化等资源进行系统性开掘、专题性探究、个性化打造，通过“各美其美”文化复兴，实现“美美与共”融合发展，让佛岭成为寄托乡愁乡音乡情乡味的诗意田园。三是以党支部联系旅游项目，党员干部一线推进，整合党建和旅游、生态、产业等资源，通过党组织与合作社共建、资源共享、党员群众共管、村社事务共商的方式，编制佛岭村旅游发展总体规划，建立“党支部联系旅游项目，党员干部一线推进”的工作机制，激发党建内生动力，增强干部队伍活力。

（四）创新收账机制，比拼干事创业

建立“三定”制度，在干事创业比拼中检验党员队伍。一是定任

务。结合村情实际情况，围绕壮大集体经济、创建省级乡村振兴示范村等各项任务，理思路、定任务。二是定要求。在落实相关工作任务时，按照“争取提前量、力促超数量、确保高质量”的原则明确要求，推动工作落实又快又好又准。三是定责任。将工作任务根据“两委”班子成员分工逐人分解，将每一项任务、每一件实事、每一步要求全部明确到岗，落实到人，做到项项任务有人抓，件件实事有人办，保证目标不落空。通过收账机制，使各个环节形成闭环，有力推动工作落实。

案例评析

乡村旅游作为乡村产业的重要业态，成为全面推进乡村振兴的重要着力点。近年来，德化县国宝乡立足自身资源禀赋，坚持差异化定位，特色化发展，走出了一条农旅融合、文旅互动的特色发展之路。佛岭村充分发挥抓党建促乡村振兴的“组织引擎”作用，通过实施一个规划、制定一系列文件、建立一整套机制“三个一”行动，激发党建工作活力，优化乡村建设大环境，以产业兴旺为重点，打造形成集传统村落、精品民宿、红色研学、陶瓷文创、生态采摘于一体的特色文旅小镇，走出旅游带动振兴发展路子。在乡村振兴过程中，要打造集研发、种植、加工、营销、文化、生态于一体的现代农业全产业链，促进一二三产业融合发展，实现包含生产、生态、生活、生命的“四生农业”，实现人与自然和谐发展。

探索“四共一专”模式，助力翔安大宅产业振兴

——翔安区香山街道大宅社区产业振兴的做法和启示*

一、乡村概况

厦门市翔安区香山街道大宅社区地处省级风景名胜区香山脚下，辖区面积5.01平方千米，下辖3个自然村，有10个居民小组，共892户2605人，人均可支配收入3.5万元。现有农业专业合作社3家，拥有全省最具规模的火龙果连片种植基地，种植火龙果面积1400亩，年产值超4500万元，种植红萝卜、土豆、花菜等面积350亩，山地面积4280亩。

大宅社区党委下设4个党支部，党员117名。共有“两委”干部8名，实现书记、主任“一肩挑”。近年来，大宅社区党委始终坚持党建引领，以实施乡村振兴战略为重要抓手，探索形成“四共一专”（“党建引领共富、一二三产共融、两岸产业共建、多元力量共促，专注一颗火龙果”）的发展模式，社区环境整洁、百姓安居乐业，先后荣获全国“一村一品”示范村、全省先进基层党组织、省级乡村振兴试点村、福建金牌旅游村、福建省三星级旅游村、市级休闲农业示范点、厦门市城市党建学院实训基地、党建富民强村示范基地和翔安区五星级社区等荣誉称号，同时被列为乡村振兴市级重点示范村和厦门市农村人居环境整治试点示范村。

---

* 本文资料由陈锦芳（大宅社区党委书记、居委会主任）提供。

二、主要做法

(一) 党建引领共富，夯实产业振兴堡垒

大宅社区党委坚持党建引领，助推基层党建和乡村振兴深度融合、互动互促。一是建强“头雁”方阵。利用社区“两委”换届契机，选优配强“两委”班子，按照能力、年龄、学历，将年轻、有文化、善经营、会管理的能人选拔到社区“两委”岗位上，实现社区党组织书记、居委会主任“一肩挑”，社区“两委”班子年龄结构更优、学历层次更高、能力水平更强、“三农”经验更丰富，激活了发展“引擎”。二是扛好责任大旗。社区党委书记认真履行党建工作“第一责任人”职责，成立党建工作领导小组，认真推行农村基层组织“1152”工作机制（坚持一个核心、明确一个关系、健全完善五项机制、建立两套清单），形成了“党委书记带头抓、‘两委’成员分工抓，党务干部专心抓”的工作格局，实行班子成员带工作组、班子成员联系中心村制度，通过一线工作法，带头走近矛盾，带头破解难题。三是开设“田间党课”。依托“党建富民强村示范基地”，结合“大宅火龙果田园综合体”项目，按照“贴近工作、贴近实际、贴近需求”的要求，打造“田间党课”党建品

大宅火龙果种植基地（陈锦芳　供图）

牌，将党课开到田间地头，并根据社区集体经济产业发展特色，把“干货满满”的理论知识讲细讲实讲明白，以“接地气”的方式和“活教材”的内容，唤起党员的初心使命，激发党员的时代担当。

（二）一二三产共融，拓宽产业振兴路径

大宅社区党委专注挖掘火龙果特色产业优势，推动一二三产融合发展。一是一产有特色。建设两岸火龙果育苗基地，发挥合作社党支部和党员种植户先锋示范作用。目前，大宅从事火龙果种植的有396户，拥有自主培育的火龙果品牌“大宅红”。二是二产有成效。立足火龙果特色产业，先行先试，充分开发火龙果生态资源，自主研发火龙果制品，延伸价值链条，推出以火龙果为主题的“十二道村味”，每年加工果脯、果酒、果面等收入400余万元。三是三产有抓手。发挥社区党委红色引擎作用，深挖闽南文化，充分整合资源，将产业、文化、环境有机融合，以“产业＋文旅＋居住”的农旅、文旅融合模式，围绕“吃住行游乐购”，实施口袋民宿、田园风情驿站、古厝群修缮提升，建成包含商业配套、精品住宿的民宿小集群。如今，大宅社区已成为厦门乡村游“网红打卡点”，每年接待学习考察旅游超15万人次，接待住宿超1.1万人次，带动当地农民再就业50余人。

（三）两岸产业共建，形成产业振兴特色

大宅社区党委以从台湾引进红心火龙果为起点，走出一条具有自身特色的振兴之路。一是搭建合作平台。台商与社区联手，创新成立“富美大宅”火龙果专业合作社，吸纳农户入社，吸引包括台湾果农在内的新大宅人加入，实施统一种苗供应、统一技术指导、统一品质标准，统一包装销售等标准化管理，确保火龙果种得活、管得好、有效益。二是建设育苗基地。聚合海峡两岸资源，建设两岸火龙果育苗基地，从台湾引进红心火龙果种植，该品种的引进使得每亩火龙果的种植成本节约1000～2000元，提升了火龙果的产量和质量。三是实现互助共赢。台湾果农为合作社种植提供技术支撑，引进台湾补光灯技术这项“黑科技”，现在亩产一年可达1.1万～1.2万斤，产果批次为16～17次，促使火龙果增产增收；合作社为台湾果农提供包销支持，在乡村振兴的实

践中有机融入了“台湾元素”，成功探索了合作社“小窗口大交流”的两岸融合产业发展互助模式，走出具有翔安特色的乡村振兴之路。

（四）多元力量共促，激发产业振兴活力

大宅社区党委坚持发展基层民主，广泛带动多元主体参与社区建设，进一步激发社区产业活力。一是引入国企力量。大力发展乡村游，集中收储大宅闲置古宅，引入外部力量，量身定制大宅厢语香苑、厢语学苑两期民宿，打造成集住宿、会议、餐饮、游乐、主题学习教育等于一体的主题酒店，共81间客房139个床位，民宿兼具古厝的古朴和现代的质感，已成为网红打卡点。二是发挥“两委”作用。在人居环境整治过程中，“两委”干部冲在一线，分组负责，携手小组长及老人协会坚持“一宣传二劝导三协拆”工作方法，走家入户，动之以情，耐心劝导，每年均100％完成房前屋后清理整治总任务。2022年累计清理村巷道及生产工具、建筑材料乱堆乱放153处，清理房前屋后和村巷道杂草杂物、积存垃圾229处，清理村内水塘沟渠119处，拆除无功能建筑18处，整治垃圾乱扔乱放43处；积极推进农村雨污分流项目，通过对311户进行改造，村庄污水收集率和处理率都达到100％。三是强化党员示范。积极搭建“党员示范岗”平台，把政治上靠得住、工作上有办法、地方上有威望、发展上有干劲的党员聚集起来，在政策宣传、科技种植、绿化养护、治安巡逻等方面设立10个党员示范岗，组建一支20人党员义工队，深入开展党员“三项活动”，强化党员示范引领作用，争领火龙果建设责任田，营造“比、学、赶、超”的干事氛围，积极带动其他居民群众投入社区发展大局。设立党支部强化管理，形成了“支部＋协会”的模式，首创火龙果种植网格管理责任片区，由党员种植能手担任网格长，通过党支部开会讨论合作社在火龙果种植、运营等方面遇到的困难，带领果农实现由“零散经营”到“抱团取暖”的转变。四是发动居民参与。紧密结合新时代社区治理新要求，夯实“党建＋”近邻社区建设，突出社区居民主体地位，凝共识、聚人心，形成“党员带头、群众跟从、邻里和谐”的浓厚氛围。创新多元共建，引导居民组建

"大宅乡村振兴促进会"，并引入高校、科研机构等多元力量，共谋村庄建设，共促产业发展。发动社区、社会组织、社工力量，通过"三社"联动，有效地对接和回应居民的切实需求，提升社区治理水平和服务质量。

(五) 专注一颗火龙果，打响产业振兴品牌

大宅社区党委秉持"一村一品"发展思路，精准定位产业发展方向，着力做好"火龙果"特色文章。一是培育自主品牌。从 2000 年台湾果农在大宅开垦第一个火龙果育苗基地开始，大宅着力打造福建省最大火龙果连片种植基地，推广优质红心火龙果新品种种植，制定《火龙果产业扶持办法》，拥有自主培育的火龙果品牌"大宅红"，一亩火龙果可达到 4000 公斤的高产量，在采摘高峰每天有超过 5 万公斤火龙果从大宅发往全国各地，年产值超 4500 万元。二是推动品种升级。注重科研投入，不断推动火龙果品种更新、技术升级、规模扩大、品牌营销，培育出红皮燕窝果、青龙果等新品种。目前大宅社区种植的火龙果共有 4 个品种，正在培育品种 1 个，"大宅红"处于国内先进水平，单亩产值从 3 万元提高至 5 万元以上，进一步提高农户的经济收益。三是延伸产业链条。立足火龙果特色产业，先行先试，充分开发火龙果上下游资源，研发火龙果酒、火龙果面、火龙果馒头等 10 余种火龙果衍生品，推出火龙果休闲观光、农夫市集和以火龙果为主题的"十二道村味"，成功打响大宅火龙果品牌。

三、发展成效

大宅社区按照"党建＋产业"的方式，形成"政府搭台，企业唱戏，合作社引领，农民参与"机制，在探索乡村振兴的道路上，逐渐形成产业发展的"大宅模式"，实现"一颗火龙果、火了一个村"的显著成效。

(一) 产业发展促增收致富

大宅社区从事火龙果种植的有 396 户，成立火龙果专业合作社 1

个，每年加工果脯、果酒、果面等收入400余万元，火龙果年产值约4500万元，纯利润约2000万元，火龙果产业将人均年收入提高约3.1万元。大宅社区紧紧围绕火龙果的种植过程、农民劳动生活、农村风情风貌等开发一系列休闲体验项目，吸引游客前来。

（二）农旅融合创出新价值

大宅社区着力打造乡村游，改造厢语香苑、厢语学苑民宿酒店，举办火龙果节，打造灯光夜游、采摘、垂钓等配套项目。目前园区内的休闲体验项目主要有大宅田舍民宿、农耕体验、火龙果观光采摘体验、夜赏火龙果花、农夫创意市集、大宅火龙果十二道村味、火龙果美食DIY创作、火龙果烘焙、火龙果园区慢行道乐跑等，趣味性、体验性强，大宅社区已成为厦门乡村游的网红打卡点。2023年7月21日，“声动大宅·FUN肆呼吸”——翔安大宅第四届火龙果文化旅游节开幕，火龙果文化旅游节通过村民涂鸦、农夫市集、花仙子巡游快闪、追光音乐会、村民甜品客栈等多种互动形式，结合大宅火龙果赏花摘果的特色体验，呈现大宅一二三产融合的成果，吸引更多年轻人将目光聚焦到大宅。

大宅第四届火龙果文化旅游节开幕仪式（东南网记者夏菁　供图）

（三）激发村民在乡村振兴中的主体意识

截至2022年，大宅社区累计接待游客22万人次，接待住宿超1.5万人，带动当地农民再就业50人，新开设13家饭店、超市，带动农民增收500余万元；吸引返乡创业人员33人，让村民在自家门口实现再创业。同时，各类活动还激发村民在乡村振兴中的主人翁意识，其中80%的市集摊位由村民自发组织，并探索实行农夫市集常态化运营机制。

四、经验启示

（一）党建引领是基石

“治国安邦，重在基层；管党治党，重在基础”，基层党组织是党在农村全部工作和战斗力的基础。大宅社区坚持党建引领，通过建立乡村党校和社区书院、组建“大宅乡村振兴促进会”等形式，共谋村庄建设，共促产业发展；创新火龙果种植经营“支部＋协会”模式，成立富美大宅火龙果专业合作社；结合“田间党校”，以党建引领指导富民强村；打造“百年党史大道”，将学习成效转化为工作实效。

（二）产业兴旺是重点

大宅社区立足特色资源、关注市场需求、发展优势产业，探索“国企＋合作社＋村民”的新型经营模式，因地制宜打造“大宅火龙果三产融合基地”。以1400亩火龙果种植、销售为基础，延伸产业链条，开发果脯、果酒、果面、酵素及创意纪念品等10余种火龙果衍生品；依托火龙果产业，结合闽南文化和生态资源，打造具有田园风光的火龙果田园综合体；策划“香山风景名胜区＋大宅乡村火龙果绿色旅游精品游”线路，结合十二道村味流水席、农夫市集等配套项目，推出采摘火龙果、品尝火龙果宴、住特色民宿等火龙果休闲观光活动。

（三）人民满意是标尺

大宅社区携手国企、老来俏助老团队等多方力量，搭建多个阵地，丰富居民生活。大宅社区党群活动中心、大宅社区书院、幸福院通过举办主题党日、公益健康讲座等一系列日常活动，鼓励居民共同参与社区活动，感受邻里和睦之情，共建和谐的党群关系，居民满意度不断提高。

案例评析

乡村要振兴，产业必振兴，而产业振兴必须因地制宜，发展乡村特色产业。地处香山脚下的翔安区大宅社区，是全省最大的火龙果生产基地。近年来，大宅社区探索出“四共一专”治理模式，专注于挖掘火龙果特色产业优势，依托火龙果产业发展延伸产品和服务，建立“大宅红”火龙果品牌，通过引进台湾火龙果种植技术和管理模式，开辟台湾火龙果种植园、两岸火龙果育苗基地等，积极引入国企力量和社会组织参与，打造出“产业＋文旅＋居住”的乡村休闲旅游目的地。当前，大宅社区发展模式更多依赖于火龙果产业，资源依赖性较强，对其他潜在产业发展的探索和多元化经济构建存在不足。虽然已有多方参与社区发展，但普通村民在社区发展决策中的参与度和影响力仍有提升空间。因此，可探索除火龙果之外的其他特色产业，如生态旅游、文化创意产业等，增强社区经济的抗风险能力，同时还要进一步深化“党建＋”模式，增强社区居民的参与度和获得感，通过建立更加开放的决策机制，提升村民在社区发展中的主体地位。

文旅赋能，创新领航

——翔安区新圩镇“1234工作法”争创乡村振兴特区样板*

一、乡村概况

新圩镇位于厦门市翔安区北部，是翔安区革命老区镇、传统侨乡、农业重镇。镇辖面积101.03平方千米，有行政村14个、社区居委会4个、自然村75个，户籍人口5.48万人，外来人口1万余人。新圩镇历史悠久，建制近300年；人文美景多，有宋代古宅十八弯古道、甘露寺等名胜古迹和抢灯瓯、拍胸舞等民俗文化；生态优良，森林覆盖率居全区第一；产业活跃，基本形成“五个组团”的发展格局。近年来，先后荣获全国第三批发展改革试点小城镇、全国首批建制镇示范试点、国家卫生乡镇、省级文明乡镇、省级森林乡镇、省级乡村治理示范乡镇、省级全域生态旅游小镇、市级特色小镇培育点等荣誉称号。新圩镇还是“马塘精神”的发源地以及“厦门精神”的重要实践地。

二、主要做法

（一）党建引领，高位推动

新圩镇充分发挥党总揽全局协调各方的领导核心作用，成立3个跨村联建联合大党委，切实强化党建引领全镇域、全方位、全要素发展。成立镇实施乡村振兴战略领导小组，严格落实“书记抓振兴”工作要

* 本文资料由许雅曼（中共翔安区新圩镇党委书记、正处长级）、黄春梅（翔安区新圩镇政府党政办四级主任科员）提供。

求。深化农村基层组织“1152”工作机制。“1”：坚持一个核心，即坚持村党组织在农村治理体系中的领导核心地位。“1”：明确一个关系，即村党组织与村民委员会是领导与被领导的关系，村民委员会要自觉主动接受村党组织的领导。“5”：完善五项机制，即健全完善村务决策机制、村务公开机制、村务监督机制、便民服务机制和激励保障机制，做到有序高效管理。“2”：建立两套清单，即履职清单和负面清单，传递压力，促进村“两委”干部敢于担当、履职尽责。制定乡村振兴调度、考核、镇领导挂钩村（居）等工作机制，激活“马塘精神”内生驱动力，确保乡村振兴战略强势启动、高位推动、扎实行动。

（二）规划先行，分类施策

科学编制全镇乡村振兴发展规划，锚定“农业稳镇、工业强镇、文旅兴镇、商贸活镇、善治福镇”的发展定位和总体目标，规划构建“五个组团”产业格局。按照村庄资源禀赋，分类谋划马塘富美样板、面前埔田园综合体样板、大帽山境康养旅居样板、金柄崇文样板、新圩社区产城融合样板等特色发展路线。规划建设横纵两条乡村振兴线路，通过沿线铺点，点线构面，推动乡村全域振兴。

马塘村一景（新圩镇政府　供图）

(三) 发挥优势，打造品牌

创立“新圩嫂”品牌，推介新圩产品与服务，塑造流量IP。传承和弘扬新圩民间优秀传统文化，建立新圩汉子拍胸舞队、新圩嫂子合唱团、新圩孩子器乐队，打造“新圩三子”文化品牌。推动“一村一品”高位发展，古宅村成功推动“古宅大蒜”成为国家地理标志农产品；后亭村打造鹧鸪全生态产业链。搭建新圩农特产品展示、体验、销售中心（站）以及线上销售平台，年销售额超100万元。

(四) 社会参与，群众共建

尊重农民主体地位，提升农民在乡村振兴中的获得感、幸福感、安全感。建立“积分超市”，群众可以通过良好表现兑换实物奖励，鼓励群众参与环境卫生治理和“五个美丽”建设；合作共建高品质大帽山康养旅居样板；引入资金资源合作运营乡村振兴项目，提升面前埔村产业发展质量。强化政校合作，与高校开展社会课题合作，引入高校资源为乡村振兴注入智慧力量。

(五) 创新机制，改革赋能

率先试点村（居）专兼职人员整合改革，顺利实现村（居）用人降本增效。创新“135”土地房屋征收机制，即筑强一个党建堡垒，抓牢三个关键——创新载体、整合资源、畅通流程，落实五项工作——“帮一把”“进一门”“行一程”“签一夏”“福一家”，和谐高效完成多项征收任务，助力提速南部创建工业强镇。积极推动“e政务”自助终端向社区延伸，实现政务服务“就近办、家门口办”以及“最多跑一趟”项目全覆盖。农房整治“分类实施、统一风貌、统一材质、统一施工”的“一分三统”模式取得明显成效，大帽山农房整治经验做法被写入《福建省农房屋顶平改坡设计建造一体化导则》。扎实推行厨房、卫生间、洗涤池“三根管”源头截污，形成“一户一图、一户一卡、管理到户”的精细化管理模式，实现污水零排放、全利用。主动开发农村垃圾分类上门收集大数据管理平台，率先在全市实行镇级农村垃圾分类上门收集直运模式，垃圾分类成效显著。

三、发展成效

(一) 产业发展更具质量

“五个组团”产业格局基本建成，例如轻工食品产业组团集聚效应明显，领头企业银鹭集团已成功跻身中国罐头和饮料行业领先企业，成为全国农业产业化领域领军企业之一；生态文旅组团欣欣向荣；循环经济组团初具规模。第一产业高优发展成效逐步显现，古宅大蒜、乌山青葱、上宅龙眼、凤路种苗等“一村一品”名声更加响亮，以庄家宝合作社为龙头的200余家新型农业经营主体带动效应日益凸显，高标准农田和现代设施农业规模持续扩大，蔬菜产业绿色发展、品牌发展、高附加值发展步伐更加扎实。第二产业规模持续壮大，产业涵盖食品、轻工、现代仓储物流业、循环经济等多领域，2022年完成规模以上工业总产值80.46亿元，同比增长27.8%；完成固定资产投资13.1亿元，同比增长67.9%。第三产业以生态旅游为主的业态实现快速复苏，揭牌成立新圩融文旅驿站，顺利开通“翔安旅图·新圩乡村游大巴专线”，常态化开展“圩日”文旅市集活动，成功打造面前埔田园综合体、大帽山境康养旅居综合体等多个网红景点，高质量创建福建省全域生态旅游小

庄家宝蔬菜合作社（新圩镇政府　供图）

镇。2023 年上半年，三五丘七彩田园、大帽山境接待游客达 13.5 万人次，旅游收入达 1600 万元，新圩文旅名片更加鲜亮，翔安北片区文旅门户地位更加凸显。

（二）宜居建设更有品位

以“一革命四行动”为抓手，提高整体宜居水平。水治理方面，全面完成污水治理项目和首轮“正本清源”，古宅、曾溪水库断面水质达考核标准。垃圾治理方面，以全省第五名的成绩创建省级垃圾分类示范片区并保持高标准运行，垃圾治理经验得到推广，被称为“翔安模式”。农房整治方面，实施农房外立面整治 423 栋、坡屋顶改造 502 栋，完成美丽乡村项目建设 28 个，镇村容貌品质显著提升。村容村貌整治方面，完成“三理三清三拆三整治”行动全覆盖，腾退近 20 万平方米的空间，清退小规模机砖厂、塑料加工厂、小石材厂以及生猪、家禽（保留场除外），腾退面积 44.3 万平方米；“五个美丽”建设扎实推进，107 个“美丽项目”完成建设。厕所革命方面，新改建 24 座农村公厕达二级公

村容村貌整治后的大帽山社区（新圩镇政府　供图）

厕标准，农村无害化卫生厕所全覆盖。生态治理方面，保质保量完成每年“三沿一环”环城景观带等造林任务，后亭等村探索“农业林业碳汇交易促乡村振兴”模式，走在全区前列。

（三）文明成果更加丰硕

文明单位培育成果丰硕，培育多个文明乡镇和文明村，新圩镇蝉联省级文明乡镇，在2022年文明村镇届中测评结果优异，马塘村获评全国文明村。文明实践站（所）引领文明风尚作用凸显，全镇志愿者注册率达15.8%，志愿服务提供超过1万人次。非遗传承、历史文化、民间技艺得到有效保护与传承，“新圩三子”文化品牌成功打造并登上央视舞台。乡风评议、移风易俗、好家风建设有效探索，先锋模范标杆树立更加广泛。近5年全镇获评各类道德模范、好媳妇等61人次，评选各级文明家庭、“最美家庭”“最美绿色家庭”等67户。文化设施更加完善，农村文化惠民工程深入实施，群众精神文化生活更加丰富、更有质量。

（四）基层治理更加精细

党发挥总揽全局及协调各方作用，村（居）“两委”换届100%实现书记主任“一肩挑”，专兼职人员整合顺利完成，网格化管理全覆盖，基层治理更精细，矛盾化解更及时，历史遗留问题成功解决。常态化开展平安建设，加大欠薪整治力度，获评省级劳动关系和谐乡镇。各领域安全隐患排查整治深入开展，创新农贸市场监管机制，实行镇区停车物业化管理，新圩社区现代化治理成效明显。新圩镇获评乡村治理示范乡镇，马塘村、面前埔村获评乡村治理示范村。

（五）民生福祉更加优厚

社会保障范围扩大，城乡居民医疗、养老保险全覆盖，失地农民养老保险应保尽保，近5年财政投入社会救助资金逾1亿元。民生福祉优厚，小镇客厅等建成投用，农村快递服务网络实现全覆盖，新圩学校何宅校区新增学位2000个，尊师重教、奖教奖学氛围愈加浓厚。就业创业支持充分，就业保障政策全面落实，“政府＋企业”培训模式探索推进。村集体经济逐年提升，9个村集体收入超50万元。农村居民可支配收入逐年递增，农民生活幸福指数不断提升。

四、经验启示

（一）塑造一面旗帜，为提速振兴聚合力

新圩镇作为革命老区、闽南侨乡和农业古镇，自古就有勇敢拼搏、敢为人先、艰苦奋斗的精神。镇党委提炼出“艰苦奋斗、拼搏创新”的“马塘精神”，提升了人民的自豪感和归属感，为乡村振兴注入动力。以党建引领，挖掘地方优秀文化，加强舆论引导，涵养集体精神力量，塑造特色鲜明的地方精神旗帜，凝聚社会振兴合力，是加快启动和持续振兴的内生动力。

（二）强化两个抓手，为全面振兴提效率

一是坚持目标抓手。为提高乡村振兴效率和质量，先后围绕创建省级文明乡镇、省级垃圾分类示范片区、省级全域生态旅游小镇以及承办厦门市首届种业博览会等目标，以目标倒排创建任务，以任务匹配乡村振兴目标要求，取得了“一举多得、事半功倍”的工作成效。

二是坚持“动线”抓手。打破“点—线—面”工作常规推进路径，优先从“线”上着手，按照“先定线—后铺点—再构面”的思路，落实以线铺点、以线构面、全域推进，促成较好较快推进乡村振兴：

1. 乐野山踪：“马塘山—大帽山”乡村振兴线路

该线路途经 7 个村，全长约 13 千米，以创新推动乡村产业发展，改善农村人居环境风貌，提高产业基础设施配套水平，串联起多个景点，注入民俗文化元素，推动传统农业与手工业、乡村旅游、乡村民宿等产业融合发展，打造旅游动线。

2. 蔬香古韵：“面前埔—古宅”乡村振兴线路

该线路全长 10 千米，途经 4 个村，以“蔬果乡镇”为起点，围绕产业优势，打造产学研示范区、田园综合体；途经传统村落保护村庄云头村，修缮提升古厝，整治周边环境，活化古厝功能；在后埔村实施沿街风貌整治；终点为古宅村，提升解元巷文化核心区及产学研互动观光农业区。将文化融入产业发展，延长产业链条，培育产业特色和文化亮

点，打造“蔬香”与“书香”满溢的乡村振兴动线。

（三）树立三类典型，为全域振兴作示范

选择基础好、特色鲜明的村庄试点，培育出富美样板、田园综合体、康养旅居综合体三类典型，为全面推进乡村振兴提供示范。

1. 富美样板——马塘村

马塘村是银鹭集团的创始地，通过村企共建股份合作模式发展壮大，引导村民就地就业、创业、致富，走出了“以工带农、以村辅企、依企兴村、村企融合”的发展道路，为村庄建设奠定了经济基础。马塘村实施超前理念设计，实现综合管网下地，改造山体林和生态恢复工程，兴建污水处理厂，建设风格统一的建筑项目，其新农村建设经验被农业农村部编入典型案例，并蝉联 6 届全国文明村荣誉。

2. 田园综合体——面前埔村

面前埔村以高品质蔬果种植为基础，实施“一心带动、两轴支撑、三产融合、六片联动”发展路径。发展高优农业，成立农民专业合作社，推广大棚种植和无公害蔬菜等特色农业种植技术，打造标准化示范基地，与知名企业开展战略合作，年产值达 7250 万元。同时，打造面前埔田园综合体，开发 7700 余亩土地，运用“支部＋农户＋投资策划

面前埔三五丘七彩田园（新圩镇政府　供图）

公司＋旅游观光＋互联网”的发展方式，发展“农业＋”产业，实现一二三产融合发展。其中，三五丘七彩田园综合体采用“国企＋民企”合作运营模式，集观光休闲、农旅研学于一体，成为厦门市乡村振兴的示范项目。

3. 康养旅居综合体——大帽山社区

大帽山社区利用地理气候和古厝资源，构建“三国演绎”模式，打造大帽山境康养旅居综合体和猪小惠生态农场，带动家庭农场、乡食手作发展，实现就地振兴，推动厦门北部旅游圈联动。已完成寨仔尾里一期、二期建设，包括5个精品民宿组团、7栋民宿、7栋古厝、86个客房套间，并配套村落商业区、田园休闲区等建设内容。社区获评省级金牌旅游村、省级气候康养福地。

（四）优化四项要素，为持续振兴强化保障

一是强化人力支持。聘请台湾规划团队，提供“陪护式”乡村振兴咨询服务。邀请专家型人才，组建乡村振兴顾问团。积极培育新型农业经营主体，参与并引领乡村发展。强化技能培训，定期开展“新农人培育”，组织新型农民参加市、区相关培训，吸引本地有为青年加入农村建设队伍。开设农村社区书院、大讲堂，邀请专家交流授课，提高村民文化素养，培养懂农业、爱农村、爱农民的振兴队伍。

二是强化财力支持。积极争取上级各类财政资金，财政资金优先用于保障乡村振兴各项建设，近3年累计推动40余个乡村振兴项目建设，实际完成投资约2.3亿元。鼓励社会资金参与乡村产业发展、公共服务设施合作共建等，马塘、面前埔、大帽山等成功实践均得益于社会资本的参与；社会资本合作配套的充电桩、停车场等公共服务设施很大程度上解决了农村难充电、乱停车的难题。

三是强化政策支持。根据基层实际困难和需求，及时出台破解或扶持政策，如出台实施《关于优化营商环境助力经济高质量发展的若干服务措施》，吸引社会企业到新圩干事创业，助力新圩发展；出台农村危房“五原解危”方案，破解农村历史遗留房屋“翻修难、翻建难”问题。与此同时，通过机制创新厘清并疏通乡村振兴各环节痛点堵点，通

过“规范身份、岗位、编配、分工、待遇、管理”等“六个规范”的改革机制，将村（居）34 类岗位规范整合为 11 个岗位，人员压缩近 50%，解决了村（居）“事多岗多人多成本高”而“工作交叉扯皮效率低”的问题，切实提高村（居）基层治理和公共服务水平。

四是强化科技支持。坚持与时俱进发展，善于寻求科技支持。如：建立“五有”（即老有所终、幼有所教、贫有所依、难有所助、鳏寡孤独残废者皆有所养）社会救济信息平台，整合各类救济资源及困难群体信息，科学匹配促成高效精准救助；率先开发“农村垃圾分类上门收集大数据管理平台”，实现农业垃圾源头就地减量；探索开发“智慧城中村管理平台”，推动城中村消防、治安、防疫等领域智慧化管理、精准化管理。

案例评析

新圩镇作为翔安区乡村振兴主战场、主阵地，不等不靠，发挥优势，主动创新，通过党建引领、规划先行、品牌发展、机制创新、社会参与等实践，总结梳理出诸多有利于全面贯彻落实乡村振兴战略的推进策略、新型模式和机制，如群众参与环境治理的“积分超市”、区域公共品牌抱团发展、“市级国企＋区级国企＋国有农场”的融合运行机制等。新圩镇有关乡村振兴运行机制与路径选择的探索和实践，一定程度上为破除乡村普遍存在的生搬硬套式发展模式作出了有益探索和良好示范。

“水产+电商”助力村民搭上“致富号”快车

——东山县陈城镇澳角村的乡村振兴之路*

一、乡村概况

陈城镇澳角村位于漳州市东山岛东南突出部，与祖国宝岛台湾隔海相望，是一个以渔业生产发达、自然风光优美而闻名的渔村。澳角村具有丰富的旅游资源，从大帽山延伸出来的陆地向东伸展，形成一个狭长地带，及至东方尽处结成一个肥厚的大肉山。澳角村就处在这个南北皆是大海的狭长地带，南北两面海湾对弓，形成了少有的X形奇特景象。澳角周边海域分布有龙、虎、狮、象4个岛屿，惟妙惟肖，尤其是虎屿与象屿，从身躯、骨架、五官乃至皮毛，都极其逼真。龙屿中部有“一线天”奇观，极像侧面观世音像，形成了一幅“海上动物园”的神奇景象，令人赞叹大自然的鬼斧神工，故有四兽争肉（大肉山）、观世音南巡点化之传说。

澳角村共有913户4103人，面积约8.87平方千米，由澳角、湖雅和大帽山3个自然村组成，是一个集海洋捕捞、水产品养殖、海产品加工、电商、旅游于一体的新渔村。近年来，澳角村将丰富的自然资源优势转化为发展优势，整合串联滨海旅游资源，打造了妈祖文化公园、电商旅游一条街等旅游项目；配套游艇10多艘，游客可参与从捕捞、海钓到加工烹煮的全过程，真实体验渔民生活；培育渔家民宿25家，共有300多张床位，满足游客的多样化住宿需求。2022年社会总产值15

* 本文资料由林华忠（漳州市东山县澳角村党委书记兼村委会主任）提供。

澳角村独特的地理位置（张少华　供图）

亿元，村财政收入150万元，人均可支配收入5.8万元。澳角村连续六届获得全国文明村称号，并先后获得全国民主法制示范村、全国爱民固边模范村、全国最美渔村、福建省新农村建设示范村、福建省乡村旅游特色村、福建省生态村、漳州十大最美乡村、福建省金牌旅游村等荣誉称号。2023年11月，澳角村被农业农村部、中央宣传部、司法部评为第三批全国乡村治理示范村。

二、主要做法

（一）农村基层党建为关键，让组织作用“硬”起来

一是强化党员干部管理考核。组织“两委”班子，每年公开承诺年度工作目标，严格落实相关制度要求，督促干部履职践诺、干事创业。认真开展“总支推进、支部互学”活动，每季度组织5个党支部书记围绕农村基层党建开展观摩督导，学先进、找差距。

二是深化党员积分制管理。将党组织对党员参加组织活动、服从大局、岗位奉献、履行义务等方面的评价用分数进行量化，以累计积分的形式把党员履职情况和党性状况体现出来，充分调动党员生产、工作、

学习积极性，同时把积分作为党员民主评议和评先选优的重要依据。党员积分考核管理使党员日常管理工作更加精细化和科学化，促使党员主动践行“四讲四有”标准要求（讲政治、有信念，讲规矩、有纪律，讲道德、有品行，讲奉献、有作为），争做优秀党员。

三是实施“先锋创评”行动。开展支部先锋创评，细化支部创建标准，按照五个等次进行评定、动态调整。每年组织验收评定，对评定不合格的软弱涣散党组织，视情况采取党总支成员挂点、选任支部书记等方式，抓好集中整顿，促进转化提升。

（二）乡村产业振兴为重点，让村民增收“富”起来

一是培育电商微商新产业。利用现有电商微商基础，打造电商微商一条街，成为示范点。在价格质量、食品安全、售后服务等方面打造澳角品牌，进一步完善互联网销售管理体系，促进行业抱团发展，组建电商微商协会，加强行业发展自律，培育以“沈船长”为示范的 3～5 家较大规模商家，提高行业竞争力。近年来，以沈志辉为代表的水产品网络、微商销售大户，全村达到 100 多家。动员每艘钢制渔船配套大型冰箱，高端渔获第一时间速冻，确保渔获质量、电商货源充足，提升了渔获价值，每艘船每年增收 15 万元，增加渔民收入，促进渔业可持续发展，打造澳角电商品牌。

澳角村电商一条街（东山融媒　供图）

澳角村象屿（张叔渭 供图）

二是发展特色乡村旅游。得天独厚的生态自然环境，给澳角发展特色乡村旅游创造了优秀资源。澳角村秉承“绿水青山就是金山银山”的理念，着力在完善“吃住行游购娱”等旅游六要素上下功夫，发展民宿40多家、餐饮10家，配套安全游艇8艘、渔家乐体验游船10艘、打造出海游等乡村精品旅游线路，建设村中路主干道、旅游商品步行街、沿海景观公园、文化服务中心广场、旅游服务中心等配套基础设施，为乡村旅游夯实基础，每年接待国内外游客达10万人次。

三是壮大水产品精深加工产业。靠山吃山，靠海吃海，耕海牧渔成了澳角人经济发展的主旋律。在致力于提高水产品产量和附加值的同时，澳角村扶持现有海源水产有限公司、华珍食品有限公司2家水产品精深加工企业扩大规模，提高生产效益；利用深水海域的资源优势，鼓励发展深水养殖。

四是多种形式发展新型产业。澳角村拥有大马力钢质渔船97艘，近海作业、辅助船、游艇、乡镇管理船舶444艘，鲍鱼、对虾、斑鱼、藻类养殖场128家。在稳步发展的同时，澳角村“两委”未雨绸缪，积极探索经济发展新思路，鼓励群众通过自营、联合、参股形式发展新型产业；鼓励发展远洋捕捞，根据远洋捕捞的资质要求，协调组织人员进行船长、轮机长等职务船员“四小证”培训；开工建设澳角渔港经济区（中心渔港），为渔业发展奠定牢固的基础。

（三）完善基层治理为抓手，让村民自治“实”起来

一是“一村一约”，完善村民自我管理。结合“传承好家风家训家规”活动，制定村规民约。积极探索村民理事会、恳谈会等协商形式，建立健全民意征集、沟通酝酿、意见反馈等制度，保障村民有效参与村级事务管理。

二是“一村一网”，完善村民自我服务。重点围绕发展农业规模化经营、完善基础设施、简办红白事等方面，建立村“两委”主导、党员带头、村民共同参与的村级自我服务机制。健全完善农村党员责任区制度，推动联系服务群众常态化、长效化。

三是“一月一晒”，完善村民自我监督。严格落实“三务”公开办法，村级事务每月通过上公开栏、召开会议、广播喇叭等形式进行公开；对涉及村民利益的重大事项，随时公开。

（四）权力运行监督为保障，让农村法治“严”起来

一是坚持问题导向，综合施策狠抓治理。结合本村实际情况，对村民普遍关心的事项进行梳理、归纳，建立“小微权力清单”，切实做到“清单之外无权力”。对“小微权力”的运行从法规依据、管理权限、运作流程、执行标准等方面逐项进行限制和规范，厘清基层干部权力边界，使基层干部的权力始终处于制约之中，减少用权随意性，真正实现“让权力阳光、给群众明白”。

二是推进“阳光村务”，构建立体监督网络。以规范“三资”管理、农村小微权力清单管理、村监委会作用发挥为重点，通过电子显示屏、公开栏、“明白纸”等方式，使财务收支、资金使用、重大事项决策等热点问题置于群众监督之下，从而有效遏制微腐败和侵害群众利益问题的发生。

三是建设服务中心，打通法律服务体系。依托便民服务中心、党群服务中心，设立村公共法律服务站，健全规章制度，作为化解矛盾纠纷、提供法律咨询的服务阵地。相关工作人员轮流值班，构建“前台统

一受理、后台分别办理、结果及时反馈”的一站式窗口服务，较好地满足了群众的法律服务需求。

(五) 弘扬传统文化为基础，让农村德治“活”起来

一是借表彰仪式，创新活动宣传载体。举行五好家庭、好媳妇、文明家庭、星级文明户、模范党员示范户表彰仪式。邀请好家风好家训好家规代表人物寄语，共同分享家规家训家风在传播家庭美德、弘扬传统文化中起到的各种促进作用。让更多群众知晓并踊跃参与创建平安家庭建设，营造“家家争创文明、户户争当最美”的良好氛围。

二是借活动平台，开展家庭故事征集。为深入挖掘优秀家风故事，展示家教家风的精神力量，向全村发起建设好家规好家训好家风活动倡议，收集最美家话、最美家事，征集展示家庭美德的家风家训家规和家庭温馨和谐的感人故事，掀起全村热议家风话题热潮。

三、发展成效

澳角村走生态路、吃旅游饭，坚持探索融合业态，拓展远洋捕捞，勇敢闯海致富和旅游文化产业，积极推动渔旅深度融合，全力推动生态养殖发展，捕捞产业、养殖产业、电商产业、民宿产业等新兴产业初具规模，形成了环环相扣的良好态势，发生了翻天覆地的变化，从原来的“报纸订不起，电话通不起，煤油灯点不起”的“三不起”跃升为“看山上郁郁葱葱，看路上新楼别墅，看海上生机勃勃，看人面喜气洋洋”的“四看”新局面。

(一) 经济发展有后劲

目前，澳角村有电商企业 100 多家，从业人员 700 余人，电商年销售额超 4 亿元，实现村民增收 4000 多万元。澳角村通过电商发挥了本地水产资源的优势，助力海鲜外销与村民致富。澳角村民用智慧和双手实现了由传统落后的渔村到现代美丽渔村的华丽蝶变。全村拥有钢质渔船 97 艘，鲍鱼、对虾、海带、紫菜等养殖场 128 家，电商企业 100 多家，各类水产品加工厂 38 家，年产量 3 万多吨，产值 4 亿多元，创税 2500 万元。有效整合资源，着力打造乡村旅游精品路线，每年慕名而

来的国内外游客达10万人次。

(二) 人居环境不断美化

近年来，村“两委”依托全国文明村优势，向上争取资金建设惠民工程。通过村民代表大会、村“两委”会决议，公开招投标各项建设项目。2020年投入1400万元建设村中路、服务中心广场及道路改造提升工程、潮声市场改造提升工程等项目。如今，全村60%的家庭拥有小轿车，每年80%的家庭组织到国内外旅游观光、休闲度假、学习考察，95%以上的村民都住上了小别墅，达到产业兴、渔家富的效果。村容村貌焕然一新，营造了良好的宜居环境。

(三) 文化生活不断丰富

通过打造一个文化阵地、一支文艺队伍、一批文化能人、一条文化街“文化四个一”，营造良好的文化氛围。涌现出以许海钦、林华忠、沈舜欣、沈美惜等为代表的省市级作家和诗人，拥有渔民画家陈结定、海柳雕刻大师沈细坤、广场舞带头人许丽香、全国少儿歌唱冠军沈丹婷等一批文化能人。如今，“男人下海能捕鱼，上岸能写诗；女人在家能织网，上台能歌舞”成为澳角另一道独特风景。

(四) 乡风文明展新貌

自开展乡村治理体系创建工作以来，涌现出一批如林巧娥、沈立辉、吴明保、沈春东这样的公益热心人、好婆婆、好丈夫和先进个人代表，也涌现出一批如许海钦、陈结定这样无私奉献的乡贤。他们在不同的岗位，用他们自己的方式赞助校园足球队、图书馆，建设诗歌摄影社、海峡艺术馆、乒乓球协会，帮扶弱势群体等。这一系列反哺桑梓的爱心行为，温暖了这片故土，为推进乡风文明发挥了积极的作用。

四、经验启示

(一) 坚持党建工作统领一切工作

澳角村以强基固本为核心，致力打造“海味党建、号角先锋”党建品牌。通过成立海上党支部，发挥渔民党员优势，着力在安全生产、海上救助、渔船越界生产管控等方面发挥重要作用，切实把基层党组织建设成为坚强的战斗堡垒，激发了党员的奉献热情，建设成为党联系群众的桥梁和纽带。村党总支在严格落实“三会一课”制度的基础上，邀请青年团员参加党支部主题党日活动，尤其是学习领会习近平新时代中国特色社会主义思想和党的文件精神，确保党的创新理论和最新精神传达到每一名共产党员，引导青年团员以党员的标准严格要求自己，始终听党话、跟党走。围绕深入实施乡村振兴战略，坚持以党建带团建，抓团建促党建，着力发挥广大青年主力军、生力军的作用，探索“青年＋学习、青年＋创业、青年＋阵地、青年＋服务”四大举措，努力走出党团共建的新路子，让澳角这个全国文明村内涵更实、动能更足。

（二）坚持生态保护与经济效益和谐发展

澳角村地处南海与东海交汇处，与闽东渔场、台浅渔场、粤东渔场毗邻相望，始终坚持生态保护与经济开发协调发展，充分利用独特的资源，大力发展绿色产业和乡村旅游，形成“大帽山贝丘遗址→妈祖文化公园→前江沙滩→龙虎狮象四屿”旅游精品路线，将资源转化为发展优势，因地制宜打造了一条产业转型之路，海洋捕捞、海产品加工、水产品养殖、民宿微商等几大产业初具规模，真正实现了以开发促发展，以发展促保护。

（三）保障党员监督权利，促进基层民主

澳角村注重民主、公开、透明，重大事项实行村民代表一事一议民主决策，切实保障党员充分行使监督权、批评权、检举权等权利，不断拓宽党员群众参政议事渠道，充分发挥村党组织推动发展、服务群众、凝聚人心、促进和谐的作用，使基层民主深入人心。通过“四议两公开”工作法的实践和完善促进决策规范化，集体资产处置、贫困户低保户评选、惠农补贴发放等所有村级重大事项都必须在村党组织领导下，按照“4＋2”的程序决策实施，让群众知道、参与、做主、监督和满意。

（四）围绕新时代文明实践，实施“服务提升”行动

澳角村统筹利用村级党群服务中心、党员活动室、便民服务室、农家书屋等现有阵地各类公共服务设施，严格按照“六有四统一”的标准（有固定办公场所、有桌椅、有电脑、有电视、有打印机、有资料柜，统一门牌标识、统一工作牌、统一图版专栏、统一台账资料）设置了党员活动、民事纠纷调解、文体活动、远程教育等活动室，按照一室多用、功能完善的原则进行了合理布置，配备各项设施，推进村级组织活动场所提质升级，把村级活动场所打造成党员群众的活动平台、教育群众的文化平台、农民致富的信息平台、便民利民的服务平台。一方面以社会主义核心价值观、习近平新时代中国特色社会主义思想、村规民约、优秀家风家训、移风易俗、倡导文明健康生活方式等为主题，开展理论宣讲和实践活动，打造便于群众理解和接受的宣传阵地，让群众在耳濡目染中学理论、强思想；另一方面以文明风尚、教育关爱、文化惠民、科技普法、体育健身、卫生健康、生态环保为主要内容，聚焦群众需求，开展卫生清洁、敬老助残、文艺表演等服务项目，积极组织志愿服务活动，丰富群众业余生活和精神世界。以创建文明村为抓手推进建设富美新渔村，使乡村成为奋斗热土、幸福乐土、绿色净土、丰收沃土，把乡村建设为宜居宜业宜游的幸福家园。

案例评析

澳角村因地制宜、因村施策，做好“海”的文章，以水产加工业为支柱，促进水产精深加工，发展蓝色海洋经济。与京东、阿里巴巴等平台合作，推进市级示范村电商服务站点建设，拓宽了东山水产品销售渠道。村“两委”充分利用已有的产业资源优势，相继出台扶持水产电商、旅游民宿的政策，致力于打造水产电商一条街与“智慧渔村”旅游项目，发挥本村电商企业的集群效应，为游客提供综合服务。随着电商和旅游业的快速发展，澳角村对专业技能人才的需求将逐步增加，可能出现缺乏相配套的培训机会和人才储备等问题。游客数量的增加对澳角村的交通、住宿、卫生等基础设施也将有更高要求，基础设施建设有待

加强。因此，未来澳角村可以通过与高校、科研机构等单位建立合作关系，为村民提供电商、旅游管理等方面的培训，提升村民的技能和整体素质。继续拓展电商渠道，利用大数据、人工智能等现代技术，提升电商平台的运营效率和销售能力。同时，应继续投资于交通、住宿、娱乐等基础设施的建设和改造，全方位提高服务质量和村庄旅游承载力。

以“甜蜜产业”带动乡村发展

——长汀县濯田镇寨头村乡村振兴案例*

一、乡村概况

濯田镇寨头村地处长汀县北部，东与长汀河田镇根溪村胡屋寨接壤，南连本镇刘坑村，西接本镇同睦村，北与长汀策武镇当坑村交界，紧靠省道221线，距集镇所在地15千米，距县城23千米。全村现有土地面积10031亩，其中耕地面积1055亩，山地面积8976亩。全村下辖4个自然村、7个村民小组，总人口285户1082人。寨头村是省委组织部挂钩联系村，也是福建农林大学成果转化示范基地所在村。

寨头村曾是一个对外交通基本靠走的边远山区。2016年以前，村内瓦房破败，道路狭窄坑洼，村民出行不便，经济发展滞后。实施乡村振兴战略以来，濯田镇党委、政府以“跨村联建”为抓手，始终坚持党建引领，不断推进寨头村等乡村振兴试点示范建设，充分结合寨头村自身资源禀赋，引导该村坚持党建引领，紧紧围绕“红红的濯田，甜甜的寨头”，融入县精品乡村旅游路线，高起点谋划、高标准定位、高效能推进，打造集“种、产、销、研、吃、娱、学”于一体的“甜蜜产业”，产业发展初见成效，人才队伍持续优化，乡风文明向善向好，村容村貌焕然一新，组织力量不断凝聚，在新起点上实现了新跨越，创建乡村特色旅游金牌村，向社会各界全面展示濯田风采。

---

* 本文资料由刘媛（长汀县濯田镇政府宣传办负责人）、廖丽榕（长汀县濯田镇寨头村党支部书记助理）提供。

寨头村村容村貌（寨头村委会　供图）

二、主要做法

（一）党建+产业发展，打造乡村振兴“动力引擎”

寨头村党支部以“歌中画境·丰收客寨”为村庄定位，以“一镇一业，一村一品”为发展目标，立足高质量发展，努力打造“红濯田、甜寨头”红糖文旅精品产业。

1. 谋划发展，布局“总基调”

濯田红糖古法制作技艺历史悠久，是濯田镇重要的风物标识。目前，全镇甘蔗种植面积3000余亩，共有红糖加工作坊18个、古法制糖手工艺人60余人，年产古法红糖4000吨，产值6000万元。寨头村在原有的红糖生产规模的基础上，从种植、生产、销售、研发及研学等方面对红糖产业进行规划，以建立一个具有较高附加值的可借鉴、可复制的红糖产业示范基地、打造一个集“种、产、销、研、吃、娱、学”于一体的“甜蜜产业”、发展一个“生产、参观、体验、购物”一条龙的花园式生态休闲综合体，全力打造富有寨头村特色的农产品品牌，加快

濯田红糖厂外景（刘媛　供图）

推动农业产业转型升级，为更好地挖掘红糖文化、释放红糖潜力、发展红糖产业贡献“寨头力量”。

2. 规模发展，弹好“协奏曲”

一是探索模式，产生利益联结。寨头村党支部探索“公司＋基地＋农户”的产业化经营模式，通过利益联结机制带动农户发展甘蔗种植。通过“加工促种植，以种植保生产”互利共赢的科学方式带动区域经济发展，形成“以公司为龙头，龙头带基地，基地联农户”的新格局，满足市场对红糖加工产品的需求，促进项目区农业产业结构调整、农业增效、农户增收。

二是以点带面，发挥“头雁效应”。按照“大村带小村、中心村带周边村、强村带弱村”的思路，寨头村党支部积极发挥“头雁效应”，落实“三跨”（组织跨村引领、资源跨村共享、产业跨村培育）措施，推动乡村振兴产业发展由“单兵作战”向“团体作战”转变。

三是深化合作，谋求共赢发展。与福建农林大学国家甘蔗工程技术研究中心签订技术服务合同及红糖产业战略合作框架协议，成立调研团队，选育优质甘蔗苗，建立育苗育种基地，促成寨头村糖蔗和甘蔗产业聚集。由专业团队指导红糖加工厂内部设计和技术标准制定，开发红糖配套产品，稳固产业联结；与供销社、中央厨房等签订战略合作协议，探索扩大红糖销售渠道；推荐使用濯田红糖作为盼盼食品公司的原材料，探讨乡企、村企党建共建和产业合作。

3. 做优发展，奏响“大合唱”

一是推广糖蔗良种，打好产业发展基础。寨头村以甘蔗种植、红糖加工为主营项目，由党支部领办合作社，流转200亩土地规划种植甘蔗。与福建农林大学合作建立国家甘蔗工程技术研究中心良种示范基地，在全镇推广示范。已从福建农林大学引进4个高糖分甘蔗品种，兼具抗寒抗旱、抗病虫害、抗倒伏等优势，新品种的糖分含量普遍在15％以上，预计有效提升红糖产量20％～30％。

二是培育龙头企业，做好科学技术支撑。寨头村党支部致力于培养集糖蔗种植、红糖加工、开发及销售于一体的标准化企业，制定标准化工艺流程，探索现代设备与古法熬糖工艺的有机结合方式，创新发展古法手工熬糖产业，将红糖事业做优、做强、做大、做好。

三是抓住时代契机，推动文旅融合发展。寨头村党支部打造“田园牧歌·七星闪耀”示范片区，利用甘蔗和古法红糖熬制优势，融入长汀县乡村旅游路线。采取“基地＋产业＋文旅”模式，将红糖文化和制作体验融入研学课程，建设“甜吧”，延伸红糖全产业链条，开发系列红糖饮品，实现高品质示范。

（二）党建＋人才支撑，激活乡村振兴“源头活水”

福建省委办公厅喻俊珊担任寨头村党支部第一书记，省委组织部引进生傅晨明担任党支部副书记，福州大学硕士研究生廖丽榕担任寨头村党支部书记助理，发挥人才优势，积极向上沟通联系，有效提高党组织战斗力；吸引种植大户王玲水带头加入长汀县甜田种植农民专业合作社，种植新品种甘蔗50亩；引进黄德平、黄木长等致富能手，建设“田园牧歌·亲子农场”和吴茱萸种植基地，打造宜居宜游的田园综合体，形成“农业＋休闲旅游＋互动体验”的多元化要素结合的新农业模式。

（三）党建＋文化立村，做好乡村振兴“铸魂工程”

一是打造一个村庄规划体系。围绕“鱼米之乡”“长汀的小江南”

等人文资源，联合浙江工业大学工程设计集团，编制《长汀县濯田镇寨头村村庄规划（2020—2035）》，形成产业融合、规划合理、集多功能于一体的空间布局。

二是提升一个景区文化工程。着力打造客家鱼莲文化，依托传统建筑文化，提炼客家吉祥文化，融入景区周边，构建出具有寨头地方特色的景观风貌。

三是讲好一个梦里花开故事。依据村内古史传记，汇编人文历史拾粹“梦里花开”丛书，讲好寨头故事。积极宣传身边好人好事，树立程春香敬老爱亲模范典型，形成尊老爱幼的良好风尚，修订完善村规民约，推行移风易俗。从2018年开始，每年举行“农民丰收节”，充分展示寨头村优良传统、民俗文化和美丽乡村建设成果。

（四）党建＋环境整治，织密乡村振兴“绿色网络”

一是以绿色发展作引领。多次组织相关人员前往龙岩上杭、连城、武平和长汀县馆前、策武等乡（镇）学习垃圾分类先进经验，把可持续发展、绿色发展理念贯穿于改善农村人居环境各环节和全过程，形成“村收集、镇转运、县处理”的垃圾无害化处理方案。

二是以创新机制促长效。探索人居环境整治模式，收集意见，制订《寨头村门前三包责任制考评方案》，发挥党员文明新风劝导队和理事会作用，老党员带头宣传，开展“文明户”评比挂牌活动，树典型、立标杆，引导村民养成良好卫生习惯，营造“学、比、争”氛围，将“一处美”扩展到“全村美”。

三是以农房整治为目标。党支部带领党员推进美丽宜居村庄建设，聚焦农村人居环境整治提升，组织“两治一拆”行动。党员带头拆除自家“空心房”，宣传动员其他村民参与整治，形成良性循环。寨头村共整治7004.2平方米“空心房”、4577平方米裸房，闲置土地得到开发利用，村庄面貌焕然一新。

（五）党建＋组织管理，建强乡村振兴“战斗堡垒”

寨头村党支部始终坚持党建引领，持续发挥“领头羊”作用，不断增强带领群众致富的本领，为持续推进乡村振兴建设注入强大牵引力。

一是配强村“两委”班子。经2018年村“两委”换届，村“两委”干部知识化、年轻化趋势明显，为乡村振兴发展打下人才基础。成立乡村振兴战略领导小组，强化工作责任意识，细化分解任务。加强村“两委”干部、党员培训，提升推进乡村振兴工作的能力水平。

二是强化党员教育管理。建设“寨头村党建广场”“党建长廊”“党群服务中心”“红土生态先锋”党员活动室等党员活动阵地，创办“红土·生态初心讲堂”，邀请县委组织部领导和县委党校教师前来授课，加强党员教育管理，提升党员干部政治理论水平。

三是健全制度保障。以“不忘初心、牢记使命”主题教育为抓手，加强基层基础建设，严格落实各项制度，规范基层党组织。实施“五星党员户”评比制度，制定考评方案，开展创评活动，奖励五星级党员户，推动党员在传播文明、弘扬美德、促进乡村和谐方面的引领作用，加快寨头村文化振兴。

三、发展成效

（一）产业发展有效提质

将闲置村级集体资产进行改造升级，打造红糖产业示范基地，逐步形成包括甘蔗种植、红糖生产、红糖及系列产品研发、文创及销售的“甜蜜产业”。在濯田镇党委、政府的大力支持和团队成员的通力配合下，寨头村全力推进濯田首家标准化红糖厂建设，并在传承濯田古法制糖技艺的前提下进行标准化生产工艺改造，成功申请了食品生产许可证，注册了产品商标。2022年，濯田红糖厂年产量200吨，带动200余名村民加入红糖产业，促进村集体增收30万元，吸引接待游客3万人次，带动周边商户增收20余万元。2023年，红糖文创研学馆开始建设。

（二）人居环境全面改善

通过开展美丽乡村建设及危旧房整治等一系列专项整治行动，昔日垃圾乱倒乱放现象得到根本改善，基本实现庭院整洁有序，房前屋后清洁舒适；河道障碍物和垃圾得到了有效治理，黑臭水体整体消除，形成水流清畅、岸绿整洁的乡村水景；旱厕、“空心房”全部拆除，农村无害化厕所普及率达到 100%，村容村貌焕然一新。先后荣获全省乡村振兴试点村、省乡村旅游村、省级森林村庄等省、市荣誉 14 项。

四、经验启示

（一）强化组织保障

始终坚持将支部建设作为推动乡村振兴建设的先决条件，深入挖掘村“两委”优秀后备人才，引导在外乡贤、大学生、退伍军人、种养能人等优秀人才返乡任职。现寨头村“两委”班子平均年龄为 41 岁，村“两委”成员中拥有大专以上学历 3 人，实行支部书记和村委会主任“一肩挑”，整体呈现出知识化、年轻化特征，为寨头村乡村振兴发展打下坚实基础。近年来，寨头村以提升党支部的组织力为抓手，通过“党建+”模式，建好建强支部班子，创新产业发展模式，打造生态文化旅游，推动产业从无到有，村集体经济从弱到强，走出了一条适合当地的乡村振兴发展道路。健全村干部报酬待遇、村级组织活动和公共服务运行经费定期增长机制，引导干部在农村干事创业。不断加强农村干部队伍监督管理，持之以恒正风肃纪，廓清农村政治生态。

（二）发展特色产业

积极思考、主动谋划，因地制宜，立足现有的产业及生态优势，发挥试点作用，融合周边村的历史文化优势、自然资源优势和农业产业优势，形成乡村振兴发展示范带，持续整合政策资源、自然资源和人才资源，制定科学的发展规划，发展壮大村集体经济，带领群众走上共同富裕道路。与县域经济协同发展，拓展农村一二三产业融合空间，构建现代产业生产体系、经营支撑体系，培育专业化市场化服务组织，促进资源要素的优化配置和集约利用。同时，引导农民增强社员意识、合作意识、组织意识，通过股份合作、支部领办、订单管理等模式，实现农民与产业发展的有效对接，让农民分享更多产业增值收益。

（三）提升治理水平

加强乡村自治建设，健全党组织领导的村级工作运行机制，推行“四议两公开一监督”（村党组织提议、村“两委”会议商议、党员大会审议、村民会议或村民代表会议决议，决议公开、实施结果公开，接受党员、村民的监督）等做法，引导群众进行自我管理、自我教育、自我服务和自我监督。加强乡村法治建设，开展法律进农村活动，深化基层法治示范创建，完善农村法治服务，引导干部群众尊法学法守法用法。推进平安乡村和“雪亮工程”建设，建立网格化服务管理模式，加强信访评理室建设，完善农村治安防控体系，开展乡村扫黑除恶专项斗争。加强乡村德治建设，开展群众性精神文明创建活动，如文明家庭等，开展建村标、立家风、讲家训等活动，引导农民爱党爱国、向上向善。

（四）扩大宣传力度

乡村振兴需要社会各界理解和支持，寨头村利用媒体宣传，开设专题专栏，展示乡村文明新气象和乡村发展新风貌，提升社会对乡村振兴的知晓度和支持度。同时坚持以人民为中心的发展思想，尊重农民群众的主体地位和创新创造精神，广泛宣传和深入动员，调动社会各界特别是农民群众参与乡村振兴的积极性、主动性和创造性，持续凝聚推动乡村振兴的强大合力。

案例评析

寨头村以“跨村联建”为抓手，围绕乡村耕地、山地等资源禀赋和濯田古法红糖制作技艺，聚焦“红红的濯田，甜甜的寨头”这一“甜蜜产业”，主动谋划打造富有寨头村特色的农产品品牌，形成“农业＋休闲旅游＋互动体验”多元化要素组合的新农业模式，推动乡村产业由“单兵作战”向“团体作战”转变，发展壮大村集体经济，带领村民走上共同富裕道路。下一步要继续坚持“绿色生态”的发展理念，突出粮食安全，推进“菜篮子”工程建设，切实把农村特色资源优势转化为产业优势。同时应重视融合发展，加快发展农产品产地初加工和精深加工，完善农产品冷链物流体系，培育农村电商等新业态，推动农村一二三产融合发展，并注重与县域经济协同发展，通过融合周边村的历史文化优势、自然资源和农业产业优势，形成乡村振兴发展示范带，促进产业延链增值，提升乡村集体经济实力。

产业融合谋发展，“五个美丽”促振兴

——上杭县古田镇竹岭村的乡村振兴之路

一、乡村概况

古田镇竹岭村位于古田镇北部、古田会议会址 AAAAA 级红色旅游景区北侧，距镇政府所在地约 1 千米，下辖 4 个自然村，8 个村民小组，常住人口 320 户 1133 人。村域面积约 6 平方千米，其中山林面积 11490 亩、耕地面积 1868 亩。竹岭村生态优势突出，青山环绕，竹岭溪穿过村落，远山、近水、青竹、黛瓦交织形成一幅秀美的田园山水画，毛竹长势良好。气候温和，具备发展绿色产业的天然优势，适宜各

建设中的竹岭村（古田镇政府　供图）

类花卉、食用菌和无公害蔬菜的种植。毗邻梅花山国家级自然保护区，森林覆盖率高，空气清新，优良的自然景观为发展乡村旅游提供了良好的环境。人居环境好，村民依山傍水居住，村容村貌优美。近年来，竹岭村在国家实施乡村振兴战略的背景下，紧紧抓住全国农村综合性改革试点、省级乡村振兴试点等契机，聚焦“五个美丽”乡村建设，大抓项目建设和产业融合发展，积极发动群众和吸引民间投资，创新党建和社会治理机制，打造和谐美丽“趣竹岭”，取得较好的经济和社会效益，获评省级乡村振兴试点村，省级“一村一品”示范村等称号，在2022年全国乡村建设现场会上得到上级的高度肯定。

二、主要做法

（一）规划先行抓落实

一是规划跟着需要走。通过充分征求意见，明确竹岭村“竹福”“趣竹岭”“慢生活”发展定位，科学编制乡村发展规划，完成“一张村域发展管控图”“一张总平面建设意向图”“一张村民宅基地划定引导图”“一本村民建设引导手册”，一张蓝图绘到底，确保规划符合发展需要。

二是项目跟着规划走。围绕乡村振兴“二十字方针”，根据村庄规划和打造研学培训、休闲康养、现代农业产业特色村目标，从产业融合发展、基础设施提升、环境综合整治等7个方面策划47个项目，确保村庄规划转化为实实在在的项目。

三是资金跟着项目走。主动对接财政资金政策方向，争取项目建设补助资金，引导群众和社会资本参与项目建设，分期分批推进实施，确保策划的项目能快速落地见成效。

（二）干群齐心聚合力

一是“三三制”宣传。通过开好动员会议、推进会议、村民代表大会“三会”，用好短信、微信、给群众一封信等“三信”，镇村干部带着政策讲解，拿着图纸说明，量好数据算清，营造浓厚乡村振兴、人居环境整治工作氛围。

二是“火车头”引领。创立村党支部“1＋3＋X”工作机制，以村党支部为龙头，设立老党员文明创建先锋队、产业发展先锋队、青年创业先锋队3支党员先锋队，带领群众谋发展、抓发展、促发展、比发展；试点推行党支部领办合作社发展村级集体经济，真正实现“支部有作为，集体有收益，群众得实惠”。

三是“排头兵”带动。充分发挥党员先锋模范作用，村主干、老党员、老干部等率先零补偿拆除旧杂房、“空心房”，让出地块用于建设停车场，搞村庄绿化等，在党员干部的带动下，群众支持参与环境整治的热情高涨，创立“美丽庭院”建设示范。

(三) 深化治理换新颜

一是加强基础设施建设。竹岭村大力推行“厕所革命”，建立健全污水处理模式，完成集中地区污水管网铺设、分散地区小型处理设施建设，实现生活污水全处理。进行环村道路硬化及“白改黑”工程，整治竹岭溪“一河两岸”，建设沿溪彩虹步行慢道，建成特色民宿、研学劳动实践基地等。

梅花山下竹岭溪（古田镇政府　供图）

二是整村推进农房治理。开展集中攻坚整治，完成裸房粉刷 193 栋 2.3 万平方米，完成坡屋顶改造 171 栋 2.5 万平方米，全村民房“穿新衣”“戴新帽”，村容村貌焕然一新。

三是分类处置闲置房屋。为加强闲置房屋综合治理，竹岭村共拆除“空心房”、危旧房 2.9 万平方米，对闲置房屋不是一拆了事，而是将结构稳定、有利用价值的房屋修缮改造建成茶舍、康养场所，既美化环境又实现价值提升。

（四）产业融合带民富

一是大力发展休闲康养产业。充分利用生态环境好的优势，盘活资产资源，布局休闲康养业态，发展庭院经济，引导村民创办特色民宿，实现集体增收、村民致富。

二是重点培育研学培训产业。依托紧邻全国中小学研学营地、古田干部学院优势，鼓励支持村民融入研学、培训等产业发展，建成竹文化广场、喊泉、水上单车、秋千等美丽小公园、小广场和青少年研学农事体验基地，研学培训产业日渐红火。

三是试点推行特色现代农业。学习借鉴山东寿光模式，落地乡土农业、红雨生态两家企业开发农旅项目，由党支部领办的合作社集体流转土地，建设现代农业示范园，带动村民发展蜜蜂养殖、特色种植等田园经济，建成无公害蔬菜等种植基地 1200 亩。

（五）创新机制促振兴

一是抓好党建攒足劲。试点推行镇党委领办联合社、党支部领办合作社，通过土地流转和整体开发利用，统筹要素发展村级集体经济。充分发挥党员先锋模范作用，党支部书记带头无偿捐地，率先参与“零补偿”拆旧，带动村民主动参与支持“两治一拆”和村庄建设。

二是盘活资产蓄潜力。梳理明晰村集体资源资产，拆除老旧轻钙厂、机砖厂、竹器厂等危旧房屋，将闲置土地通过以地入股方式建设“三农”服务中心、发展文旅康养产业等方式收租分红，拓宽村集体收入来源。

三是发动群众激活力。竹岭村创新推行无偿捐赠、置换使用、货币征用、确权留用等宅基地权属登记新机制，鼓励祖屋按“取之于众、用之于众”原则无偿捐赠，小面积地块适当补偿征用，大面积地块以“地票”形式予以确认，赢得征迁群众的支持。

三、发展成效

（一）特色产业稳步发展

立足当地高海拔气候和紧邻古田会址群红色优势，推行“旅游＋”产业发展模式，培育了粮食、蔬菜、毛竹、食用花卉、休闲康养、农村电商等特色产业。开展“我在乡间有亩田”活动，有力保障粮食安全。借鉴山东寿光模式，建成无公害蔬菜等种植基地 1200 亩。利用空置农房改建特色民宿，建成竹文化广场、沿溪景观、青少年研学农事体验基地等一批美丽庭院、美丽微景观、美丽小公园和美丽田园、美丽休闲农业景点，年接待中小学研学团体和各类游客近 10 万人次。培育家庭农场 13 家、电商服务中心 1 家、市级龙头企业 1 家，获评福建省劳动教育基地。

（二）人居环境有力改善

乡村振兴战略实施以前，村庄发展缺乏规划，建设无序，裸房、“空心房”林立，鸡鸭满地跑，垃圾乱丢，污水横流，乡村建设缺乏吸

竹岭广场（古田镇政府　供图）

引力，人员流动大。通过持续开展“一革命四行动”，实施“两治一拆”“三清一改”、农村建设品质提升等行动，如今，竹岭村绿亮美环境基本形成。旱厕全面清零，全面推行三格化粪池，实行垃圾收费制和垃圾分类制度，采取“村收集、镇转运、集中处理”方式，实现生活垃圾“日产日清”，常态化做好保洁管理。建立集中纳管、生态湿地、小型厌氧池处理、农田消纳 4 种污水处理模式，实现生活污水全处理。积极推进农房整治，完成裸房整治 193 栋 2.3 万平方米、坡屋顶改造 171 栋 2.5 万平方米，建成美丽乡村庭院 45 户、美丽乡村微景观 28 个、美丽乡村小公园（小广场）5 个、美丽田园 3 片。

（三）乡风文明向好向善

开展“红古田大讲堂”“模范苏区讲习堂”等主题宣讲活动，大力宣传移风易俗“三字经”“村规民约”，开展文明家庭邻里互助活动等，转变老规矩，倡导新风尚。召开党员大会、村民代表大会、户主会，广发短信、微信、给群众一封信，大力宣传新时代乡村治理方针政策。积极开展志愿服务活动，受益群众超 1100 人次。积极开展村级文化活动，鼓励开展“村晚”、民俗展演等形式多样的文化体育活动，培育良好文化氛围。

（四）乡村治理协同加强

健全村党支部和村委会组织。现有村“两委”干部 5 人，平均年龄 39 岁，书记主任“一肩挑”，女性支委和村委各 1 名，大专以上文化程度 2 人。开展“我来跑”“上门办”代办服务 35 件，解决群众“急难愁盼问题”26 件。乡村矛盾纠纷有效化解。落实“一村（居）一法官”实施方案，完善矛盾纠纷多元化解联动机制，受理调处各类矛盾纠纷 3 起；建设“乡融庭”司法便民驿站，调解案件 1 件。积极推行“清单制”“红黑榜”，完善“一约四会”，共建共治共享格局有效形成。

（五）社会事业协调发展

持续用力巩固拓展脱贫攻坚成果，持续推进激励性产业帮扶，全村建档立卡贫困户 13 户 18 人全部摘帽，其中 2 户通过种植状元豆成为示范带头户。加强乡土人才队伍建设，培育高素质农民 23 人。环村道路、

“一溪两岸”等基础设施进一步完善，完成环村道路硬化8条9.6千米，其中“白改黑”4.5千米，建设沿溪彩虹步行慢道650米，实施村庄绿化1000平方米，建设停车场6处1500平方米。农村就医、就业、就学便利，实施居家养老服务设施公建民营，引进第三方运营上杭古田康养中心，群众幸福感、获得感明显增强。

四、经验启示

（一）坚持规划先行

面对环境乱、产业基础弱、“空心房”及违章建筑多等困难，竹岭村坚持科学规划，注重质量，以建设思路抓乡村建设。尊重历史与现状，遵循乡村自身发展的客观规律，分析村庄红色、绿色、人文等优势，依托现有山水脉络、村庄肌理，注重乡土味道，保留乡村风貌，按照“留白、留绿、留旧、留文、留魂”的要求，聘请专业设计团队，通过充分征求意见，明确了“竹福”“趣竹岭”“慢生活”的发展定位，按照多规合一要求，科学编制了村庄发展规划，让乡村建设有了一张切实可行的发展蓝图。

（二）尊重发展规律

在乡村建设过程中，注意保留村庄原始风貌，尽可能在原有村庄形态上改善居民生活条件，不搞有悖规律的激进大拆大建，力争建设成像城市般舒适的农村。在建设中充分利用老木料、老青砖、老窗花、老石板等有历史记忆的老材料，就地取材，变废为宝。突出基础设施建设、公益设施建设和共富产业建设，做到稳妥发展、循序渐进，避免因急功近利思想而造成重复、多头建设现象。

（三）尊重群众意愿

乡村建设是一项系统工程，必须坚持整体联动，发挥好政府的主导作用、农民的主体作用和社会各方的参与作用，形成美丽乡村建设的合力。充分调动群众主体作用，鼓励群众参与，接受群众监督，保障群众权益，鼓励广大群众投身美丽乡村规划、建设和维护，充分做到建设任务向群众公示、建设方案由群众选定、建设内容户户建档。

(四) 坚持建管并举

坚持规范化管理、制度化管理、市场化运营，严格落实“河长制”“路长制”“公厕长制”“土长制”等各项规章制度。积极发挥“一约四会”作用，通过全体村民讨论，围绕村风民俗、环境治理、乡村治理、项目发展等制定出台通俗易懂、简便易行的村规民约，在实践中让群众共建共享共管，提升广大群众的幸福感、获得感。

案例评析

竹岭村立足当地高海拔气候和紧邻古田会址群的红色优势，在党组织引领带动下，多措并举，在试点特色现代农业的同时，推行“旅游＋”产业发展模式，通过村庄整治，改造特色民宿，建成青少年研学农事体验基地等一批项目，走出了一条“红色＋绿色”新时代“和美乡村”的发展路径。未来，竹岭村应继续推进农业产业结构调整，大力发展特色农业、精品农业和绿色生态农业，积极引进和培育龙头企业，推动农产品加工业和乡村旅游业的发展，形成产供销一体化的产业链，提升农业附加值和竞争力，同时挖掘旅游产业潜力，促进产业融合发展。

推行产业振兴“四办”机制，探索共同富裕实现路径

——上杭县古田镇乡村振兴的主要做法和启示

一、乡村概况

古田镇位于上杭县东北部、梅花山南麓，地处新罗、上杭、连城三县（区）接合部，是龙岩市行政区划中心。相传，“古田”是因境内五龙村有一丘田为古代最早开辟而得名。古田镇是著名的古田会议会址所在地，又是梅花山国家级自然保护区所在地，入选 2003 年建设部和文物局评选的第一批中国历史文化名镇名单。古田镇政府所在地为古田镇八甲村，全镇总面积 369 平方千米，耕地面积 3 万亩，山林面积 44.5 万亩。下辖 30 个行政村、1 个社区，户籍人口约 2.5 万人。境内资源丰富，已查明铜、铁、锰、钼、铅、锌和石灰石、辉绿岩、花岗岩等 23 种矿产。全年气候温和，雨量充沛，年均气温 17.2℃，年均降雨量 1857 毫米，无霜期 262 天。竹木和水力资源丰富。古田是红色圣地、生态福地、历史名镇、旅游胜地，先后获评中国历史文化名镇、全国文明村镇、中国特色小镇、国家级生态乡镇、国家生态文明教育基地、全国特色旅游景观名镇、全国乡村治理示范乡镇和福建省特色小镇等称号。

二、主要做法

近年来，古田镇聚焦产业、人才和资金三要素，围绕钱从哪里来、资产资源怎么盘活、谁来投资和经营管理、村民怎么参与等问题，逐步探索形成“党委筹办、支部领办、企业操办、村民同办”乡村产业运营

“四办”机制。

(一) 党委筹办，聚力筑巢引凤

一是统筹财政资金，打造试点示范。为推进乡村振兴和共同富裕先行示范区建设，按照“普遍支持，重点打造”的思路，将上级各类乡村振兴项目资金统筹安排到资源禀赋好、发展条件成熟的村，集中资源力量打造试点示范，选择五龙和吴地试点推行乡村产业运营新机制，重点打造“福村”五龙和“袁梦村”。

二是统筹制定政策，激励产业发展。出台鼓励村集体筹集产业发展基金激励政策，给予最高20万元的1∶1配套奖励，鼓励各村筹资入股党支部领办的合作社，参与乡村产业项目建设运营，进一步拓宽村集体增收渠道。

三是统筹机制创新，推动项目实施。探索创新建设运营管理新机制，对确定的重点产业项目，仿照EPC＋O＋F建设运营模式，由产业项目运营公司负责规划设计、建设施工、日常运营和筹集部分建设资金，不可移动的资产和基础设施由党委、政府争取项目资金，可移动的经营性资产由运营公司采购，解决了运营公司初期投资大的问题。同时，每季度对运营公司进行绩效考核，给予一定的运营经费补助，解决了运营成本高的问题。

(二) 支部领办，汇聚发展合力

一是党支部领办合作社，激活沉睡资产。各村党支部成立以支部书记为法人代表、村“两委”干部和部分村民为成员的合作社，将登记在村集体股份经济合作社的资源资产，通过召开村民代表会议统一委托合作社管理，让集体资源资产决策程序更加便捷。

二是用活集体资源资产资金，壮大集体经济。将村集体的资金、资源、资产统一打包折股，入股股份制企业，或将资源资产租赁给股份制企业，参与乡村振兴项目开发建设。

三是汇聚村民资源资产资金，引领村民致富。集中流转村民的耕地、林地、荒坡地、闲置房屋等资产，以租赁或折股的方式参与发展产业项目，形成村民、村集体和合作社的利益共同体。

（三）企业操办，专业运营管理

一是公私股份合作，提高经营效益。引入社会资本和专业人才参与乡村产业发展，镇属企业与专业人才共同出资，合伙成立股份制运营公司，负责产业项目的规划建设和经营管理，充分发挥运营公司在人才、资金、技术以及市场等方面的优势，实现经济社会效益最大化。

二是固定资产以租代建，实现保值增收。不可移动的资产和基础设施建好以后，除道路、路灯和污水垃圾收集处置等公共基础设施外的经营性固定资产，按20年折旧计算租金，租赁给运营公司，既减少运营公司初期投入成本，又在确保资产产权基础上实现增收。

三是二次装修以租代修，确保项目快速运营。由党支部领办的合作社流转村民的资源资产，再转租给镇属企业，由镇属企业对所租赁土地或房屋，按照运营公司规划的产业项目进行建设或装修改造，相关费用按10年平摊到每月租金，再转租给运营公司开展招商运营，让所有业态项目既符合运营公司发展规划，又能够快速招商、投入运营。

（四）村民同办，促进共同富裕

一是就近就地就业，增加工资收入。实施乡村产业项目，发展乡村旅游、文创、研学培训等产业，拓宽乡村就业渠道，让村民实现家门口就业，享受务工收入。

二是资产资金入股，增加分红收入。多样化引导村民参与产业项目，除租赁、折价入股和直接投资外，创新实行“基础租金＋经营分红”的模式，即一方面享受基础租金收入，另一方面按产业项目的经营收入比例享受分红，既保障了村民的基础性收益，又让村民享受分红收益。

三是依托平台创业，增加经营收入。通过产业项目的实施和经营管理，让村民看到发展成效，进一步激发村民创业激情，村民可根据自身条件，利用公司搭建的运营平台，自主投资创业增收。同时，也吸引了许多人才返乡投资建设。

三、发展成效

通过实施“四办”机制，有效统筹政策、资金、资源，促进了红色旅游、休闲农业、教育研学、生态康养等产业融合发展，进一步激活乡村振兴活力，让广大村民在参与乡村振兴发展中增收致富。

（一）提升了乡村振兴试点示范成效

古田镇成功打造“福村”五龙、“趣竹岭”、吴地红军小镇、“袁梦村”、上福梅花小镇等乡村振兴示范点，将古田会议会址景区和梅花山景区串联成线，促进了“红绿”融合发展，提升了红古田片区建设成效。2023年3月，中国美丽乡村休闲旅游行（春季）推介活动在古田镇举办，以“袁梦村”为起点的“和美上杭，春来观花”美丽乡村休闲旅行线路受到农业农村部乡村产业发展司领导、与会嘉宾和各界媒体的一致好评，成功入选精品景点线路。

（二）推进了乡村产业项目顺利实施

“袁梦村”围绕生命康养、生态教育、生活牧心三大板块，规划设计牧心谷、洗心谷、养心谷、山里的家4个项目区域，建设星空露营地、稻田餐吧、禾下茶室等18个景点，大力发展自然研学、田园观光体验、餐饮民宿、露营戏水、乡村直播、民宿康养等乡村休闲旅游业态，增强游客的参与感与体验感，增加营业收入，实现田园生产、田园生活、田园生态的有机统一和农文旅融合发展。自2022年9月至今，累计接待游客1万余人次、学生研学9000余人次。

“袁梦村”星空露营地（古田镇政府　供图）

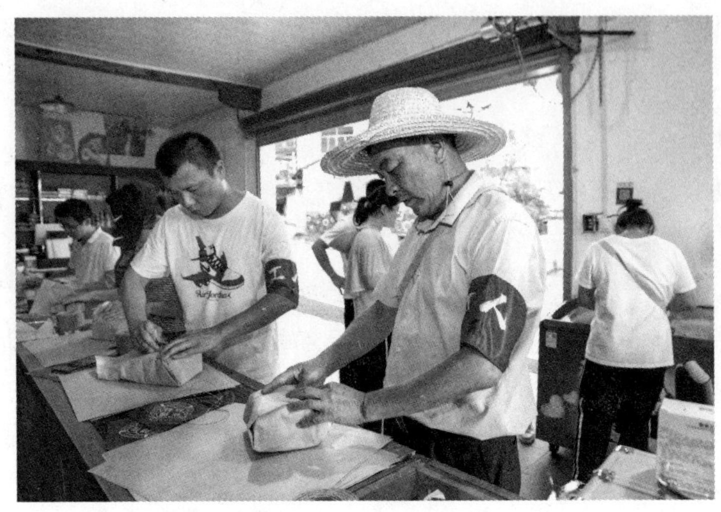

“福村”五龙沉浸式体验活动现场（古田镇政府　供图）

（三）激发了社会资本参与乡村振兴的积极性

“福村”五龙、“袁梦村”以“镇属公司＋企业＋村合作社”建设，投资超1000万元，其中社会资本投资比例超50％。在推进实施“袁梦村”项目过程中，以牧心方式倡导生态康养，进一步深化“袁梦文化”，赋能品牌化发展，创建“红谷田福”“忆古思田”品牌，新增露营休闲、溯溪旅游等新业态，进一步丰富了乡村旅游体验感，增加了收入。

（四）搭建了乡村人才振兴服务平台

“福村”五龙和“袁梦村”建设过程中，各企业利用市场机制优势，组织各类专业人才参与项目建设，有效促进了人才振兴。例如“福村”五龙发布招募令，吸引各地人才成立工作站，进行策划、规划、设计、投资、制作、建设、治理、招商、运营等工作。“袁梦村”将老宅改造成大吴书院，吸引人才聚集，形成谋划产业项目建设和思考乡村振兴发展的平台。

（五）实现了村集体增收和村民致富

以“福村”五龙、“袁梦村”为示范，全镇31个村党支部均成立了

桂和村支部领办合作社的高山蔬菜基地现场（古田镇政府　供图）

农民专业合作社，并发起成立谷田农民专业合作社联合社，搭建了完整的乡村振兴产业发展平台。15 个村累计筹集 600 万元，镇产业发展基金分别配套 20 万元，五龙村和吴地社区分别获得 500 万元产业扶持基金。各村党支部领办的合作社参与投资建设笋制品加工、农产品展销中心、餐饮、蔬菜配送、民宿等产业项目，种植水稻 2000 余亩、大豆 150 亩、高山芥菜 800 亩，生产米酒 6 万余斤。各项目有效盘活闲置资产，实现产业发展与农村人居环境整治的良性互动，使资源变资产、资金变股金、村民变股民，促进村民增收致富。五龙村将闲置资产统一租赁给农民专业合作社，再转租给福村文化发展有限公司，每户村民月收入增加 1000 余元，村集体年增收约 20 万元。“袁梦村”成为省乡村振兴促进会联系基地，带动农户参与“袁梦计划”，2022 年为村集体增收 50 万元，农户分红 5 万元。同时，项目实施促进了村民就业，五龙“福村”解决 21 人就业，吴地“袁梦村”实现就业 35 人，人均每年增加收入 6 万余元。

四、经验启示

古田镇探索实施的“党委筹办、支部领办、企业操办、村民同办”

“四办”机制，让产业、人才和资金三大要素相互促进，党建促乡村振兴的优越性得到充分体现。

（一）党委抓乡村振兴有抓手

“四办”机制是一个“党委—支部—企业—村民”镇村企民联建共享的乡村产业运营机制，镇党委通过统筹制定政策、整合资金、创新机制等方式，让党建促乡村振兴有了抓手和载体。

（二）党支部的引领作用充分发挥

“四办”机制解决了党支部如何参与乡村产业振兴、应该发挥哪些作用的问题。通过党支部领办合作社，简化村集体资源资产委托合作社经营管理的决策程序，实现资源资产有效盘活。同时，产业项目的建设运营与资源资产的流转由专业团队和村党支部分别负责，既让负责产业运营的人可以专心做发展产业的事，又发挥了党支部善于做群众工作的优势。

（三）乡村产业发展的持续性进一步增强

“四办”机制把政府、村集体、村民与企业的利益紧紧捆绑在一起，实现投资有动力，运营有活力，产业有效益。通过实施“四办”机制，改变了过去政府负责投资建设、委托专业团队运营管理模式中，运营团队只出工不出力，最终导致产业发展不起来的局面。政府、村集体、村民持有股份，使运营团队的信心增强，各方更加支持配合；运营团队持有股份，将产业项目当作自己的事来经营，产业项目发展空间更大。

（四）社会资本齐上阵参与投资

“四办”机制在引进专业团队投资建设产业项目和运营管理的基础上，按照商业综合体的管理模式，着力搭建一个投资发展平台，引进社会资本投资项目。镇党委、政府对运营公司进行经费补助，村支部有效盘活村集体和村民的资源参与投资产业项目、固定资产以租代建和二次装修以租代修，在各方面均极大地减轻了运营公司投资成本，让运营公司轻装上阵搞经营。

（五）村民参与热情有效激发

“四办”机制探索创新多种村民参与方式，鼓励村民既可以将资源租赁或入股合作社，享受租金收入和分红收益，又可以利用运营公司建设的发展平台，直接投资经营业态项目，还能在公司上班获得务工收入，切实拓宽增收致富渠道。特别是“基础租金＋经营分红”模式，让群众能在项目建设初期拿到看得见的收入，又对产业发展未来的收入充满期待，对发展产业更加支持。

古田镇探索实践的“四办”乡村产业运营机制能充分发挥资源优势，具有较强的可行性和操作性，并在“福村”五龙、“袁梦村”的乡村振兴发展实践中得到了充分证明。通过乡村产业农文旅融合发展，将红色文化、旅游生态资源优势有效转化为经济效益、社会效益，推进了乡村全面振兴、高质量发展，促进共同富裕，成功探索一条偏远乡村产业振兴的发展道路，成为老区苏区乡村振兴、特色发展的典型示范。

案例评析

上杭县古田镇是著名的红色革命圣地，拥有众多革命历史遗址和红色文化遗产，这些红色资源不仅是历史见证，更是宝贵的精神财富。在乡村振兴过程中，古田镇立足于红色圣地、生态福地、历史名镇、旅游胜地和培训基地等资源优势，按照“建设示范点、串点成线、连线成片”的思路，充分挖掘和利用革命历史遗址和红色文化遗产，大力推进乡村振兴和共同富裕先行示范区建设，探索出“四办”乡村产业运营机制，将各村党支部的政治优势、组织优势同合作社的产业优势、市场优势相结合，在激活村级资源资金资产的同时，引领村镇产业发展，带动集体经济增收和农民致富。展望未来，古田镇应更加重视研究将国家AAAAA级景区“古田会议”会址的红色资源和国家AAAA级景区梅花山的绿色资源串联成线，研究“红绿”资源整合，做强农文旅项目，将红色文化和生态资源的旅游优势有效转化为经济效益和发展优势，推进古田镇乡村振兴实现质的突破。

坚持“五重五抓”，奏响小吃富民新乐章

——沙县区夏茂镇俞邦村的乡村振兴之路*

一、乡村概况

三明市沙县区夏茂镇俞邦村是一个革命老区村，历史文化底蕴深厚，被誉为“沙县小吃第一村”。全村共辖4个自然村、7个村民小组，共309户1112人，其中党员32人，外出经营沙县小吃的有670人，占全村人口近六成，占全村劳动人口近九成。耕地面积813亩，林地面积2572亩，森林覆盖率达77%，百年以上的古树有27棵，是国家AAA

俞邦村全貌（范乐凯　供图）

* 本文资料由张卫华（中共沙县区夏茂镇党委书记）、吕辉木（中共沙县区夏茂镇党委副书记、镇长）提供。

级旅游景区。俞邦村立足本地资源禀赋，实施跨村联建，推行“联村共富五项机制”，依托沙县小吃特色富民产业，加快产业升级，增强村集体和农户的“造血”功能，打造俞邦片区乡村振兴示范带，2022 年村财收入 51.6 万元，村民人均纯收入 3 万元。先后荣获全国乡村治理示范村、全国乡村旅游重点村、福建省实绩突出村、全省首批美丽乡村建设标准化试点村等荣誉称号，同时被列入“全国建党百年红色旅游百条精品路线”、福建省第二批党史学习教育参观学习点。

二、主要做法

2021 年 3 月 23 日，习近平总书记亲临夏茂镇俞邦村考察调研，就沙县小吃富民产业和乡村振兴工作作出重要指示：“沙县人走南闯北，把沙县小吃打造成了富民特色产业。乡村要振兴，因地制宜选择富民产业是关键。要抓住机遇、开阔眼界，适应市场需求，继续探索创新，在创造美好生活新征程上再领风骚。”① 俞邦村牢记习近平总书记来沙重要讲话的指示精神，深入贯彻习近平新时代中国特色社会主义思想，落实三明市“156”乡村建设工作机制，坚持“五重五抓”工作法，注重提升“沙县小吃第一村”的核心竞争力，以古樟树群、龙峰溪、田园风光为代表的自然景观，搭配以小吃民俗馆、研学馆、精品民宿、生态旅游漫道、微乐园为代表的旅游业态，打造俞邦片区乡村振兴示范带，实现“绿水青山”颜值和“金山银山”价值的有机统一，为乡村振兴发展提供了一本可复制可推广的经验手册。

（一）重党建引领，抓跨村联建

一是“跨村联建”聚合力。充分发挥“沙县小吃第一村”品牌优势，打破区域限制，探索建立“跨村联建”党建引领机制，即以俞邦村为联建主村，联合周边 5 个村党支部和 2 个非公企业党支部，成立片区党委，“一盘棋”推进区域协同发展，形成资源共享、优势互补、联动

① 引自：习近平总书记在福建考察·回访｜小吃做得更棒　把乡村建得更美[EB/OL].（2021-03-26）［2022-05-12］. http://fjnews.fjsen.com/2021-03/26/content_30681079.htm.

共赢的发展格局，打造乡村建设“红色引擎”。

二是“人才回引”添活力。实施乡贤、能人、英才回引三大工程，聘请2名处级退休干部为乡村振兴指导员。成立“大学生创业联盟”，建设俞邦村科技特派员试验基地，提供智力支撑和创新动力。通过汇聚各领域人才和资源，指导谋划、争取项目，推动村庄高质量发展。

三是“五联模式”强动力。大力实施组织联建、产业联营、民生联动、文明联创、治理联抓的“五联模式”，走出了一条强村带弱村、富村带穷村的强村富民新路子。2022年，联建村村财收入204万元，同比增长27.5%；人均可支配收入2.8万元，同比增长11%，实现村民村财“双增收”。

(二) 重乡村规划，抓风貌管控

一是科学规划重实效。坚持“留白、留绿、留旧、留文、留魂”，落实“多规合一”要求，完成俞邦村村庄规划编制工作。推广实施农村住宅规划建设管理“两统筹两统管”机制，把历史文化、民俗风情、生态环境有机融合起来，“农房管控＋风貌提升”双管齐下，扎实做好各类建筑的设计、布局、建设，确保每栋房屋都符合建筑规律，满足农民使用需要。

俞邦村七彩世界（江本健　供图）

二是统规自建控风貌。严格执行《风貌导则》和《农村建房标准图集》，按照“适用、经济、绿色、美观”的建筑方针，采取“统规自建、分期推进”的方式，实行“房长制”，完成151幢新房建设，确保建筑风貌协调统一。完成主街小吃品牌一条街外立面标准示范建设，展现俞邦村古朴浓厚的乡土特色。

三是节点打造增“靓色”。坚持“原生态、低成本、有特色”的发展理念，按照“宜居、宜业、宜游”的总体建设目标，完成了42个提升改造项目，建成茶社、精品民宿、小吃研究院、研学馆、小吃街、特产街等旅游业态，确保改造项目融入环境，呈现与自然和谐共生的优美画面。

（三）重禀赋挖掘，抓产业融合

一是小吃产业领风骚。流转土地800亩，引导村民发展红芽芋、辣椒、黄精、铁皮石斛等特色小吃原材料种植，并签订回购协议，着力打造沙县小吃原材料生产基地，培育特色种植示范园。注重提升“沙县小吃第一村”的核心竞争力，吸引一批有文化、懂技术、会经营的年轻村民返乡创业，引进制作技艺好、产品质量高的沙县小吃业主入驻俞邦村。目前，村内小吃店增加到36家，增加小吃品类至50多种。

二是盘活资源激活力。盘活“房”资源，通过宣传引导，将村部、村民的闲置房产、店面租赁给第三方公司，由第三方公司统一经营管理，用于打造民宿、特产店、餐饮店等，完成了小吃团餐馆及俞邦村沿街标准化商铺建设23户，有效提升了沙县小吃的就餐质量和卫生环境，丰富了旅游业态，实现村民村财双增收。盘活“林”资源，探索完善森林生态产品价值转化机制，创新林业碳票，实施俞邦村与沙县两山生态资源运营公司合作林业碳票减排项目。目前已经核算俞邦村边界面积638亩，测算林业碳票减排量1693吨，发行沙县区首单碳票1.69万元，发行“地票”33户、“房票”24户，与沙县小吃文旅集团签约盘活建设俞邦民宿2处。

三是文旅康养创发展。加强与沙县小吃文旅集团、旅行社合作，采取“联村公司＋旅行社＋收益分红”的合作方式，以联村公司为经营主

“寻根追味”小吃街（罗文津　供图）

体，提供游客服务中心、停车场、团餐点、讲解等软硬件设施，按照一定比例向旅行社收取盈利分红。注重文化品牌建设，成立俞邦片区农贸发展有限公司，建立“订单式”联村共富机制，成功注册“俞邦村”“寻味俞邦”商标，打造“小吃第一村土特产礼包”，开发“小吃源乡，寻根追味”“第一抹红，初心闪耀”“自然生态，乡愁记忆”系列文创产品，打造网红打卡点、乡村生态民宿、特色乡村夜景，成为游客“朋友圈”中“最靓的村”“最美的景”。

（四）重生态宜居，抓环境整治

一是专业化管护，整治生态水系。俞邦村持续深化“河长制”改革，整治龙峰溪，投入856万元建成综合治水生态水系项目俞邦段工程，满足了防洪和景观需求。组建“河长—河道专管员—设岗党员”综合管护队伍，划分责任区，常态巡河。将护林员、村级保洁员与河道专管员岗位有效整合，设有河段长1人、村级河长1人、河道专管员1名，采取“基础工资＋绩效工资”的待遇，提升河道专管员工作积极性。实行“智慧河长＋智能河长＋民间河长”多元巡河模式，通过“微信晒河”“无人机巡河”和群众环境举报多种方式，及时掌握水流域存在的问题，强化联动整治。

二是市场化管护，建设美丽村庄。为解决村财管护经费问题，俞邦村采取“旅游资源与管护绑定外包”“购买保洁服务，委托第三方管护”两种模式，对村内公共基础设施进行常态化管护。引进沙县小吃文旅集团，将村内公共旅游资源外包，进行开发、修缮、管护，实施“山水林田湖草”生态保护修复工程，完成了小吃民俗馆修缮、后山森林步道建设等 10 余项公共基础设施。购买三明市平乘服务有限公司的服务，扩大保洁队伍至 5 人，实现垃圾一天两清扫、一天一清运，水渠一周一清理，饮水、污水系统一月一维护，实现“保洁＋清运”捆绑外包。

三是自主化管护，完善长效机制。以实施农村人居环境整治为抓手，大力推进“一革命四行动”，成立提升发展项目攻坚组，梳理人居环境整治项目，实行挂图作战。发动新时代文明实践站、乐龄学堂、红白理事会、乡贤参事会等力量，成立交通维稳、环境保洁、小吃监管、旅游运营 4 个工作专班，充实基层管护队伍。签订《门前三包责任书》，每周一次常态化开展村庄清洁行动，全方位调动村民参与村庄清洁的积极性和主动性，助推俞邦村旅游业的可持续发展。

（五）重乡村治理，抓“三治”结合

一是“自治”管理显成效。建立健全俞邦村道德评议委员会、调解委员会、红白理事会等群众自治组织，创新建立“村民夜谈会”机制，鼓励村民参与公共事务，不断完善村民自治体系和议事长效管理机制，形成村民共同参与、共同管理、共同提升的建设氛围。如村口的龙凤桥，采用“认捐”的方式，由村民自主筹集 90 万元建造，实现共治共享。

二是“德治”引领树新风。深入挖掘传统特色文化，编制小吃、生态、和谐、文化 4 张“名片”丛书，形成具有俞邦特色的群众文化品牌。依托新时代文明实践站，融合道德讲堂、耕读学堂、乐龄学堂，做强阵地、丰富活动，打通思想文化宣传“最后一公里”，实现公共文化服务全覆盖。注重打造典型，积极评选“星级文明户”“道德模范”“好

儿媳”“好邻居”“最美家庭”等，以文明乡风引领风尚。

三是“法治”建设促和谐。建立俞邦村公共法律服务工作室，组建由村干部和纠纷信息员组成的法治宣传队和“法律明白人”队伍，整合法律服务、法律援助、法治宣传等资源，打通法律服务“最后一公里”。创新调解工作机制，聘请法律顾问，以“四＋X”模式配备调解员，依托综治工作站、治保会、调委会定期开展矛盾纠纷排查，确保身边事不出格、小事不出村、矛盾不上交。

三、发展成效

俞邦村立足本地资源禀赋，围绕沙县小吃供应链，着力延链补链强链，发展香之源小吃配料、沙村面干、茂溪冬酒、元利珍稀菇等配套产业，开发系列产品 8 类 35 种，成功注册“寻根俞邦”等 11 个商标，实现小吃食品产业总产值超 1.5 亿元。生态更加宜居，小火车、花卉展、兰花科普基地、俞邦民宿群等项目相继建成投入使用，成为新一批网红旅游点，为文旅融合提质增速。2022 年 10 月 29 日，浙江卫视《奔跑吧》节目组到俞邦村录制节目。2022 年，接待游客超 20 万人次，旅游收入超 500 万元。

（一）党委领航，规范片区运转机制

为切实发挥片区党委统揽作用，凝聚联建各村合力，片区党委着眼于完善制度建设，充分调动联建村积极性，推动高效运转。建立议事决策机制，通过“党委会议提议、各村‘两委’讨论、党员大会审议、村民代表同意、党委组织实施”程序，研究确定了“以小吃产业为主导、文旅康养资源互补、培训经济多点联动”的片区产业一体化发展方向。建立组织活动联办机制，每季度由片区党委组织、联建村党支部轮流牵头，开展“三会一课”、主题党日等活动 20 多场次，有效提升片区党委组织力、战斗力、凝聚力。建立发展贡献积分机制，根据各联建村集体经济增长情况、产业项目推动情况、党委委员述职情况等，定量考核评价片区各党支部工作实绩，并与村“两委”补贴发放、评先评优等挂钩，推动各项工作部署落实。

(二) 公司运作，统筹片区产业发展

为进一步整合各村优势资源，“一盘棋”推动片区产业发展，由俞邦村入股20%，其他5个联建村各入股16%，于2022年1月共同成立夏茂镇俞邦片区农贸发展有限公司，收益按各村持股比例进行分配。公司聚焦小吃主导产业，推行“联建村公司+国企+工坊”经营模式，以订单形式向片区内面干、冬酒、辣椒酱等工坊企业订制产品，统一包装，打造“寻味俞邦”“俞生有礼”等系列品牌产品，利用沙县小吃文旅集团平台优势，由其统一负责产品推广销售，采取直供小吃门店、直播带货等“线上+线下”模式进行营销，在保证销量的同时进一步提升品牌影响力，销售收益由联建村公司和沙县小吃文旅集团按比例分成，再由联建村公司按成立时各村的入股比例进行二次分配。联建村公司成立以来，已销售小吃酱料、面干、农特产品礼盒、茶叶等产品4万余件，销售额近50万元。

(三) 村民参与，共享片区发展红利

片区党委坚持以人民为中心的发展理念，推行“村集体出资、村民参与、国企兜底”发展模式，让村民共享发展成果。在片区党委牵头下，由俞邦村股份经济合作社出资200万元，片区内有意向的村民每户入股1万～2万元，共筹资500万元，共同成立俞邦片区旅游发展基金，合资投入沙县小吃文旅集团，用于发展俞邦片区餐饮、民宿、观光、研学等旅游经营业态，每年获得10%的收益。目前已完成4个样板店建设，推出“小吃源乡，寻根追味”“第一抹红，初心闪耀”“自然生态，乡愁记忆”等系列文创产品。2022年，累计接待区内外党组织和各类团体学习培训300余批次8000余人次，举办农民丰收节等各类活动12场次，带动入股村民平均增收2000元。

四、经验启示

(一) 抢抓机遇，争取外在动力

紧抓发展机遇，用好支持老区苏区建设政策，结合小吃、红色等

本地资源禀赋，包装、谋划一系列精品项目，通过申请国开行贷款、地方政府专项债券等方式争取更多的资金扶持。同时，积极对接沙县小吃文旅集团、淳百味等第三方公司，吸引更多的社会资本参与到乡村振兴大局中来，三产融合水平、旅游基础设施和服务质量实现质的提升。

（二）深化改革，挖掘内生动力

做好集体林权制度改革、农村集体产权制度改革、医改等改革文章，盘活农村资源，把资源真正变成资产，让老百姓获得更多改革红利。例如，俞邦村的宅改，就是盘活了“房”资源，通过引导村集体、村民将闲置房产及店面租赁给第三方公司，统一经营管理，用于打造民宿、特产店、餐饮店等，丰富旅游业态，实现村民村财增收。

（三）整合资源，汇聚各方合力

通过“跨村联建＋联村发展公司”的发展模式辐射带动周边的长阜、儒元、西街、松林、东街5个村党支部以及益鑫、宏苑2个非公党支部，成立俞邦片区党委，将中共沙县特别支部旧址、红边茶、龙峰溪等特色资源串联起来，打造了以中共沙县特别支部旧址、俞邦AAA级旅游景区、红边茶文化产业园等为重要节点的乡村旅游示范线，推动片区内面干、辣椒酱、板鸭等特色产品实现统一贴牌运营，打造“寻味俞邦”系列产品，探索出一条“平台共建、资源共享、产业共兴、品牌共塑”的乡村振兴之路。

案例评析

俞邦村充分发挥“沙县小吃第一村”品牌优势，探索建立“跨村联建”党建引领机制，落实三明市“156”乡村建设工作机制，坚持“五重五抓”工作法，在以古樟树群、龙峰溪为代表的自然景观基础上，发展小吃民俗馆、研学馆、精品民宿、生态旅游漫道等旅游业态，先后培育了小吃富民特色产业发展、乡村旅游等方面的特色典型，打造俞邦片区乡村振兴示范带。未来应进一步围绕市场需求，研究市场定价策略，严格品控保障，提升餐饮服务管理水平，构建特色产业营销渠道，建立健全生产、流通与销售等各环节的标准体系，提高品牌标准化水平，提高产品的竞争力和市场份额，探索具有市场竞争力、差异化的产业道路。

产业协会增效益，库区振兴正当时

——泰宁县梅口乡水际村创新经营模式的乡村振兴实践*

一、乡村概况

梅口乡水际村地处泰宁县中部，县道763线从村中贯穿而过，且基本实现村道硬化，距县城仅10千米，交通便利。水际村位于世界地质公园和世界自然遗产核心景区——金湖之畔，拥有尚书墓、甘露寺、醴泉岩、丹霞岩等人文古迹，水际瀑布、仙寿赤壁等自然奇观，采茶节、长桌宴等多种文化活动交相辉映，文化底蕴丰富。水际村是老区基点村，红三十四师在此打响革命阻击战第一枪，村中保留了境元战壕遗址、马安山对空观察哨遗址等重要的红色遗迹。水际村是库区移民村，辖4个小组141户584人，党员30名，民风淳朴，孕育出许多各行各业的优秀人才。全村耕地面积260亩，水域面积8000亩，山林面积2.04万亩，森林覆盖率69.5%，林木中杉、松、杂木居多，楠、樟、黄杨木久负盛名，2004年完成集体林权制度改革，发放新版林权证，2013年在全村推行“禁柴改燃”。

20世纪80年代，水利电力部下属的闽江工程局在泰宁县建池潭水库，村民就地迁高，村里的山林、良田与基础设施几乎全部被浩瀚的金湖水淹没，人均仅有0.4亩耕地，村庄成了不通路、不通电、不通邮的“孤岛”，人均年收入只有370元，被确定为省级贫困村。过去，水际村

* 本文资料由陈群（中共泰宁县委党校、泰宁县行政学校副校长、讲师）、邹小兰（中共泰宁县梅口乡党委组织委员）提供。

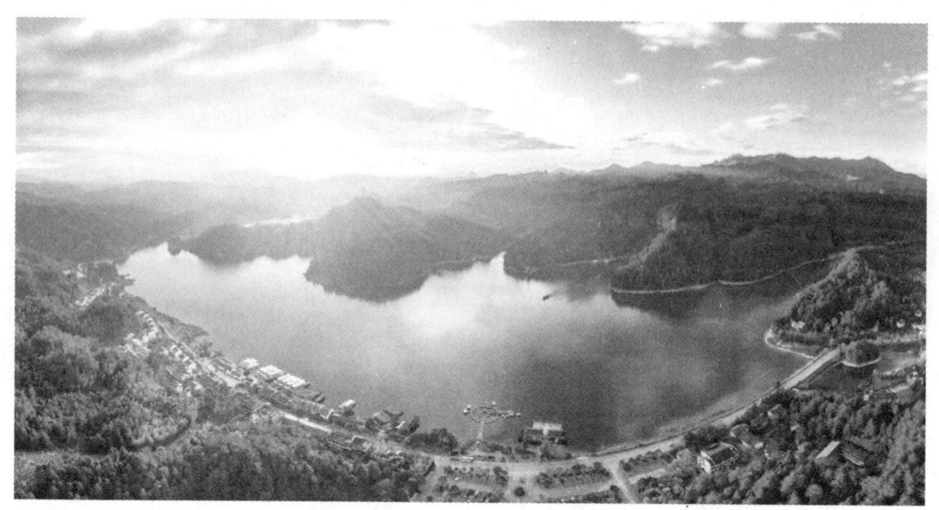

水际村俯瞰（泰宁县融媒体中心　供图）

里流传着这么一句民谣："吃饭靠回销，出门靠小船，照明靠松光，就连做了新衣裳，还得等到过年穿。"

近年来，水际村牢记习近平同志在泰宁考察时作出的"扶真贫、真扶贫""一定要好好保护环境"等郑重嘱托①，党支部积极发挥领导核心作用，立足毗邻核心景区金湖的资源优势和区位优势，全面贯彻"绿水青山就是金山银山"的理念，带领村民们走出一条旅游富民强村的路子。2021年村财自有收入124.73万元，先后被评为国家级旅游扶贫示范村、全国乡村治理示范村、全国文明村、中国美丽休闲乡村、国家级生态村、福建省乡村振兴试点示范村、三明旅游第一村。

二、主要做法

（一）组建三大协会，促进产业兴旺

面对旅游发展初期村民之间各自为政、恶性竞争，造成资源枯竭、环境恶化等问题，村党支部主动作为、大胆探索，按照"政府引导、支

① 引自：总书记和乡亲们的脱贫故事［EB/OL］.（2021-02-23）［2022-04-21］. https://www.gov.cn/xinwen/2021-02/23/content_5588369.htm.

部牵头、能人带动、群众自愿”原则，探索“支部＋协会＋公司＋农户”的经营方式，有效推进农家变民宿、捕鱼变渔业、渔船变游船，实现生态保护与经济发展的良性循环。

一是组建渔业协会。原来全村有70余户农民从事捕鱼业，家家备渔船，户户买渔网，渔民全家出动，早出晚归，采用各种手段无序捕捞，重捕捞、轻管养，造成金湖鱼量减少、水质恶化，给金湖渔业和旅游业的可持续发展造成极大损害。2004年，县农业局牵头成立渔业协会，以金湖渔业股份有限公司为经营实体，通过定期召开理事会、股东大会，通报经营情况、财务运行情况，并进行股东分红；实行统一放养、统一捕捞、统一经营的模式，不断提高渔业整体效益。其中，村党支部发挥导向作用，主动配合县、乡工作，积极协调政府、村集体、渔民各方关系，化解各种矛盾纠纷，引导村民平稳入股入会，同时帮助协会健全和完善机构设置、规章制度，规范其内部管理。协会组建后，打造了省内首个淡水有机鱼品牌——“晏清”有机鱼。目前，水际村农户全部参与入股，并带动金湖周边6个乡镇32个村1476户农户，每股每年可分红2600元。

二是组建游船协会。针对码头游船拉客、抢客问题，村党支部引导经营大户和村民以游船或资金形式入股组建游船协会，并收购大金湖渔

“晏清”有机鱼捕捞场景（泰宁县融媒体中心 供图）

村，组建大金湖航运集团公司，开展规范经营。协会下设理事会和监事会，负责制定、落实内部管理制度，管理协会资产，进行财务监督、审核，年底按股确定分红数额。在组建过程中党支部介入，组织支部委员、党员按照协会章程入会，并通过选举进入协会重要岗位，实现支部对协会的组织领导。在协会的组织带领下，定期召开理事会、会员代表大会，及时通报会议决议的落实情况、财务运行状况等；定期举办游船、游艇驾驶等技能培训，规范游船调度运营，协会会员既是股东又是员工的双重效益得到体现。目前，协会共有会员 68 家、造船厂 2 家、游船公司 3 家，有豪华游船 11 艘、一般游艇 19 艘、快艇 5 艘，总资产超 2 亿元，拥有船位 1700 余个，占金湖船位的 75%，每个船位每年可分红 5000 元。此外，还吸纳了百余名外来务工人员就业，带动周边农户参与旅游、增收致富。

三是组建家庭旅馆协会。随着旅游业的兴旺发展，2002 年就有村民利用地处景区的区位优势，率先开起了家庭旅馆，由于各自经营导致了无序竞争、邻里不和、环境脏乱差等问题，破坏了世界地质公园的品牌。为有效解决这些矛盾和问题，提高服务质量和接待能力，2005 年由下坊组数名党员牵头，发动旅馆经营户参与组建家庭旅馆协会。协会按照“五个统一”（统一诚信品牌、统一对外经营、统一服务要求、统一安排客源、统一收费标准）的要求，负责管理家庭旅馆日常事务。通过诚信经营、规范管理，有效吸引了大量游客入住，提升了经营效益。目前，家庭旅馆协会已发展会员 78 家，有床位 1100 张，年游客接待量超 15 万人次，年户均分红约 4 万元。

（二）加强环境整治，促进生态宜居

以市场为导向，顺应消费者“望得见山、看得见水、记得住乡愁”的精神需求，积极践行绿色发展理念，创新“生态＋旅游＋协会”发展方式，着力打造“中国·水际”生态旅游名片，形成社会效益和经济效益双增长的新格局，擦亮乡村振兴的美丽底色。

一是多方联动，构建生态保护新模式。全面推行“五长制”，实施山水林田湖草生态保护修复试点项目，取消湖面网箱养鱼，实行“人放

天养”模式，全面禁止无序捕捞、无序开发，生态品质进一步提升。创新建立“1＋3＋N”全域旅游综合执法机制，统筹旅游警察、旅游法庭、旅游市场监督3支队伍，适时增加若干个政府职能部门作为联动单位，共建共治共享、整体联动的社会生态治理格局逐步形成。2021年大金湖景区涉生态旅游纠纷案件比上年下降59.3％。

二是多管齐下，践行生态保护新举措。聚焦“不砍树，也致富”，引入社会资本盘活生态公益林，统一发展林下经济，聘请当地林农在林间种植中草药，助力林农最大限度获得国家生态公益林补助、林地租金和劳务收入，实现生态公益林效益最大化，切实将优良生态资源转化为经济资源。同时，牢牢把握林改正确方向，突出森林生态保护建设，全方位保护林业资源，2004年全村完成集体林权制度改革，林农造林护林的积极性进一步提高。全村在2013年率先实施“禁柴改燃”行动，林木砍伐量大大降低，森林资源保护力度持续提高，森林覆盖率连续8年保持在75％以上，先后获得中国最美森林人家、中国森林氧吧、国家级生态村等荣誉称号。

三是多措并举，谱写生态文明新实践。坚持产业生态化、生态产业化，立足十里平湖、丹霞赤壁等景观资源制定《梅口乡水际村乡村振兴

境元森林康养基地（泰宁县融媒体中心 供图）

战略实施方案》，打造与世界地质公园、世界自然遗产相匹配的水际慢生活旅游品牌，实现康养产业集群打造，推动金阳明星山庄、金湖湾度假村等提质升级，境元全国森林康养基地获评福建省首批森林康养基地、全国森林康养基地试点建设单位，金阳明星山庄森林康养基地获评三明市首批森林康养基地。

（三）坚持文化引领，促进乡风文明

创新村级宣传思想文化工作和精神文明建设机制，探索乡风评议、移风易俗、好家风建设等有效方式，挖掘和合理利用乡村特色文化资源，形成具有区域特色的群众文化品牌，展现乡村特色文化，弘扬延续乡村文脉。

一是村民自治增添活力。依法依规制定村规民约，以制度规范促文明生活习惯养成。成立人民调解组织，加强矛盾纠纷调处化解工作，做到“小事不出村、大事不出乡”。认真落实“四议两公开”制度，成立村务监督委员会，任命委员 5 名，监督落实本村重大事项按照“四议两公开”的程序决策实施，对村级财务收支情况进行审核把关，对公开内容的全面性、及时性、真实性进行监督评议，真正将村级重大事项的决定权落实到村民身上，有效调动村民参与自治的积极性。

二是法治理念深入人心。开展民主法治示范村创建，2013 年被评为省级民主法治示范村。结合“扫黑除恶”专项斗争工作、综治三率、主题教育和党日活动等，做好扫黑除恶线索摸排，村干部带头尊法学法守法用法，加强法律法规宣传，增强村民法治意识。以村党群服务中心所为公共法律服务点，落实“一村一法律顾问”制度，法律顾问随时提供法律咨询服务，并建立综治网格化管理和服务机制，近两年未发生治安刑事案件和非法宗教活动。

三是文化道德形成新风。深度挖掘非物质文化遗产，结合地方民俗文化，打造渔家文化，举办“百里金湖百家宴、百米长桌百家情”元宵百米长桌宴；组织非遗传承人及农业合作社参与研学产品开发，编制涵盖传统园林文化、非遗“鱼拓”文化、传统渔耕文化等在内的研学路线

产品，并积极推向市场，与北京、福州的多家研学团队达成合作，将水际村建设成为集窗口展示、市场交易、艺术交流、娱乐休闲等功能于一体的艺术村。

（四）完善管理体系，促进治理有效

持续深化“跨村联建”党建模式，拓展提升“支部＋三大协会”党建品牌，不断推动党建共抓、资源共享、治安联防、社会共稳、扶贫共商、优势互补的齐抓共管、广泛参与的组织管理新体系构建。

一是深化机制探索。长期以来，村党支部按照“抓在日常、严在经常”的要求，严格执行“三会一课”制度，经常性地组织党员开展集中学习、专题党课、微信群交流，引导全村党员围绕“渔悦水际”建设、协会三次创业、脱贫攻坚、乡村振兴等中心工作，开展专题讨论水际村今后的发展方向，及时解决发展中出现的问题。形成了持续探索的党员理事会治理工作模式，有力推进了水际村项目建设，并有效处理了村民间的矛盾纠纷，党员群众的凝聚力、战斗力不断增强。

二是强化片区引领。村党支部积极发挥示范引领作用，打破传统村落概念，坚持以强带弱、先富带后富，联合库区临湖周边的4个村（大洋、梅口、谢家坪、廖元）成立金湖联村党总支，实行抱团发展。同时发挥金湖库区非公企业优势，金湖联村党总支联合大金湖渔业、大金湖航运集团公司党支部组建党建联盟，覆盖5个村党支部、2个企业党支部，共有913户3888人，党员179名，通过“三联三促”（组织联合促引领、资源联用促发展、乡村联治促宜居），统一谋划、统筹推进产业项目，实现资源、资金使用价值最大化。

三是创新党建品牌。依托村级组织阵地，融入研学教育、集体产业、新时代文明实践所、村史馆、民生托儿所等功能，进一步提升支部党群服务、教育服务、生活服务等功能，延伸服务触角，创新做强党建品牌。同时，借助打造省级乡村振兴示范村的契机，积极策划项目，集中力量打造精品，通过村企结对、跨村联建等方式，串点成链，延伸旅游线路，推动水际下坊—境元森林康养基地—甘露别院—梅二岛线路联动开发，打造乡村振兴示范路带，实现共同发展、连片提升。

（五）拓展增收渠道，促进生活富裕

率先实现建档立卡贫困户全部脱贫，完成农村产权制度改革，盘活资源资产，促进村财增收，跻身集体经济强村行列。推进乡村公路、水利、电网、信息等基础设施提档升级，提高乡村教育、健康、养老、社保等公共服务供给水平，农民群众获得感、幸福感、安全感明显增强。

一是巩固脱贫攻坚成果。聚焦“两不愁三保障”，建立防止返贫的监测和帮扶机制，加强对脱贫不稳定户、边缘易致贫户的动态监测，抓好对相对贫困家庭的精准帮扶，巩固拓展脱贫攻坚成果，同乡村振兴有效衔接。注重扶贫和扶志、扶智相结合，全面落实产业、就业、教育、金融、医疗、低保兜底等扶贫政策措施，建立健全依靠入股分红、乡村旅游等资产性收益稳定脱贫机制，激发贫困户内生动力。同时，积极申请“阳光工程”“雨露计划”等实用技能培训项目，为入会的贫困户免费提供导游、航运技术、客房服务、餐饮服务等培训，提升发展技能，实现“造血式”增收。

二是拓宽农民增收渠道。全面掌握农村劳动人口底数，建立台账，流动管理，摸清需求，挖掘农村规模经营、集体经济发展、产业融合等领域的增收潜力，开展有针对性的农村电子商务等技能培训，不断提升农民就业创业能力。积极鼓励农民勤劳守法致富，有效增加农民经营性收入、财产性收入、转移性收入、工资性收入。同时，成立水际村“人才驿站”，常态化推行“人才回引”工程，通过建立资源清单、人才清单、项目回引清单，强化“资源—人才—项目”间的信息对接，进一步引进“新知青”、回引“新乡贤”、培育“新农人”。

三是提升农村公共服务。持续巩固城乡居民医保统筹，完善城乡居民医保、大病保险、医疗救助等制度，扩大城乡居民基本养老保险参保覆盖面，健全农村留守儿童和妇女、老年人以及困难儿童关爱服务体系，加大教育投入力度，完善校区基础设施建设。连续多年为全体村民缴纳新型农村合作医疗和基本农村社会养老保险费用，提供医疗和养老保障；缴交闭路电视及电话月租等费用，提升村民幸福指数。

三、发展成效

（一）融合发展，推动产业振兴

立足乡村资源禀赋、区位条件、产业基础，围绕大金湖滨湖森林康养小镇建设，大力培育壮大新型农业经营主体，带动发展特色优势产业，促进乡村旅游等新业态发展，打造了农村产业融合发展的示范样板和平台载体，全面带动农村一二三产业融合发展。

一是组织再造，产业兴旺。在旅游兴县的大背景下，水际村充分发挥大金湖自然资源风光和水域环境等优势条件，按照“政府引导、支部牵头、能人带动、群众自愿”原则，先后组建渔业协会、家庭旅馆协会、游船协会，并由大金湖渔业公司、大金湖航运公司等企业开展市场化运营，创新形成了“支部＋协会＋公司＋农户”的经营方式，解决了发展中遇到的资源枯竭、环境破坏、恶性竞争等问题，把生态资源转化为生态资产，做优产业。2019 年，水际村的发展模式入选世界旅游联盟旅游减贫案例，成为“户户搞旅游、家家住别墅、人人好日子”的富裕小康村。目前，全村 90％的农户建有别墅型住宅，三分之一的农户拥有私家轿车。

二是支部带动，村财壮大。村党支部以协会平台为媒介，通过参股渔业公司和游船公司，每年可分红 30 多万元，且随着公司股份增值，村集体资产增长约 1000 万元。2016 年，结合实施“春风工程”村财增收行动，吸纳相邻的大洋村 20 万元项目资金入股游船协会，每年为大洋村增加村财收入 3 万元。2017 年，村党支部牵头成立全民入股的泉岩旅游开发有限公司，实施陆地一线天、甘露寺景区店面升级项目，进一步促进村财村民双增收。在金湖沿线，实施景阳书院、境元森林康养基地、甘露别院等项目，并租赁盘活村集体闲置资产，每年带动村财增收 2.5 万元。

三是旅游融合，业态丰富。分级打造康养产业集群，依托丰富的林业资源和旅游资源，推动金阳明星山庄、金湖湾度假村等开发乡村旅游核心产品，进行基础设施提升改造，推动境元森林康养基地成为三明市首批森林康养示范基地、全国森林康养基地试点建设单位，完成“阅山·水舍”等一批民宿建设。同时，不断完善培训产业体系，推动景阳书院顺利开业、三明紫阳书院完成书画创作室提升改造，依托美术家协会，吸引高校学生到泰宁写生创作，成功举办“百名水彩画家画泰宁”活动，福建省乡村教师素质提升工程、泰宁县新型职业农民培训、泰宁县高素质农民培育等一批培训班在紫阳书院举办。

（二）旅游带动，推动富民强村

水际村在逐步发展壮大的同时，紧盯茶山、瓜果等特色旅游点，以民生需求为导向，突出“旅游休闲乡村”主题建设。目前，全村有80%以上的劳动力专职从事旅游业，形成了“家家开旅馆、处处‘渔家乐’、户户搞旅游”的喜人局面。

一是依托旅游增收。依托地处泰宁核心景区金湖之畔的优势，大力发展住宿、餐饮等旅游配套服务业，将游客从观光旅游转变为休闲度假，不断将游客引进村组、引进产业项目中，持续带动地区经济发展。同时，加大招商引资力度，吸引国内外投资商参与乡村旅游设施建设和旅游项目开发，实现转型升级，提升乡村旅游发展综合服务能力。

二是提升旅游档次。整合各方资源，不断完善旅游基础设施项目建设，对旅馆、民宿房屋进行全面提档升级，提升水际村旅游环境和消费水平。组织党员干部开展家庭旅馆提升课题研究，通过上网学、实地看、带头做等方式不断完善各项设施，提升软硬件档次。开发宋代古寺醴泉岩寺、红色遗址纪念馆、马鞍山摄影基地等项目，提升旅游要素，丰富旅游业态。

三是拓宽旅游界面。重点围绕“一袋茶、一条鱼、一棵果”等特色农业，推动茶旅结合，扶持域内境元生态、马鞍山等企业转型建设“旅游+农业”休闲游项目，开发旅游伴手礼，拓展农文旅融合发展新路径；推动渔旅结合，建设大金湖钓鱼岛，形成垂钓、观鱼和渔港码头多功能合一的新型旅游综合体；利用大金湖渔业品牌，打造集捕鱼、识鱼、观鱼、食鱼等于一体的“渔文化”村。

（三）与时俱进，提升竞争能力

水际村积极推动引进“旅游＋文艺创作”等新业态，与国内各地高校共建写生基地，将特色资源转化成广大村民特别是贫困户创业脱贫的优质资源。同时，村党支部通过整合村集体土地、景点、山林等资源，以村集体资源入股的方式共同开发特色旅游项目，将旅游同观光、项目相结合，激发旅游内生动力。

一是培育新业态。依托丰富的林业资源、旅游资源、文化资源，以创新求突破、以融合促发展，不断挖掘培育特色民宿、森林康养、研学写生、休闲运动等新兴产业。打造了具有水际特色的研学产品线路，写生基地的知名度和人气也不断攀升，推动旅游业不断释放新活力。

二是推进设施升级换代。新冠病毒疫情暴发后，水际村旅游产业发展受到重大冲击。乡、村两级在深入调研走访后，对抢抓当前旅游市场“空档期”、做好整体环境提升达成一致意见，通过“政府补助＋村民自筹”，投入800余万元，统一规划、统一设计、统一施工，对水际村美丽庭院示范片民宿群院落、房前屋后道路、外立面、公共花园等进行美化提升，并大力筹措库区移民后期扶持扶助资金、乡村振兴资金等3000余万元，对家庭旅馆、公园绿化、村内通道、湖滨环境等进行改造提升，形成山水宜居、设施完善的新农村。

三是打造闽台合作试点。依托“两园”（泰宁世界地质公园、台湾野柳地质公园）、“两水”（大金湖、日月潭）、“两游轮”（“大金湖号”“日月潭号”），积极引进台湾团队，借鉴“乡村再生”规划理念和经验，开展规划设计咨询陪护式服务的闽台乡建乡创合作项目；引入台胞青年，通过创新创业载体，探索海峡两岸融合发展新通道。目前，已与曾芝颖台青文创团队签订合作协议，开展交流活动3场；接洽台湾制茶师左如玉、台湾设计师杨超闳团队，完成闽台茶叶研究所建设，为泰宁岩茶发展助力。

四、经验启示

（一）强化党建引领，走乡村共同富裕之路

在推动水际村走上共同富裕的道路上，水际村党支部主动作为，以提升党组织组织力为重点，突出政治功能，发挥党组织号召力强的特点，统筹各类资源，牵头成立“三大协会”，创新形成“支部＋协会＋公司＋农户”的经营方式。同时，坚持“头雁领航”，通过优化干部年龄结构、提升干部能力素质、补齐干部短板弱项，建设了一支知识化、年轻化和敢想、敢为、敢冲的干部队伍，不断提升基层党组织政治领导力、思想引领力、群众组织力、社会号召力，形成“劲往一处使、拧成一股绳”的工作合力。

（二）坚持人与自然和谐共生，走乡村绿色发展之路

水际村始终秉承“人不负青山，青山定不负人”的理念，坚持科学统筹，引进“新知青”、回引“新乡贤”、留住“新农人”，通过土地流转、租赁承包、使用权转让等多种方式盘活资源，回引优秀人才。引进新业态，形成“旅游＋研学”“旅游＋森林康养”“旅游＋写生”等“一核多元”的产业发展模式，实现绿色资源的产业化、资本化，让青山绿水成为农村可持续发展的动力源泉。

（三）创新乡村治理体系，走乡村善治之路

水际村顺应乡村发展变化新形势，与时俱进推进治理机制改革创新，以自治为本、以德治为基、以法治为核，以人民切身利益为出发点，依法依规制定村规民约，认真落实“四议两公开”制度，保证村民能依法进行自我管理、自我服务、自我监督，切实保障村民自身权益。同时，通过增强村民自治能力、丰富村民议事协商形式、全面实施村级事务阳光工程等，激活村民的主人翁意识，进一步畅通村民参与乡村治理的渠道，提升乡村治理的“凝聚力”，走出一条特色乡村善治之路。

（四）传承发展优秀传统文化，走乡村文化兴盛之路

水际村通过深度挖掘非物质文化遗产，让外地游客在参观体验及研

学过程中切身体会园林文化、“鱼拓”文化、渔耕文化等优秀传统文化，既促进乡村文化繁荣昌盛，也为水际村的经济发展、村民增收注入了新动能，极大地促进了农村剩余劳动力的转移，有效地实现了文化生产力的转化与发展，从根本上激发村民的主体性、主动性、创造性和文化认同感，使村民自发成为乡村文化的拥护者和传播者，推动了乡村文化的繁荣兴盛。

案例评析

水际村因“库”而建，因“旅”而兴，立足乡村资源禀赋、区位条件、产业基础，由村党支部牵头，采取“行业协会＋公司＋农户”的经营方式对渔业、游船业和民宿业进行规范，提升效益，实现生态保护与经济发展的良性循环。同时推进“旅游＋”全域旅游发展方式，形成“旅游＋研学”“旅游＋森林康养”“旅游＋写生”等旅游新业态，走出一条旅游富民强村的路子。未来应进一步提升规范运营水平，研究完善利益分配机制，保障农户在产业良性发展中的合理收益，进而促进小农户与大市场的有效结合，促进生态旅游、森林康养、文体创意等产业融合发展，提高生态资源的变现能力。

牢记嘱托，接续奋进，山区同样可以当状元

——永安市曹远镇霞鹤村推进乡村振兴的实践*

一、乡村概况

曹远镇霞鹤村位于三明市永安市西南部的九龙溪畔，距永安市区 3 千米，地处永安市“工业走廊”黄金地带。全村共有 3 个村民小组、90 户 368 人，其中党员 21 人；村域总面积 3720 亩，其中耕地面积 248 亩、林地面积 3200 亩；2021 年农民人均收入 3.56 万元、村财收入 86 万元。霞鹤村雨量充沛，气候温暖，水质清澈，环境优美静谧，是都市人寻求山野天然之趣的绝佳胜地。同时，霞鹤村积淀了抗战文化等多元文化，为旅游产品的深度开发提供了深厚的文化土壤。

1996 年 5 月 26 日，时任福建省委副书记的习近平同志到霞鹤村，他对随同调研的同志们说：“三明是山区，我们对山区发展一定要有信心，不要小看咱们的山区，山区是很好的，好山好水，我们就要画好这幅‘山水画’。”他还说：“我们还要继续把典型的村指导得更好一些，成为三明市永安市高标准的示范窗口，对农民脱贫致富奔小康也有示范意义。”①

近年来，霞鹤村充分发挥村庄山清水秀的优势，大力发展生态旅游

---

* 本文资料由罗娇赛（中共永安市曹远镇党委宣传委员）、林秒（中共永安市委党校、永安市行政学校副校长、高级讲师）提供。

① 引自：“习近平同志做到了‘打铁自身硬’”——习近平在福建（十五）[EB/OL]. (2020-07-20) [2022-06-11]. http://cpc.people.com.cn/n1/2021/0926/c441135-32236854.html.

业，主动作为、迎难而上，在村容村貌、环境整治、产业发展、村民素质等方面重点突破，打造出霞鹤生态农庄这一具有代表性的乡村旅游景区，在各级领导的关怀下逐步实现了“田园变公园、村民变股民、务农变务工、产品变礼品”四个方面的转变，先后获得全国美丽宜居村庄、福建省“家园杯”新型村镇建设竞赛活动优胜村庄、省级卫生村、省级美丽乡村试点村、省级乡村振兴试点村、农村脱贫致富奔小康先进村、全国乡村旅游重点村、省级美丽乡村试点村、金牌旅游村等荣誉称号。

二、主要做法

（一）组织引领奏响“凝心曲”

一是跨村联建聚合力。霞鹤村党支部按照“支部举旗帜，党员亮身份，发展有作为”的思路，充分发挥党支部作用，推动村级各项事业取得长足进展。以霞鹤村作为领建村，联合汶一、汶四、张坊等4个联建村成立汶州片区党委，通过建立片区领导下的组织“目标管理”、个人“设岗定责”机制，推行农村党员“网格化”联系服务群众模式，实施“三联三权三单”跨村联建党建机制，在乡村振兴、扫黑除恶、民生项目建设等中心工作中发挥先锋模范作用。

首先，坚持“三联”强基，统领区域发展“一盘棋”。聚焦“谁来联、联什么、怎么联”，着力树强核心、选准主题、优化形式，确保联得了、联得紧、联得实。汶洲片区党委深化“跨村联建”党建模式，围绕组织联建、产业联动、民生联办、乡村联治，加大联村党组织组建力度，引导大村带小村、强村带弱村、富村带穷村，稳妥解决乡村规模小、空心化问题。

其次，坚持“三权”赋能，提升联建组织“话语权”。围绕“有人管事、有权理事、有钱办事”，赋予联建党组织必要的“人权、事权、财权”，提升联建党组织的话语权，切实解决跨村联建中容易出现的“空架子”问题，确保实现实体化运作。汶洲片区党委合力策划生成汶霞线旅游公路、抗战文化出版主题园，为下一步打造九龙溪沿线生态旅游综合体奠定坚实基础，推动片区各村抱团发展。

再次，坚持“三单”理事，增强工作运转“新动能”。坚持“工作清单化、清单项目化、项目责任化”，定目标、明责任、严考评，切实解决跨村联建中容易出现的“空运转”问题，确保联建党组织工作有目标、有规范、有落实。聘请退休老领导为乡村振兴指导员，并担任新任村书记的“帮带导师”，帮助提升班子的履职能力。

二是筑牢阵地强功能。实施村级阵地提升工程，完善党群服务中心、片区党委活动阵地、村史馆等功能区建设。加强农村基层党组织建设，建立和完善以党总支为核心的自治组织体系。规范落实组织生活、“四议两公开”“村干部值班坐班”等制度，深化党史学习教育，每季度开展“卫生之家”和“文明家庭”评比活动，展示和宣传典型代表的良好风貌、先进事迹和创建成果，用身边的人和事教育、影响、激励全体村民。严格执行党务、村务、财务公开，严厉整治惠农补贴、集体资产管理、土地征收等领域侵害群众利益的不正之风和腐败问题，积极引导群众组建村务理事会和评理室，加强村红白理事会、老年协会等社会组织建设。着力将村级阵地打造成密切党群关系、推动乡村振兴的“红色堡垒”。

三是双向培养育队伍。建立村“两委”班子联系能人和党员工作制度，推动党员与致富能人双向转化，近年来共培养党员致富带头人 5 名，其中发展为村干部 2 人，储备后备干部 8 人，形成党建与发展双向互促的良好局面。提高村干部队伍水平，通过外出学习、集中培训、交流体验等方式，培育一批思想解放、眼界开阔、示范带头的村“两委”干部，激励他们带头干事创业，鼓励他们大胆创新，示范带头发展新型产业，成为群众的“领头雁”。

四是重视吸引“新乡贤”。建立在外优秀人才信息库，健全联络服务机制，拓宽在外优秀人才服务家乡渠道，为乡村规划、经济发展、帮扶脱贫、文化建设、生态保护建言献策。充分挖掘“新乡贤”，邀请乡土人才、致富能手、退伍军人等乡村能人积极参与乡村振兴计划和决策，成为农村建设的示范者。此外，通过树立一批先进典型、新型职业农民和家庭能人，让“新乡贤”成为乡村振兴战略实施的红利共享者。

（二）产业发展奏响“富民曲”

一是村民变股民。创新村企协作发展模式，通过“村支部＋村委会＋合作企业”的模式，成立了霞鹤生态种植农民专业合作社，村民以现金和土地租赁方式入股，与村委会、企业三方共同出资成立生态农业公司，实行“股权合作、承包经营、固定回报、互利共赢、持续发展”，并依托福建霞鹤乡村旅游有限公司对农旅项目进行运作经营，形成了村民变股民、人人有分红的村级经济运行新模式，入股村民年均每股分红2000余元，拓宽了村民增收渠道。

霞鹤村种植的向日葵（曹远镇党政办　供图）

二是务农变务工。通过村企共建，积极引进福建绿园丰生态农业等企业落户霞鹤，先后流转集体和农户闲置土地165亩，带动了50多名村民实现家门口就业。同时，扶持有条件的小农户与该公司合作，加上原有基于曹远镇工业的传统运输行业，近年来，村民人均纯收入年增长率约为10％，2021年达3.3万元。

三是产品变礼品。通过设立农耕、采摘等体验区，引进粿条坊、豆腐坊、酿酒坊等风味制作民俗项目，集中展示永安传统生活场景，年吸引游客8万余人次，通过互动式、体验式消费实现民俗风味产品变礼品。霞鹤生态农庄目前较为成熟的采摘水果为沃柑、“红美人”橘子、草莓，加上生态农庄种植的生态米，都成为深受游客喜欢的伴手礼。同时，将霞鹤村培育的沃柑作为“三品一标”农产品，打造专属本村特色的品牌产品，成功举办“中国绿都·全宴三明”永安全笋宴美食推广月启动仪式暨“山区明珠·诗画霞鹤”趣味乡村跑活动，直播活动热度达200万人次，进一步提升霞鹤村生态品牌形象。

（三）生态建设奏响“清新曲”

一是定明规矩“立行”。创新实施“美丽乡村，美丽约定”行动，通过召开“村民夜谈会”、党员大会、村民代表会等形式，推动保护生态环境、做好门前“三包”等内容成为村民共识，用“村民的话”管“村民的事”。制定保洁制度，建立垃圾转运机制，成立保洁队伍，新建垃圾转运站1处，实现生活垃圾日产日清，同时，充分利用横幅、宣传册、电子屏等形式加强宣传。投入使用智能化停车系统，明确每家每户停车地点，规范村内外来车辆的停放，同时定期、不定期对车辆违规停放行为进行劝导。

二是党群联动“治境”。建立“党员中心户＋群众”的生态共建共享责任制，依托党员、老人、妇女组团式开展环境治理、环河卫生清洁等“绿化家园”行动，营造“组织领、党员带、群众动”良好共建氛围。深入实施“七改三清”人居环境提升行动，成立村妇女劝导队，每天对全村农户的家禽圈养、衣物规范晾晒、庭院垃圾清扫等问题进行劝导，拆除违章搭建鸡棚600平方米，并在村外选定一处地点试点鸡鸭集中圈养；清理农村生活垃圾，完成村域范围内公共区域陈年垃圾清理、部分卫生死角清理、部分沿河堆放整治；清理村内塘沟，以房前屋后河塘沟渠、排水沟等为重点，开展生活污水治理，采取综合措施恢复水生态，逐步消除农村黑臭水体，切实提升环境整治成效。

三是整村提升“育景”。以天然公园建设为载体，以“五位一体”为目标，充分挖掘“山水、村落、生态”等旅游资源，分期进行违章搭建拆除、立面和围墙改造，统一建筑风格。2022 年以来，以三明市“156”乡村建设工作机制为抓手，积极推动三明市“桃源古韵·文旅休闲”乡村振兴精品示范建设，围绕“一心三路九园”规划布局，先后实施党群服务中心提升、村道“白改黑”、沿线景观提升等项目，打造以党群服务为中心，以奋斗之路、川野之路、躬耕之路贯穿 9 个园区的整体天然公园，使产业发展、居住环境、景观造型融为一体。

（四）聚焦文化奏响“繁荣曲”

一是赓续“红色”血脉。深入挖掘本村的历史文化底蕴，以抗战时期省政府内迁永安时创办的改进出版社所在的黄家祠堂遗址为依托，以黎烈文、王西彦等爱国人士事迹为载体改造打造文化品牌。建设基层综合性文化服务中心；改造永安抗战新闻与文化陈列馆；以抗战时期改进出版社在霞鹤村创办为背景，建设抗战文化出版主题园，选址九龙溪畔、改进出版社及其印刷厂旧址，建设面积约 9600 平方米；改造黄氏旧宅，拆除破旧房屋，改为永安红色出版主题陈列馆，展陈霞鹤村抗战文化、民俗文化、村情历史等，并作为村民集体活动场所。延续历史文脉，传承红色文化，充分激发村民的集体意识和文化自信。

霞鹤村抗战文化出版主题园（曹远镇党政办　供图）

二是传承“古色”耕读。深挖耕读文化底蕴，大力探索“农耕+研学”的文化传承模式。通过建设耕读文化长廊，邀请农民种植养殖能手、返乡大学生进行现场教学等方式，打造集耕读教育、党建团建、康养旅游等活动于一体的科普劳动教育体验基地，引导游客在实践中体悟传统农耕文明。

三是弘扬“俗色”传统。依托霞鹤村优越的自然条件打造市民农耕体验区、涌泉生态景观区、绿野休闲服务区、沙滩驿站亲水区等核心区域，设立粿条坊、豆腐坊、酿酒坊等民俗体验项目，集中展示永安传统小吃制作及民俗生活场景，使民俗体验与休闲观光融为一体。

四是丰富“彩色”生活。组建腰鼓队、秧歌队、健身气功队等 5 支文体队伍，根据不同节日的特点开展广场舞、打腰鼓等各种有益的文体活动，通过活动的开展提高群众身体素质和文化素养。持续提升文艺队伍，涵盖腰鼓、军鼓、健身气功八段锦、秧歌、广场舞、山歌合唱等多种文艺形式。整合本村文化建设资源，建设 400 平方米综合文化服务中心、书报电子阅览室、多功能活动室等党员、群众活动室，扩大农家书屋的藏书量，实现村级公共文化服务全覆盖，丰富村民的文化生活。

(五) 乡村治理奏响“和谐曲”

一是积分制度优管理。建立“周记录、月公示、季考评”乡村治理积分制，以户为单位实行积分管理，通过设立积分超市、明确兑换规则，给予物质及精神奖励等方式，推动村民以行动换积分，以积分转习惯，以习惯化新风。每季度开展“卫生之家”和“文明家庭”评比活动，用身边的人和事教育、影响、激励全体村民，进一步巩固省级文明村创建成果。

二是村民夜谈促和谐。党支部牵头制定党群议事会制度，积极推行民情处置“四步走”工作法，建立“村民夜谈广场”“村民夜谈庭院”，推动解决人居环境、产业发展等问题。通过村民夜谈，加强法治保障能力建设，坚持法治为本，强化法律在维护农民权益、农业支持保护、生态环境治理、化解农村社会矛盾等方面的权威地位。深入开展法律进村入户普法活动，引导广大农民增强尊法学法守法用法意识，进一步增强村组干部法治观念、法治意识和依法办事能力。成立霞鹤村评理会，通过组织村内十余位德高望重的老人对日常矛盾进行评理调解，及时遏制不良苗头。近年无重大刑事案件和责任事故，无集体上访及群众滋事，杜绝了黄、赌、毒等丑恶现象，连续多年被评为“六无村”。

三是道德建设新风尚。持续推广村规民约，发扬扶贫济困、见义勇为等良好社会风尚，关心弱势群体，对于高度残疾并丧失劳动能力的村民每年给予一定补助，并在创业方面提供帮助。深入挖掘农村传统道德教育资源，广泛开展深入宣传道德模范、身边好人的典型事迹活动，弘扬真善美，传播正能量。

三、发展成效

霞鹤村充分整合各级乡村振兴政策、项目、资金等各项资源，致力于打造休闲旅游型和产业融合型的美丽乡村，以增加农民收入、提高农民素质、改善农民生活条件为重点，协调农村各项事业发展，坚持有重点、有突出，确保农村各项事业全面发展。如今，绿色生态之美已成为三明的名片，这既是美丽中国的美，更是全面小康、产业致富的美，老百姓日子越过越好的美。

（一）村级组织更具活力

不断完善党支部领导下的组织“目标管理”、个人“设岗定责”机制。扎实推进党史学习教育常态化制度化，采取党员网络化服务等形式，在推动村级产业发展、矛盾纠纷调处、民生项目建设等方面，做给群众看，带着群众干，村“两委”班子得到村民的信赖和支持，“村民夜谈会”成为定期召开村民议事会的新平台。

（二）发展势头更添后劲

村民以现金和土地租赁方式入股成立了农民专业合作社，与村委会、企业共同出资成立新公司，挖掘“山水、村落、生态”等旅游资源，打造成休闲旅游天然公园，形成了村民变股民的村级经济运行新模式。同时，村民还应聘成为合作公司员工，获得务工收入，实现村财增收与村民致富，擦亮了“绿色生态、红色文化、互动体验、近郊旅游”

四大招牌，促进村民人均纯收入年增长率超过10%。

(三) 精神家园更为丰富

将改进出版社印刷所旧址改建成永安抗战新闻与文化陈列馆，同时，建造了民俗园，设立了粿条坊、豆腐坊、酿酒坊等作坊，以一组组铜人雕像再现传统生活场景，传承了乡土文化。依托高规格建成新时代文明实践广场等教育平台，组建8支志愿服务队，常态化开展服务，并坚持开展群众性精神文明创建活动，营造崇德向善的良好氛围。

(四) 村容村貌更显靓丽

按照美丽乡村建设生态人居的定位，科学规划，先后投入3000万元实施新村点建设，整合“山、水、田、林、路、人、文、宅、景”九要素，保护村域古树、民宅，建成了涌泉生态景观区、市民农耕体验区、沙滩驿站亲水区、抗战印刷文化区、绿野休闲服务区等五大核心区域，成为远近闻名的美丽乡村和实施乡村振兴战略的新样板。

四、经验启示

(一) 坚持党建引领，凝聚合力“建氛围”

组织全村党员干部加入以村小组为单位的网格，建立“党员中心户＋群众”生态共建共享责任制，围绕“绿乡村、美家园”的工作思路，广泛发动群众组团式开展环境治理、环河卫生清洁等“绿化家园”行动，营造“组织领、党员带、群众动”的良好共建氛围。

(二) 坚持产业发展，扎实念好“致富经”

聚焦产业发展基础，依托自然条件打造绿色生态产业，推动松散的农户、零散的土地、闲散的资金、分散的经营“四种要素”有机聚合，积极引导村民以现金和土地入股成立农民专业合作社，与村委会、企业三方共同出资成立新公司，坚持“股权合作、承包经营、固定回报、互利共赢、持续发展”，带动村民在家门口就业，游客在观光游玩之余，亲自动手体验作物耕种、休闲垂钓、“稻田摸鱼”等活动，充分强化形成可持续发展的产业支撑体系，促进村财和农民持续增收。

（三）聚焦生态建设，合力绘出“山水画”

围绕习总书记“天然公园”的指示精神，着力打造以“抗战文化游、休闲度假游”为主题，“闻山、阅水、感绿、怡情”为主导的旅游胜地，让人们看得见山、望得见水、记得住乡愁。邀请第三方专业机构规划布局，打造奋斗之路、川野之路、躬耕之路贯穿农耕园、民俗园、湿地园等9个园区，使产业发展、居住环境、景观造型融为一体。

（四）坚持全民参与，持续培育“文明风”

广泛凝聚党群力量，最大限度调动群众参与积极性，从解决农民最关心的具体问题入手，以农民自愿、村民自治为主，加快构建“共治、共建、共享”的乡村治理新格局。建立“日常纠纷村级调、复杂矛盾片区化、专业问题镇级解、跨级线索联合摸”的上下联动工作机制。通过召开“居民夜谈会”，开展“美丽乡村、美丽约定”行动，通过“最美庭院”“红黑榜”评比活动等方式，实施人居环境提升行动，保持村庄干净整洁。建立“周记录、月公示、季考评”的乡村治理积分制和“最美庭院”“文明之家”评比等活动，推动人居环境和产业经济的和谐发展。

（五）聚焦文化特色，奋力铺就“三色路”

注重挖掘文化内涵，厚植文化基因，以文化优势助推乡村建设走深走实。巩固建设抗战新闻与文化陈列馆、抗战文化出版主题园，传承“红色”文化；探索“农耕＋研学”的文化传承模式，深挖耕读文化底蕴，传播“古色”文化；组建并提升文体队伍，完善文化设施，丰富村民休闲文化生活，丰富“彩色”生活。

案例评析

霞鹤村立足当地产业优势和资源禀赋，以打造“工业强镇、旅游名镇”为目标，编制产业发展规划，发展基地农业、设施农业、观光农业、乡村旅游和文旅康养等富民兴村特色产业，全面推进乡村建设提质增效，奋力探索一条富有“山区状元”特色的乡村振兴之路。未来要进一步把山区特色资源优势转化为产业优势，按照“延长产业链，提升价值链，完善利益链”的思路，从上游、中游、下游等环节提升产业附加值，促进乡村一二三产业融合，构建高效的农村生态产业体系。激发乡村产业发展要素活力，持续拓宽农民增收致富渠道，做好乡村发展、乡村建设、乡村治理“三项任务”，画好山区“山水画”，实现人民对生活安康、社会安宁的期盼。

发挥资源优势，打造“党建引领·古韵客家”示范线

——宁化县联镇联片的乡村振兴之路*

一、乡村概况

三明市宁化县地处福建省西部、武夷山东麓。宁化拥有丰富的历史人文资源，是“扬州八怪”之一黄慎，方志学家李世熊，书法大家郑文宝、伊秉绶等历史文化名人的故乡，是郭沫若的祖籍地。“北有大槐树，南有石磜村”，石壁镇被称为“客家摇篮”“客家祖地”。宁化是著名的革命老区，土地革命战争时期，宁化是中央苏区的重要组成部分，也是中央主力红军长征的4个出发地之一，毛泽东、朱德、彭德怀等老一辈无产阶级革命家都曾在宁化进行过革命实践活动，红色资源丰富。宁化地势开阔、山水灵秀、气候宜人，为闽江、赣江、汀江三江源头，全境以丘陵和山间盆地为主，峰峦重叠、溪河密布，省级风景名胜区、国家地质公园天鹅洞群位于宁化东部的湖村镇，是福建规模最大的溶洞群，有世界罕见的地下河水中石林，生态旅游资源独特。

宁化县在完成打造“红色故里·产业振兴”主题示范线后，为进一步做足全面推进乡村振兴“大文章”，目前正在依托产业强镇、省级试点示范村、省级实绩突出村区位优势，充分发掘红色文化资源、客家文化资源及特色农业产业资源，串点连线、多措融合，倾力打造“党建引领·古韵客家”乡村振兴精品示范线，持续奏响乡村振兴奋进曲。

---

* 本文资料由黄俊玮（宁化县农业农村局乡村振兴工作站站长）、曲玫洁（宁化县农业农村局乡村振兴工作站干部）提供。

客家祖地（石壁镇政府　供图）

二、主要做法

（一）党建引领，绘好规划蓝图

宁化县把加强组织建设作为首要抓手，通过党建引领，抓班子、带队伍、强机制，不断增强组织力、凝聚力和战斗力。实践表明，党建引领乡村振兴具有明显的政治优势、组织优势和服务优势。

宁化县党委、政府立足历史人文、革命老区和生态旅游等资源禀赋，以乡村全面振兴为目标，科学绘制发展的规划蓝图，积极打造“党建引领·古韵客家”示范线。示范线位于宁化西片，全长33.5千米，涉及城郊镇、石壁镇、淮土镇3个乡镇19个行政村，涵盖示范线沿线整治、沿线公路提升、沿线主题设计、沿线主题提升等项目。依托石壁镇陈塘村、淮土镇凤凰山村红军街、凤凰山村党建引领跨村联建，做活“红色文化”文章。统筹布局红军医院旧址群观光连接线步道、革命烈士纪念碑、红军街修缮、党建文化建设等项目，打造“红色文化旅游线”，形成“红色强村、客家文化、农旅富民”的乡村产业融合发展导向。

“党建引领·古韵客家”示范线建设21个项目，其中，在城郊段，以城郊镇薏米（河龙贡米）现代农业产业园建设为依托，实施贡米文化园、公路沿线人居环境整治、绿化亮化、乡村建设“五个美丽”等项目；在石壁段，围绕石壁镇客家生产工艺体验、石壁闽台融合发展基地、陈塘村文旅融合发展等亮点，实施特色产业发展、红色文旅提升、人居环境整治等项目；在淮土段，聚焦凤凰山中央红军长征出发地核心展示园建设及跨村联建项目，立足沿线各村资源禀赋，优势互补，推进乡村产业融合集聚发展。

（二）多业融合，促进经济发展

一是党建引领强产业。坚持党建引领产业振兴，实施“领头雁”培养计划，依托产业联营机制，把农特产业做强做优，打造油茶、小黄瓜、白莲等示范基地，争创市、县级专业合作社，省、市级“一村一品”，省级乡村振兴示范村。坚持党建挂钩共建，鼓励各行政村与县级以上部门或国企签约共建，争取党建扶持资金，实施农产品助销、光伏发电等产业发展项目，不断壮大村集体经济。以产业融合发展为路径，打造特色米文化园项目，着力推进一二三产业融合发展，拓展旅游新业态，打造农业全产业链，实现农业多种功能和乡村多元价值体系，有效延伸“近郊一日游”打卡旅游线路，为乡镇经济注入新的活力，助推全国农业产业强镇建设。创办“梨山茶油”品牌，团结湿籽花生取得SC认证，逐步实现农特产品产业链延伸。

二是客家文化促发展。宁化是举世闻名的客家祖地。大力推进“客家＋文旅”发展模式，以客家祖地为核心区域，策划打造客家传统文化、祠堂文化、民俗民间文化等地域特色鲜明的景观带，有以“是客家人”为主题的客家文化休闲公园，有“客家第一壶”、水车、活字印刷模板的客家谚语墙等特色景观。推动石壁旅游业、客家小吃产业发展。加强客家祭祖、挂葛藤、陈塘“闹春田”等非物质文化遗产保护，推广传承宁化客家木活字技艺、客家方言、客家山歌、客家木偶戏、客家书画等工艺美术和民间绝技，做旺文旅人气，擦亮客家祖地名片。

三是红绿融合兴业态。宁化县淮土镇是中央红军长征出发地，早在

凤凰山村红军长征出发地（黄尉峰　供图）

土地革命战争时期，淮土镇凤凰山一带便是宁化地域内较早开辟的革命根据地之一，享有宁化“扩红模范区”的美誉。为充分发挥“凤凰山红色联村”党建引领作用，搭建“红色＋绿色”农文旅融合发展桥梁，在凤凰山红军长征出发地核心展示园建设基础上，延伸建设梨树“小长城”、赤岭红军硝盐加工厂等6个红色旅游点，引进怀图文化科技公司，推出“成功小红军”“宁化红”等伴手礼，开发露营观景、户外烧烤等新业态，联通团结联村绿色产业圈，融入现有梅花鹿养殖场、葡萄杨梅特色采摘农场等绿色资源，开发红绿融合精品旅游线。

（三）多项共管，塑造美丽家园

一是先减后加增颜值。按照“任务项目化、项目清单化、清单具体化”的要求，推广“先减后加”乡村建设激励机制，坚持“先减后加”“不减不加”“有减有加”三大原则，督促示范线沿线各村拆除危旧空心房、清理乱堆乱放乱占现象，定期开展村庄清洁行动，对“减法”实施到位的村，加大政策资金支持做“加法”；对实施不到位的村少安排或不安排政策资金，以目标倒逼任务完成。结合农村建设品质提升及“五个美丽”建设，绘就和美乡村新画卷。同时，强化监督检查，严格考评考核。开展农村人居环境整治明察暗访，不打招呼直奔乡村，聚焦乡、村主干道的突出问题，对乡镇的厕所整治、垃圾治理、污水治理、村容村貌整治等情况进行督查，及时发现问题。

二是村庄规划美环境。坚持规划设计先行。按照“多规合一”要求，紧扣乡村产业振兴、人才振兴、文化振兴、生态振兴、组织振兴“五大振兴”主题，区分聚集提升型、城郊融合型、特色保护型、搬迁撤并型等村庄类型，明确分类推进，不同地区、不同发展阶段的村庄，实施乡村振兴战略要因地制宜、因时而异，不盲目超前发展，不搞“齐步走”，推进实用性村庄规划应编尽编，促进农村经济、文化、社会、生态的全面发展和整体提升。聘请专业规划团队深入开展调研分析，完成村庄规划，明确村庄的空间管控、生态环境保护、文化遗产传承、公共空间整治以及客家风格的村民住宅风貌控制，同时完善设计了满足村民生活生产发展需要的相关基础设施，提升村容村貌。

三是强化治理保生态。近年来，宁化县通过封山育林、禁烧柴草、水系治理等措施，全力推进水土流失治理及生态保护修复，实施生态水系治理、山水林田湖生态修复、小流域治理等项目，建立宁化县水土保持科技示范园。完善农村生活垃圾处理提升，持续推行“户分类、村收集、镇转运、县处理”农村生活垃圾收运处置体系，有序推进农村生活垃圾源头分类减量，健全生活垃圾分类机制。加强农村生活污水治理建设与运维，统筹推进管网、供水与排水等设施新建与改建工作，序时推进实施全省农村生活污水提升治理工程。

（四）多措并举，创造美好生活

一是多点开花兴文化。立足示范线红色资源优势，收集整理本土红色故事，开展红色宣讲，传承红色文化，提升文化自信；举办红色旅游文化节、美食鉴赏节等活动，丰富群众文化活动；依托宁化县委党校，整合宁化县革命纪念馆（长征馆）、宁化县革命纪念园等场所，成立宁化长征学院，举办各类培训班，发展“红色＋培训＋旅游”产业；推进星级养老幸福院、乡村文化戏台、居民夜谈长廊、孝道文化公园等场所建设，打通群众文化生活“最后一公里”。

二是移风易俗树乡风。依托新时代文明实践站建设，组建志愿服务队伍，常态化开展移风易俗等志愿服务活动。健全完善村党组织领导村级议事决策机制和村级民主协商议事机制，推进村级综合服务设施规范化建设，完善村规民约，不断提升乡村自治水平；大力弘扬和践行社会主义核心价值观，倡导喜事新办、丧事从俭、厚养薄葬、勤俭节约等观念；发挥“一约四会”和族规族训教化作用，推动形成文明乡风、良好家风、淳朴民风。

三是文明创建促和谐。深化新时代农村精神文明建设，开展文明村镇、文明家庭创建活动，抓好新时代文明实践中心（所、站）建设，广泛开展各类文明创建活动，以联村为试点推行“乡村治理积分制”，建立“爱心积分小站”，实施“以德换分，以分换物”，评选创建“绿色家庭”“最美家庭”“星级文明户”等，石壁镇、淮土镇均入选省级乡村治理示范乡镇，积极营造村村之间、村民之间比学赶超氛围，以榜样力量引领乡风文明新风尚；推进法治乡村和平安乡村建设，深化“一党委三中心（站）”基层治理机制，加强农村意识形态、宗教等领域规范管理，完善矛盾纠纷多元化解机制，常态化推进农村扫黑除恶，开展农业领域安全隐患大排查大整治，确保农村社会安定稳定。

客家陈塘“闹春田”活动（石壁镇政府　供图）

三、发展成效

（一）乡村产业发展取得显著成效

以产业兴旺为核心，立足资源禀赋，以产业融合发展为路径，打造现代农业（薏米、河龙贡米）产业园，助推全国农业产业强镇建设。总投资2亿元，建设5个工程及12个配套子项目，获2022年中央财政衔接推进乡村振兴项目补助2500万元。该产业园发挥项目“带一接二连三”功能，采取“公司＋基地＋农户”订单种植等模式扩大规模，精深加工米线、米乳、稻米油、薏米等副产品，提高产品附加值，并通过“线上＋线下”双轮驱动模式，拓宽销售渠道。目前，已有贡米、薏米龙头企业7家、专业合作社52家，带动1万余户农户合作种植，户年均增收1.4万元；与京东、中石化等企业建立战略合作伙伴关系，2022年来，已带动全县贡米、薏米销售4.8万吨，实现全产业链产值6.8亿元。

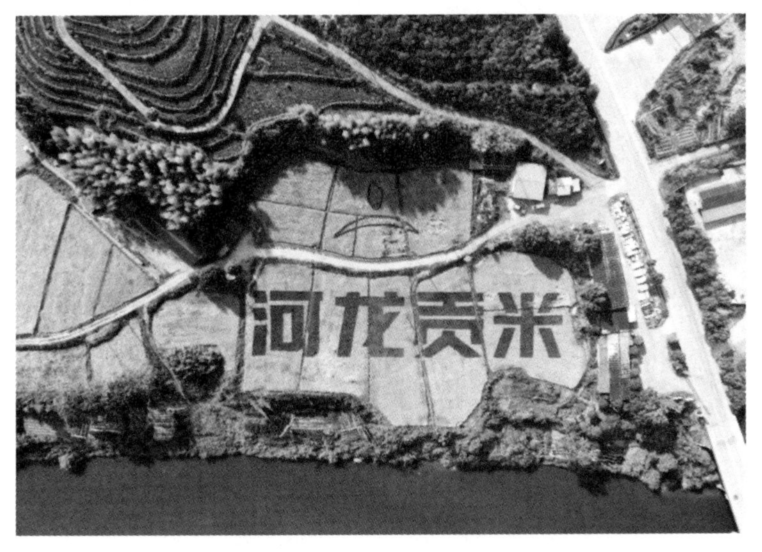

河龙贡米彩绘种植（城郊镇政府　供图）

（二）文旅融合发展日益突出

以石壁镇红军医院修缮保护、淮土镇凤凰山中央红军长征出发地核心展示园项目建设为重点，发展红色文旅产业。石壁镇陈塘村整合资金3000余万元，完成红军医院住院部、行政部和后勤部的保护修缮和展示利用等，并还原红色卫生宣传漫画标语和场景，再现红色救护历史，是福建目前保存最完整、规模最大、红色遗迹最为丰富的红军后方医院旧址之一；引进石壁陈塘旅游服务有限公司，建设游客服务中心、红军食堂等，植入围炉煮茶等业态，打造红旅融合基地，同时，融入全县“红培矩阵”，助力全县打造红色文旅融合示范县。

淮土镇凤凰山村以红军长征出发地为核心，延伸恢复周边村红色旧址原貌，将各村红色遗址遗迹串点连线，形成体验区、旅游线、观光点有机结合的产业发展格局；深度挖掘联村红色资源，以红军街、红军井、红军看病所、红三军团第四师师部旧址、少共国际师宿营地旧址等长征文物为载体，实施革命文物保护利用工程，创建长征国家文化公园文物保护利用示范县；延伸建设长征历史步道，将红色故事贯穿于内，融合红色文化，打造生态观光的风景线。

（三）生态治理成效日益突出

宁化县水土保持科技示范园面积115.2公顷，其中水土流失面积78.1公顷，占总面积的67.8%，是典型的紫色土水土流失地，现已建成科普展示区、试验监测区、植物标本区、治理示范区、休闲与观光园区五个功能区。园区已被福建省水利厅列为福建省水利科技推广示范基地、省级水利风景区；福建师范大学地理科学学院在此设立湿润亚热带山地生态国家重点实验室培育基地、亚热带紫色土侵蚀退化区生态恢复野外观测研究站；被宁化县人民政府列为宁化县中小学生水土保持科普教育基地；2016年6月被水利部批准为全国水土保持科技示范园区。

作为国家级水土保持科技示范园项目所在地，吴陂村全力推进水土流失治理及生态保护修复。投资860万元，实施安全生态水系建设项目，完成河道整治3千米、水土流失治理2200亩、建设生态护岸1.1

千米，实现“防洪、景观、生态”有机统一，打造水土保持示范样板，生态环境得到有效改善，实现绿色发展的良好格局。

四、经验启示

(一) 沪明携手共进，打造对口合作新样板

宁化利用沪明合作契机，邀请上海复旦规划建筑设计研究院景观分院，对“党建引领·古韵客家”乡村振兴示范线项目进行系统性规划建设，主要内容包括示范线主题功能策划、整体风貌提升和5个重要节点设计，充分挖掘沿线各乡镇资源要素，突出产业文旅、红色文旅、客家文旅的联动性，实现农业示范区、文旅景区、产业园区和村镇社区的一体化发展，从而赋予示范线自身“造血”功能，推动各示范线节点串点连线成片，真正实现了乡村振兴的示范效应。

(二) 注重人才回引，激发乡村振兴新活力

坚持“内培＋外引”思路，通过建台账、搭平台、优服务三项举措，创新打造乡村振兴人才驿站，推动一批在外优秀人才返村任职，培养墩苗干部及后备力量，为经济社会事业发展储备“源头活水”；以乡愁情怀为纽带，注重发挥“新乡贤”群体的示范带动作用，积极回引在外杰出乡贤返乡担任乡村振兴指导员，建强人才生力军，激活发展新动能。

(三) 强化示范引领，打造和美乡村

坚持以点带面推动乡村振兴，持续建设乡村振兴示范线，立足沿线各村资源禀赋，促进乡村产业融合发展。坚持尽力而为、量力而行，不擅自拔高标准、吊高胃口，不做超越发展阶段的事情，坚决反对搞形象工程、做表面文章。推动乡村振兴各项重点工作落深落实落细，围绕“千万工程”经验和宁化县实施“6＋2”工程的有效举措和成功做法，开展多形式、多样化特色宣传活动。做好省级试点示范村、省级实绩突出村项目建设，因地制宜探索形成一批可复制可推广的乡村振兴典型。

案例评析

宁化县党委、政府立足历史人文、革命老区和生态旅游等资源禀赋，以乡村全面振兴为目标，积极推动“党建引领·古韵客家”示范线建设。坚持党建引领产业振兴，打造特色突出、主题鲜明的休闲农业和乡村旅游精品，依托产业联营机制，做强做优农特产业，形成“红色强村、客家文化、农旅富民”的乡村产业融合集聚发展模式。在未来发展过程中，要避免在旅游产业发展过程中容易出现的同质化倾向，更加重视发挥区位优势和旅游资源的鲜明特色，强化跨界思维，如在推进打造“红色故里·产业振兴”主题示范线时，将陈塘村原红军第四医院旧址打造成国家卫生健康委系统和全军医疗卫生行业的红色教育基地，突出红色文化、生态文化、特色农业等资源亮点，推动“好资源”成为“好项目”，助力“好生活”。

“龙斗，龙斗，要做龙头”

——邵武市水北镇龙斗村的乡村振兴之路*

一、乡村概况

水北镇龙斗村位于富屯溪畔，离邵武市区 15 千米，是个“红旗不倒”的革命老区村。全村拥有耕地面积 4033 亩、山林面积 8.7 万亩，下辖 15 个村民小组，564 户 2195 人，其中常住人口 1160 人，有党员 76 名。过去，龙斗村“吃饭靠吃山、收入靠砍树”，当地人有一种剥树皮“借寿”的习俗，在村中心的古樟树差点枯死。1998 年 1 月，时任福建省委副书记的习近平同志到龙斗村调研，为当地发展擘画了蓝图。龙斗村民摒弃旧习俗，不再砍树谋生、剥树祈福，转而保护树木、保护环境。现在，龙斗村从小农经济到现代农业，从资源闲置到盘活开发，从单家独户到龙头引领，2022 年村财政收入达 187 万元，农民人均收入 2.9 万元，成为邵武市壮大村集体经济第一村，先后获得全国绿色小康村、全国乡村治理示范村、省级民主法治示范村、省级生态村、省级乡村振兴试点示范村、省级金牌旅游村等荣誉称号，成为当地的“明星村”。

二、主要做法

1998 年 1 月 19 日，时任福建省委副书记的习近平同志来到水北镇

---

* 本文资料由谢慧敏（中共邵武市委党校、邵武市行政学校外培室主任）、黄惠敏（中共邵武市委党校、邵武市行政学校教师）提供。

龙斗村全貌（邵武市融媒体中心　供图）

龙斗村调研，对龙斗村粮食生产、生态保护、林下经济、发展旅游、环境整治、农村党建六个方面提出要求，并特别叮嘱“龙斗，龙斗，要做龙头”。[①] 龙头村牢记嘱托，一任接着一任干，坚持加强村级组织建设，坚持发挥农民在乡村治理中的主体作用，创新探索强村富民四个机制（支部引领舞龙头、五大特色促增收、“五民机制”促和谐、“五社联动”促和美）、三种模式（林业经营分成、资源入股分红、土地流转盘活），引进人才，推进乡村建设做深做实，着力建设和美宜居乡村。

（一）四个机制抓振兴

一是支部引领舞龙头。坚持“围绕中心抓党建，抓好党建促发展”的理念，深入实施“党员积分制”“支部＋功能型党小组＋社会服务组织”等管理制度。

村党支部坚持练内功、严规矩、增活力，突出支部引领、党员示范、党群联动，做好发展的“龙头”，在群众中有较高的公信力和威信，支部班子成员 4 届连选连任。实施“党员积分制”管理制度，完善考评

---

① 引自：人民论坛调研组：绿水青山间的邵武“是个好地方”［EB/OL］.（2023-02-22）［2023-04-18］. http：//m. rmlt. com. cn/article/400306.

体系，党员们在产业发展中大显身手，涌现出萝卜、杨梅、花卉苗木等种植大户 10 余户。在党支部的引导和党员的带领下，当地已形成初具规模的“红色黑炭杨梅、黄色有机水稻、蓝色水产养殖、绿色花卉苗木、金色休闲旅游、白色富硒蔬菜、黑色中药种植”七彩产业。

二是五大特色促增收。①杨梅产业，成立杨梅协会，种植杨梅 3000 余亩，年产值 1400 余万元。②蔬菜产业，建成 1200 余亩富硒萝卜种植基地，“龙斗萝卜”已取得国家绿色食品商标认证，年产值 1800 余万元。③中药材产业，引进承天药业有限公司，生产中药饮片及精制饮片产品，年产值 3000 余万元；推广种植茯苓、多花黄精等中药材 1500 余亩。④旅游产业，依托国家 AAAA 级旅游景区云灵山，打造龙斗航空飞行营地、沙雕艺术节等农体旅项目，让老百姓吃上旅游饭。⑤蜂蜜产业，庭院及林下养殖蜜蜂 3000 余箱，有专业蜂农 15 户，年产值 200 万元。以集中连片形式发展种养业，联合周边村情相近村域，形成种养业规模化经营。与此同时，在县域、镇域层面，创建以农业产业园为中心的产业集群，即便企业不在本村内，也可充分利用县镇空间、资金资源，实现农产品价值增值。完成杨梅、萝卜等特色产品的标准化生产，完善生产技术体系、检疫检测体系、科学管理体系等标准体系，推进农业生产加工管理标准化，实施品牌化战略，持续开展龙头农产品的“三品一标”和基地的认证及宣传，鼓励其他具有地域特色和传承优势的农产品积极申报名牌产品和地理标志等。深化“森林生态银行”，在全省率先发放“林下空间经营权证”，实行家家参与、户户配合的护林员制度，对山林生态开展全面管护，与此同时，实行林地均山到户和集体经营相结合，制定村集体与村民林业经营利益分成机制，村民人均拥有山林 34 亩，享有稳定的经营分红，村集体林业经营收入每年稳定在 80 万元以上。

三是“五民机制”促和谐。探索实施“村事民议、村务民决、村财民管、村廉民督、村干民评”的“五民机制”，提高乡村治理水平，增强民主自治能力。龙斗村村民自治制度健全，议事形式丰富。实施“六要群众工作法”，项目实施、一事一议、民主理财等村级事务，村民都知晓、都参与、都监督，真正做到村民当家作主，让村民满意。村务监督机构建立并依法参与监督，村规民约为广大村民知晓并认同，有效地调动了村民参与自治的积极性。

四是“五社联动”强治理。2018年，龙斗村被福建省民政厅列为第一批“五社联动”试点村，引入邵武市春暖社会工作服务中心、福建省兴业证券慈善基金会、社会志愿者等社会组织，协助村里成立了杨梅产业协会、龙马果蔬专业合作社、龙斗村社会工作服务站、乡风文明促进会等14个村级服务组织，连续举办4届德孝节、书香节、杨梅节、萝卜节等活动。为全力引导村民共同参与人居环境提升整治，推动村庄美化、花化、彩化，村党支部联合邵武市春暖社工，发挥村乡风文明促进会、老年协会作用，引导广大妇女和老年人积极投身“美丽龙斗”“美丽庭院”创建活动，由爱心公益单位赠送花苗，引导村民在自家的房前屋后栽种花卉，美化人居环境。村里适时举办花王赛，组织评选“最美花王”，让村民们自发参与村容村貌美化建设中。每年围绕村里特色农产品，开展内容丰富、群众积极参与的龙斗杨梅节、龙斗萝卜文化节、丰收节、农村电商培训等活动，充分调动村民自治服务的积极性，不仅带动乡村产业的发展，而且丰富村民精神文化生活，促进龙斗村物质文明、精神文明、生态文明三丰收。

（二）三种模式谋发展

一是林业经营分成模式，将3万余亩山林均山到户，将9000亩毛竹林流转林农承包抚育，村集体经营1.2万亩，制定村集体与村民林业经营利益分成机制，确保村民增收和集体增财，村民人均拥有山林34亩，林业经营收入每年达80余万元。

二是资源入股分红模式，按照“资源入股、项目运作”方式，将1万多亩生态林、溪水流域资源和近200亩集体林地入股云灵山旅游项目，开发峡谷漂流、温泉养生、野外露营等项目，从第6年开始为村集体每年带来20万～50万元逐年递增的固定收益。通过资源入股分红，龙斗村将福禅溪流域资源以及2万余亩山林资源（包含9000余亩毛竹林）整合成资源包入股云灵山旅游发展有限公司，保护性开发峡谷漂流、休闲康养、野外露营等项目，每年分红可为龙斗村带来10万～50

万元（每 5 年递增 10 万元）的固定利益分红。

三是土地流转盘活模式，引进福建闽良生态农业发展公司、云灵山旅游发展公司等龙头企业，将村民承包到户的 1200 多亩农田进行统一流转。成立龙马果蔬种植专业合作社，土地流转面积 900 余亩，轮作种植萝卜、辣椒等时令蔬菜品种，通过永同盛平台形成固定的销售渠道，年产值可达 1800 万元；村集体流转林家山 300 亩耕地，与专业合作社合作发展制种产业，每年可获得分红 6 万元；村集体用地出租给辖区内电站，每年可获得租金 6 万元左右。此外，充分利用闲置资产，引进通驰、龙丰两家驾校，每年可收租 8 万元，进一步拓宽集体经济增收的新路子，200 多台驾训车辆也为村里带来了人气。

（三）人才优先破难题

一是设立长期农业科学技术站。联合邻近村域，探索与福建省农科院、南平市农校等农业科学机构的长期合作机制，设立农业科学技术联络站，定时定点有专家常驻或授课培训，以技术入股等形式共享收益，维持机制稳定。

二是创新人才引育机制。在县域层面引进高层次专业人才“上山下乡”。同时，通过开展培训、外出学习等方式培育新农人，带领杨梅种植大户到浙江仙居、兰溪等地考察，回来后带领村民为杨梅树矮化、搭棚，破解了几十年来龙斗村杨梅产业靠天吃饭的局面。组织蔬菜种植大户到福安等地学习，提升技能水平，引导村民走品牌农业之路和绿色产业发展之路。另外，加大政策扶持力度，吸引具有创业意识和现代经营管理经验的在外务工者回乡创业，拉动家乡经济发展。

三、发展成效

龙斗村既开垦荒地、建高标准农田，新增耕地 342 亩，坚持抓好粮食生产，又立足资源禀赋，培育发展富硒萝卜、杨梅、黄精药材等土特产，还就地加工中药材，发展旅游业，搞驾训产业，推动一二三产融合发展，有效增加了村财收入，促进农民就业。2022 年村财收入达到 187 万元，农民人均可支配收入 2.9 万元，两项收入都在邵武排第一。

(一)因地制宜发展壮大村级集体经济

村党支部持续发挥引领作用,推进“党建富民强村”工程,通过林业经营分成、资源入股分红、发展乡村旅游、流转盘活土地等办法,多渠道增加村民收入,实现集体增财和村民增收的“双赢”。鼓励村民利用近郊村优势,打造一日游、周末游、假日游路线,并以云灵山景区为突破口,拓展古村露营、篝火晚会、乡间垂钓、户外烧烤、山涧赏花、自行车慢行等活动,以创业带动就业,增加收入。探索推进农村产权制度改革,实施农民持股计划,开展土地流转,盘活农村“沉睡资源”,补齐农民资产性收入短板。

龙斗村云灵山旅游景区(邵武市融媒体中心 供图)

(二)法治理念深入人心

群众性法律法规宣传活动经常开展。深化平安创建,开展“四无”平安村建设和平安“三率”宣传活动;开展扫黑除恶舆论宣传,坚持“打击、宣传、普法”同频共振;组织开展防范电信网络诈骗专题宣传进村组、进家庭、进校园、进企业等活动;建立了村综治中心、公共法律服务工作室、警务室等集多功能于一体的大联动平台,为村民提供便捷的法律基本服务，村民法治意识明显增强。

（三）乡风文明形成新风尚

龙斗村党支部紧紧围绕水北镇探索打造“一中心四融合”的党建工作品牌，党员干部带头参与到志愿者协会、老年人协会、卫生协会、禁毒禁赌协会、杨梅产业协会等10支项目孵化出的自助互助的社会组织队伍中，不断提升农民精神风貌，提高乡村社会文明程度。按照“五有五优”标准建设龙斗村新时代文明实践站，将其作为强化农村基层思想政治工作和精神文明建设的重要举措和助力乡村振兴战略的重要抓手；开展“百人诵读经典”活动，以“书香龙斗、浸润童心”为主题，成为“书香邵武”建设的节目之一；开展移风易俗宣传活动，引导村民婚事新办、丧事简办、凡事从简，重新修订村规民约，把移风易俗等内容写入其中，并上墙公示；持续加强农村社会风气突出问题专项治理，形成“不比阔气比公益”“不比物质比素质”“不比家产比家风”的良好风尚。

（四）农村社会安定有序

龙斗村深入开展农村基层综合治理，积极探索社会治理改革创新，依托水北镇党员积分制，立足基层组织，整合力量资源，就地源头预防，大力推进共建共治共享“三共融合”，提升融合共治水平，做到“小事不出村、大事不出镇、矛盾不上交”。构建“立体式网络、一体化联动”体系格局，夯实融合共治基础；推进依法自治，提升社会共治水平；积极开展“五社联动”试点工作，发挥社区的基础平台作用、社会组织的服务载体作用、社会工作的专业支撑作用，探索建立机制创新、多元参与、群众满意的社区治理模式，把各行各业有特长的居民调动起来，弥补农村服务短板，调动社区居民广泛参与社会治理，解决社会矛盾，村里十几年来未发生越级上访事件，成为远近闻名的“和谐村”。

四、经验启示

龙斗村能发生美丽蝶变，靠的是“四变”和“四个不变”。

（一）发展理念之变

过去，龙斗村虽然山环水绕、资源丰富，但乡亲们吃饭靠吃山、增收靠砍树。按照习近平同志指引的方向，龙斗村从砍伐林木到保护利用，从小农经济到现代农业，从闲置资源到盘活开发，从单家独户到龙头引领，把生态优势、资源优势保护好、利用好，绿水青山真正成了“金山银山”。

(二) 产业结构之变

过去，龙斗村以种粮食和发展林业为主，如今，龙斗村既开垦荒地、建高标准农田，坚持抓好粮食生产，又立足资源禀赋，培育发展土特产，就地加工中药材，发展旅游业和搞驾训产业，推动一二三产融合发展，有效增加了村财收入，带动农民就业。

(三) 村容村貌之变

过去，龙斗村环境杂乱，建设没规划、管理没机制，卫生保洁没人管。如今，村里从卫生间、化粪池这样的小事抓起，推进“三清一改”村庄清洁行动，编修村庄规划，引进台湾乡建乡创团队，安排资金开展专项保护活动，持续整治提升人居环境，村容村貌“五年一小变、十年一大变”。

(四) 乡风文明之变

过去，龙斗村民有着剥老树皮“借寿”的陈规陋习，如今，村里制定了村规民约，年年举办“德孝节”“书香节”等文化活动，开展“文明家庭”“美丽庭院”评选，乡风民风越来越好。

龙斗村是闽北的一个普普通通的小山村，能够发生这样的变化，背后更关键的是“四个不变”。

(一) 不变的忠诚

始终沿着习近平总书记指引的方向，勇毅前行。牢记“抓产业建龙头，党支部要多想想，走在前头”的嘱托，持续深化“百千工程”“一村一档”等机制，创新探索“聚沙成塔”跨村联建模式，全面激发群众“向美向好”的强劲内生动力。

(二) 不变的韧性

咬定青山不放松，一任接着一任干，一张蓝图绘到底。高站位谋划

龙斗村高标准农田（邵武市融媒体中心　供图）

布局，充分发挥班子带头作用，现有班子中多人是杨梅种植、萝卜种植带头人。在树典型、强引导的作用下，党员们你追我赶的带动作用明显。

（三）不变的闯劲

坚决践行习近平总书记提出的“两山”理念，绿色发展不止步，不断探索“两山”转化的新路子。走好产业兴农之路、机制强农之路和文旅富农之路。

（四）不变的担当

历届党支部都力争当好龙头不懈怠，自我加压，充分发挥战斗堡垒作用，团结带领乡亲们一心一意，共建共享和美家园。

案例评析

龙斗村牢记习近平同志“龙斗，龙斗，要做龙头”的嘱托，通过党建引领转变村民思想观念，从人居环境整治入手，深入梳理挖掘自身优势，依托好山好水发展生态产业，打造一系列文旅品质提升项目，不断探索以乡村建设带动乡村振兴新实践，形成了七彩产业并举、生态环境宜居、村民安居乐业的发展格局。在未来发展过程中，应进一步调动群众参与村集体经济的积极性，在产权明晰基础上加强乡村运营的规范管理，不断完善林业经营分成、资源入股分红、土地流转盘活“三种模式”，加快创建特色产业，培育壮大主导产业，持续推进产业全链条升级，提升价值链，完善利益链，探索“按股分配”和“按劳分配”并行的利益分配机制，让农民共享更多的产业增值收益。

产业融合发展，弱鸟也能先飞

——寿宁县下党乡的乡村振兴之路

一、乡村概况

下党乡地处宁德市寿宁县西部两省三县交界地带，东与托溪乡、芹洋乡接壤，南与平溪乡交界，西与政和县澄源乡相接，西北与浙江省庆元县龙溪乡毗邻。下党乡旧称党川，因溪水川流不息得名。下党村的地势低于上党村，因乡政府驻下党村，故名“下党乡”。下党乡于1988年1月正式挂牌成立，总面积约70平方千米，下辖下党、上党、西山、曹坑、下屏峰、葛垄、杨溪头、碑坑、碑坑山、岗后10个行政村，总人口7087人。建乡时，下党人均收入不到200元，曾是福建省唯一无公路、无自来水、无照明电、无财政收入、无政府办公场所的“五无乡”，素有“闽东西伯利亚”之称。

习近平同志在福建工作期间“三进下党”，开展调研并协调解决下党建设发展难题。2019年8月4日，习近平总书记给下党乡回信，祝贺下党乡脱贫。2019年12月31日的新年贺词中，习近平总书记再次提及下党乡。在习近平总书记的指引关怀下，在各级各部门的倾力支持帮扶下，下党乡顺利实现了摆脱贫困，正奋进迈向乡村振兴新征程，一路走来硕果累累：探索创新全国第一个可视化扶贫“定制茶园”模式，创立“下乡的味道”品牌，全面推行“公司＋合作社＋农户”模式，2018年“下党扶贫故事”走上“北京人权论坛”；“定制茶园”模式入选原国务院扶贫办的12个精准扶贫典型案例；“下乡的味道”项目先后入选“2018年网络扶贫优秀案例”“第二届中国优秀扶贫案例”。2020

年被确定为全国脱贫攻坚考察点。2021年获得第二批全国乡村治理示范乡镇、市级文明乡镇等荣誉，并作为中国共产党与世界政党领导人峰会5个分会场之一，以习近平扶贫开发战略思想孕育地和实践地的形象亮相全球。

二、主要做法

2019年8月4日，习近平总书记给下党乡亲们回信，寄予“努力走出一条具有闽东特色的乡村振兴之路”的殷切嘱托。[①] 习近平总书记的重要回信赋予寿宁县打造全国全省乡村振兴示范样板的历史使命。

（一）强化党建引领，铸好乡村振兴之魂

一是抓好党员三个带头，提高基层治理能力。下党乡在全县率先提出农村党员带头提高能力素质、带头领办产业项目、带头倡导文明新风，实施党员积分制管理。下党乡党支部牵头领办项目11个，带动户数185户，党员领办项目82个，带动发展529人，支部和党员领办公益项目35个，122名党员同169名群众建立了1+N帮扶网。村“两委”开展“只争朝夕、比学赶超”活动，实施“三提三效”及“深学争优、敢为争先、实干增效”行动。推行“一线工作法”，对重点工作、重点项目、重点任务进行攻坚。设立“民声墙”，推行接单响应率、问题解决率、群众满意率“三率”考评体系。在县委、县政府的精准指导下，将传统村级“六大员”撤销整合，通过村“两委”自愿报名、公开选聘的方式选聘乡村两级网格员51名，着力做好“十二个管一管”的主要职责，确保责任落实到人，进一步提升了网格化、精细化、规范化管理水平。

二是壮大人才队伍，用好身边红色资源。建立下党籍在外乡贤人才库，实行常联系机制，让更多乡贤帮助全乡发展。坚持“瞄准产业引人才、针对短板引人才、力求需要引人才”原则，引进一批紧缺急需人

① 引自：宁德：牢记嘱托，砥砺奋进走好闽东特色乡村振兴之路［EB/OL］.（2022-08-04）［2022-08-24］. http://fj.people.com.cn/n2/2022/0804/c181466-40067693.html.

才；结合感恩教育活动，选树一批优秀乡贤代表；出台措施激励村干部（网格员）干事创业、担当作为。积极建成下党红色旅游景区、难忘下党主题馆、难忘下党学习基地一二期等，拓展研学路线，组建闽浙边红色教育党建联盟，搭建起跨省、毗邻区域全方位的红色教育合作平台，打造党的作风建设的展示基地、群众路线的教育基地、摆脱贫困的实践基地、乡村振兴的示范基地，基本建成独具特色、功能齐全、面向全国的学习小镇。

三是加强学习，争做理论武装优等生。全面学习、把握、落实党的二十大精神，学用贯通、知行合一，重点学习习近平新时代中国特色社会主义思想的世界观和方法论，用好习近平同志"三进下党"的精神财富，坚定拥护"两个确立"，做到"两个维护"。加强全域理论学习，领导班子主动学，制定学习计划，提高村干部理论水平和政治素养；青年干部一起学，利用各种平台，结合习近平总书记最新重要讲话精神，主动深入系统学习；农村党员带着学，依托培训活动，提升农村党员能力素质，凝聚干事创业中心力量。

四是加强宣传，做好精神宣讲排头兵。制定宣讲方案，分别组建乡领导班子、村支部书记、"下党媳妇"、青年干部 4 支宣讲队伍，切实把习近平新时代中国特色社会主义思想和党的二十大精神宣讲到位。"下党媳妇"带头讲、青年干部全员讲、领导班子下去讲，乡、村两级领导班子带头学习、宣讲，取得显著效果。

（二）产业融合发展，巩固乡村振兴之实

一是创新发展模式。探索创新"公司＋合作社＋农户"共建共享模式，依托全乡 6000 多亩茶园，以梦之乡农业开发综合公司为龙头，着力破解各项发展难题，巩固扩大茶产业，促进茶产业提质增效；组建滴水缘联合社，吸纳 616 户茶农，带动每亩茶园增收 8000 元。率先并规范使用省级以上茶叶质量可追溯平台，加强对联合社所辖合作社的监督管理，全力提升茶青质量，改进茶园管理，提高茶叶品质，为"下乡的味道"品牌进一步拓展奠定基础。精心组织电商文化旅游节，创新活动方式，吸引流量主播参与，增强带货能力。打造茶产业产销平台，支持

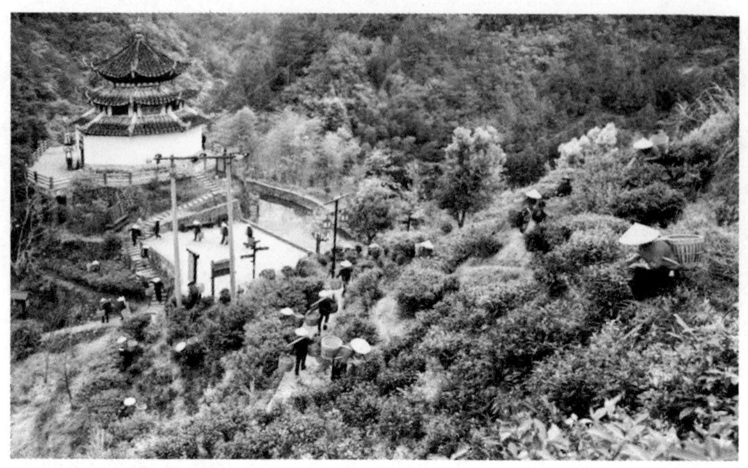

可视化茶园（寿宁县融媒体中心　供图）

茶企发展电商，带动线上销售业务，拓展销售渠道，参与展销活动，增强消费带动作用。

二是打造特色产业。大力发展“一村一品”特色产业，有1.6万亩定制茶园，种植油茶并发展林下经济。同时，打造食用菌基地，提高现代化水平，统一规划、供菌、技术、管理、品牌和收购营销，动员农户参与育菇技术、投资承包以提高收入，实行食用菌合作社统一管理。另外，打造高山优质水果基地，确定选址、市场调研，加强技术培训和组织考察观摩活动，落实上级奖补政策，引导市场拓展，发展定制销售模式。

三是丰富旅游业态。盘活老旧房屋，改造为民宿和农家乐等场地，吸引新老村民就业创业，发展各类业态99家，带动300多人在家门口吃上“旅游饭”，成功创建下党AAA级景区；打造“下乡的味道”品牌，组建电商平台，举办电商文化旅游节，让生态农产品走进千家万户；实施《下党乡促进旅游业态加快发展十一条措施》，吸引社会人才和资本，加强与福旅教育科技有限公司的合作，出台古村卫生、绿植、公共维修管理措施，保护古文物和古建筑，开展安全保护培训，扩大培训面，加大资金投入购买保险、增设消防设施。做好下党村、碑坑山村的乡村振兴金牌项目前期工作，提升下党景区硬件条件。打造“康养+

富硒锌产品＋基地”模式，加大招商引资力度，结合金牌旅游村项目，以传统村落等为依托，打造成“康养＋民宿＋微景观”示范基地，拓展旅游线路，形成“硒锌＋观光农业”“硒锌＋文旅”及“硒锌＋民宿＋微景观”板块。

（三）村民生活舒心，塑造乡村振兴之美

一是完成村庄规划编制工作。下党乡监督编制单位将10村成果存档入库，作为村庄建设蓝图。协助编制单位完善规划基础资料，收集新国控规划基础资料，并督促编制单位及时与上位规划编制单位对接，保持信息一致，资料共享，推进编制工作。

二是建设“四好农村路”。下党乡切实推进Y116下党至上党、C026、Y051溪源至葛垅、Y054省道S207至西山、Y052下党至碑坑山4条进村公路“单改双”和岗后至上岗后进村道路建设步伐；推动Y054省道S207至亚吉秀公路建设；做好下党至曹坑、碑坑桥头至碑坑村“单改双”设计工作；做好农村公路日常养护工作，提高农村公路服务水平，推进“四好农村路”深度发展。

三是强化人居环境整治。以党员“三个带头”为抓手，发动群众积极参与。实行村庄网格化管理，建立责任包干制度，实现全覆盖；开展人居环境整治集中攻坚活动，按照“三集中六清楚”要求，实施挂图作战、项目化管理，推进各村巷道治理、水电管网、民房整治、垃圾清理、屋内提升等；建立人居环境考评机制，用好“红黑榜”，每月评比通报一次、评选表彰一批，营造你追我赶、人人参与的氛围。开展“绿盈乡村”建设工作，更新村庄图片、一村一报告及指标建设信息。打造岗后村为初级版“绿盈乡村”，实现全乡覆盖率达90％。推动下屏峰村升级为高级版“绿盈乡村”和上党村升级为中级版“绿盈乡村”。

四是加快项目开发与整治工作。推进水利项目建设，包括水美乡村建设项目、防洪堤项目、水土治理项目和抽水蓄能项目前期工作。2022年年底前完成工程量的70％，完成部分投入使用，无投诉和阻碍，巡河率达标，每周一通报。做好土地开发项目整治，完善管护机制，细化2015、2018年县级土地开发等项目的后期管护工作，解决抛荒、撂荒

下党古村（袁晓昊　供图）

问题，确保项目发挥长期效益；加大图斑整治力度，制定任务分解表，实行周通报制度，督促各村负起属地责任；做好耕地流出整治工作，积极对接上级部门，推进下党乡西山等 3 个村 2022 年土地整治项目，落实耕保制度，遏制耕地“非粮化”，守护老百姓的“饭碗田”。

三、发展成效

下党乡在近年来，继承和弘扬习近平总书记的宝贵精神财富，围绕“打造山区发展增长极、建设乡村振兴新样板”目标定位，努力走出一条具有闽东特色的乡村振兴之路。

（一）道路交通：从“崎岖山路”到“五进十通”

“车岭车上天，九岭爬九年”，过去寿宁县山路崎岖、跋涉艰难。下党建乡时，没有一条公路。如今下党全乡已开通 5 条进乡公路、10 条通村公路，公路网络四通八达，不仅方便了老百姓生活，也带动了山区经济发展。

（二）人居环境：从“脏乱残破”到“山清水秀”

建乡之初，百姓以木柴为燃料，林木砍多造少，流传“年年造林正月三，造来造去还是光头山”；泥巴路坑洼不平，雨天粪水横流，无处下脚。现在，下党乡青山绿水，森林覆盖率达81%，生态好、茶叶香，土路改柏油，叶子换“票子”，天更蓝、山更绿、水更清、环境更优美。

（三）农民生活：从“七成贫困”到“全部脱贫”

建乡时，农民人均年收入不到200元，贫困率达70%，无学校和卫生院。大部分土地为45度以上坡地，乡亲们缺衣少食、缺医少药、缺学少教。2022年，下党乡农民人均收入23036元，有卫生院和希望学校，贫困户医疗费用报销比例达96%，各项社会事业稳步发展。

（四）乡村旅游：从“无人问津”到“网红乡村”

下党村曾经极度贫困，村民大多外出打工，乡村仅剩老弱病残。现如今发展乡村旅游，获评AAA级景区和省级全域生态旅游小镇，村民吃上“旅游饭”，旧房改特色民宿，办农家乐。2022年接待游客约50万人次，成为小有名气的网红打卡地。

（五）发展后劲：从“产业单一”到“多业并举”

1988年下党乡以农耕为主，无工厂，无村财收入，总产值238万元，其中农林牧渔业总产值186万元，占比78%。2022年全乡总产值2亿多元，各村集体经济收入均达20万元以上，形成“一村一品”格局；全乡5G网络全覆盖，电商发展迅速，直播带货成为风景，农村内生动力增强，发展后劲足。

四、经验启示

（一）强化党建引领，助力乡村振兴

充分发挥村级党支部在乡村组织振兴中的领头雁作用，持续深化感恩教育，依托下党学习基地，以讲好“下党故事”为主线，强化村级党支部战斗堡垒作用。着重加强农村党建工作，强化村“两委”班子成员

教育培训，着力提升基层组织服务功能，充分发挥党支部的核心领导作用，全面开展农村党员“三个带头”活动，建立完善“支部牵头、党员示范、群众参与”的产业发展机制。

（二）发展特色产业，助推乡村振兴

立足下党乡资源禀赋，以“下乡的味道”为品牌引领，大力推行“公司+合作社+农户”经营模式，深化拓展“定制茶园”规模品类，发展特色产业与培育新兴业态并举，推动下党乡茶叶产业、硒锌产业、乡村旅游业规模化、标准化、品牌化、信息化、企业化发展，大力引导发展“1+4”特色产业，促进一二三产融合发展。

（三）共绘宜居生态，聚力乡村振兴

整治农村人居环境，推进“厕所革命”、生活污水治理、生活垃圾治理、村庄绿化美化、村容村貌整治等工作，统筹治污、添绿、留白，打造生态宜居美丽家园，推动村庄特色化发展，提炼各村特色主题，做好农文旅融合文章，释放乡村生态优势。

（四）注重文化挖掘，助力乡村振兴

加强农村文化建设，打造“乡风文明”示范乡，弘扬传统优秀文化，健全公共文化服务体系，提升网格化管理水平，深入开展移风易俗行动；完善基层治理体系，打造“平安乡村”示范乡，深化村民自治实践，强化乡村法治建设，提升乡村德治水平。

案例评析

下党乡曾是福建省唯一的“五无乡镇”，习近平同志在福建工作期间“三进下党”，强调要把人民放在心中最高位置，关心群众冷暖，重视民生问题。在这一理念的指引下，下党乡坚持党建引领，创新产业发展思路，依托高山生态条件和富硒富锌土壤资源，大力发展特色产业。推广“平台+合作社+农户”的经营模式，做优做强“下乡的味道”这一公共品牌和“寿宁高山茶”“生态硒锌农产品”两大特色产业。同时，

积极探索生态旅游业，不断提升旅游产品价值，拉动乡村经济发展，实现从贫困乡到乡村振兴示范点的华丽转变。下一步，应进一步弘扬“弱鸟先飞，滴水穿石”的闽东精神，继续推进特色农业发展，加强乡村旅游和文化产业开发，推动农村一二三产融合发展。

种好“金柿子”，打造金招牌

——古田县城东街道利洋村乡村振兴案例

一、乡村概况

古田县利洋村位于翠屏湖畔、古田县城东街道北部，系典型农业村、老区基点村与库区移民村，距县城8千米，有650多年建村史，辖区面积8.9平方千米，其中耕地面积1973亩、山地面积8793亩。气候温和，雨量充沛，土地肥沃，特别是环翠屏湖的小气候优势非常适合发展种植业。村里以水果、食用菌种植为主导产业，其中包括炮弹柿2500亩、芙蓉李2100亩、油柰900亩，年产量13500多吨，产值达3000多万元。现有16个村民小组，368户1368人，村“两委”干部7名，党员40名。村民多从事水果种植等农业生产，随着乡村发展，一些村民开始从事餐饮、水果加工等行业，全村居民年人均收入23000元。利洋村先后获评市级文明村、第五批中国传统村落和全省乡村振兴实绩突出村，实现了从省级贫困村到乡村振兴示范村的华丽转变。2021年2月，村党支部书记林寿敬荣获“全国脱贫攻坚先进个人”荣誉称号。

二、主要做法

曾经的利洋村基础设施落后，产业结构单一，增收潜力不足。2017年，福建省委政法委下派驻村第一书记陆开强来到利洋。2018年7月，村“两委”换届，既熟悉村情又是种植能人的林寿敬当选村党支部书记。在陆开强、林寿敬的带领下，在上级党委、政府和社会各界人士的关心扶持下，利洋村强产业显特色，发展进入新阶段。

（一）培植特色水果产业，探索产业高质量发展之路

利洋村自古就有种植油柰、芙蓉李、柿子等水果的传统，水果种类繁多。20世纪70年代，利洋村从山东引进柿子新品种，经过多年选育，培育出了品质优良、产量丰富的“炮弹柿”，并提出发展以炮弹柿为代表的特色水果种植产业，鼓励引导种植户抱团合作，壮大村集体经济。在激烈的市场竞争中，以小农户种植为主的水果产业发展面临着诸多挑战。例如，种植技术和配套设施相对落后，导致水果品质、果型、大小等缺乏市场竞争优势；由于果农种植规模小，缺乏销售渠道和品牌优势，水果无法进入超市和水果店等中高端销售场所，只能选择路边摊低价销售；由于缺乏对种植规模和市场需求的了解，果农存在盲目跟风等现象，无法有效地开拓外部市场，导致水果的价格进一步被压低，甚至出现贱卖的情况。

为解决上述问题，2019年6月，利洋村党支部牵头成立了天元柿子农民专业合作社，注册资金1000万元，打造以炮弹柿为主的农产品种植、收购、包装、销售的全产业链，有序推进党支部领办合作社高质量发展。社员从注册之初的8人发展到50多人，目前已发展了10户种植大户，有炮弹柿、芙蓉李和油柰等特色水果产业基地5500多亩。合作社注册“兴利洋”特色农产品品牌，进驻古田农产品公共品牌“十方田”平台，产品直供福州、厦门等地百货、商超销售，渐渐形成批发、零售和网络销售等多元化的销售渠道。自2019年起，每年10月利洋村都会举办“柿子丰收采摘节”，进一步打响“兴利洋”品牌，持续扩大利洋炮弹柿的影响力。在合作社运营下，利洋村水果产业从原来小农户单打独斗的低效内耗模式逐步向抱团发展、集约经营转变，已取得可观的经济效益。

（二）农文旅多业态跨界融合，突破单一产业发展瓶颈

在发展水果种植产业的过程中，利洋村充分发挥本村山水、人文、古民居等旅游资源优势，利用环湖旅游公路开通后带来的交通便利和城区近郊区位优势，主动融入农业观光旅游元素，努力将当地打造成集旅

利洋村炮弹柿采摘节（苏新全　供图）

游、休闲、采摘于一体的特色旅游村庄。以合作社为引领，不断调优产业结构，发展“春柰夏李、秋柿冬莓”四季水果种植，目前已启动了智慧采摘园项目 35 亩，并配套周边景观打造 14 亩。村民村财增收步入快车道，为乡村振兴奠定了坚实基础。

2021 年，利洋村与宁德市都市生活服务有限公司共同投资组建古田县利洋文化旅游发展有限公司，投入 300 万元建设老支书驿站、老支书食堂、老支书农副超市三大经营项目，在为游客提供舒适便利吃住服务的同时，更弥补了乡村旅游基础设施的空白与短板。目前，利洋村每年旅游接待量已突破 1 万人次，逐渐形成了集观光、休闲、度假于一体的生态休闲旅游产业链。

（三）开展人居环境综合整治，建设美丽乡村

利洋村保存完好的明清古民居共有 27 栋，类型丰富且连片成群。利洋村通过挖掘历史文化资源，把传承优秀历史文化与弘扬生态文化理念相结合，在保护传统街巷空间与格局的基础上，加强对古民居、古树名木、古迹和自然景观的保护，实现了村庄生产、生活等功能分区合理布局，并与当地自然景观、历史文化协调融合。同时，坚持政府引导、农民主体、全民参与的治村原则，围绕“绿化、美化、亮化”三个主

题，大力推进村庄建设、基础设施、生态治理等人居环境综合整治，几年来，坚持村庄内部绿化提升，利用拆除危旧房、破损菇棚得到的空地种植绿植花卉，在村民房前屋后建设了一批微景观绿地，进一步改善了村内生态环境；建成村级污水处理站，利用污水处理终端建成莲池景观点；在村部、村内主干道、水果市场、幸福院等地实施夜景工程，点亮村庄的夜晚；对村里的公共场所环境卫生实行承包责任制，明确专人管理，专人负责，村民也逐渐养成了“门前三包”的良好生活习惯，确保了村内干净、整洁、有序。

（四）提升民生保障水平，补齐乡村精神文明建设短板

2020年5月，利洋村在全省首创“互助孝老食堂”，长期在食堂用餐的老人有25人。利洋村还通过开展星级文明户、文明家庭评选活动，及时修订完善了村规民约，规范村民在日常生产、生活中的行为，改变了过去广大村民大摆酒席、打麻将、赌博等不良习惯，定期表扬在助人为乐、遵守村规民约等方面表现突出的村民。建成党建村史馆和新时代文明实践站，通过讲好利洋村林大鸣、林可等革命先烈的故事，推动革命薪火代代相传，通过塑造红色文化墙，把红色元素嵌入宜居宜业宜游红色美丽村庄建设中，进一步凝聚红色力量。利用传统节日举办各类文体活动，既丰富群众的文化生活，又提升村民道德素质，实现了精神和物质的双赢，展现出了“生态优、村庄美、产业特、农民富、集体强、民风好”的特色乡村田园风貌。

三、发展成效

（一）支部引领产业发展，构筑农村坚强战斗堡垒

坚持党建引领，党支部领办古田天元柿子专业合作社，按照“农业部门提供技术支持、合作社负责管理指导、水果企业统一收购加工”的工作思路，打造以炮弹柿为主的农产品种植、收购、包装、销售全产业链。引导村民积极参与，通过“企业＋合作社＋农户”模式，借助合作社构建起村集体和群众“抱团发展”的经济共同体，有效拓宽了销售渠道，增加线上销售，购买柿子的客户遍布全国各地，形成产业发展带富

天元柿子合作社（利洋村委会　供图）

致富的新格局。

（二）统筹全局精准施策，努力推动项目落地实施

围绕现代农业发展方向，全力推进一批产业项目高质量发展。同时充分借助外力，大力发挥外出乡贤能人的积极推动作用，动员更多力量和组织积极参与到项目实施中，推动产业项目落地生根，良性循环发展。自 2017 年以来，已投入近 4000 万元，通过智慧产业园、景观道路提升、老支书民宿和农家乐等项目，建设农业生产、加工销售、农旅休闲等一二三产业融合发展的田园综合体，推动现代农业提档升级。

（三）突出本地优势特色，全面提升产品质量效益

加大农业生产品牌培育和经营力度，做大做强“兴利洋”品牌，通过政府引导、政策激励、市场培育、公众参与等多种举措，不断拓宽产业发展渠道，坚持走品牌强村、品牌强农之路，打造了一批独具特色的农旅品牌精品项目，村集体经济收入从 2017 年的 4.6 万元提高至 2022 年的 53 万元，村民人均年收入从 2017 年的 1.2 万元提高至 2022 年的 2.3 万元。

（四）情系群众办好实事，助力党群关系更密切

打造利洋“四下基层”实践基地升级版，精心设置初心学堂、廊亭会谈、农耕体验等特色课程，采取专题讲座、现场教学、案例学习、沉

浸式体验等多种方式增强实践锻炼的感染力、吸引力，让实践基地成为锻炼党员干部、收集民情民意的终端平台；积极推行“晨巡晚议”制度，鼓励学员们主动与村民就生活状况、困难需求等进行交谈，倾听群众心声，针对群众最需要澄清、最感到疑惑、最需要了解的问题，用大家听得懂、愿接受的语言和方式，讲身边事、说明白理，对群众的疑问进行解释说明。进一步传承发扬“四下基层”工作作风，架起党员干部与人民群众之间的连心桥。

四、经验启示

（一）党建引领，平台运作，激活引领发展的头雁效应

利洋村按照“党员带头、群众参与、利益共享”的原则，建立起了“村社合一”的发展机制，构建起党建引领发展的大平台，有效带领全村村民脱贫致富。支部书记林寿敬带头发挥先锋模范作用，引导村“两委”、党员种植大户转变发展观念，率先带头探索新的产业和门路，围绕县委“2＋N”特色产业部署要求，以产业发展推动基层党组织的战斗堡垒作用持续发挥，充分发挥示范基地和致富能手的辐射带动作用，引导村民积极参与，形成产业发展带富致富的新格局。

（二）因村制宜突出特色，培育优势产业

利洋村在发展过程中，始终坚持围绕本地的资源和优势，大力发展以柿子为主的特色农产品种植，打造以炮弹柿为主打农产品的全产业链，实现了村民增收致富。在此基础上，根据村落自然条件和历史文化资源优势，结合产业特色，推进农文旅融合发展，形成产业发展新格局。

（三）以市场导向推动业态融合，突破单一产业发展瓶颈

利洋村在引进改良炮弹柿进行规模化种植初见成效的同时，坚持“一村多品”做大水果产业发展思路，同步发展油柰、芙蓉李等传统水果种植产业，同时抓住环湖旅游公路开通后带来的交通便利和邻近城区的区位优势，依托翠屏湖，充分发挥传统村落的自然生态和历史人文优势，大力招商引资，发展乡村旅游产业，推动农旅融合。

案例评析

利洋村充分利用资源优势，推进特色果业与乡村旅游的深度融合，注重引入新品种，提高水果的品质，制定严格的质量标准，在销售环节结合新媒体销售渠道来提高销量，提升特色果业的产品附加值，并以果业为切入点，做强合作社，实现小生产与大市场的对接，打造农产品品牌，积极探索产业融合发展模式，如乡村旅游、农产品加工和生态观光等。这些措施不仅提高了农民的经济收入，吸引人才回村发展，还优化了产业结构，改善了乡风和乡村生态环境。未来应该继续加大对特色水果产业的投入，推广先进的农业技术和设备，注重品牌建设和市场营销，打造柿子等水果的上下游全产业链。在未来的发展过程中，必须重视以市场导向推动业态融合，发挥果园田园、传统村落的自然生态和历史人文优势，拓展产业融合发展空间，实现生态产业高质量发展。

第二篇　人才振兴

人才兴则事业兴，人才强则乡村强。习近平总书记强调："把人力资本开发放在首要位置，强化乡村振兴人才支撑，加快培育新型农业经营主体，让愿意留在乡村、建设家乡的人留得安心，让愿意上山下乡、回乡报村的人更有信心，激励各类人才在农村广阔天地大施所能、大展才华、大显身手，打造一支强大的乡村振兴人才队伍。"① 乡村振兴，根本在政策支持，出路在制度创新，要害在人才支撑。

党的十八大以来，我国实施更加积极、更加开放、更加有效的人才政策，推动乡村人才振兴制度创新。根据中央的指导方针，解决乡村的人才支撑问题是振兴乡村的关键所在。人才支撑最主要的措施是发展并壮大从事农业的人员队伍，这是关系农业长远发展，特别是现代农业建设的根本大计和战略举措。

近年来，福建省通过"人才回引"工程，创新乡村人才培育引进使用机制，鼓励更多的社会人才投身乡村建设。永春县仙夹镇龙水村党支部始终贯彻党管人才要求，将人才工作摆在重要位置，联系本村外出能人并向他们分析家乡现有的良好发展环境和前景，鼓励高素质人才回村发展，如诚邀在外创业的致富能人郭志煌返乡带领村民脱贫，推动传统漆篮特色产业的传承和振兴。尤溪县梅仙镇半山村成功回引南京军区空军某雷达旅旅长林上斗回村任职，还积极向上级争取精干力量参与村庄建设，开展党员"带富先锋"行动，采取"党组织＋党员＋致富能手"模式，推动一批党员致富能人、乡村手艺人、乡村工匠回村创业。大田县吴山镇阳春村探索"党建＋人才"模式，动员福建省公安厅网安总队原总队长林乐坚回村担任村党支部书记，并以数字乡村建设为契机，吸引泉州研学带头人黄金文、建发国旅金牌经理人严少虹等一批人才到阳春村创业发展；省教育厅博士蔡永武、大田四中教师林文青等一批优秀青年干部到村里挂职锻炼，同时还培育了一批懂技术、善经营、会管理的"土专家""田秀才""数创客"。

---

① 引自：李雨初．把人力资本开发放在首要位置，为乡村振兴提供坚实人才支撑（治理之道）［EB/OL］．（2023-02-15）［2023-04-10］．http：//theory.people.com.cn/n1/2023/0215/c40531-32624034.html.

福建省在多维度的人才回引、政策引导和人才综合利用基础上，建立健全人才激励机制，研究制定完善相关政策措施，鼓励社会各界人才投身乡村建设。通过牵起乡愁，把优秀人才“请回来”；搭台筑巢，把优秀人才“用好来”；完善机制，把优秀人才“留下来”等多项举措，组织前往在外优秀人才家中或原单位走访慰问、举行在外优秀人才座谈会等方式，以家乡话、家乡事、家乡人唤起在外优秀人才的乡愁乡情，引导和支持企业家、党政干部、专家学者、医生、教师、规划师、建筑师、律师、技能人才等。通过下乡担任志愿者、投资兴业、包村包项目、行医办学、捐资捐物、法律服务等方式服务乡村振兴事业，并定期举办优秀人才论坛、专题培训、交流研讨，对工作成效进行大展示、大比武，不断提高优秀人才扎根基层意识和实践能力水平。同时健全优秀人才激励、服务、保障等各项机制，帮助解决在外优秀人才回村任职的后顾之忧。全面建立高等院校、科研院所等事业单位专业技术人员到乡村和企业挂职、兼职和离岗创新创业制度，保障其在职称评定、工资福利、社会保障等方面的权益。

福建省强化校村企合作，联系高校、对接企事业单位和聘请农业专家进行技术指导、创业服务以及授课教学，培养新型农村实用人才，形成现代农业人才帮带本地农民，壮大农业人才队伍，有力助推特色农产品实现产业化、具规模、成链条、增收益。龙水村党支部以实现“农业强、农村美、农民富”为发展宗旨，与华侨大学、泉州师院等高校对接设立实践基地、大师工作室和匠艺传承工作室，培养和引入更多漆艺人才，研发漆篮高端精品，实现由日用品向工艺品、收藏品的拓展。晋江市金井镇围头村不断深化与吴金营乡贤创办的泉州职业技术大学的合作，成立泉州市首个乡村振兴学院，充分发挥双方优势资源，围绕智慧旅游、农村电商、古厝保护、红色党建、乡村善治等领域，全面推进产学研合作。福安市潭头镇南岩村加强村校联动，吸引厦门大学等 15 所院校在村内设立现场教学点，进行农业技术、建筑设计、文旅开发等研究。福建农林大学等机构在村内设立全省首个“乡村振兴实践与协同创新基地”，福建省乡村振兴研究会在村内设立调研基地，在此基础上成功申报两级中小学研学教育实践基地和红领巾校外体验基地。台湾福人号召文创、杭州新知青艺社为南岩村制作创意短视频，培养村民成为网络“草根推手”，宣传推介特色产品，将南岩产品形象带出大山。

科技特派员制度开启于南平、兴于福建、推广于全国，是习近平同志亲自指导和推动发展的农村工作机制创新。福建省把科技特派员制度作为实施乡村振兴的有力抓手，充分发挥科技人才支撑作用，通过科技特派员制度构筑新型农村科技服务体系，推动科技特派员在服务一产的同时，向二产、三产延伸拓展，从单一科技服务向综合服务拓展，从节点服务向全链条服务拓展。采用高端“引”、机关“派”、社会“聘”、基层“培”并举的方式，构建了上有高校院所专家、中有科技服务团队、下有乡土人才的“宝塔型”科技服务体系。充分发挥科技特派员的桥梁作用，将技术、信息、资金、管理等关键要素导入农村，加快科技成果向现实生产力转化步伐，全面提升产业规模和层次。同时，加强农技推广人才队伍建设，探索公益性和经营性农技推广融合发展机制，允许农技人员通过提供增值服务合理取酬，全面实施农技推广服务特聘计划。建阳区水吉镇仁山村以果树嫁接技术引进人才要素导入农村，因科技特派员制度焕发了新的生机和活力。自 2002 年以来，各级政府先后向仁山村下派了 12 批、2 个科特派团队、23 名科技特派员，从谢福鑫到张水生再到应薛养，通过“传帮带”，培养更多乡土专家，为仁山村农业产业健康持续发展发挥了重要作用。

福建省充分发挥对台优势，积极探索与台湾人才的合作，吸引台湾青年入驻和引导台胞参与共建乡村振兴实践。围头村多次邀请台湾休闲乡村旅游协会专家实地指导并参与规划，引进台湾的年轻创客深度参与围头村的各项产业发展，聘请台湾社区营造专家对围头村的乡建乡创、社区营造、乡村振兴等进行指导。南岩村依托传统村落资源优势，引来台湾、福州等地文化创客团队安居创业，打造了网红民宿、休闲书吧、音乐网吧、文创咖啡屋等十多个文创项目、旅游地标，培育了文创旅游、夜游经济、户外露营等新业态。平潭综合实验区君山镇北港村通过引入台湾文创团队，创办文艺工坊、名人创作室等，打造集文化创作、民宿体验、休闲旅游于一体的特色主题村，成为国际知名原生态海岛和渔村文化旅游目的地。目前，北港共有 5 个台湾创业团队、2 家台湾个体工商户、常住台胞37人。在乡村振兴实践中，引入台湾人才，一方面加快了全省乡村振兴的步伐，另一方面也促进了福建与台湾以及其他地区之间的文化交流与相互理解，有助于构建更加和谐的两岸关系和区域合作模式。

乡村经济社会的发展，关键在人才。乡村人才是农业发展的基础，农村专业人才活跃在农村教育、生产、经营的前沿阵地，是农村生产力当中最先进、最活跃的组成部分。尤其是在农业现代化程度不断提高的背景下，农业的发展急需一批懂农业、爱农村、爱农民的“三农”人才，使之推动农业现代化的发展进程。培育新型职业农民是立足于农业农村发展实际做出的关于解决实施乡村振兴战略人才问题的重大举措，同时需要汇聚全社会的共同力量，促进人才向乡村流动，聚天下人才而用之，只有聚集各类农业人才，不断强化乡村振兴的人才支撑、筑牢乡村振兴的人才基础，才能够为乡村振兴注入更强动力。

培育特色工艺人才，助力漆篮之乡发展

——永春县仙夹镇龙水村的乡村振兴之路*

一、乡村概况

仙夹镇龙水村是远近闻名的“漆篮之乡”，距离永春县城16千米，全村耕地面积373.95亩，林地面积1644亩，有3个自然村落、5个村民小组，258户1002人，党员42人，2022年村集体收入为22.43万元。龙水村是革命老区基点村和原省级建档立卡贫困村，2014年以前，龙水村经济发展缓慢，村集体经济薄弱，传统漆篮产业发展凋敝，被确定为市级扶贫开发重点帮扶村。近年来，龙水村党支部充分发挥党建引领作用，切实抓好乡村治理，全力推动乡村振兴，将原来的贫困村快速发展成为村容整洁、产业发展、村风文明的美丽乡村。

龙水漆篮有500多年历史，被列入福建省非物质文化遗产保护名录和国家地理标志保护产品，全村一半以上常住人口从事漆篮相关产业，年产值达2000万元。近年来，龙水村充分发挥党建引领作用，切实抓好乡村治理，立足村情重振传统产业，发展特色文化研学，改善村容村貌，做活乡村旅游，注重培育人才，发展绿色经济，全力推动乡村振兴，先后被确定为全国“一村一品”示范村、全国为侨公共服务体系示范单位、省级乡村治理示范村、省级产业振兴示范村试点、省金牌旅游村、省级传统村落、高级版“绿盈乡村”和市级乡村振兴试点村，被列

* 本文资料由徐志勇（中共永春县仙夹镇党委书记）、林小钦（永春县仙夹镇党政办主任）提供。

龙水村地标——大漆篮（刘宝生　供图）

为全省实施乡村振兴战略现场推进会观摩点，龙水村党支部荣获市级先进党组织称号。

二、主要做法

（一）聚焦组织建设，筑牢村级堡垒

一是选树带头人。在永春县委、县政府的指导下，仙夹镇积极联系在外创业的致富能人郭志煌，多次邀请其回乡带领村民脱贫，推动传统漆篮特色产业的传承和振兴。郭志煌怀着对家乡的深情，毅然放弃在深圳的事业，返乡创业，担任永春县龙水漆篮工艺有限公司董事长，拯救濒临失传的漆篮传统制作工艺。他通过深入调研，以重新振兴漆篮特色产业为目标，组织村内老手工艺人外出参观，开阔视野，增进信心，在极短时间内为重振漆篮产业打好基础。2012 年，郭志煌参加村级组织换届选举，高票当选龙水村党支部书记，在短短几年间，发挥出领头羊作用，带领全村上下取得了显著的脱贫致富成绩。

二是工作规范化。在推进乡村振兴工作中，龙水村党支部充分发挥核心作用，坚持以党员“承诺、践诺、评诺”活动作为载体，引导党员立足岗位、积极作为，并且坚持把“三会一课”作为议事决策的重要平台，通过支委会提议、党小组会商议、党员大会审议，对涉及全村的重

大事项进行民主听证，然后提交村民（代表）会议决议，同时建立完善党务公开、民主理财监督等十余项规章制度，实行资金使用明细公开，有效规范村级事务运行。

三是营造好氛围。龙水村党支部一直致力于抓好村干部的作风建设，持之以恒反对“四风”，通过开展以学习贯彻《中华人民共和国监察法》《中国共产党纪律处分条例》等为主要内容的反腐倡廉宣传教育学习活动，全力推动强化村干部的各项纪律意识，形成“团结、务实、高效”的工作氛围。依托红白理事会、道德评议会、村民议事会和禁毒禁赌会，发挥党员头雁效应，营造出全村开展移风易俗活动的浓厚氛围，不断净化乡村振兴战略实施环境，增强推进乡村振兴的动力。

（二）聚焦漆篮产业，开启富民引擎

龙水漆篮是著名的民间传统手工艺品，与永春纸织画并称为“桃源双绝”，在国内外享有很高的知名度。龙水村党支部坚持把群众利益作为出发点和落脚点，立足村情，构建“党支部＋产业”模式，采取“强龙头、建基地、提质量、打品牌、拓市场”等措施，把漆篮这一传统特色产业打造成惠及全村的富民产业。

一是建基地强龙头。龙水村党支部根据漆篮的竹编、上漆等工序分别设立集中制作点和分散制作点共30多处，有效率高品质成批次完成漆篮制作。同时引导成立永春县龙水漆篮工艺有限公司，统一收购漆篮成品，集中对外销售。

二是拓市场打品牌。加大市场营销力度，通过淘宝、京东等电商平台实现网络年销售额300多万元。结合华侨资源优势，拓宽东南亚等地的销路，实现扁篮、格篮、盛篮、盘盒和盘片5类100多种漆篮产品远销海内外。组织老手工艺人赴京参加中华老字号创意大赛并获金奖，在泉州新门街、悦华酒店等地设立展销馆，开展丰富多样的漆篮工艺展示，形成品牌效应，促进漆篮产品销量和效益大增。

三是转思路增内涵。探索“产业＋文化”思路，深度挖掘漆篮工艺所包含的传统漆艺、竹编工艺及其文化内涵。通过拍摄宣传片以及获得国家、省、市各级电视台采访，对外推介漆篮文化和工匠精神，以提升

文化品位，助力漆篮产业长效发展。

（三）聚焦生态宜居，提高幸福指数

一是聚焦环保，打造绿色乡村。龙水村党支部通过发动群众积极参与、联系各方获得支持、摸排研究建设地点与改造对象以及聘请专业团队对户厕和公厕进行设计，开展改圈、改厕等专项整治，完成户厕改造和旱厕填埋200多处，并依托村集体自筹和上级项目补助资金，投入85万元完成4座公厕建设。将生态环保纳入村规民约，完成生活污水处理设施建设并聘请专人按月维护和管护，完善长效机制；通过实施安全饮水工程，解决35户饮水难题，守护群众福利。设置垃圾集中收集点，积极开展农村生活垃圾分类，构建“户分类、村收集、镇转运、县处理”体系，分类区域达到群众受益全面、设施覆盖到位、处理运行正常、资源循环利用的目标，并通过多种方式宣传，形成全村生态环保良好氛围，被列为省级垃圾分类示范村。

二是完善设施，凸显宜居面貌。龙水村党支部大力推动建设村中心广场、农民休闲公园等公共服务设施，整治电力通信线路，建设农田水利基础设施1.2千米，恢复灌溉面积125亩，让村民的生活水平得到极大的提升。完成环村道路提级改造2.08千米，极大地改善了龙水村交通条件。实施仙龙新道及周边景观工程，于道路两侧添置景观路灯，种植香樟、罗汉松等花卉树木，建成漆篮雕塑、漆画墙和景观池等小品景观，让龙水村整体设施水平上了一个台阶。完成村容村貌整治和绿化美化工程，实现“四个改造”，分别为环村公路提级改造，古厝民宿改造，民房屋顶材料、颜色、造型协调统一的“平改坡”改造以及漆篮景观小品改造，显著提升人居环境水平。

（四）聚焦文化传承，赋能乡旅业态

一是提高文旅硬件水平。依托深厚的漆篮文化底蕴，积极融入永春县“全域旅游”布局，建成村中心广场、漆篮历史文化展示馆、竹编馆、精品馆、农民休闲公园等公共旅游服务设施，通过改造古民居，打造县域标杆型民宿玫瑰园，使村庄面貌焕然一新，乡村文旅硬件

传扬漆篮特色文化（康庆平　供图）

升级。

二是加大文化传播力度。对500多年来的漆篮文化资料（包括漆篮历史渊源、制作工序等）进行系统地收集、整理和展示，采取多种形式为村民和游客讲解漆篮的发展历史，并拍摄关于漆篮的宣传片，使人们能够更好地认识漆篮的历史文化及其在现代社会中的价值，激发了广大村民传承与保护漆篮传统工艺的热情，不断提升文化品位和内涵。

三是实施“文旅融合”项目。以传承特色漆篮文化为出发点，发展“特色文化型”旅游，创新开发近10种漆艺、竹艺研学产品（如漆画贴金装饰盘、竹编杯垫、竹编装饰化妆镜、竹报平安挂件、红星闪闪竹编装饰画等）供游客与师生团队选择，录制研学教程视频，常态化接待游客、旅游团体、大中院校、中小学校师生等开展研学体验活动。同时，积极丰富文体活动，组织开展形式多样、丰富多彩的文化体育活动，漆画技艺展示、南音社、广场舞等好戏连台，异彩纷呈。

（五）聚焦人才振兴，增强发展后劲

一是培育特色工艺人才。龙水村党支部始终贯彻党管人才要求，

将人才工作摆在重要位置，紧跟时代需求，落实好乡村人才振兴计划。联系本村外出能人并向他们分析家乡现有的良好发展环境和前景，鼓励高素质人才回村发展。组织手工艺人参加省市漆艺大师、工艺美术大师评选，形成漆篮产业人才梯队。与华侨大学、泉州师院等高校对接设立实践基地、大师工作室和匠艺传承工作室，培养和引入更多漆艺人才，研发漆篮高端精品，实现由日用品向工艺品、收藏品的拓展。

二是培育生态农业人才。以实现“农业强、农村美、农民富”为发展宗旨，通过联系高校、对接企事业单位和聘请农业专家进行技术指导、创业服务以及授课教学等方式，培养新型农村实用人才，形成现代农业人才帮带本地农民，壮大农业人才队伍，有力地助推特色农产品实现产业化、具规模、成链条、增收益。

三是做好人才保障工作。不断提升郭志煌大师工作室、龙水村非遗文化馆等漆艺人才研学创新交流平台，强化人才工作场所保障，营造文创氛围，助力乡村提档。依托农村党员“入党月学习日”集中培训活动，向被聘请为农村党员宣讲团成员的高层次人才颁发聘书，增强人才

泉州市非遗传承人郭清柏在编制漆篮（龙水村委会　供图）

荣誉感，进一步营造全民尊重人才的良好氛围。对新认定的福建省工艺美术大师、福建省工艺美术名人等人物的先进事迹进行宣传，加大人才鼓励，形成有力带动，促进更多村民参与产业发展。

（六）聚焦乡村治理，构筑发展保障

一是强化规范，形成村庄良好风气。为深入解决农村原有的不良风气，龙水村党支部将婚事新办、丧事简办等移风易俗内容纳入村规民约，统一红白事简办标准，营造全村适度举办传统节日活动的良好氛围，避免铺张浪费现象。积极落实“一村一法律顾问”，常态化入户进行法治宣传，举办乡村治理青年交流会，设立乡村振兴检察服务点，完成法治文化阵地建设，增强群众遵法守法意识，形成和谐稳定良好风气。

二是强化参与，激发村域内生动力。在龙水村党支部、村委会的发动及村内党员的示范带动下，村民自发成立志愿服务队和近邻帮扶队，并通过完善志愿服务队组织架构和职责分工，统一服装标识，设立爱心墙，组织开展了50余场志愿活动，提高了群众参与社会治理的责任感和归属感，有效地解决了服务群众“最后一公里”问题。

三是强化激励，实行村民积分管理。为进一步提升村级自治能力，龙水村党支部不断探索新举措，制定了《龙水村村民积分制管理实施细则》，通过党员先行，促使村民自发开展维护社会治安、人居环境整治、家庭孝道美德、志愿服务活动等7项积分活动并落实村民个人积分奖品兑换，已向50余名村民发放6大类约80件积分兑奖物品，有效规范村民日常行为，激发村民参与乡村治理的积极性和创造性。

三、发展成效

（一）经济效益有增长

目前，龙水村漆篮产业年产值从170万元增加到2000万元。已建成40千瓦光伏发电站，年收入达3万多元；将古厝修缮打造成特色民宿，每年可带来4万多元收入；采取租赁经营的方式将处于闲置状态、

没有经济收益的山地等资源，租赁给有实力的团队进行开发经营，提高经营效益，其中山地套种芦柑项目每年可带来1.4万元收入。农民年人均可支配收入为2.56万元，村集体年收入由过去的2000元上升到22.43万元，增长了100多倍。

（二）群众就业有保障

全村从事漆篮产业相关人员从100多人增加到380多人，占全村劳动力一半以上，漆篮从业者的人均年收入从1.5万元提高到4.5万元。

（三）乡村面貌有改善

龙水村整体基础设施水平和人居环境迈上新台阶，村民的生活水平得到极大提升。如今的龙水村已经成为村容整洁、宜居宜游、风光旖旎的美丽样板，年均接待前来观光游玩的游客约10万人次。

（四）人才培育有成效

在漆篮工艺方面，龙水村现已培育福建省工艺美术大师1名、福建省非物质文化遗产传承人1名、泉州市工艺美术大师6名、泉州市高层次人才11名、泉州市非物质文化遗产传承人2名，另有技术较好的漆篮制作能手100多人。

（五）乡风文明有新貌

在新完善的村规民约作用下，原本村里的铺张浪费过大节、喧哗扰民办庆典的现象很快得到了改善。龙水村还确立了寓意合力传承漆篮文化、抱团发展、共谋幸福的“共”字村魂，大力弘扬工匠精神，开展“家家亮家训”活动，彰显老一辈艰苦奋斗品质，促进村民见贤思齐，展现出和谐、团结、奋进的村民形象。通过宣传带动，村民精神文明水平得到了提升，全村掀起文明新热潮，形成了追崇道德新风尚的良好共识。

（六）村民响应有热情

在积分制管理作用下和党员带动下，村民参与公益活动的意愿更为强烈。同时，通过积极参与村级事务，村民更加了解和理解村务工作，形成干群一心、全村合力的强大干事创业动能。

四、经验启示

（一）“党建＋”带动，全民性参与

紧紧围绕“抓党建强产业”的工作思路，是保障乡村发展的“关键招”。通过构建“党组织＋漆篮产业”的发展模式，发挥关键带头人作用，健全各项规章制度，建立完善工作责任机制，能有力提升党员与村干部在广大群众中的威信，进而激发乡村的内生动力，引导群众参与产业发展，形成巨大合力推进乡村振兴，加快全村致富进程。

（二）多元性融合，全链条推进

以做强做特传统非遗产业漆篮为突破口，搭建产业发展平台，培育产业发展人才，发展特色研学体验项目，带动村民就业致富。把传统文化传承弘扬与乡村旅游相融合，构建“吃、住、游、玩、购”一体的旅游要素，促进乡村旅游产业再升级，同时注重提升乡村宜居水平，改善村庄面貌，以宜居宜游的优良环境打响优质品牌。

（三）科学化治理，全过程保障

制定和用好乡村发展机制，以好规范好文化为导向，以村民乡贤参与为主体，以积分制等激励措施为动能，迈出乡村自治新步伐，提高乡村治理能力，开拓好制度有落实、好品质有传承、好事业有合力、好方法有效果的“四好四有”新局面，构建乡村振兴强有力保障，为乡村高质量发展助力护航。

案例评析

“龙水漆篮”是福建著名的民间传统手工艺品。永春县委多次诚挚邀请在外创业的致富能人返乡创业，带领村民脱贫，推动传统漆篮特色产业的传承和振兴。龙水村发挥“领头羊”的重要作用，通过组织老手工艺人外出参观，开阔视野，建设工艺大师工作室、非遗文化馆等研学创新交流平台，与高校对接设立实践基地和匠艺传承工作室，培养更多漆艺人才，研发漆篮高端精品，实现由日用品向工艺品、收藏品的拓

展。未来建议进一步完善健全人才培养机制，实施国家级工艺美术大师培养工程，采用“导师帮带制”培育后继专业人才，营造招才引智浓厚氛围，让乡土人才有荣誉感、获得感，为乡村人才提供实现人生价值的平台和空间，激发人才不竭的创新活力和奋斗动力。

发挥对台优势，打造“海峡名村”

——晋江市金井镇围头村的乡村振兴之路*

一、乡村概况

围头村位于福建东南沿海围头半岛突出部，面积3平方千米，海岸线绵延6500米，东临台湾海峡，南与金门岛隔海相望，相距仅5.2海里，是祖国大陆距离大金门岛最近的渔村，也是“八二三炮战”的主战场，地理位置特殊，滨海生态景观独特，历史人文资源丰富。2022年，围头村常住人口4188人，外来人口1214人，旅居港澳台和海外乡亲万余人。村党委下设6个支部，共有108名党员。自唐开元年间置村至今，围头村已有1300多年历史，早在唐宋时期，围头村就以“南北洋舟船往来必泊之地”而闻名。宋元时期，围头古港成为泉州“海上丝绸之路”四大出海口之一。明末清初，郑成功水师曾屯兵于此，并在妈祖澳扎下海寨。施琅也曾在此操练水师，于围头妈祖宫请令旗，出兵收复澎湖、台湾。抗日战争时，围头是日本帝国主义者攻击的对象，也是美国水文情报站设点的地方。1958年8月23日，名不见经传的围头村一夜之间成了“万炮震金门”的军事前线。

1979年元旦，全国人大常委会发表《告台湾同胞书》。1992年，福建省人民政府正式批准围头村为“福建省民间对台小额贸易试点”。1998年，围头村建成万吨级对台贸易码头。2008年又扩建成10万吨级国家一类口岸。2009年，围头对台保税物流园区正式启用。随着围头

* 本文资料由林秋玲（中共泉州市委党校、泉州行政学院副教授）提供。

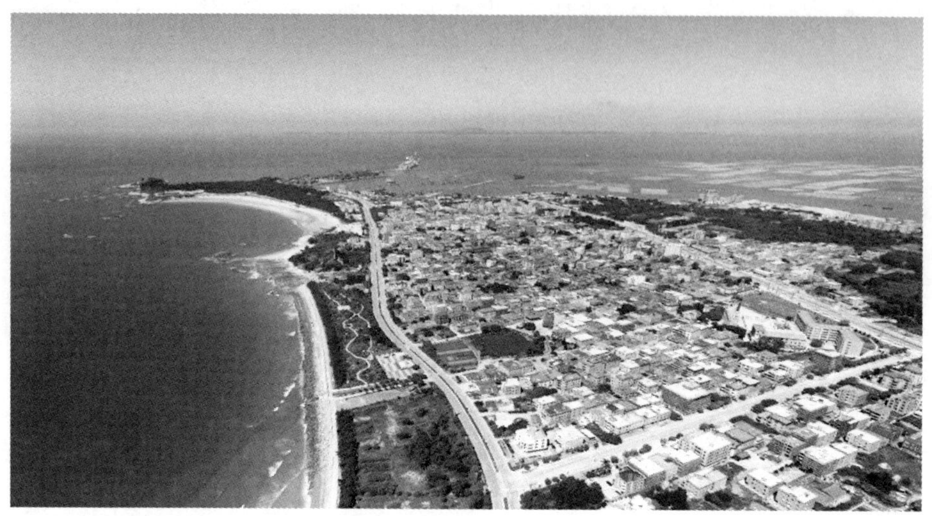

围头鸟瞰（陈起拓　供图）

与金门贸易往来愈加热络，1992 年，两岸开始了互嫁互娶的活动。截至 2022 年，围头村已有 148 对两岸夫妻，其中从围头嫁到台湾的有 138 人，从台湾嫁到围头的有 10 人。越来越多的两岸姻缘成为佳话，催生了“两岸一家亲”的社会生态。

二、主要做法

2021 年 3 月，习近平总书记来福建考察，指示福建在探索海峡两岸融合发展新路上迈出更大步伐。他强调：“要突出以通促融、以惠促融、以情促融，勇于探索海峡两岸融合发展新路。”① 围头村作为祖国大陆距离大金门岛最近的渔村，充分发挥海峡窗口的交流效应，不断凸显“对台、面金、傍海”的地理区位优势和深厚的人文历史底蕴，积极整合“围头新娘”及“海峡姻亲”的民间交流资源，走在前、做在先，大胆探索创新，全力打造台胞台企登陆福建第一家园的“海峡第一村”

① 引自：赵龙．全面落实“四个更大”重要要求，全方位推进高质量发展超越[EB/OL]．(2022-04-25) [2022-06-12]．http：//theory. people. com. cn/n1/2022/0425/c40531-32407825. html.

和两岸融合发展示范区的桥头堡，促进两岸文旅共融、乡村共兴、发展共享，不断推进高质量全面乡村振兴。

（一）坚持党建引领，凝心聚力创新谋发展

围头村发展离不开党的基层组织，离不开一个好的带头人。2006年前，围头村一直以来没有太大发展，全村人多地少，环境脏乱差。村民基本以传统捕鱼为生，收入不高。当时村集体收入不足10万元。2006年洪水平当选村主任后，带领新一届“两委”班子积极探索发展新路。

一是制定发展规划持续推进。2007年初，围头村通过对本村历史及现实情况的梳理和思索，在广泛征询各方意见后科学地制定了《围头村中长期发展规划》，提出“一年一台阶，五年一跨越，十年初步实现宜居宜业宜游，二十年打造海峡名村”的方向标、路线图和时间表。围绕“打造海峡名村”这一主线，围头村从2007年起，每年都制定一个发展主题，从2007年的环境整治年，到2008年的资源整合年，再到2009年的旅游发展年……直至2022年的网格助推年。在这十几年的发展过程中，围头村充分发挥“对台、面金、傍海”的优势，从新农村建设、美丽乡村建设，再到实施乡村振兴战略，持续推进。

二是以改革推进乡村资源整合。2017年，围头村率先开展农村经济产权制度改革，成立股份经济联合社，对集体资产进行有效管理，实现增值、保值。2018年，围头村在全省率先实行集体经济组织股权质押融资，村集体获得金融授信2亿元。建立完善产业融合发展的利益联结机制，让村民能够分享到产业链延伸、价值链升级的利益，真正使乡村振兴从“输血”向“造血”转变，从而激发融合发展的内生动力，带动了全村经济快速增长，资源保护，资产增值，集体增收，村民致富。同年，围头村成功推动晋江市首宗集体建设用地入市，引进七匹狼的七栩围头礁石酒店作为旅游配套带动项目。该做法得到农业农村部集体经济改革调研组的充分肯定，同时受到《人民日报》的聚焦报道，并作为“晋江经验”乡村振兴的典型案例在《新闻联播》播出。

（二）立足资源优势，探索产业融合发展新模式

一是立足蓝色海湾资源，大力发展水产养殖业。近年来，围头村依

围头海上鲍鱼养殖区（王珍妮　供图）

托农业农村特色资源，挖掘乡村多元价值，促进乡村产业发展。作为渔村，围头村大力发展鲍鱼等水产养殖业，优化渔业生产，提升围头湾水产品的养殖效率，打造休闲渔业综合体。2022 年，鲍鱼养殖年生产总值达 2.5 亿元，占围头经济总量的近三分之二，水产养殖规模近万亩，连续 3 年被农业农村部评为“全国乡村特色产业超亿元村”。“十四五”期间，国家一级渔港项目将落地围头。

二是融合乡村多元资源，培育乡村旅游新业态。围头村立足滨海资源、红色资源，认真做好在保护中合理开发，精心划分东西线两条旅游景观带。东线滨海休闲带，有古渡观光渔港、海角露营地生态公园、东线和平公园、金沙湾、月亮湾、东海湾，形成“一港二园三海湾”；西线战地观光带，有“八二三”战地园区、毓秀楼、达屋楼、战地文化广场、永平古城广场、滨海休闲广场，形成“一区二楼三广场”。同时，围头村还引进旅游配套项目，不断完善基础设施，延伸产业链条，拓展产业新功能，培育特色的民宿、研学、康养、餐饮服务和闽台交流等乡村休闲旅游新业态。

三是发挥对台资源优势，加强两岸产业发展交流。2010 年，围头村加入“海峡旅游景区大联盟”，与金门县金城镇金城里、台南市安平里等签订了乡村旅游与文化交流合作协议，成为2013年闽台乡村旅游试验基地。近些年，累计吸引了30多万人次的台胞前来观光考察。

（三）善借外智外力，发挥台湾乡村人才作用

一是借力台湾规划人才，加强乡村旅游规划。围头村主动借鉴台湾的乡村旅游发展理念，多次邀请了台湾休闲乡村旅游协会专家实地指导并参与规划，以此挖掘新的闽台元素，开拓文创新内涵，成功打造出“看金门、探炮洞、逛古街、泡海水、抓鲍鱼、吃海鲜、住民宿、听故事”八大旅游特色产品以及“吃在围头、住在围头、乐在围头、学在围头、买在围头”五大生活圈，为两岸乡亲提供了“吃、住、玩、学、购”的好去处。

二是借力台湾产业人才，推动乡村产业发展。围头村成功吸引了台湾养殖能手刘福兴、周振财等人来围头投资海上养殖，带动了围头水产养殖业的发展。同时，还引进台湾的年轻创客深度参与围头村的各项产业发展，让他们在各个领域展现才华，形成了“1＋1＞2”的融合效应。

三是借力台湾乡建人才，助力乡村建设发展。围头村聘请台湾社区营造专家赖永庆教授对本村的乡建乡创、社区营造、乡村振兴等进行指导；2022年，围头村闽台乡建乡创合作项目——洪超雄等台胞参与的台湾建筑师（含文创）团队陪护式服务被列为福建省财政厅与福建省住房和城乡建设厅（第一批）资金补助项目。

（四）重视铸魂凝神，提升乡村发展软实力

一是传承红色文化精神。围头村保留有许多宝贵的战地遗址，红色资源丰富。2007年以来，围头村及时地保护了围头战地文化渔村十二大战地遗址，积极挖掘围头红色文化，讲好身边红色故事。从“党员干部走出去，到乡贤群众走进来，再到军民携手建家园以及全村合力创平安和小手拉大手”，不断弘扬“围江南洋精神”和“八二三炮战精神”，培育“爱党、爱国、爱军队，为乡、为民、为家庭”的新时代“围头家国精神”，激发了党员、干部、群众积极参与乡村振兴的热情，不断推进“振兴围头·二次创业”取得新成效。

二是搭建乡风文化建设新载体。围头村整合村里的群社团、宗祠以

围头“八二三”战地公园（王伟鹏 供图）

及民间信仰场所等资源，率先成立“围头村围江民俗传习中心”，有效拓宽民主协商的覆盖面，将围头的文化、故事、公序良俗传承和发扬下去，摒弃旧时的陈规陋习，开展移风易俗，倡导文明新风，提高全体村民的综合文明素质。启动“党建＋评先”五年计划，把道德模范的榜样力量转化为全村村民的生动实践，形成了崇德向善、见贤思齐的浓厚文明乡风氛围。从每月一评“围江好人”到年终“围江之星”等10个类型的总评，使人人争先进，户户争文明。

三是加强对台文化合作交流。为充分发挥“对台、面金、傍海”的区位优势，围头村以对台文化旅游节庆作为闽台民间交流的纽带，积极开展了对台“两大节庆、六大活动”，即：两年一届的海峡两岸（围头）七夕返亲节和闽台（围头）乡村旅游文化节、两岸少儿“围头古街”闹元宵、围头新娘跨海过“三八”、海峡妈祖民间交流、海峡邻里“5·20”徒步节、两岸（围头）“共同家园”青少年夏令营活动、围头“八二三”纪念日。让对岸的同胞从线上、线下看到家乡天翻地覆的变化，感受到新时代祖国大陆乡村振兴的美好画卷。

四是重视村校合作。2020年，围头村不断深化与吴金营乡贤创办的泉州职业技术大学的合作，成立泉州市首个乡村振兴学院。充分发挥双方优势资源，围绕智慧旅游、农村电商、古厝保护、红色党建、乡村善治等领域，校村联动，“大学牵手小学”，全面推进产学研合作。搭建人才交流平台、教学培训平台、产业互助平台，深入开展乡村振兴战略规划，引领产业发展，因地制宜推动围头乡村发展，打造乡村振兴的“围头范例”。

(五) 创新乡村治理模式，提升乡村治理成效

一是建立网格化管理。针对本村面积大、人口多的特点，围头村实施“网格化管理”，即在地理上将全村划分为“1 个中心、2 个辅中心、3 条线、6 个网格站、88 个微互助站”，无死角覆盖全村 1700 多户，20 户左右为一个单元，每个单元建立微信群。同时，设立了一级和二级网格长、网格员，一级网格长即党委书记，管总，找准方向定位，聚焦精准引领；一级网格员即党委副书记，管区，抓好区域管理，分管东线西线；二级网格长即“两委”成员，管格，通过线上线下管理；二级网格员和联络员，管站，做好治理服务。

二是创新“主题村日”治理模式。2017 年以来，围头村把每月 15 日定为“主题村日”，探索出“村民点题、邻里议题、乡贤听题、能人抢题、村党委解题”的服务与善治模式。在每月初结合当月宣传工作和村务管理重点，通过“泉州市小微权力监督”小程序、微信群和微互助站收集意见建议，根据群众所思所盼所急确定主题。如在“主题村日”集中举办水产科学养殖、乡村旅游等技能培训，常态化地开展生态保护、环境整治等村民实践，组织敬老孝亲、扶贫济困等邻里活动，传承“闽台一家亲”文化血脉和“八二三炮战”红色传统。每个“主题村日”都举办微宣讲和志愿服务活动，村民既是听众也是志愿者。宣讲队伍以本村党员、乡贤、教师、民兵和驻军官兵、共建单位干部为主体，由身边人讲村里事；宣讲内容以习近平总书记金句为纲，结合“村日”主题和围头发展，以故事、案例、讨论等方式进行，让村民能参与、听得懂、有共鸣，并通过参与活动身体力行。

三、发展成效

经过多年发展，围头村已成为福建省乡村旅游人气最旺的目的地之一。围头特色的“渔港、旅游、文化”三大产业的乡村融合发展，带动

了当地经济与社会效益双提升，村民的获得感、幸福感和安全感不断攀升。

(一) 村集体与村民收入快速提升

围头村积极挖掘战地资源和红色基因，把对红色资源的开发利用与带领村民致富有机结合，利用红色旅游助推和带动经济发展。从 1978 年村民人均年收入仅 150 多元，到 1990 年人均年收入不足千元，再到 2022 年全村经济总值达 3.85 亿元，村集体收入 300 多万元，人均年收入 3.85 万元。

(二) 精神文明建设成效显著

围头村获得晋江市“六守六无”五星级平安村等 80 多项省、市、县各级荣誉。围头村“主题村日”入选中央文明办《建设新时代文明实践中心工作方法 100 例》。据统计，围头村先后共有 973 人次获得村级自评各项荣誉，涌现出了一批批的新时代“围头好人”，让越来越多的村民在围头渔村大舞台上成为“明星”。如作为泉州市社科普及基地围头传统村落负责人，洪水平先后荣获全国乡村文化和旅游能人、全国乡村旅游致富带头人、福建省劳动模范、福建好人榜（敬业奉献）、晋江市农村治理特级人才等多项殊荣；吴秀梨家庭获评全国最美家庭；洪建财家庭获评福建省最美家庭；吴聪敏获评中国长安网、中央政法委长安剑评选的“平安之星”；蔡珍月获评省级“最美乡村志愿者”，围头村处处焕发出向上向善的精神面貌。

近年来，围头村累计获得全国文明村、中国美丽休闲乡村、全国“一村一品”示范村（鲍鱼）、全国乡村特色产业亿元村、全国乡村旅游重点村、国家级最美渔村等 25 个“国字号”殊荣，以及福建省乡村振兴示范村创建单位、省级乡村治理示范村、省级历史文化名村、福建省首批“金牌旅游村”、泉州市第一批乡村振兴典型示范村（成效显著村）等 80 多项各级荣誉。2022 年，围头村成为文化和旅游部与中央广播电视总台联合推出的迎接党的二十大重点节目《山水间的家》的 24 个新时代美丽乡村之一，也是福建省唯一入选的村。当年 10 月，围头村乡村振兴专题片《我们的振兴》登上央视新闻。围头村受到《人民日报》

《参考消息》《农民日报》《福建日报》、新华社、“学习强国”平台等60多家主流媒体报道达1000多篇次。

四、经验启示

(一) 要坚持党建引领，发挥基层党组织作用

农村富不富，关键看支部；支部强不强，全靠“领头羊”。要实现乡村振兴，需要把分散的村民组织起来，把零散的乡村资源整合起来，这就要有强有力的党支部来引领和好的带头人去谋划、抓落实。围头村坚持党建引领，在党委书记洪水平带领下，村“两委”全身心主动参与乡村发展大局中，主动摸索农民增收的方式方法，带领全村村民发展本地特色产业，推动村民增收致富。

(二) 要坚持立足长远，久久为功持续发力

乡村振兴、农业农村现代化是一项长期并且艰巨、系统的工程，不可能一蹴而就，要有打一场“持久战”的准备。既然是一场“持久战”，就应具有坚守“阵地”意识，制定好乡村振兴规划，树立克难攻坚的准备。围头村较早制定了中长期发展规划，坚持发展方向，一年又一年持续推进，取得了较好的成效，这也是其他乡村发展可以借鉴的。通过制定规划，明确村庄发展目标，一任接着一任干，久久为功，推动乡村发展。

(三) 要善于利用资源，培育乡村产业新业态

产业振兴是乡村振兴的重中之重。产业兴旺是解决农村一切问题的前提。从当前看，许多要素从乡村流向城市，乡村缺资金、缺人才、缺土地指标，产业发展不容易。从围头村产业发展看，主要是立足乡村优势资源，以乡村作为空间，由渔业向休闲、旅游、文化、教育拓展；善于挖掘红色文化，融入村庄发展，增加具有地域特色的乡村体验项目，具备较强的生命力与吸引力；善于借用外力，如加强与台湾乡建人才、与地方高校合作，解决人才不足问题。

(四) 要善于发挥群众力量，激发乡村发展内生动力

乡村是村民生活的空间。乡村振兴要把政府主导和尊重农民主体地

位有机统一起来，尤其是要发挥村民的主体力量，唤醒村民的角色意识、自主意识，让广大村民对乡村振兴有认同感、归属感和责任感，激活乡村振兴的内生动力。围头村积极引导村民群众广泛参与，充分尊重农民意愿，推动公开透明的开放式决策、参与式治理，达到“以民主促民生”的目的。

案例评析

围头村善借外智外力，积极探索与台湾乡建人才的合作，多次邀请台湾休闲乡村旅游协会专家实地指导并参与规划，成功吸引台湾养殖能手刘福兴、周振财等人来围头投资海上养殖，带动围头水产养殖业的发展，引进台湾的年轻创客深度参与围头村的各项产业发展，聘请台湾社区营造专家赖永庆教授对围头村的乡建乡创、社区营造、乡村振兴等进行指导。除了重视发挥人才作用外，围头村还重视村校合作，深化与吴金营乡贤创办的泉州职业技术大学合作，成立泉州市首个乡村振兴学院。通过校村联动，搭建人才交流平台、教学培训平台、产业互助平台。当然，围头村虽然成功引进了台湾乡建人才，但从长远来看，还需要更多关注本地人才的培养和发展，通过建立和完善人才培养机制，加大对本地青年的技能培训和教育投入力度，促进人才的自我成长和扎根发展。

人才引领聚合力，强村富民促振兴

——尤溪县梅仙镇半山村“旅长村支书”带领的乡村振兴之路*

一、乡村概况

梅仙镇半山村位于尤溪县城北部，距梅仙镇区 4 千米、距县城 10 千米，土地总面积 4216 亩，辖 8 个村民小组，254 户 1106 人，党员 60 名。近年来，半山村围绕“党建引领、产业强村、文化铸魂、机制创新”的理念，突出抓党建促乡村振兴、促基层治理，全力打造“跨村联建”“人才回引”等基层党建品牌，走出了一条具有半山特色的强村富民之路，村容村貌发生了翻天覆地的变化，先后被评为全国乡村治理示范村、全省文明村、全省美丽乡村建设典型示范村庄和省级金牌旅游村。

二、主要做法

（一）组织领航，筑牢乡村振兴桥头堡

一是建设“好班子”。2015 年 6 月，尤溪县委通过实施“人才回引”工程，成功回引南京军区空军某雷达旅旅长林上斗回村任党支部书记。林上斗上任后，把基层党组织建设、规范基层党组织运转、严格基本制度落实作为提升基层党组织战斗力的关键来抓。2020 年，半山村党支部升格为党总支。2021 年，村“两委”换届期间又回引 3 名大学生、1 名企业家回村任职，优化村“两委”干部队伍，实现选优配强。

---

* 本文资料由陈宝玲（中共尤溪县委党校、尤溪县行政学校讲师）提供。

半山村全景图（尤溪县融媒体中心蔡晓强　供图）

同时明确村党总支、村委会职责，组织村“两委”干部任期承诺和年度承诺，通过公开栏“晒”、组织生活会“述”、党员群众“评”的方式，公开“履职账”，让他们工作有目标、有压力、有动力。

二是落实“好制度”。严格落实“三会一课”制度，每周召开党总支例会，每季度至少召开一次党员大会，党总支书记每半年为党员上一次党课，重点学习党的创新理论，听取党员意见建议，加强党员思想政治建设。加强村级议事制度建设，村内大小事宜，由村党总支、村民委员会商议后，提交党员大会讨论、村民代表大会决策施行，对重大事项组织召开党员群众大会讨论。开展“党员带富先锋行动”，设置政策宣传、先锋帮带等十余个岗位，组织党员领岗履职，带动党员群众，凝聚干事创业合力。同时，半山村成立由县委主要领导任组长的尤溪县打造半山村乡村振兴示范村工作领导小组，建立“四个一”协作推进工作机制（即梅仙镇一周一盘点、成员单位一月一晾晒、领导小组办公室一月一通报、领导小组一季一总结），强化政策、资金、人才等要素保障，努力将半山村打造成全国乡村振兴示范村。

三是形成“好作风”。半山村“两委”始终把群众认不认同、满不满意作为工作出发点和落脚点，坚持党员干部示范带动，依靠群众、发动群众。林上斗书记不拿村里一分钱报酬，处处身先士卒、以身作则，村“两委”干部主动领办群众不理解、不支持的难点项目，党员和村民代表带头配合做好村里的各项建设，重拳打击赌博迷信等不良习气，做到敢于动真碰硬、敢于担当作为，有效树立了社会正气。同时通过多次召开村民大会、村民（户）代表会，由村“两委”干部利用农闲时间逐户开展家访，征求意见建议，统一思想认识，全力扭转村内一盘散沙的局面。近年来，实施一批为民办实事项目，解决儿童微乐园选址、公厕、停车场等问题 110 多个，村民提出的设置有声报刊亭、生态码头提升工程等 24 条建议被采纳落实，解决群众急难愁盼问题，不断提升人民群众获得感和幸福感。

（二）改革推动，开启乡村发展金钥匙

半山村紧盯发展全局中的关键领域、重点任务、善于改革突破，探索推动乡村发展长效路径，推动村财增收、村民致富。

1. 探索实施“跨村联建”党建模式

半山村是福建省“跨村联建”党建模式的发源地。2017 年 4 月，时任福建省委副书记、省长于伟国来半山村调研时作出重要指示：“要借鉴联合党支部经验，以半山村为基地，带动周边村。”同年 5 月，以半山村为龙头，联合周边的建档立卡贫困村汶潭村、发展一般的通演村成立通汶联村党总支（2021 年 4 月升格为通汶联村党委），率先在福建省试点实施“跨村联建”党建模式，通过组织联合、基础联建、产业联营、民生联动，推动资源共享、优势互补、抱团发展。

（1）释放人才优势，建强联村工作队伍

2021 年村“两委”换届期间，林上斗书记带动回引 11 名外出经商能人和大学生到各联建村任职，其中 2 人担任村主干。他还主动担任年轻干部的帮带导师，常态化开展谈心谈话、经验交流、政策分享等活动，联建村“两委”班子面貌焕然一新。建立联建村“两委”联席会议、联村党员大会等工作制度，林上斗书记通过参加联建村村民（代表）会议，以集中授课、专题辅导等方式，把各联建村党员、群众紧紧

凝聚在一起，实现目标相同、行动一致。

（2）绘好规划蓝图，完善农村基础设施

联村党组织聘请厦门大学城乡设计研究院，对联村的村庄建设、基础设施、公共设施等方面进行统一规划，分步推进实施。聚焦解决联村长期存在的摆渡过河、翻山越岭出行难问题，在联村党组织的推动下，半山大桥项目顺利实施，半山村和汶潭村之间车程缩短到6分钟以内，极大地便利了联村互联互通。同时，为加快推进区域协调发展，联村党组织始终坚持基础设施项目“集中管理、连片推进”的原则，累计争取资金7500万元，先后实施了区域防洪堤修建、区域环境整治、农副产品集散中心建设、区域森林生态景观提升等43个重点项目，为联村发展奠定了坚实的基础。

（3）整合资源要素，壮大文旅康养产业

一是建立区域联营机制。按照“自愿加入、个体独立、龙头领办、效益共享”的原则，成立联村经济发展联合社，在利益分配机制上并行“按股分配”和“按劳分配”，在管理机制上并行“理事会总管全局”和“龙头领管项目”。同时，认真研判各村交通、区位、资源等要素，确定区域产业发展项目，明确各村产业发展方向：半山村重点发展特色果蔬、民宿旅游，通演村重点发展休闲农业，汶潭村重点发展本土小吃、红色旅游。

二是发挥龙头带动作用。借助半山村被评为国家AAA级旅游景区的契机，以延伸文旅康养产业链条为突破口，引进厦门卓远文旅集团有限公司，围绕“悠游观鹭·山水康养”发展目标，整合联村优势资源，联合开发“坐竹排—观鹭鸟—赏樱花—尝光饼—品文化—采果蔬”等文旅康养精品路线，同步推进农家乐、古民居活化利用等一批文旅消费项目，策划举办夜经济旅游节等一批“文化赶圩”活动，赢得游客青睐。5年来联村累计接待游客140余万人，带动2200余名村民实现家门口就业。联村群众年人均可支配收入逐年提高，村集体自我造血功能显著增强。

三是实行项目捆绑发展。采取多村捆绑形式，整合各村项目、土地、资金等资源，推动抱团发展。如在推进半山村省级百香果示范项目过程中，针对土地供应不足的问题，由联合社统筹协调，在各村落实用地 300 亩，保障了项目顺利落地实施。

2. 探索农村集体产权制度“三变”改革

半山村坚持以村党组织为主导，深入开展集体产权制度改革，积极探索“村社一体”模式，全力发展乡村旅游等特色产业，让广大群众共享改革发展成果。

(1) 资源变资产

一是盘活耕地资源。半山村积极推进农村集体产权制度改革，采取“确权确股不确地”方式，把村里零散的土地整合起来，引导村民将土地经营权流转回村集体，入股合作社，统一经营管理，采取公开招投标的方式对外流转土地经营权。这极大地赋予村民对集体资产的股份权能，将资源资产化，在此基础上引入社会资本，促成土地和资本两大生产要素的有机结合，从而实现资源的有效整合和利用。

二是盘活宅基地资源。建立健全农村宅基地有偿使用和退出管理机制，用好土地增减挂钩政策，增加村财收入，解决村集体没钱办事的问题。实行“法定面积、一户一宅、建新拆旧”规划建设用地管理机制，积极探索盘活闲置宅基地和闲置农房的试点工作。对于废弃多年的老宅由村集体收回管理，在收回旧房屋时，给予相关农户宅基地面积置换使用证券，可凭使用证券置换新的建设用地，或在本村集体经济组织成员间买卖转让、有偿调剂使用。挖掘古民居资源，鼓励投资经营古民居，引导房主出租老宅，引进项目团队打造精品民宿项目。具体的做法是：房主出租老宅收取租金，不参与管理，前 3 年收益归投资者，3 年以后房主与投资者按 3∶7 比例分配经营收益。同时，积极鼓励外村村民和企业来半山村投资兴业。

三是盘活林地资源。结合新一轮林权制度改革，充分挖掘林地集体所有权价值，着力增加村集体收入。对前些年已经改制的林地，通过协商，逐步折价收回，或确定一个时限，如明确 2018 年之前林地经济利益归原所有者，2018 年之后林地经济利益归村集体，实行林地分期管理，收益按年分配，共同经营管理好集体林地，使得集体和个人利益均不受损害。在运营模式上，探索村集体以林地所有权入股、村民以资金入股，由村合作社统一造林经营；在股权分配上，全体村民按人均 1 股分配，股份可以在村内转让、赠予、继承；在收益分配上，将收益的30％划给村集体作为村财收入，70％由村民按股分红。

（2）村民变股民

2015年由村党支部领办成立半月岛生态专业合作社，探索实行“村社一体”模式。村党支部牵头制定合作社章程，明确规定经营项目、资金使用等重要社务必须经村党支部研究同意方可实施。采取“折价入股”的方式，引导全村村民以每人200元的标准入股，并在不改变集体资产权属关系的基础上，将集体经营性资产折股量化，村民和村集体分别占股50％，合作社按照“民办、民管、民受益”原则，统一经营发展特色产业，实行年终盈余按股分类分红。合作社实行收益分配动态化管理，实现“生增死减”“一年一动”，体现公平公正。对半山籍非集体经济组织成员，可通过自愿出资加入合作社的形式，参与集体收益分配，半山籍乡亲们“不忘乡愁，助力半山”，截至目前，共有1493名社员入股合作社。2021年完成集体经济组织成员身份认定后，又成立半山村股份经济合作社，2022年1月顺利向集体经济组织成员颁发股权证书，共发放股权证254本，确权1105股。

（3）无产变有产

探索推行“党建＋金融”工作机制，与农业银行尤溪支行、兴业银行尤溪支行等签订《农村金融党建共建协议》，农民可以凭股权质押办理金融贷款，从而满足房屋装修、创业发展资金需要，实现从“无产”变“有产”，进一步调动农民主体作用，主动参与产业发展。截至目前，尤溪县信用联社已成功授信半山村“福股贷”20户共219万元，助力乡村振兴。

3. 持续开展“人才回引”以及“新知青”引进行动

随着半山乡村振兴的发展，人才短板问题也逐渐凸显出来。为此，半山村大力实施“人才回引”工程，在引才、用才、留才上下足功夫。

一是诚心引才。在成功回引林上斗回村任职的基础上，持续开展“人才回引”，除2021年村“两委”换届成功回引3名大学生和1名企业家回村任职外，还积极向上级争取精干力量参与村庄建设。县委下派县经济开发区管委会主任担任驻村第一书记，镇党委安排两位镇领导挂包半山村，由政府干部、选调生、“三支一扶”志愿者等组成工作专班，打造乡村振兴优秀干部队伍。开展“青年人才回引·助力乡村振兴”行动试点工作；举办农民技能提升、创业就业等专场培训3场，持续做优“高校毕业生就业见习基地”“美育教育实训基地”“乡村艺术团”等项目，为半山村的发展提供支持与帮助。

二是精心用才。开展党员“带富先锋”行动，采取“党组织+党员+致富能手”模式，吸引一批长期在外的泥水工、木工、厨师、水电工等乡村手艺人回村参与道路建设、古民居修缮、绿化装饰等美丽乡村建设工作，建立半山特色乡土人才评选标准，对全村乡土人才进行分类建档，采用“工料法”实施一批农村小型建设项目，优先采购村内物资，组织村民投工投劳，推动一批党员致富能人、乡村手艺人、乡村工匠回村创业，发挥聪明才智，示范带动60余名村民发展特色产业，全村外出务工人员从2015年的860人减少到目前的50余人。

三是真心留才。实施“新知青”引进计划。在林上斗书记人格魅力的感召下，杭州的洪纬、周青两位青年艺术家来到半山村创业发展。为了能留住人才，半山村利用上级古村落保护资金修缮古民居——新知青艺社，为他们从事文化艺术创作、产业发展提供免费场所。他们入驻后，先后从全国招募了2000多名大学生志愿者来这里实习、学习，进行艺术创作，利用抖音、小红书等新媒体推介半山，吸引更多的艺术家驻留半山。新知青艺社的原创舞台节目多次登上“学习强国”、新华社、央视频等平台，其中舞蹈作品《风筝误》被新华社转载，点击量超过2000万人次，目前在半山村已成立了农民艺术团（半山白鹭艺术团），经常开展群众性的文化艺术活动。

（三）文化夯基，构建乡村善治“新格局”

半山村坚持党建引领，注重发挥乡风文明在乡村振兴中树正气、聚人心、促发展的作用，持续开展移风易俗行动，不断提升乡村治理效能。

一是破除陈规陋习。开展铁腕禁赌行动，村“两委”干部以身作则，不定期组织开展巡查，一旦发现赌博则当场销毁赌具，没收赌资用于村公益事业建设，仅用两个月，赌博现象就销声匿迹。推进“十二生肖亭”建设，由党员牵头，倡导相同属相的村民投工投劳或共同出资建设亭子，目的在于打破宗族隔阂，树立全村发展一盘棋的思想，让大家意识到，自己是半山村大家庭的一分子，而不是某一家的人，不能因为个人利益或者宗族利益影响全村发展。村级党组织为进一步密切党群联系，依托生肖亭开展“村民说事”活动，要求轮值“两委”、联系村民代表、片区党员“三必到”，畅通群众诉求渠道，把生肖议事亭打造成“党群连心亭”。

二是树立新风正气。大力倡导诚实为人、诚信做事、诚心相待的“三诚”文化，广泛发动党员群众参与乡村振兴工作。每年举办“半山信用户”“星级文明户”等评选活动，全村共评定信用户 209 户。村内开设 8 家无人值守的诚信示范小商铺，采取“自取自付、扫码收单、夜不闭户”的方式经营，开设以来从未丢失过一件商品。村民林瑞会在自家房屋经营着一家餐馆，餐馆前设立了无人值守小铺，出售蜂蜜、手工面等农特产品，而且还有“自家种的菜，看心情付钱”“后院有菜园，自由选购”等温馨提示，吸引游客挑选购买，每年增加收入达 1 万元以上。开展“庭院美起来，农民乐起来”美丽庭院评选活动，实施积分制创建方案，村民通过美化自家庭院、展销特色农副产品的方式，打造庭院经济，吸引游客参观、消费，足不出户就能增加收入。在家园清洁方面，以党员中心户为骨干，带动了全村党员群众自觉维护环境卫生，村民自家“门前三包”，还自发成立“家园清洁服务队”“姐妹花义务清扫队”，定期打扫村主干道，使村容村貌保持干净整洁。

三是促进文明和谐。以拓展延伸“三诚”文化内涵为主线，开设“智慧半山”公众号，做大做强雷锋广场、新时代文明实践站、环湖法治长廊、农民休闲中心、农民讲习所等新时代农村文化阵地，每年举办“半山好人”“一对好婆媳”等文明评选，常态化开展“春节三天乐”、重阳敬老宴等“文化赶圩”活动，受众 1.5 万余人次，50 余名获评人员受到公开表彰。建立“排查预防、多方联调、事后回访”矛盾纠纷调处机制，对发现的矛盾纠纷，由包村领导、村主干、司法所、派出所、党员和村民代表开展“六方会谈”，共同调解处置。7 年来，半山村未

半山村“文化赶圩”（林金龙　供图）

出现越级上访事件。

三、发展成效

（一）组织变强

半山村党支部由原来的全县软弱涣散党组织跃升为全省先进基层党组织，村集体收入从 2014 年的 1.5 万元增加到 2022 年的 52.43 万元，村财负债 34 万元全部清零，2022 年联村集体经营收入达 197.95 万元。近年来，以半山村为龙头，联合周边的通演村、汶潭村成立通汶联村党委，在全省率先探索“跨村联建”党建模式，通演村成为省级美丽乡村示范村，汶潭村实现脱贫“摘帽”，如今，半山村带领通演村、汶潭村，实现从头雁领跑到雁阵齐飞。2022 年 2 月，时任福建省委书记尹力莅临半山村考察调研，对半山村抓好党建促发展、促改革、促民生以及打造基层党建品牌等工作给予充分肯定。

（二）村庄变美

通过近年来的建设和发展，村庄脏乱差现象得到根除，如今半山村村庄面貌焕然一新，呈现出“河畅、水清、岸绿、景美、人和”的生动图景，先后被评为全国首个中华鹭鸟保护地、省级美丽乡村典型示范村、省级金牌旅游村、福建省美丽乡村建设培训基地，同时积极申报省、市级职工疗休养基地和省级森林康养基地。

（三）产业变优

半山村积极探索“村社一体”经营模式，将分散在农户手中的耕地、林地、宅基地等资源进行整合，统一由集体合作社运营，盘活各类土地资源，推动资源、资产、资金“大集合”，为产业发展奠定良好的基础。半山村凭借便捷的交通优势、丰富的自然资源和人文优势，着力打造“闽中山水养生第一村”，大力发展乡村旅游，带动民宿、竹排、餐饮、夜经济、百香果种植等产业的发展。半山村目前完成村庄规划修编，根据尤溪县委、县政府印发的《尤溪县打造半山村乡村振兴示范村实施方案》，策划生成29个项目，包括自来水工程、天然气工程、沥青道路铺设等民生项目，以及聘请中国科学院设计院、浙江建设职业技术学院等专业团队开展项目设计，推动实施茯苓种植、高标准农田、研学基地、夜游经济、庭院经济、前渡坂地块开发利用等产业项目，前期投资约3119万元。2022年，半山村接待游客约18.6万人次、获得旅游收入约25万元。

（四）村民变富

2015年以前，当地村民大多在外打工，现在大部分在外村民返乡生活，参与村内实施的基础设施、特色旅游、古民居修缮工程，以及黄金百香果、“空中”草莓、圣女果等种植项目，110余户村民实现了家门口就业，2022年农村居民人均可支配收入2.3万元。

（五）民风变好

半山村把“三诚”文化注入百姓生活，注入经营业态，良好的道德风尚融入村民的工作和生活中，尊老爱幼、邻里和睦、遵纪守法的良好乡风民俗在半山村蔚然成风，干部讲担当、乡贤讲爱心、群众讲奉献的新时代正能量正在推动半山村各项事业日新月异。

四、经验启示

（一）筑牢引领发展、凝聚人心的战斗堡垒

半山村抓党建除了强化村级党组织在决策议事方面的主导权，规范落实“三会一课”等党内基本制度，细化村级内部工作制度，严格执行村干部坐班值班制度之外，最大的特点是“树正气，聚人心”，并通过盘活资源，探索“村社一体”新路子，持续发展壮大村级集体经济，让村党组织有条件发展村里各项事业，有能力提升服务群众水平，让群众成为乡村振兴的受益者，不断增强村级党组织的凝聚力和战斗力。

（二）打造真抓实干、以身作则的村级班子

半山村通过将村级领头雁作为重点，选优配强村“两委”班子，加强基层党组织干部队伍的选人用人机制建设。一要明确选人用人标准，要求德才兼备，以德为先，在发展党员方面把好入口关，对支部书记则要求更高；二要扩大选拔范围，从本村致富能手、外出务工经商返乡人员、大学毕业生、退役军人中的党员培养选拔，通过实施“人才回引”工程，把组织认可、党员拥护、群众满意的人选为村里的领头雁，打造懂农业、爱农村、爱农民的村级干部队伍；三要通过加大培训力度、加强对党员干部的教育管理，提升干事创业和创新的能力；四要通过开展任期承诺、年终述职评议、绩效考核等方式，明确任期目标，压实工作责任，推动村干部履职尽责、主动作为，确保抓党建促乡村振兴有力有序推进。

（三）激发农村党员、群众的干事热情

半山村近年来在走群众路线上做了大量的工作，促进群众观念发生巨大转变，带动群众人人参与到家乡建设中来。半山村的经验表明：一要纠正群众工作的理念，不能仅用行政命令，而要尊重群众意愿，保障群众权益；二要搭建党员服务平台，通过党员设岗定责、组建志愿服务队伍等方式，充分发挥党员的先锋模范作用；三要通过多种方式听民声、集民智、聚民力，进一步发挥农民群众的主体作用，推动群众从旁观者变为参与者，形成共建共享、共治共管的工作格局；四要相信群

众、从制度层面入手，深入基层了解群众的需求，依靠群众，同时考虑大多数群众的利益，把群众的意见和建议总结好、归纳好，形成经验，制定制度，再去指导群众工作。这样才能激发党员群众的干事热情，使全村党员群众形成推动乡村振兴工作合力。

(四) 建立行之有效、符合实际的工作机制

半山村的经验表明，通过探索建立村级议事、“跨村联建”和“人才回引”等一系列工作机制，可以有效破解基层发展不平衡、群众参与村级事务积极性不高等问题。以乡村振兴改革试点为契机，通过机制改革，走合作化的道路，有效融合各种资源和要素，找准自己的核心优势和特质，充分转化乡村振兴的成果，实现了乡村振兴和旅游产业、生态文明建设、乡村文化发展之间的深度互动，敢于探索创新，善于总结提升，注重把推动乡村振兴过程中形成的好经验、好做法，以制度的形式固化下来、坚持下去。

案例评析

半山村在“旅长村支书”林上斗的带领下，坚持抓党建促乡村振兴，筑牢乡村振兴“桥头堡”，充分发挥村级领头雁的示范带动和党员群众的合力助推作用，探索村级议事、跨村联建和人才回引等系列工作机制，为乡村振兴提供坚强的政治和组织保障，锐意改革盘活资源，运用“村社一体”经营模式持续发展壮大村级集体经济，把“三诚”文化注入各项事业之中，为产业发展奠定良好的基础。这几年的发展虽取得成绩，但也暴露出后劲不足的问题，村庄“空心化”、农民老龄化等问题突出，因此急需出台鼓励政策和激励机制，引导大学毕业生到乡、能人回乡、农民工返乡、企业家入乡返乡创业，创造条件鼓励引导退休干部、退休教师、退休医生、退休技术人员、退役军人等回乡定居落实落地，搭建农村创新创业绿色通道，让人才进得来、留得住、干得好，创造条件为人才提供更广阔的发展空间，走出产业发展、民生改善、生态宜居、兴盛善治的发展新路。

数字赋能，打造数字化驱动乡村振兴的山区样板

——大田县吴山镇阳春村数字乡村建设的实践与启示*

一、乡村概况

阳春村地处三明市大田县南部，距离县城 32 千米，是闻名海内外的千年肉身菩萨章公祖师的故里。全村面积 19.55 平方千米，辖 7 个自然村，17 个村民小组，共有 586 户 2061 人，党员 82 人。受历史和客观条件制约，20 世纪 80 年代以来，村级集体经济年收入始终低于 5 万元，曾为省级建档立卡贫困村。近年来，阳春村按照“党建领航、数字赋能、联盟共赢、协同发展”思路，立足闽中山区特点，抢抓列入全国首批数字乡村试点县发展契机，以实现农业农村现代化为目标，有效发挥信息化对乡村振兴的驱动引领作用，抢抓数字乡村建设发展的窗口期，推动数字技术与基层党建、产业发展、乡村治理有机融合。2022 年实现村级集体经济收入 58.6 万元，农民人均可支配收入 21972 元。先后被评为第二批全国乡村治理示范村、福建省乡村振兴实绩突出村、福建省乡村振兴优秀案例、福建省古村落、福建省森林村庄、国家级森林康养试点建设基地、福建省森林康养基地、福建省职工疗休养基地、福建省中小学生研学实践教育基地，探索形成山区数字乡村建设的阳春样板。

---

* 本文资料由乐进朝（中共大田县委党校、大田县行政学校副校长、讲师）、赖蓉婷（中共大田县委党校、大田县行政学校助理讲师）提供。

阳春村鸟瞰图（大田县融媒体中心　供图）

二、主要做法

（一）回引优秀人才，提升乡村振兴引领力

面对当前“农村人口外流，乡村人才匮乏”的困境，大田县坚持党建引领，探索“党建＋人才”模式，实施“人才回引、乡贤回归”工程，以招商引资的理念做好乡贤人才回引工作，引导优秀乡贤人才回村担任村级组织负责人，助力乡村全面振兴。2019 年 9 月，在大田县委主要领导和阳春村党员、村民的多次动员之下，福建省公安厅网安总队原总队长、二级警监林乐坚回村担任党支部书记，通过直接领导、参与乡村建设，带领村民脱贫致富，实现了“回引一个人，改变一个村”。

一是牵起乡愁，把优秀人才“请回来”。大田县委组织部联合乡（镇）、村党组织，通过前往在外优秀人才家中或原单位走访慰问、举行在外优秀人才座谈会等方式，以家乡话、家乡事、家乡人唤起在外优秀人才的乡愁乡情，动员回引在外务工经商人员、机关企事业单位退居二线领导干部等优秀人才以适当方式关心回报家乡，参与家乡建设。目前，全县共掌握300多名优秀人才的基本情况，已有57名优秀人才返村任职。其中，在外务工经商人员32名，机关企事业单位退居二线人员、退休干部25名，各乡镇至少回引1名在外优秀人才返村任职。

二是搭台筑巢，把优秀人才“用好来”。针对回村任职超过1年的优秀人才，积极引导他们竞选成为村党组织书记、村委会主任，实现“一肩挑”；暂不符合参加村民委员会选举条件的，任命为村党组织第一书记；聚焦解决乡村规模小、空心化等问题，结合推行“跨村联建”党建模式，引导他们担任联村党组织书记。积极引导返乡优秀人才参与换届选举、拆迁安置等急难险重任务，让他们在实践中学习，到群众中历练。同时，定期举办优秀人才论坛、专题培训、交流研讨，对工作成效进行大展示、大比武，不断提高优秀人才扎根基层意识和实践能力水平。充分发挥返村任职优秀人才优势，积极争取上级资金、政策支持，完善基础设施，夯实产业基础，强化基层治理，力促乡村振兴。林乐坚回阳春村任职后，共对接争取项目56个，筹集资金3000多万元，先后完成了村部新建、道路拓宽、河道清理整治、老人幸福院、幼儿园等21项56个基建项目。

三是完善机制，把优秀人才“留下来”。通过建立健全优秀人才激励、服务、保障等各项机制，帮助解决在外优秀人才回村任职的后顾之忧，参照选派驻村第一书记相关待遇，每月给予回引优秀人才交通、通信等经费补助，因公务到城区办事，有住宿需求的可免费入住县人才公寓，并统一办理机关食堂就餐卡及购买人身意外险。对成绩突出、成效显著的返村任职优秀人才，在各级各类先进典型、优秀表彰评选和“两代表一委员”推荐中，给予优先推荐。林乐坚同志被评为2021年度“一懂两爱”好书记、2022年度“福建省最美退役军人”。

（二）筑强战斗堡垒，增强乡村振兴凝聚力

近年来，阳春村党支部坚持以提升组织力为重点，着力增强党支部政治功能，始终把“建核心、强班子、带队伍”作为首要工程紧抓不放，不断把党支部的政治优势、组织优势转化为乡村治理效能、发展动能。

一是抓班子聚合力。着力“聚人心”。针对村级班子思想不统一、各自为政，战斗堡垒作用发挥不强、工作思路不明晰等一系列问题，逐一与村“两委”干部交心谈心，沟通交流，做到心往一处想、劲往一处使。着力“提信心”。积极与省公安厅网安总队、东海舰队海军某基地等十余个单位开展支部共建，充分发挥帮带效能，以外力激发内生动力，提振乡村必振兴的信心。着力“定规矩”。村“两委”干部带头学党章学党史，严格按照党的组织制度建设，明确工作职责和任务分工，出台村干部日常工作清单式管理办法，逐项任务“挂图作战、对表打钩”，对履职情况进行季度考评，并及时将评议结果公开公布，增强村“两委”班子的责任感和荣誉感。

二是建队伍促履职。致力在网格治理中主动履职。为了解决党员服务水平不高、示范带动能力不强的问题，推行网格化管理机制，将党员分成 7 个工作组，分片挂包 19 户贫困户；按区域设立 9 个党员责任岗，主责推动生态护岸、红豆杉公园等 17 个重点项目建设，进一步提升党员队伍的履职能力。致力在“负面清单”中严格自律。以开展主题教育为契机，制定“支部建设、党员个人、乡村振兴” 3 张“负面清单”，以项目化形式，解决党支部带动力不足、党员服务意识不强、发展后劲不够等 10 个问题。致力在比学赶超中增强本领。开展“亮、晒、评”工作，把党员履职践诺情况“晒出来”，让组织“考一考”，让群众“评一评”，让党员“比一比”，推进党员干部带头、率先垂范，不断增强党员参与村级事务的主动性意识和服务水平。

三是夯阵地提效能。突出新建党群服务中心。针对原村部破旧不堪，村干部都不愿意到办公室上班的状况，从解决“有址议事”、重塑支部阵地形象着手，筹资建成了近千平方米的多功能党群服务中心，取消“两委”干部独立办公室，全部集中到党群服务中心办公，面对面服务群众，完善中心服务功能。按照县委“统一外观标识、统一功能布局、统一牌匾制度”要求，推进党群服务中心规范化标准化建设，将与老百姓生产生活息息相关的民政、人社、农业、金融、邮政等服务项目移入中心，配套视频会议系统和智能化办公设备，做到让群众“最多跑一趟”或者“一趟不用跑”，真心实意服务群众。阳春村将党群服务中心打造成“听民意、帮民困、暖民心”的平台阵地，2020年以来，共调处各类大小矛盾纠纷60余起，解决实际问题300余件。

（三）加强科学规划，把稳乡村振兴导向力

近年来，阳春村立足发展条件，笃定振兴目标，发扬“滴水穿石”精神，着力在补短板、强弱项、抓突破上下功夫，稳步踏出山区乡村振兴之路。

一是多方探路，找准阳春科学发展的“路子”。面对产业发展方向不明晰、村财增收缺乏途径等问题，第一时间组织村“两委”干部前往宁德下党、龙岩古田等地参观交流，走村入户，拓视野、找差距、学经验。组织专题工作调研，专门听取老村主干、老党员、驻村工作队等关于乡村建设发展和综合治理的意见建议。根据资源禀赋，结合阳春村列入大田县饮用水源二级保护区范围的条件，制定《阳春村五年发展规划》，确立了以发展智慧康养、生态农业体验、民俗文化观光为重点的“一核两带六分区”发展规划，有序发展乡村共享经济、创意农业、乡村民宿等产业。

二是顺应趋势，找到数字阳春建设的“法子”。阳春村顺应数字化、信息化发展趋势，吸引大量企业、科研和政府单位，采取试点、合作、共建等形式，合力打造集指挥调度、平安联防、智慧农业、便民服务等应用于一体的“数字阳春”信息化管理平台，实现数字乡村建设“一张图”。具体打造“三个阳春”：一是接入指挥调度驾驶舱——大数据可视化、智慧远程医疗及视频会议系统、“村村通”IP无线应急广播系统和智慧农场（茶山）管理系统，打造“智慧阳春”；二是部署引接雪亮工程（智能视频云）、火灾预警监测、消防管理监测、智慧河流安全监测以及交通教育劝导和宣传管理系统，打造“平安阳春”；三是接入道路照明和夜景亮化、能耗采集、水质监测系统、人工智能（AI）行为分析系统，打造“美丽阳春”。

三是精准切入，找回生态魅力阳春的“样子”。生态宜居是乡村振兴战略的重要支撑，农村人居环境整治是第一仗。阳春村抓住矛盾的主要方面，坚持“颜值”与“气质”并重，推进美丽乡村建设。一方面，

阳春村大数据可视化平台（阳春村委会　供图）

深入推进农村“三大革命”，聚焦村庄环境脏乱差问题，扎实推进农村人居环境整治，开展“两违”清理、裸房整治、河道清淤等工程，让乡村的颜值越来越高。另一方面，整合阳春资源禀赋，打造桥亭、生肖亭、双拥广场、民俗广场、章公展览馆等环境提升亮点，保留原生态，彰显阳春古风，护好乡村之魂。同时，结合美丽乡村建设“积分制”管理，利用“互联网＋”、无线通信技术、大数据分析等科技手段，推进农村人居环境整治数字化监管。

（四）聚力数字赋能，激发乡村振兴驱动力

近年来，阳春村以产业数字化为龙头，推动数字化技术与产业发展、基层党建、乡村治理、文化传承深度融合，数字乡村建设初见成效，成为全省第一个开通 5G 基站的村级行政单位，为传统乡村注入科技力量。

一是乡村产业数字化。当前，农村劳动力外流、农田遭遇抛荒、产业日趋空心化并非个例，不仅如此，多数农村地区还存在着“好东西卖不出好价钱、找不到好销路”的现实困境。对此，阳春村党支部借助大数据平台和数字技术，探索发展“互联网＋领养农业”，将闲置土地、生态茶园流转成为通过互联网认养的“个性农场、定制茶园”，以村集体出资的方式成立合作社，合作社以每年 700 元/亩的价格流转土地 100 亩、茶园 100 亩，通过线上认养的方式以每年 1500 元/亩的价格由各地网友认养当“领主”，并由当地村民提供雇工服务，“领主”按每年

3000元/亩支付雇工费用，实现果蔬代种、家禽代养、茶园代管，传统农业的“产供销”转变为“销供产”。2020年以来，累计完成土地流转200多亩并全部实现认养，带动61户村民家门口就业，户均增收1.2万元。

二是数字产业乡村化。数字经济率先在城市兴起，同样存在城乡二元化的弊端。在多数人的意识当中，数字产业难以扎根农村，城乡之间的数字鸿沟不可避免。阳春村在以数字技术推动乡村传统产业加快转型升级的基础上，积极推动数字产业下沉式发展，在山区农村走出一条“产业数字化”与“数字产业化”融合发展之路。阳春村充分发挥党组织的组织功能和组织优势，与中国电信福建分公司、厦门美亚柏科等公司合作，运用互联网大数据和数字技术，积极开展村企共建，引进大田云眼盾网络科技有限公司，村集体以出租办公场所的方式入股，持有企业30％的股份，并按股分红。同时，以村党支部牵头、村集体出资的方式，成立大田县莲峰农业发展有限公司，在“党建＋蔬菜公园”基地，搭建阳豆春笋工作室，由大田云眼盾网络科技有限公司组建直播带货团队，利用抖音、快手、淘宝等平台，引导农户走进直播间，开展农产品线上推销，让当地农产品走出大山、打开销路，通过销售分成，可增加村财收入16万元。

三是公共服务智能化。相比城市，乡村公共服务供给能力存在较大差距。因此，发挥数字技术赋能作用，着力推进城乡基本公共服务均等化，成为数字乡村建设的关键落脚点。阳春村通过搭建信息化平台，将传统意义上的“村部”升级为“数字中心”，通过行政便民一体机、远程医疗、人像采集分析等智能设施为村民提供与城市均等的公共服务。聚焦“互联网＋医疗健康”，通过与福建省立医院连接的智慧远程医疗系统，已经实现村民在便民中心就能寻医问药。通过这一模式，村民与名医“面对面”，既提高诊断效果，又大大降低了医疗开支。聚焦完善农村社保与就业服务，农村新农保、新农合等业务在阳春村也实现在线远程办理，让百姓实实在在感受到便利。聚焦特殊人群信息服务保障，依托“互联网＋山区居家养老”110模式，推动居家养老、异地孝老，延伸覆盖农村“三留守”人员、残疾人等特殊群体，有效应对当前农村

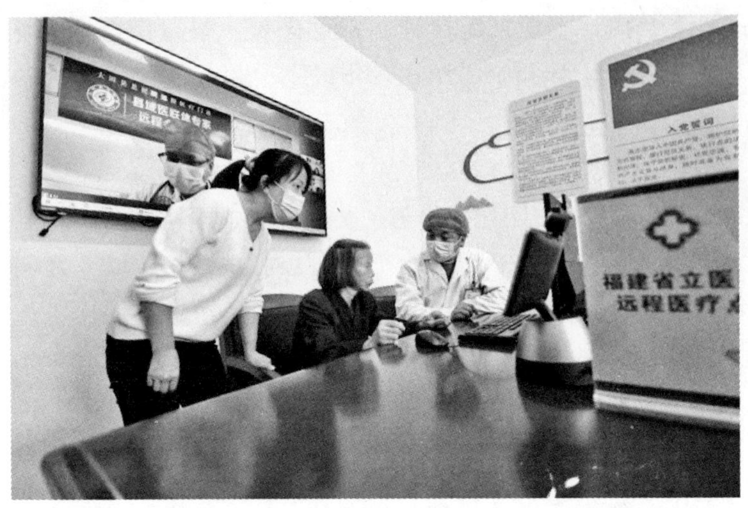

远程医疗（大田县融媒体中心　供图）

老龄化、空心化问题。

四是乡村治理现代化。“治理有效”是乡村振兴的五大总要求之一，也是乡村振兴的基础。但是，当前乡村也面临着基层党组织散、基层综治负担重、村民自治手段少等突出问题，治理效能不尽如人意。对此，阳春村积极运用数字技术赋能乡村治理体系和治理能力现代化，为乡村治理装上“智慧大脑”。着力完善农村智慧党建体系，以互联网、大数据、人工智能等数字技术为支撑，探索“134”跨村联建党建模式，联合周边和洋、梓溪、东埔3个村党组织，通过乡村人才联引联育、数字产业联谋联营、民生基础联建联动、乡村治理联管联兴等方式，成立数字阳春联合党委，带动区域内各村抱团发展、共同振兴。着力推动社会综合治理精细化，在村域范围内布设230个高清摄像头、16个智能广播，实现全景可视化呈现区域村庄动态信息，村“两委”在村部或通过手机即可进行村庄、河道、森林防火等日常巡查，对村庄治安状况和“认养农业”进行实时监控，尤其在疫情期间，通过人脸识别大数据筛查，精准识别外来人员，主动靠前工作，织密疫情防控网络。着力提升村级事务管理智慧化水平，为缓解人口外流造成的村级治理难题，阳春村将村部的大数据可视化系统搬上手机App，村民通过手机可实时关注村情动态，办理政务村务，学习政策法规，开展党性教育，并与村“两委”互动交流，村委会还通过电视电话会议系统召开村民代表会，进一步丰富村民自治手段，畅通了民意表达渠道。

三、发展成效

近年来，阳春村不断探索党建引领、数字赋能新实践，统筹推进农村经济、政治、文化、社会、生态文明和党的建设等各领域信息化建设，催动农村生产、生活、生态的一系列变革，从远近闻名的贫困村蝶变成为乡村振兴的明星村，为数字经济赋能山区乡村振兴发展提供了优秀范本。

（一）组织强起来

刚开始，阳春村村民对数字经济了解不多，之所以对“数字赋能乡村振兴”充满信心，就在于抓住了党建这个“核心引擎”。为了增强村党支部的凝聚力和战斗力，阳春村通过“人才回引”工程，选强配好村“两委”班子，从提振信心、规范组织生活、建强班子队伍抓起，通过网格化治理、项目化管理，推动党员干部在各自的岗位上发挥模范带头作用，有效提升村党支部政治引领、凝聚群众、服务发展的功能。

（二）产业旺起来

阳春村结合资源禀赋、自身条件准确定位，在谋划上融入数字理念，坚持“乡村产业数字化”“数字产业乡村化”双轮驱动，全面策划实施“互联网＋农业”、网络直播、智慧农旅等，积极探索“订单农业”，持续做强智慧农业、生态康养、禅茶融合、旅游民宿等新兴业态，盘活农村闲置的土地、房屋等资源，带动村财村民双增收。

（三）家园美起来

阳春村深入践行“绿水青山就是金山银山”理念，坚决打好人居环境整治第一仗，花大力气、下重资金拆除村里的废弃电站，清理河道淤泥和陈年垃圾，为120栋裸房进行外墙贴砖、侧面拉毛补助，建立一支由12名村民组成的村容村貌管护队，配备洒水车、自动化垃圾车等环卫设施设备，一鼓作气解决环境脏乱差问题，推动农村环境长效管护。

目前，阳春村的河道干净了，障碍物清除了，房屋也变美观了，就连垃圾堆也变成了公园休闲好去处。

（四）人才聚起来

人才是第一资源，乡村发展离不开人才支撑。阳春村以数字乡村建设为契机，在林乐坚书记的示范带动下，吸引泉州研学带头人黄金文、建发国旅金牌经理人严少虹等一批人才到阳春创业发展，省教育厅蔡永武博士、大田四中教师林文青等一批优秀青年干部到村里挂职锻炼，同时还借助莲峰农业发展有限公司、坤宁寨旅游发展有限公司，培育了一批懂技术、善经营、会管理的“土专家”“田秀才”“数创客”，激活了乡村振兴的一池春水。

（五）文化活起来

阳春是闻名海内外的章公祖师故里，历史文化古迹众多，如圣泉岩、坤宁寨遗址、芦峰殿、陈公祖师祖庙等，其中圣泉岩为省级文物保护单位，有着“一寺三庙十八庵”的文化底蕴。阳春村借助“章公肉身菩萨”名片，在保护好独特历史文化的基础上，依托千亩茶园，以发展禅茶文旅产业为突破口，进一步深挖良好的古树、古建筑和生态山水资源，发展智慧康养，增加农民收入。

四、经验启示

（一）坚持党建引领，培育数字乡村建设带头人

必须把加强党的领导贯穿数字乡村建设的全过程、各方面，不断夯实农村基层党组织战斗堡垒，切实把党的政治优势、组织优势转化为数字经济发展优势。阳春村的蝶变得益于大田县坚持不懈实施“人才回引”工程，吸引林乐坚等一批有情怀、有人脉、有能力的在外优秀人才返村任职，吸引挂村干部、科技人员、企业精英等各类相关人才在数字乡村建设中施展抱负。得益于阳春村高质量推进村级组织活动场所规范化建设，建立健全一套科学合理的工作运行机制，切实提升基层党组织的组织力，让支部行动在一线、党员作用发挥在一线。

(二)坚持人民至上，站稳数字乡村建设落脚点

必须始终把维护好农民根本利益、促进农民农村共同富裕作为数字乡村建设的出发点和落脚点，充分发挥农民的主体作用，激发农民的积极性、主动性、创造性，让广大农民成为数字乡村建设的参与者、受益者。在阳春村，数字技术赋能乡村产业发展、乡村治理、公共服务等各个环节，都让群众得到了实惠、看到了希望，从而能够充分调动政府、企业、农民等各方积极性，激发乡村发展的内生动力。

(三)坚持因地制宜，走出数字乡村建设特色路

必须因地制宜，结合资源禀赋、发展基础，遵循数字技术发展规律，找准乡村数字化转型重点，走出一条符合地方实际的数字化驱动乡村振兴之路。农业产业的数字化运用应充分考虑特色产业方向，针对各地休闲农业、农技服务、乡村淘宝、直播带货、绿色农场、康养小镇等不同发展战略，采用多种数字技术路径。数字技术和应用的开发需要紧贴乡村需求和地方特色，推动其在乡村数字化治理、农业生产智能化管理、一二三产融合发展、农产品市场流通等领域充分发挥作用。

(四)坚持系统观念，构建数字乡村建设新体系

数字乡村建设是一项复杂的系统工程，涉及农业、农村、农民的方方面面，涉及乡村社会结构、经济发展模式、文化生活方式和思维方式等诸多方面的深刻变化。要加强数字乡村顶层设计，建立健全数字乡村发展统筹协调机制，整体规划数字乡村发展重点方向。要坚持问题导向，突出夯实基础设施支撑，推进数字技术与农业生产经营、行业监管、乡村治理、公共服务四个方面深度融合。要建立“一主多元”运营投入机制，充分发挥财政资金的引导作用，撬动金融和社会资本支持数字乡村建设，分类探索适宜的建设运营模式。要推进农业农村改革，通过土地流转、建立社会化服务组织、大型企业利益捆绑等方式改善生产关系，促进小农户与现代农业衔接，为数字化应用提供优良环境。要提升农民数字化素养，缩小城乡“数字鸿沟”，增强数字乡村建设的内生动力，全面引领“三农”各领域数字化转型。

案例评析

大田县坚持党建引领，探索“党建＋人才”模式，实施“人才回引、乡贤回归”工程，回引优秀乡贤担任村级组织负责人，有效提升了乡村振兴的引领力和凝聚力。通过走访慰问、举行座谈会等方式，唤起在外优秀人才的乡愁乡情，动员回引在外务工经商人员、机关企事业单位退居二线领导干部等优秀人才以适当方式关心回报家乡，并定期举办优秀人才论坛、专题培训、交流研讨，不断提高优秀人才扎根基层意识和实践能力水平，同时建立健全优秀人才激励、服务、保障等各项机制，解决人才的后顾之忧。阳春村党支部以数字乡村建设为契机，在村党委和能人的示范带动下，引导一批人才前来创业发展，吸引优秀青年干部到村里挂职锻炼，同时还借助外部力量，培育了一批懂技术、善经营、会管理的土专家、田秀才、数创客，探索形成山区数字乡村振兴的“阳春样板”。尽管阳春村努力推进数字化应用，但仍可能存在部分村民与数字技术脱节问题。未来，阳春村可以通过提供更多的数字技能培训和教育资源，提升村民的数字化素养，缩小数字鸿沟。同时，探索和建立乡村振兴的长效机制，包括财政支持、政策引导、人才培养等多方面，打造集数字康养、数字研学于一体的“数旅小镇”，确保乡村振兴的可持续性和长期效果。

科技特派员“传帮带”，激发乡村内生动力

——建阳区水吉镇仁山村的乡村振兴之路*

一、乡村概况

仁山村又名青山村，位于水吉镇西北部，距离建阳城区 25 千米，302 省道和宁武高速公路穿境而过。村域面积 12.96 平方千米，其中耕地面积 3540.9 亩，林地面积 12778 亩，森林覆盖率 66.83%，为省级生态村。目前，有 5 个村民小组，共 291 户 1130 人，其中党员 57 人。科技特派员制度发源于南平，发端于福建，推广于全国，是习近平同志亲自指导和推动发展的农村工作机制创新。近年来，仁山村立足科技特派员制度，抓住葡萄、橘柚特色产业发展和生态宜居建设，集中力量破解制约农村发展的瓶颈，结合生态资源优势，围绕党建、富民两个主题，不断深化改革，持续推进乡村全面振兴，先后获得福建省乡村治理示范村、福建省“绿盈乡村”（高级版）、福建省农业科技推广示范村、南平市乡村振兴示范村、南平市文明村等荣誉，2023 年 8 月入选习近平新时代中国特色社会主义思想福建省精品教学点。

二、主要做法

1998 年 10 月，时任福建省委副书记的习近平同志在仁山村生态果场调研，提出“农业的根本出路在科技、在教育”，指示从科技进步端助力农村生产力发展。仁山村以果树嫁接技术将人才要素导入农村，因

---

* 本文资料由余丹（中共南平市委党校、南平市行政学院讲师）提供。

仁山村全景（邱国斌　供图）

科技特派员制度焕发了新的生机和活力。2021 年 3 月 22 日，习近平总书记再次来到南平，来到武夷山视察科技特派员工作开展情况，并作出重要指示：要很好总结科技特派员制度经验，继续加以完善、巩固、坚持；要深入推进科技特派员制度，让广大科技特派员把论文写在田野大地上。①

仁山村作为乡村振兴战略三星级示范村，充分发挥党建引领作用，立足科技特派员制度，带领村民做大做强葡萄、橘柚特色产业，塑造闽北“葡萄第一村”品牌。近年来，仁山村着力打造“村美民富”新蓝图、“十里山溪”富足图、“群贤毕至”人才图、“融合发展”祥和图、“青山绿水”山水图等“五图”，共绘乡村振兴“斑斓画卷”。

---

① 引自：教学点·云上看｜科技特派员：把论文写在田野大地上［EB/OL］.（2023-09-08）［2023-10-18］. http：//www.fj.chinanews.com.cn/news/2023/2023-09-08/532247.html.

（一）党建引领，凝心聚力，绘就“村美民富”新蓝图

由于产业结构单一、耕地经济收入低且缺少产业指导，仁山村曾是建阳区贫困村之一。近年来，在建阳区委与区政府的指导下，仁山村着力挖掘无公害农业资源，在科技特派员的加持下，倾力打造出“优美生态，特色农业”的独特体验，创立“仁山葡萄”品牌，获评省级生态村，带领村民脱贫致富。仁山村充分发挥支部引领、党员示范作用，围绕“发展什么产业，如何促进农民增收”的问题，依托本地自然资源禀赋，大力发展葡萄产业，实现农民增产增收。

一是立足本地，明确方向。闽北山区乡村一直以水稻种植为主，曾经的仁山村农民收入低，亩产值不足1000元。1998年起村干部先后引进杏鲍菇、闽南香蕉、烟叶等农产品，但因销售不佳、霜冻减产、洪涝损毁等原因，村民收入不增反降。2002年，时任村党支部书记林远兴组织村委到麻沙、考亭等周边乡镇学习葡萄种植经验，并邀请科技特派员谢福鑫多次来到仁山村实地走访考察，发现仁山地势平坦、阳光充足、土壤肥沃、交通便利，具有连片种植葡萄的优势，再三考察论证后，确定了葡萄种植的方向。

二是党员带头，凝聚共识。2003年，仁山村试种京亚葡萄，但因京亚葡萄比巨峰葡萄上市时间早、销路窄、口感欠佳，导致收益低，林远兴带领本村党员干部再赴考亭学习，邀请葡萄种植专家下村入户进行指导，经过多次党员大会商讨，决定改种巨峰葡萄。党员干部顶着压力，入户动员农户改种、多种、扩种巨峰葡萄，林远兴带头种植2.3亩葡萄，并号召党员同志带头发展葡萄产业。第一年仅动员23户村民种植葡萄74亩，其中党员占三分之一。第二年葡萄亩产值达到5000元，极大地增强了村民种植葡萄的积极性和自信心，种植面积增加到200亩，其中10余名党员同志带头扩种100余亩，占当年种植葡萄总面积的半数以上。党员先行先试模范带头，为仁山村葡萄产业发展打下坚实基础。

三是组团共进，做强产业。随着仁山村葡萄种植的发展，2006年起，仁山村党支部通过领办“跨村合作社”，实行统一技术指导、统一

采购使用生产物资、统一时间喷药、统一使用仁山商标、统一销售鲜果的“五个统一”经营模式，带动全村85%的村民种植葡萄增收致富，实现由省级贫困村到省级乡村振兴示范村的华丽转变。以“跨村合作社”为纽带，实行跨村联建、民企带村等抱团发展模式，辐射带动周边3个乡镇17个行政村种植葡萄3200多亩，实现年产值突破3700万元，成为“闽北葡萄联片种植面积第一村”。

（二）科技赋能，培根植基，绘就“十里山溪”富足图

一是提升品质助增产。积极提升葡萄品质，增加产量，完善产业链；在科技特派员的指导下，以“十里山溪葡萄沟”建设为发展思路，建设高标准葡萄大棚，葡萄种植示范园采取标准化规范化建设，推行葡萄钢架结构避雨栽培，农药使用量减少约70%，既增产又提质；引进葡萄园套种蔬菜、杂粮种植技术，改善生态环境，提高葡萄产量；在南平市农科所建立了葡萄新品种引种试验园，进一步提高了葡萄的质量，平均亩产值突破万元。

二是塑造品牌稳增收。着力打造“仁山葡萄”品牌，通过推广统一种植技术和标准，印制统一包装对外销售，实现果品标准化、统一化管理，先后获得中国绿色食品标志A级认证，被评为福建省著名商标、南平市“武夷山水”区域公用品牌，获得中国南方优质葡萄银奖、福建农展会和上海世博葡萄节大奖，跻身闽北十佳食品和厦门金砖会议专项农产品之列。2014年建立食品溯源体系，获得农产品食品安全示范企业称号。通过品牌建设，“仁山葡萄”逐步受到广大消费者的认可，产值逐年上升，每亩葡萄年产值由2000多元提升至1万多元，村民人均年收入实现翻番。

三是推广科技促增效。牢固树立绿色发展和科学发展理念，推行标准化生产，推广滴灌肥水管理技术与防草布生态防控杂草技术、高效低毒农药使用技术、葡萄专用套袋技术、控产技术以及葡萄疏果制作酵素液肥技术，使葡萄鲜果产品质量稳定达到国家绿色食品标准；充分发挥科技特派员、新时代文明实践站阵地、新型职业农民“大专班”作用，全面提升农民科学素养，培养一支能富、敢富、带富的农村党员队伍和

现代农民队伍，提高农民整体素质和农业综合生产能力。

（三）人才筑基，添智提质，绘就“群贤毕至”人才图

科技特派员制度开启于南平，兴于福建，推广于全国，是习近平同志亲自指导和推动发展的农村工作机制创新。仁山村至今都流传着这么一句顺口溜：“一亩葡萄十亩田，在家也能赚大钱，科特派制度真是好，它是我们的致富宝。”

一是构建“宝塔型”科技服务体系。仁山村采用高端“引”，机关“派”，社会“聘”，基层“培”并举的方式，构建了上有高校院所专家、中有科技服务团队、下有乡土人才的“宝塔型”科技服务体系。2002年以来，各级政府先后向仁山村下派了12批、2个科特派团队，23名科技特派员，从谢福鑫到张水生再到应薛养，老、中、青三代，通过“传帮带”，培养更多的“土专家”，累计培训近5000人次，提供技术咨询服务1000余次，推广农业“五新”663项，为仁山村农业产业健康持续发展发挥了重要作用。

二是拓展服务内涵，实现生产要素精准导入。2012年前，仁山村葡萄种植采用露天栽培，病虫害问题影响了葡萄品质和收成。为解决这个难题，科技特派员多次组织仁山村村民外出学习大棚栽培技术，2012年尝试用简易毛竹片搭盖避雨棚，效果初显；2013年申请建设钢化大棚300亩；2016年全村1197亩葡萄实现了钢化大棚全覆盖；目前钢架遮阳避雨大棚已达2108亩。多年来，仁山村的科技特派员通过组建产业服务组织，积极推进农业科技实验示范基地建设，通过推广建设标准化生态葡萄园，使葡萄品质稳步提升。

三是整合资源，强化技能培训。加强“引进来”学习，邀请葡萄种植专家、农业技术人员到村讲授科学种植技术、保鲜贮存技术等，现场指导葡萄种植。每年组织农业培训10余次，受训人员4000多人次，切实提高果农种植的理论水平和实际操作能力。注重“走出去”交流，先后派出320人次到外省市学习农业科技知识，组织社员前往浙江、漳州、福安等地考察学习4次，引进新技术，提高仁山葡萄的品质与销量。

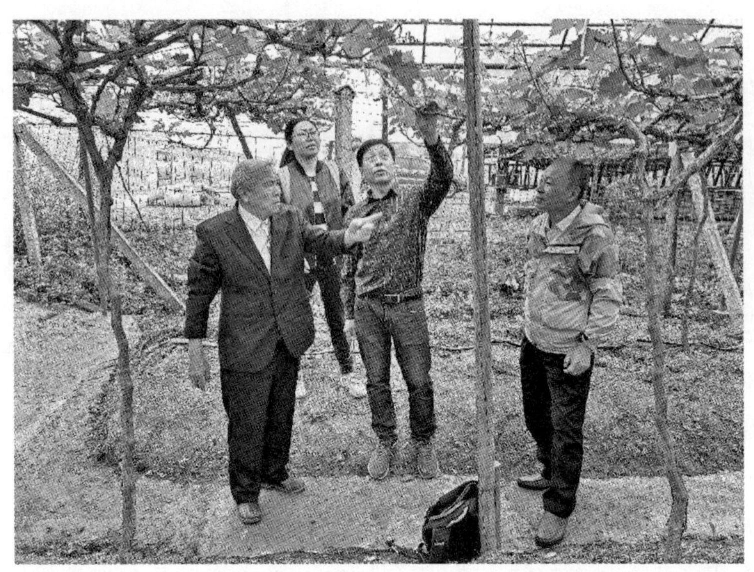

三代科特派在田间地头服务农户（水吉镇政府　供图）

（四）创新服务机制，绘就“融合发展”祥和图

仁山村推行“党支部＋合作社＋科特派＋农户”融合发展机制，通过支部引领、科技创新、合作社带动，带领村民做大做强做优葡萄产业。

一是选好配强“领头雁”。2022年“两委”换届，仁山村选优配强村党组织，村干部年龄、学历实现“一降一升”。“两委”干部5人中有4人是党员，平均年龄为39周岁，村“两委”干劲更足、战斗力更强，形成乡村振兴的头雁方阵。2021年10月中旬，下派仁山村第一书记游珊带领村里30多名种植葡萄的能手一起到漳州考察金线莲种植，探索在葡萄大棚里套种其他农产品的新路子。2022年3月初，在听说福州的葡萄采摘做得很好后，她立马带着村里的种植能手到福州学习，为未来葡萄精细化种植管理、采摘旅游的发展奠定了基础。

二是聚合要素，创新经营模式。2006年，仁山村成立山溪葡萄专业合作社，以“党支部＋合作社＋科特派＋农户”的方式推动“五个统一”经营模式，建立了全村利益共享机制。社员不出村就可以买到生产所需材料，既保证质量又节约成本，利用村村响广播通知种植户到集中点领取农资，统一指导，统一施肥防病，有效降低农户种植门槛。合作社以项目为抓手，主动争取上级支持，至今共争取大棚、滴灌、冷库、基础建设等10余个项目，获600多万元资金支持，共为社员配送农资价值3400余万元，节约230余万元，山溪葡萄专业合作社获评全国示范社。

三是融入“互联网+”，搭建电商平台。2017年，仁山村依托山溪葡萄专业合作社，建设集科技示范、创业孵化、特色服务于一体的星创天地，除了完善的生活服务配套设施，还拥有仓库、冷藏库、检验室等设施与相关服务。通过聚集人才、技术、资本等创新要素，建立良好的创新创业系统，以“互联网+服务+电商+培训”等形式开展工作，目前仁山星创天地有3名工作人员、6名创业导师，吸引入驻企业12家，为创业者提供创业辅导与培训、技术、管理、服务、法律、财务、市场营销、知识产权等方面服务。

（五）生态强基，增色添彩，绘就“青山绿水”山水图

仁山村积极推进美丽乡村建设，完善基础设施建设，提升生态绿化，促进乡风文明，努力打造民富、村美、人和的幸福村。

一是规划先行，打造宜居乡村。葡萄产业带动村民脱贫致富，村民对生活品质的需求也逐步提高。仁山村先后投入6400多万元实施村容村貌“美化、亮化、绿化”改造提升，新建砖混结构楼房112栋，实施全村污水改造工程，实现雨污分离；村道拓宽17米，极大地方便了村民生产生活；完成老旧房屋立面改造38栋，实施全村自来水及电网改造、旧房拆迁、村边路基护坡、水田护堤、葡萄长廊建设等工程；实施造福工程，完善道路、住房、给水等配套设施，改造危房37户，惠及152人，群众幸福指数不断提高。

二是分类治理，提升村容村貌。实施垃圾集中转运，购买垃圾分类箱20个，申请配备垃圾漕运箱40个，确保垃圾及时清运，杜绝乱倒垃圾、污水横流等现象；采购300对干湿垃圾桶，推广农村垃圾干湿分离，采购无人机1台，随时监控人居环境整治违规现象；建立健全村庄人居环境管护长效机制，通过“爱心超市”奖励制度，提升全民参与的

积极性，村容村貌不断优化，人居环境明显改善。

三是全民共建，培育文明新风。富起来的村民对精神文化的需求也随之提高，仁山村积极培育新时代乡村文明新风，投入120多万元建设老年人幸福院，满足老年人生活需求；积极倡导乡贤文化，建立健全村规民约，深入开展“立家规、传家训”活动；发挥退伍老兵、老村干、优秀青年的作用，营造积极向上的村风民风；结合妇女节、儿童节、建军节、重阳节等节日开展形式多样的文化活动；积极开展精神文明创建活动，举办尊老爱幼模范、星级文明户等评选活动，建起农家书屋，组建广场舞队、秧歌队，举办健康向上的文化娱乐活动，丰富群众精神文化生活，促进精神文明与经济社会协调发展。

三、发展成效

仁山村牢记习近平总书记的重要嘱托，深入贯彻习近平新时代中国特色社会主义思想，全面落实党的二十大精神和习近平总书记来闽考察重要指示精神，充分发挥党建引领作用，依托科特派制度，结合自身生态资源优势，大力发展葡萄、橘柚特色产业，全村葡萄、橘柚种植面积1639亩（葡萄1219亩，橘柚420亩），年产值1370万元，85%的村民通过种植葡萄增收致富，2022年村集体自主经营性收入20.27万元，村民人均可支配收入3.1万元，推动农业全面升级、农村全面进步、农民全面发展，谱写新时代乡村全面振兴新篇章。

（一）筑牢组织堡垒，多维联动闯出致富路

仁山村通过选优配强村党组织，加强村“两委”队伍建设，充分挖掘生态资源优势，以“党旗引领合作社”活动为载体，实行理事会向党支部报告、党支部与理事会开联席会议等制度，强化党组织政治引领功能，推动合作社快速发展，推广生态种植技术，推动葡萄、橘柚产业成为乡村振兴支柱产业。落实“机关联乡村、党建促振兴”机制，联合建阳信用联社推行“党建＋金融＋合作社”三基联动服务乡村振兴模式，授信1500万元，解决了300多户农户“抵押难”“融资难”问题，推动产业发展。近年来，仁山村又积极探索致富新路径，部分村民开始涉足

建盏产业，开展多种经营，截至目前，村中已有 20 多家建盏工作室。在村“两委”的带动引领下，全村构筑起了葡萄、橘柚、建盏齐头并进的三大产业，仁山村正成为闽北生态致富的乡村振兴样本。

(二) 科技赋能，激发乡村内生动力

仁山村以习近平同志在福建工作时曾调研过的果园为依托，通过搭建仁山星创天地、科特派孵化基地、科特派学院等教育培训平台现场教学点，整合资金、人才等各类资源，激发乡村内生动力，帮助山溪葡萄专业合作社等涉农创业团队发展。创新“科特派＋”模式，如通过科特派＋金融助理，创新“科特贷”等金融产品，仅仁山贷款资金就突破了百万元；通过科特派＋流通助理，与京东等电商平台合作，拓展了葡萄销售市场；通过科特派＋品牌创建，助力仁山葡萄通过绿色食品认证，获评福建省著名商标、南平市首批授权使用“武夷山水”区域公用品牌产品。

(三) 农文旅融合，共享片区发展红利

仁山村致力特色农业与乡村旅游融合协同发展，打造“缘起仁山”农文旅品牌，包含葡萄产业发展、生态观光、亲子娱乐、休闲旅游、果蔬采摘、研学教育、康体养生等功能的“十里山溪葡萄沟”“仁山橘柚生态农业观光园”“仁山科技特派员现场教学培训基地”等项目，充分发挥乡村振兴示范村的示范带头作用，实现“点上有精品，线上有美景”的目标。2022 年，仁山村成为全国骨干科特派培训基地首批现场教学点，集产学研于一体，以“有主题、有故事、可示范”为标准，目前已接待国家、省、市领导 57 批次 1700 余人，组织学员现场教学 62 班次 1800 余人。

四、经验启示

(一) 把党的领导作为乡村振兴的根本保证

仁山村突出党建引领作用，进一步夯实基层党组织基础，提升基层党支部的组织力，筑牢战斗堡垒，在乡村振兴中凸显党组织的政治属性，村党组织、党员干部带头实践，敢闯敢试，先行先试，带领群众发

仁山科技特派员广场（吴建勇　供图）

展葡萄产业，增加收入，践行了“五级书记”抓乡村振兴的工作要求，形成了党委统一领导、农业农村部门牵头、相关部门协调配合、社会力量积极支持、农民群众广泛参与的工作合力。

（二）把人才资源作为乡村振兴的根本支撑

仁山村在实际工作中，坚持“高位嫁接、人才下沉”，以制度创新推动人力资源整合。通过举办创业大赛和各类职业技能大赛，“搭建舞台挖人才”，进一步挖掘有潜力、有能力的大学生、退伍军人、大中专毕业生和技艺传承人，树立一批创业就业的典型。同时，要建立新型职业农民培养制度，开展专业知识和实用技能培训，培育新产业、新业态、新模式和新型农业经营主体；培育一批种植养殖大户、合作组织负责人、新型农业经营主体带头人等，造就致富路上的领军团队。

（三）把科技特派员制度作为乡村振兴的有力抓手

20多年来，科技特派员制度的推行，取得了丰硕成果，展现出强劲的生命力。仁山村通过科技特派员制度构筑了新型农村科技服务体系，推动科技特派员在服务一产的同时，向二产、三产延伸拓展，从单一科技服务向综合服务拓展，从节点服务向全链条服务拓展。充分发挥科技特派员的桥梁作用，将技术、信息、资金、管理等关键要素导入农村，加快科技成果向现实生产力转化步伐，全面提升产业规模和层次，推动农民增收。

案例评析

近年来，仁山村充分发挥支部引领、党员示范作用，在科技特派员的精心指导下，依托本地自然资源禀赋，大力发展葡萄产业，推广建设葡萄避雨棚，推广滴灌肥水管理技术与防草布生态防控杂草技术等等，降低农药使用量，提高葡萄的果品质量和效益。下一步，仁山村要继续坚持“高位嫁接、人才下沉”，以制度创新推动人力资源整合，推动农业全面升级、农村全面进步和农民全面发展。在选好用好科技特派员方面，要拓宽选任渠道，打破行业、地域、身份等限制，创新供需对接机制，突出双向选择、按需选任、精准对接，健全自下而上“订单式”需求对接机制和自上而下“菜单式”服务机制，不断增强服务供给的有效性和精准度。

村校共建，引才借智，焕新业态

——福安市潭头镇南岩村探索“党支部＋经合社＋N”模式*

一、乡村概况

潭头镇南岩村位于福安市东北部，东与柘荣县黄柏乡软岭村接壤，西与金菊园、大岗村交界，北连财洪档头岭，南邻千诗亭、枢洋村，海拔650米，距离市区28千米。南岩村在山清水秀的东山山脚下，由南岩、外洋、洋山3个自然村组成，户籍人口1126人，党员32人。村域面积5.1平方千米，耕地面积1172.7亩，林地面积5389.2亩。水稻种植面积300亩，瓜果蔬菜种植100亩，太子参种植面积300多亩，茶叶采摘面积500多亩。南岩村保留了42栋明清建筑，形成两簇古民居聚落群。闽东“二三”革命时期为安福县上中区苏维埃区政府驻地。

南岩村曾面临村庄老龄化、边缘化、空心化、破败化的困境。自2014年开始，作为福建省美丽乡村建设试点村和第三批中国传统村落之一，以整治脏乱差为切入点和突破口，开展“三清三拆三整治三保护”活动，改变村庄面貌。通过人居环境整治、基础公益设施建设、美丽庭院打造、业态发展等措施，激活内生动力，探索适合自身的发展振兴之路。近年来，南岩村获得多项荣誉，包括全国第一批绿色村庄、全国环境整治示范村、福建省美丽乡村建设试点村、福建省美丽乡村典型示范村等。

---

* 本文资料由吴木生（福安市潭头镇乡村振兴服务中心主任）提供。

俯瞰南岩村（王进清 供图）

二、主要做法

（一）党建引领，创新驱动，激发内生动力

一是宣传发动，凝聚共识。2018年，南岩村成立改革工作小组，广泛宣传集体产权制度改革的重要意义和前景，统一干群思想、争取群众共识。建立乡村振兴服务队挂村、村干部包片、队组长联组、党员联户等工作制度，组建多个组织，形成共谋共建的良好氛围。

二是盘活资源，利益共享。南岩村分片分组开展“拉网式”村集体资产核查登记工作，在完成水田、园地、林地等村集体非经营性资产核资清查工作基础上，整合村中闲散小块土地、闲置老宅等资源资产，由经合社统一经营流转，提高资产运营效益。动员村民入股经济联合社，科学设置股份分配比例，稳步推进“三变”改革。坚持“三治”融合，将合作社的经营收益分配与成员遵纪守法、遵守村规民约等情况紧密挂钩，实现集体经营效益与个人收益的有机联结，探索乡村善治，激发内生发展动力。

三是建章立制，规范管理。南岩村为解决经合社内部懂经营、善管理人才缺乏问题，由村党支部推荐、经合社理事长提名，理事会聘任首席运营官，负责经合社的市场运作和经营管理工作。制定 12 项制度，实现以制度管人、管事、管钱，促进经合社稳定发展。规定资产评估监督等办法，重大事项必须提交成员大会讨论表决，实现有章有据、民主公开。

（二）文旅融合，筑巢引凤，培育新型业态

南岩村党支部以经合社为载体，立足红色文化、古民居建筑文化、传统农耕文化三大特色资源禀赋，筑巢引凤，探索“农业＋研学＋文创＋旅游”新型业态，延长致富产业链。

南岩村中小学研学实践（王进清　供图）

一是深挖资源，打造品牌。南岩村素有“闽东明清历史建筑博物馆”之美誉，红色旅游资源丰富，包括安福县上中区苏维埃政府旧址以及闽东红军反“围剿”战壕遗址等，已成为闽东地区企事业机关单位主题党日活动的重要场所之一。南岩村还整合传承了民间一年四季的“完满福”活动、南岩灵泽懿德“二仙”向上向善的文化以及南岩村独特的“宗法、耕读、书院、防御”文化，并委托专业机构规划了以南岩村为

中心、辐射周边村庄的福安东北部旅游圈。在此基础上，南岩村进一步打造了主题党日活动基地、大中小学生社会实践活动教育基地、乡村振兴实践与协同创新基地等特色文旅品牌，有力地促进了乡村旅游业的发展。每年南岩村都会举办20多期研学活动，接待大中小学师生5000多人次。

二是引才借智，焕新业态。南岩村依托传统村落资源优势，吸引乡贤返乡投资300多万元兴办农家乐、民宿6家，引来台湾、福州等地文化创客团队安居创业，打造了网红民宿、休闲书吧、音乐网吧、文创咖啡屋等文创项目、旅游地标，培育了文创旅游、夜游经济、户外露营等新业态，每年吸引研学团队、游客3万多人次。部分村民返乡利用自家房屋办农家乐、办民宿、摆摊出售土特产等，福州阳光学院维帆团队与南岩妇女志愿者联合研发环保手工皂，成为创收产业。通过南岩讲堂、研学实践、党日活动、农事体验等活动，年均接待游客10万多人次，年均旅游创收30万元以上。

三是村校共建，融合发展。厦门大学等15所院校在南岩村设立现场教学点，进行农业技术、建筑设计、文旅开发等研究。福建农林大学等机构设立全省首个乡村振兴实践与协同创新基地，福建省乡村振兴研究会设立调研基地。阳光学院、福建理工大学开发文创产品、建立研学基地。宁德职业技术学院对特色产业进行精细化培育，开发出系列产品，年产值高达290多万元。制茶大师潘玉华团队在南岩村设立工作室，研究开发茶产业。南岩成功申报两级中小学研学教育实践基地和红领巾校外体验基地，累计接待师生2万多人次。台湾福人号召文创、杭州新知青艺社为南岩制作创意短视频，培养村民成为网络“草根推手”，宣传推介特色产品，将南岩产品形象“带出大山”。

（三）改善环境，搭建平台，增进民生福祉

一是建设宜居宜游乡村。南岩村自2014年以来，投入4000多万元进行基础设施建设，其中群众自筹1000多万元。建设内容包括天上（三网入地、村内无线网络全覆盖等）、脚下（消防管道、生态环保工程、厕所革命、雨污分离、化粪池建设等）、眼前（裸房改造、女儿墙建设、外立面装修、导览图景点说明牌配设、指示牌装设、停车场建

设、公厕建设、长廊步道建设、景观打造等）和身旁（打造打卡点、布设绿化带、建设寨墙、设置安全防护栏等）。同时，从供水（消防）系统、（排水）排污、供电、道路交通、通信网络、商业设施、观光游览等方面，不断适应和满足游客在旅行游览观光中的吃、住、娱、学、购的需求。

二是创新发展平台。南岩村通过引入市场规则和一盘棋经营理念，发展旅游、研学、文创三个板块，整合集体资产和群众闲置资源，统一经营，完善制度规范管理，经合社成为全体村民的利益共同体：一头连接市场资源，销售农产品，引进所需人才资金；一头组织联合集体成员，降低群众生产生活成本，维护群众利益，方便群众生活。

三是带动群众增收。南岩村利用各种组织，发动外部乡贤和妇女投资发展特色文化产业，涉及多个领域。专家指导村民种植特色农产品，实现规模化生产，提高产值。村集体采用“工料法”承接或发包工程、发展项目；村民可以通过经营农家乐、民宿等增加收入。村集体收入从2019年的3万元发展到2022年的100多万元，3年来收入累计达到250多万元。2022年农民人均可支配收入达27600元。2023年1月29日，经合社举行首次分红大会，首批650名入股村民共计得到村集体分红款13万元，让群众得到了实实在在的收益。

南岩村股份经济联合社首届分红大会（王进清　供图）

(四) 群策群力，激活内力，构建和美乡村

南岩村以党支部领导和“三治”融合，以集体经济组织作为经济发展和乡风文明平台。建立“村党支部—网格党小组—党员中心户”组织体系，设立10个治理网格和10个党员中心户，组建150多人的党员志愿者和新时代文明志愿服务队，开展200余场志愿服务，受益群众达6000余人次。

一是共商共议，制定和完善创建机制。村党支部、村集体经济组织和村委会共同制定完善村集体制度，包括爱国守法、门前三包、垃圾分类等，收集建议、征求意见、讨论研究、形成共识后，由成员（村民）代表表决签字通过。群众参与制度制定过程，实现学习提高、共同遵守、用制度管人管事和监督行为。

二是典型引路，激发村民创建热情。村党支部成立新时代文明实践志愿者服务队，制定章程，宣传党的方针、法律、村规民约，倡导文明新风，开展义务环卫、植树、花圃修剪等；组织关爱老人，救济困难家庭。开展最美庭院、清洁庭院、文明家庭等评比活动。志愿者服务队成员由10人发展至150多人，起到凝聚、示范、教化的作用。

三是奖优罚劣，营造向善向上氛围。南岩村建立乡风文明奖惩机制，考核范围包括遵守村规民约、对集体经济发展和公益事业的贡献。以家庭为单位考核计分，与村集体经济组织年终分红挂钩，作为评选文明家庭等项目的重要依据之一。此举引导村民对照典型找差距，促进比学赶超，营造崇德向善、见贤思齐的良好氛围，为文明乡风建设提供动力支撑。

三、发展成效

(一) 培育新主体，激发新活力

南岩村在发展过程中，不断培育新主体、引进新主体、衍生新主体，以新主体汇聚推动乡村振兴战略落实落地生根。探索农村集体产权制度改革，稳步推进全体村民共同参与的“三变改革”，建立全民股份经济联合社，成为村集体经营的最大新主体。经合社通过集思广益和探

索实践，充分利用当地独特资源禀赋，确定了以研学、文创带动旅游的发展定位。厦门大学等高校和省农科院等单位在村中设立教学实践点，助推南岩的研学、文创和农业产业提质增效。南岩村衍生出乡贤理事会等新主体，服务村集体和新村民发展，为乡村振兴注入动力，产生示范带动效应。

（二）建设新空间，搭建新平台

南岩村集体发挥财政补助资金的撬动作用，拓宽改造了进村道路，组织村民清理垃圾、污泥，拆除旱厕、猪圈和有损于村容村貌的临时搭盖，修缮了42栋明清古民居，改造了裸房立面，对屋顶“平改坡”，实施缆线下地、户厕改造、公厕建设、污水处理、古道修复、田间步道、观景平台等公共设施建设，以及村庄绿化、环境整治等，使南岩村自然、独特、纯朴的空间美进一步显现。传统村落的华丽转身，吸引了部分村民回乡创业，也吸引了台湾福人号召文创、杭州新知青艺社入驻。南岩村还以南岩为中心，辐射周边东岭洋、千诗亭、西洋镜等村景区规划，衔接潭头镇武陵溪景区，打造福安东北部生态旅游和茶叶产业带，打造新老村民和谐共生的新时代乡村。

（三）创立新机制，呈现新气象

在村党支部的领导下，南岩村经合社按照市场运行规则，将山水田园林房（包括个人投资经营的项目）等资源均流转到社内，再由经合社统一发包经营，收取资源费；通过经合社对内强化全体村民经营行为的规范自律管理，对外作为唯一的项目发展对接平台，开展合作投资、开发、运营。制定了组织管理、资产监管、分配办法等12项制度，将全体村民与合作社的利益紧紧捆绑在一起，改变了以往干部“干”、群众“看”，干好没功劳，干坏就告状的不良风气，实现全村决策共谋、发展共建、建设共管、效果共评、成果共享的良好局面。

（四）催生新业态，创造新岗位

南岩村在短短3年多时间里，发展了各种新业态，包括6家民宿、网红奶茶店、音乐吧、农家乐等，还打造了多个教育基地和活动基地。这些新业态的发展也带来了新的就业机会，吸引了100多人入住或返乡创业，其中还有4名大学毕业生。这些新个体利用微电影、短视频、抖音等平台，也将南岩的形象带出大山，将南岩的农产品和文创产品推到全国各地。

四、经验启示

（一）乡村振兴要发挥支部引领作用

要强化农村基层党组织领导核心地位，发挥其在乡村振兴中的引领作用。南岩村党支部牵头领办，盘活土地资源，推进集体产权制度改革，成立全员经合社，探索“党建＋经合社＋N”发展模式，带动全面进步。实践证明，实施乡村振兴战略，组织振兴是根本保障，发挥党支部引领作用，才能转化为经济发展优势。

（二）乡村振兴要培育特色主导产业

南岩村以经合社为载体，立足实际，探索发展“农业＋研学＋文创＋旅游”新型业态，通过村校合作、乡贤人才出力、全民参与，不断发展壮大特色产业，实现了产业带动农民致富增收。实践证明，推动产业融合发展要因地制宜，突出产业新业态，积极培育优质特色产业，实现“户户有产业、人人有事干、家家有收入”，夯实乡村全面振兴基础。

（三）乡村振兴要尊重群众主体地位

南岩村经合社在运营管理过程中，依托社员（代表）大会等，主动征求群众规划、管护村庄的意见建议，让农民在共建共治共享中有参与感、获得感。实践证明，推进乡村振兴过程中，必须充分发扬民主，畅通广大农民群众利益和诉求的表达渠道，激发他们的责任感和主人翁意识。

（四）乡村振兴要汇聚乡贤人才资源

南岩村强化党建引领，通过做好与乡贤的沟通交流，拿出回引乡贤的诚意，让更多的乡贤回归家乡、共谋发展，主动融入乡村建设中去。南岩村乡贤在招商引资、产业布局、品牌塑造、乡村治理等方面发挥了重要作用。实践证明，要建立与在外乡贤的感情沟通联络机制，搭建吸引乡贤人才回流、外部人才流入的干事创业平台，为乡村振兴之路提供有力的人才支撑。

案例评析

南岩村在美丽乡村、精准扶贫、乡村振兴等一系列促进乡村发展的政策推进背景下，通过党支部引领带动，采取发掘和培养本土人才、吸引外部人才、改善乡村人居环境、加强城乡交流合作等盘活乡村各类人才的举措来激发乡村各级各类主体的活力和动力，促进乡村的全面发展。未来应进一步探索乡村发展人才支撑工作机制，加大力度推动发展引路人、产业带头人、政策明白人等各路人才“上山下乡”；积极引入社会资本和力量参与乡村人才培养，形成政府、企业、社会组织等共同培育懂技术、会经营、善管理的综合管理型人才和专业技术型人才；研究柔性人才激励机制，积极引导毕业生到乡、能人回乡、农民工返乡、企业家入乡，创造机会事业留人、畅通渠道待遇留人、营造环境感情留人，形成共育共享格局，为乡村振兴提供有力的人才支撑。

两岸文创团队的“点石成金术”

——平潭综合实验区君山镇北港村的乡村振兴之路*

一、乡村概况

君山镇北港村位于平潭综合实验区东北部，坐落在君山晓岚旅游景区内，至今已有500多年历史，是一个原生态渔村。村域面积约2平方千米，下辖北港和新门前2个自然村，有7个村民小组，农户367户，总人口1222人，常住人口762人，耕地137亩；现有运输船15艘（13.5万吨位），民宿112家，餐饮店20家，便利店和商铺26家。村落现有两处渔港，分别是圣门前渔港和北港渔港，拥有山、海、石、田等自然风光资源，以石头厝为主，大多循着山势沿港湾一带海岸线而建。

北港村曾是一个破落的渔村，村民靠海洋捕捞为生。随着时代变迁，传统的海洋捕捞效益逐年下降，亟待寻求新出路。在习近平总书记亲自为平潭擘画的“一岛两窗三区”宏伟蓝图建设背景下，北港村乘势而为，利用独特地理景观优势打造主题文创村，先后被评为第一批全国乡村旅游重点村、中国美丽休闲乡村、全国首批地质文化村、天气气候景观观赏地、福建省基层对台交流示范点、福建省最美休闲乡村、四星级乡村旅游村、金牌旅游村、滨海休闲度假福地、闽台职工交流基地和省级港澳台侨交流基地等。

---

* 本文资料由林晓新（中共福建省委平潭综合实验区工作委员会党校、平潭综合实验区行政学院教师）提供。

君山东麓的童话小镇北港村（平潭融媒体中心　供图）

二、主要做法

（一）党建引领，激发活力

一是发挥领头雁作用。北港村党支部书记陈松柏充分发挥领头雁作用，带领村“两委”班子，采取“党支部＋合作社＋旅游＋民宿”的模式，带动村民通过出租石头厝、开发民宿、开设农家院、销售特色小吃和纪念品等方式创收，多措并举盘活闲置资产资源。

自1994年上任以来，陈松柏始终坚持以党建为引领，以发展为主线，以兴村富民为宗旨，团结带领全村干部群众改革创新，开拓进取，发挥支部党员模范作用，成立村志工服务队、商家协会、老人协会，制定村规民约、商家章程，聘请物业公司进一步规范北港村管护工作，大大促进各项事业的顺利发展。陈松柏个人被授予福建省劳动模范、福建省优秀党务工作者、2020年度乡村文化和旅游能人等多项荣誉，北港村党支部先后获评先进基层党组织、全省先进基层党组织、全区先进基层党组织、五星基层党组织和党建品牌示范点等。

二是结对共建促振兴。北港村党支部先后与平潭综合实验区农业农村局机关党委、国网平潭供电公司党委、建行平潭片区分行党支部、农商银行流水支行党支部等共 7 家单位结对共建，发挥“党建＋”优势，与共建单位开展各领域合作，如电力先行、民宿贷款、民宿备案、志愿服务、文化活动等，让群众得到实惠。

三是完善基础设施。北港村坚持旅游发展、基础先行理念，近年来累计筹集投入资金 3000 多万元用于美丽乡村建设，充分利用本地花岗岩、火山岩、鹅卵石、青石、贝壳等作为建筑材料，建成了观景台、停车场、休闲广场、渔市码头、旅游厕所、商务接待中心、游步道和村级活动场所等设施。同时针对石质建筑、礁石岸线等原始风貌，以修旧如旧为原则，极大地保留了北港的石头文化和渔村风情。

2021 年北港村启动美丽庭院项目，将其作为加快推进美丽乡村建设，提升旅游配套设施和农村人居环境的重要抓手，外筑美丽“大家”，内塑景观“小家”。在做好古村落保护的前提下，充分吸纳商家意见建议，聘请专业团队为民宿、餐馆进行一对一庭院微景观设计，将乡土文化、历史情怀、党建引领等元素融入庭院中。目前北港村首批 67 户庭院已完成改造，省级美丽庭院就有 10 户，还有更多住户将一方天地打造成令人向往的“诗画田园”，不断完善基础设施，为发展乡村旅游创造良好的硬件环境。

（二）立足优势，找准方向

一是立足石厝资源优势。北港村拥有原生态山、石、田、海等自然风光资源，特别是北港的石头厝，以花岗岩为主要材料，建筑主体多为青灰色，共有石头厝 241 座，历史悠久，环境风貌保存完整，以原生状态展示了闽东沿海地区的文化元素。为了发展乡村旅游，盘活闲置资源，北港村党支部提出“石厝租赁，党员先行”的号召，全村 50 多名党员带头签订租赁协议，用实际行动影响和带动村民。目前，北港已签约租赁石头厝 57 栋，已营业民宿 42 栋。鉴于村集体力量有限，北港采取由村委会对村内闲置石头厝进行统一租赁、统一行价、统一分配运作的模式，既解决了开发财力不足的问题，又规范了市场秩序。

近年来，随着“石头会唱歌”“半坡民宿”“石锣石鼓”“风中旅行”

等两岸文创团队的入驻，古老的石头厝焕发出新生机。120多栋石头厝经由设计师的改造、创新，既保留了平潭传统建造工艺和原生态居住风貌，又使家家风味不同、处处格调不一，成了特色石厝民宿。北港也由原来的小渔村发展成为平潭旅游的新名片。

二是立足特色自然资源。2020年，中国地质调查局地质环境监测院选取北港村进行地质文化村示范建设，为平潭岛的生态旅游指明了新的方向。全国地质遗迹立典调查与评价项目指出：北港村拥有基础地质、地貌景观和环境地质遗迹景观等三大类特色自然资源，共29处地质遗迹点，其中有石海、石瀑布、海蚀崖等重要地质遗迹，是全国首批18个挂牌筹建的地质文化村之一。以“地质＋生态旅游”为翼，北港村走出一条兼顾海岛生态良性循环和经济效益的双赢之路。

三是立足政策资源优势。2016年3月，平潭综合实验区管委会提出“四品四村”理念，北港村正式被确定为文创村。在政策的强有力支撑下，北港村确立了“旅游＋文创”的发展总基调，同时积极向上争取相应配套政策，将《平潭台湾创业园扶持措施实施细则》等优惠政策辐射到北港，让台湾青年在北港村创业也能享受到优惠政策，进一步吸引广大台湾青年来北港进行旅游文创开发。

四是坚持高起点规划设计。聘请福建工大建筑设计院进行科学布局，高点定位，把生态元素融入美丽乡村建设的各个环节，以“不砍树、不毁草、不挪石”的建设思路编制规划，为乡村旅游发展理清思路、明确方向。

（三）两岸融合，激发活力

一是吸引台湾青年开发创业。作为全国唯一的对台综合实验区，平潭坚持推动与台湾深度融合发展。北港村抓住平潭大力引进台湾青年来岚创业就业的契机，以点带面，培育一批台湾文创品牌，如“石头会唱歌”“风中旅行”等艺术聚落，继而发挥台湾团队的资源优势，传递北港声音，讲好北港故事，“以台青引台青”，引进新的台湾开发团队。截至目前，北港共有5个台湾创业团队、2家台湾个体工商户，常住台胞37人，并成为省作家协会、书法家协会、美术家协会、摄影家协会等

游客在体验“石头会唱歌”（平潭融媒体中心　供图）

组织的创作基地。

北港的台湾青年创业团队中，最具代表性的就是“石头会唱歌”艺术聚落。该团队将台湾文化融入原始海岛渔村，巧做石头文章，策划打造的“平潭石头会唱歌”系列文创品牌，荣登 2017 年华侨华人春晚舞台，表演视频在纽约时代广场大屏幕上实时滚动播放，这家民宿还获评 2018 年度福建省最受欢迎民宿。现在的北港村是福建省基层对台交流示范点和福建省港澳台侨交流基地。

二是引导台胞参与共建。随着台湾文创团队的入驻，北港提出了老北港人与新北港人“共融、共建、共享”的理念，积极动员台胞在创业之余参与日常管理。2017 年 5 月，在村级妇联换届选举中，北港村注重党建带妇建，吸纳台湾创业青年林宜臻、王美珠兼任村妇联副主席。2018 年村委会换届选举，北港村作为推行台湾人才进村班子成员的试点，共有 4 名台胞参加选举，王美珠成功当选村委会副主任。每逢传统节日，村委会均鼓励邀请两岸青年参与村民自治活动，如举办冬至村民同乐会、矶钓大赛等。通过队伍主体的多元化，形成了乡村旅游发展工作齐抓共管的良好局面。

三、发展成效

（一）党建引领作用日益凸显

20世纪80年代，北港村是一穷二白、交通闭塞、农业基础设施落后和集体经济薄弱的小渔村。那时在平潭流传着一句话："嫁女不嫁北港人。"如今，北港村党委班子以党建为引领，以发展为主线，以兴村富民为宗旨，团结带领全村干部群众改革创新、开拓进取，使北港村变成今日"有男不愁娶媳妇"的富裕村。村委干部们发挥支部党员模范作用，成立村志工服务队、商家协会、老人协会，制定村规民约、商家章程，聘请物业公司，通过党建引领，进一步规范北港村管护工作，大大促进各项事业的顺利发展，起到了乡村振兴的引领和示范作用。

（二）乡村产业发展取得明显成效

从曾经破旧贫困的小渔村到如今的文创村，北港村产业结构已发生转变，随着北港文创村的不断发展，越来越多的村民从渔业、运输业转行旅游服务业，吃上了"旅游饭"。一些村民将自己的石头厝翻新装修、重新设计，开起了民宿、餐饮店、工艺品作坊、便利店等，或租给第三方进行经营，收取相应的租金。目前北港村有民宿112家，餐饮店20家，便利店和摊贩26家。2017年，北港村接待游客30万人次，旅游经营总收入达到600多万元，村集体经济收入15.5万元。此后逐年快速上升，到2019年旅游经营总收入达2100多万元，接待游客60万人次，村集体经济收入23万元。2022年受疫情影响，接待游客约52万人次，全村总产值达1.8亿元，其中旅游经营收入4471多万元，人均纯收入39900元。

（三）村容村貌焕然一新

过去北港村基础设施落后，村容村貌长期得不到改善。近年来，村里投入大量资金完善基础设施和配套，已累计建成了观景台、停车场、休闲广场、渔市码头、旅游厕所、商务接待中心、游步道和村级活动场所等，人居环境和整体村容村貌得到极大改善。特别是2021年以来，北港村以"美丽庭院"建设为抓手，对民宿、餐饮商户、公共区域夜景设计等进行改造升级，着重体现山、海、田、厝、港等元素，打造一批旅游“微景观”，在全村范围内掀起了创建美丽乡村的热潮。

（四）村民幸福感不断增强

从破旧不堪的贫困村到青壮年外出打工的“空壳村”，再到远近闻名的美丽乡村，北港村实现华丽转身。不断兴起的旅游以及相关产业链吸引了当地青年回归创业，共享老家发展带来的红利。北港村有一家“老船长”民宿，经营者林建才是个土生土长的北港人，看到家乡的变化，他放弃打拼多年的隧道行业，回乡经营民宿。过去北港村青壮年大多外出从事运输业或渔业，留在村里的多是老人与小孩。随着乡村旅游的兴起，三分之一的北港村民从事与旅游相关的服务业，赋闲劳动力得以重新利用，村里出现不少返乡创业的年轻人，“空壳村”正在慢慢变“实”，村民收入也实现大幅增长，民富村强百姓安，北港旅游业发展成果惠及每一个北港村民。

四、经验启示

（一）以党建为引领，凝聚创业热情

北港村的经验表明，要把党建引领贯穿于乡村振兴全过程，只有抓好基层党组织建设，才能增强乡村治理实效，为实现乡村振兴凝聚力量。北港村党支部坚持带头抓党建、强基础，开展各项专题教育，教导村“两委”成员要树立“功成不必在我任、工作必须在我期”的担当精神。强化“服务型党组织”的功能定位，统筹协调好政策、人才等一系列要素资源，畅通资本、技术、管理等要素返乡通道，做好资本下乡、能人回村、乡贤回归工作，大力培养本土人才，吸引外地人才，注入乡村建设新鲜血液，提升乡村发展内生动力。积极发挥党支部书记带动作用，科学定位好本村的发展优势和特色，发展乡村旅游业，带动村民增收致富，打造乡村品牌。

（二）以文创为抓手，打造创业平台

北港村的经验表明，大力发展文创产业，不仅能增加就业机会，更能促进区域创新、地方发展和人民福祉提升，影响和带动青年在文创领

域的创新创业精神的培育。通过汇聚人才、艺术、创意和技术等资源，北港村文创产业培育从“石头会唱歌”开始，经过从无到有、从有到优，接续孵化出各类文化工坊，成为创新创业创意的一片蓝海、文化发展的一方沃土。

（三）以人才为支撑，注入新鲜活力

发展初期，北港村对发展乡村旅游缺乏经验，面临人才要素参与乡村振兴内生动力不足问题。在这种情况下，北港村积极主动探索，大胆引进台湾青年创业团队，出台一系列优惠政策，吸引了各类人才团队在乡村创新创业，特别是北港民宿业的发展，离不开外来团队的入驻。目前，外来团队打造的民宿占全村民宿总量的70%，其中台湾创业团队就有5个。这些外来人才团队成为北港文旅产业发展的重要支撑，为乡村振兴提供动力源泉。

案例评析

北港村党委班子以党建为引领，以发展为主线，以兴村富民为宗旨，通过引入台湾文创团队，以“文创”为主题，创办文艺工坊、名人创作室等，打造集文化创作、民宿体验、休闲旅游于一体的特色主题村；以人才为支撑，以点带面，培育一批台湾文创品牌，如“石头会唱歌”艺术聚落等，成为国际知名原生态海岛和渔村文化旅游目的地，实现了乡村的脱胎换骨。下一步，平潭要进一步发挥区位优势，积极聘请台湾乡村专家人才研讨交流，畅通渠道与台湾乡村专业人才规划指导，创造机会与台湾乡村发展人才项目合作；继续优化政策支持和营造环境，主动解决从台湾回乡入乡的设计师、建筑师、文创团队以及工匠能手等在医疗、教育、社会保障等方面的后顾之忧，为来闽的台湾专业人才提供职业发展的更大平台，起到闽台合作助力乡村振兴的示范作用。

第三篇　文化振兴

让读书成为一种生活方式
——习近平
书屋

习近平总书记指出："要推动乡村文化振兴，加强农村思想道德建设和公共文化建设，以社会主义核心价值观为引领，深入挖掘优秀传统农耕文化蕴含的思想观念、人文精神、道德规范，培育挖掘乡土文化人才，弘扬主旋律和社会正气，培育文明乡风、良好家风、淳朴民风，改善农民精神风貌，提高乡村社会文明程度，焕发乡村文明新气象。"① 这段科学论述明确了乡村文化振兴的重要内容，同时也为繁荣中国乡村文化指明了方向。

良好的文化氛围是振兴乡村的重要基础，福建省高度重视乡村文化遗产的保护和传承，积极推广优秀传统文化。浦城县石陂镇布墩村加强对乡村历史文化遗产的保护和传承，对传统民居、古树名木等进行登记造册和保护。同时，积极开展乡村文艺演出、民俗文化展览等文化活动，丰富当地民众的精神文化生活。柘荣县城郊乡靴岭尾村拥有400多年的剪纸传统文化底蕴，近年来通过活化非遗，打造"清新乡野、文创田园"，培育剪纸能手、建立剪纸基地和开展传承研学活动，培育剪纸文化在村内传承的内生力量，建立了一系列剪纸设施，包括剪纸文创馆、柘荣剪纸传习馆等，引进多位优秀剪纸传承人作为技艺导师进行公益培训，传承剪纸技艺，营造良好的文化氛围。

福建省各地通过挖掘乡村的历史文化资源，打造具有地方特色的文化品牌，在保持自身文化特色的同时，增强文化的吸引力和影响力，促进文化的可持续发展。连江县江南镇镜路村立足革命老区实际，创新推出"星火镜路"品牌，体现老区村的红色历史和特殊贡献，将党建引领、红色传承、乡村振兴紧密结合起来，以红色文化凝聚精神力量，深入推动乡村建设、乡村治理、乡村发展，积极打造时代特色鲜明、社会影响广泛、示范作用明显的基层党建示范村。同安区大同街道田洋村挖掘甘蔗文化，创建甘蔗文化品牌，设计"甘蔗哥"村庄形象大使，创作村歌，还提炼出"甘蔗精神"，这一经验曾登上"学习强国"平台。集

① 引自：郭文惠．走乡村文化兴盛之路提高乡村文明程度［EB/OL］.（2019-01-15）［2023-10-18］. http：//www. qstheory. cn/zhuanqu/bkjx/2019-01/15/c_1123997505. htm.

美区后溪镇崎沟村积极传承和弘扬红色文化，将其与海丝文化、福文化等福建特色文化要素深度融合，充分利用乡村自然景观和人文历史，发展与之相关的文化产品和活动。

在推动乡村振兴过程中，福建省深度融合农业与文化旅游，发展农文旅综合体，形成一种新型乡村旅游模式。这一模式不仅让游客体验传统农业文化，还通过创新服务和活动，如农事体验、乡村民宿、文化节庆等，增加乡村旅游的趣味性和教育性，同时也为当地农产品和手工艺品等提供销售平台，通过精心选择和打造一些小而精的特色乡镇或者旅游线路，把乡村文化转化为实实在在的物质收益，促进乡村经济发展。田洋村立足甘蔗资源，深化村企共建、村校合作，探索农文旅融合，开展甘蔗研学、艺术培训、文化直播等，通过厚植文化，助推产业升级，在守住“乡村之魂”的同时，也实现艺术激活产业、文化赋能经济，走出了一条特色文化产业发展之路。屏南县代溪镇北墘村充分挖掘黄酒文化资源，开发优质黄酒文化旅游产品，做活酒文旅融合大文章，推动资源优势转化为产业优势。以黄酒文化为引领，做大做强“黄酒＋”，实现特色文化价值和特色文化主导的产业链延伸；注重整合特色文化资源，与时代精神相结合，探索出“酒文旅融合”的发展新思路；以“企业＋专业合作社＋农户”的发展模式为抓手，凝聚各方力量，实现乡村经济的全面发展。

作为建设两岸融合发展示范区，福建省在推进乡村文化振兴过程中积极促进两岸文化交流，通过举办文化节、艺术展、学术研讨会等活动，共同挖掘和保护中华文化的根脉。同时，两岸文化交流也为福建省乡村文化振兴带来新的思路和机遇，促进了文化创新和多元发展。在海沧区院前社，由海沧区政府举办的一年一度海峡两岸保生慈济文化旅游节已成为国家对台交流的重要平台。自 2006 年以来，来自台湾的社区规划师为院前社营造提供陪伴式服务，并持续推进院前社的发展，共同打造乡村振兴与两岸融合的美好图景。长汀县河田镇南塘村通过打造传统文化传承基地，与台湾建筑师（含文创）陪护式团队一起，深入挖掘当地文化，将优秀文化与优美环境结合，丰富乡村旅游资源。

乡村文化是乡村的根与魂，推动实现乡村文化振兴，必须高度重视和建设乡村文化，按照有标准、有网络、有内容、有人才的要求，健全乡村公共文化服务体系。同时，还要加强农村思想文化阵地建设，加大乡村文化人才培养力度和文化建设投入力度，强化农村优秀传统文化的保护传承，培育文明乡风、良好家风、淳朴民风，从而真正实现乡村文化的繁荣兴盛。

“星火”照亮新征程，党建领航新发展

——连江县江南镇镜路村党建助力乡村振兴的探索*

一、乡村概况

江南镇镜路村位于连江县城东南方向，距离县城约 3 千米，连晓公路、温福铁路穿村而过，南通云居山、北临敖江水、东靠玉楼山、西近动车站，交通便捷，环境清幽。全村人口 352 户 1268 人，党员 47 人，由前坑、树兜、镜路里、白莲下 4 个自然村组成，共有 11 个村民小组。作为连江县重点革命老区村，镜路村红色底蕴较深。在 20 世纪 30 年代初，镜路村为连江县委机关所在地，是老一辈革命家邓子恢、郭滴人，以及连江、罗源一大批革命者开展革命活动的地方，是连罗“二三”革命重要孕育地，是点燃连罗土地革命星星之火的地方，在连罗革命史中有特殊地位。现留有部分革命旧址，流传着许多生动的革命故事。

近年来，镜路村立足革命老区实际，着力打造独具特色的“星火镜路”党建品牌。将党建引领、红色传承、乡村振兴紧密结合，形成“三位一体”。以红色文化作为支点，以点带面激发基层党组织活力，深入推动乡村建设、乡村治理、乡村发展，积极打造时代特色鲜明、社会影响广泛、示范作用明显的基层党建示范村。

---

* 本文资料由苏燕（中共连江县委党校、连江县行政学校副校长、江南镇镜路村驻村第一书记）提供。

镜路村文化宣传栏（苏燕 供图）

二、主要做法

（一）深挖文化资源，盘活红色家底

镜路村推动乡村振兴，先从文化振兴入手，以文化振兴促进组织振兴，以组织振兴带动乡村治理和产业发展。坚持打好文化牌、党建牌、发展牌，画出“同心圆”，巩固“火车头”，建设“幸福家园”。关键的第一步，是挖掘红色文化、历史文化，凝聚党员群众的精神力量，逐步开启村庄新的建设和发展之路。

一是追根溯源，了解历史文化。村史教育是培育乡愁的重要方式。镜路村干部通过走访老人、查询族谱、翻阅地方志等方式，最终基本确定村庄500多年的历史，从中发现当地的一大文化特点，就是尊师重教、人才辈出。从第一代祖先开始就重视教育，清代时创办了鲁山书院，聘请的教师是后来高中探花的胡绍峄。作为连江县历史上唯一一位探花，胡绍峄胸怀理想、矢志不渝，在63岁高龄终于金榜题名，其求学精神对镜路村的影响很大，历史上也出过不少人才。民国时期镜路小学是由爱国乡绅捐建，校园居全县农村之最，规模大、设施好，办学质量也高。新中国成立以来，镜路村秉承尊师重教传统，有一大批学子就读于名牌院校，涌现许多高等人才，包括医学专家、航天人才等。

二是深挖细研，点燃“星火”文化。镜路村在土地革命时期，曾是中共连江特支（县委）机关驻地，是当时的秘密革命中心，也是该时期连江最早建立党组织的地方，有着老一辈革命家深刻的足迹，是连罗“二三”革命的光辉起点。近年来，村里通过组织村“两委”实地走访、查阅党史资料、采访历史见证者、开展交流研讨等方式，邀请党史、党校、老区办等部门领导亲临现场指导，深入挖掘红色文化，创新推出“星火镜路”品牌，体现老区村的红色历史和特殊贡献，大大地增强了村民的历史自豪感。在此基础上，充分利用红色资源优势，促进党员群众教育和乡村文化振兴。在连江开辟首个实景课堂——“星火讲堂”，并通过各种形式广泛宣传镜路村红色故事，同时积极争取将镜路教学点纳入连江县 7 条红色学习路线，将革命老区红色资源整合为生动教材和功能基地。

（二）突出地域特色，创建党建品牌

镜路村抓党建工作品牌，以文化建设为基础，以加强党的政治建设为核心，以完成各项工作任务为目标，以服务社会和群众为宗旨，增强党组织的号召力、凝聚力和影响力。

一是丰富内涵，彰显品牌价值。深化党建品牌内涵，将革命老区独有的红色资源与传统文化有机结合，提升品牌引领示范作用。坚持用品牌传递理念、以文化凝聚人心。在“星火镜路”品牌内涵上，主要表达三层意思：第一表示镜路村是点燃连罗土地革命的星星之火的地方；第二表示要汇聚镜路村干群的星火力量，形成乡村振兴的燎原之势；第三表示要继承红色文化，推动星火精神在青少年一代接续弘扬，让红色基因代代传承。在“星火镜路”品牌形象上，首先设计“星火镜路”LOGO，展示在村口、村委会等重要地段，凸显村庄独特文化符号。打造具有革命老区特色的标识牌，以村庄特色为元素，因村制宜设计村牌，增强乡村识别度，使其成为美丽乡村新名片。在“星火镜路”品牌气质上，推出原创 IP 人物并通过微信表情包进行推广。IP 人物是两个男女少先队员，取名“江小镜”“江小路”，他们都举着火炬向前奔跑，有着朝气蓬勃、意志坚定的精神气质，寓意“星火镜路，迈向辉煌”。

二是精心培育，打造品牌集群。立足革命老区村实际，以品牌挖掘提炼、创新突破示范带动基层党建工作水平整体提升，打造独具老区鲜明特色的“1+4”党建品牌集群。“1”指一个“星火镜路”核心品牌，“4”指“四位一体”的党建子品牌系统，包括“星火讲堂”“星火广播站”“星火先锋”和“星火同伴”。“星火镜路”是理念所在，“星火讲堂”“星火广播站”“星火先锋”和“星火同伴”则是实践途径，四个党建品牌由“星火镜路”主线贯穿成一个集群，突出革命老区村的党建特色。

三是创新示范，发挥品牌作用。在“星火讲堂”方面，定期举行特色主题党课系列活动，比如针对全体党员开展“政治生日会”、举行“星火印初心，感恩再奋进”系列活动。“星火讲堂”还面向县委党校主体班学员，以及县内外其他党员干部，加强党史学习教育和党性锻炼。在“星火广播站”方面，充分利用“村村通”广播资源，努力打造革命老区村学习历史、党史、新思想的空中课堂。采用“普通话+本地话”双语模式，每日定时播放学习内容，让村民在家就能收听到党课。“星火广播站”目前已录制16期，涵盖党的二十大精神、特色党史、镜路村史故事、乡贤故事、家风家教等内容。在“星火先锋”方面，积极弘扬星火精神，服务乡村振兴的实践活动，建立一支以党员为主体、群众积极参与的基层治理先锋队，引导党员群众在各项乡村治理和服务工作中亮身份、作示范、当先锋，形成以党建引领、多元共治的基层治理格局，目前“星火先锋”总共有25名队员，其中党员16名，在服务群众和基层治理中发挥了基础作用。在“星火同伴”方面，着力推动红色资源共享，形成乡村振兴合力。这两年，镜路村党支部不断扩大党建朋友圈，先后与县委党校、县法院等党支部开展结对共建，通过组织共建、资源共享、项目共推等，进一步加强基层阵地建设，激发党建新活力，发挥红色领航的作用。

三、发展成效

近年来，镜路村充分发挥基层党组织战斗堡垒作用和党员先锋模范作用，切实把党建资源转化为乡村振兴资源，把党建活力转化为乡村振

镜路村“星火讲堂”授牌仪式（苏燕　供图）

兴动力，把党建成效转化为乡村振兴成果，让“党建＋乡村振兴”焕发出生机活力。

（一）加强阵地建设，走好党建强村“引领棋”

近两年，镜路村强化村主阵地建设，对年久失修的村委会进行重新修缮粉刷，修建村党建文化栏（墙），亮出文化名片，展示村级发展动态，确保基层阵地的庄重、美观、整洁。按照“标准化、示范化、特色化”要求完成村级教学点改造提升，进一步增强党建红色氛围。团结村“两委”班子成员，深化为民服务思想认识，增强建设幸福家园的责任担当，明确积极稳妥的发展思路，要求村“两委”成员主动作为，以身作则，带领群众共同谋发展。加强党员教育培训工作，坚持每季度举办一次主题党课活动，实施基层党建强基固本工程，建设一支有凝聚力、有战斗力、有奉献精神的党员队伍。

（二）完善基础设施，走好美丽乡村“建设棋”

镜路村从解决村民群众需求迫切的实际问题入手，积极向上级部门争取资金支持，两年合计争取到162万元，全部投入修桥、村内路灯改造提升、建小型足球场、设村口文化标识牌、连罗党员训练班第一期修缮等项目。发动村民自筹方面，2023 年共筹集资金 200 余万元，专项用于连罗党员训练班第二期修缮项目。这些项目进一步提升村庄设施，改善村庄面貌，也展现出了乡村的文化底蕴和特质，鼓舞了党员干部建设家乡的热情。

（三）发挥堡垒作用，走好基层治理的“稳定棋”

镜路村借鉴“枫桥经验”，创新和加强基层治理。一是建立村民主议事会，定期开展讨论交流活动，共同商议村中大事，谋划发展方向。二是完善网格管理制度，利用监控技术加强村庄平安稳定建设，及时发现并根除安全隐患。三是成立“石榴籽”工作队，集中德高望重者，专门化解村中纠纷矛盾，实现睦邻友好、乡村和谐。四是开展“1+1”党员服务活动，要求一个党员小组联系帮扶一个相对困难户。五是制定实行村规民约，集中各个阶层代表，量身定制村规民约，督促落实，促进乡风文明。六是定期开展乡贤茶话会，关心支持乡贤的工作生活，凝聚乡贤力量，推动家乡建设。七是开展乡村文化活动，包括组织文体活动、春节慰问活动，举行优秀党员、突出贡献者等评奖活动。

（四）注重发展规划，走好产业发展“关键棋”

镜路村红色文化及资源具有代表性和典型性，且地处连江县“南大门”，离城关 10 分钟车程，动车站就在边上，从区位来看有利于发展红色产业。目前已充分保护利用好连罗党员训练班旧址作为全县的党史学习教育基地，根据红色村庄整体发展规划，着力把红色文化资源转化为发展优势，以连罗党员训练班革命遗址为中心，以点带面串起原镜路小学校园、郑氏故居、郑氏宗祠、党旗广场等，形成镜路村红色文化发展动线，把红色文化与乡村旅游、生态农业等相结合，推动红色 IP 主题文化村建设，带动辐射连江南部其他乡村三产融合发展。

四、经验启示

（一）坚持党建引领，加强组织建设

把党建作为乡村振兴的基础工作和引领力量，坚持加强组织建设。推进党建工作品牌化、系统化建设，全面搭建党建系列品牌，丰富党建

连罗党员训练班旧址揭牌仪式（苏燕　供图）

活动载体，增强组织凝聚力和向心力。发挥基层组织战斗堡垒作用，同时努力培养建设党员干部队伍。

（二）坚持文化建设，凝聚精神力量

镜路村作为革命老区村，红色是鲜明的底色，红色文化是推进优化基层党建工作的优质资源，把红色文化融入基层党建工作中，使之成为基层党建工作的重要资源，这是基层党建的有效举措，也是弘扬红色文化的义务担当。

（三）坚持规划先行，做到深谋远虑

镜路村坚持全局“一盘棋”推动，先行规划，分步实施。盘活红色文化、历史文化资源，加强组织建设，发挥党建引领作用，推动乡村建设、乡村治理和乡村发展。规划中充分考虑特点优势和发展方向，细致策划文化利用、党建工作和乡村发展的各个步骤和措施，从人心凝聚到力量集中，再到投入建设发展，做到稳步推进。

（四）坚持借助力量，实现团结协作

首先要有团结统一的村“两委”，大家形成建设家乡的共识。其次要团结凝聚全村群众的力量，特别是乡贤的力量，形成财力、物力、智

力上的重要支持。第三要取得上级单位和部门的帮助，为乡村振兴提供政策和物质上的支持。第四要依靠专家和专业团队的力量，发挥其在发展规划、建设设计、古厝修缮、产业运营等方面的优势。第五要借助媒体力量，营造创业氛围，宣传工作思路和进展，展现优秀人物和突出工作，使工作开展更加顺利高效。

案例评析

文化是连接人心的桥梁和纽带，文化振兴要以厚重的历史文化积淀和优秀传统文化为载体，充分利用好村史文化、优秀乡土文化以及民俗文化等，把村民的心凝聚起来，共同致力于乡村文化建设。文化建设和党建引领可以互补。作为革命老区村，镜路村通过深挖文化资源、盘活红色家底、突出地域特色、创建党建品牌等实践，打造“星火”文化。镜路村提出的走好“四步棋”和“四个坚持”具有广泛的借鉴意义。在乡村振兴具体实践过程中，可能会面临经济发展与文化保护、生态环境之间的平衡问题，如何处理好这些关系是未来需要重点思考的方向。文化振兴可以促进组织振兴，组织振兴又能带动乡村治理和产业发展。要在坚持保护传统文化的基础上，创新文化表达方式和发展新模式，进一步开发文化内涵，加大文化产品的推广力度，提升文化宣传力和影响力，使其成为乡村文化振兴的新动能，确保乡村振兴中的文化保护、传承和发展等措施的长效性和可持续性。

以甘蔗文化品牌带动城中村转型

——同安区大同街道田洋村的乡村振兴之路*

一、乡村概况

田洋村位于厦门市同安区大同街道北郊，毗邻同安城区，总面积2平方千米，农田面积1200亩，周围有3.7千米西溪安全生态水系环绕，环境优美；地处同安大道与汀溪大道的连接处，交通便捷，是“远山近水田绕村”的独特城中村。田洋村自古以来就是远近闻名的“科举文化之乡”，被誉为“古同安科举第一村”。田洋居民多是金门移民的后代，明清两代的田洋子弟保持了金门老家的传统，吟诵成风，在科举场上大放异彩，村内举人厝、进士第等古厝资源丰富，保存完整。

田洋村党委下设3个党支部、11个党小组，共有党员124名，全村共有11个自然村，21个村民小组，1436户村民，人口4350人，流动人口约3800人。近年来，田洋村坚持党的领导，把加强基层党的建设、巩固党的执政基础作为贯穿乡村振兴的工作主线，创新“加减乘除”党建工作法，打造“爱党、爱村、爱邻、爱拼、爱学”的“爱在田洋”党建品牌，促进党建工作与乡村振兴深度融合，推动城郊老村实现华丽转身。

二、主要做法

近年来，田洋村深化村企共建、村校合作，探索农文旅融合，开展

---

* 本文资料由陈水让（中共同安区田洋村党委书记）提供。

田洋文化园（陈水让　供图）

甘蔗研学、艺术培训、文化直播等，走出一条乡村特色文化产业之路。

（一）从“爱党”着手，夯实基层基础

一是凝聚思想共识。通过成立“乡村党校”，邀请专家、学者每季度进行理论授课，开展心得交流会，巩固学习效果，帮助党员群众更好地领悟党的方针政策；通过成立“乡村宣讲团”，整合村“五老”人员、选调生、教育带头人等优秀代表带头宣讲党的二十大精神，不断推动理论学习走深走实；打造市级“书记话振兴”微党课，推动村党委书记面向全市党员开展线上理论授课，分享探讨党的创新理论和基层党建举措。

二是夯实队伍擦亮品牌。打造“爱在田洋”党建品牌，深化“爱党、爱村、爱拼、爱邻、爱学”五大内涵，进一步实现品牌标识化、党建业务融合，获评“全区十佳党建品牌”称号；不断提升队伍水平，强化教育培训，村“两委”、网格员均参加学历提升，力争3年内“两委”班子本科以上学历比例达到100%；积极引导群团组织、社会组织，组建党员先锋队、青年突击队、巾帼志愿服务队3支队伍共80余人，并将后备干部纳入其中培养管理，壮大基层组织建设队伍。

三是发挥先锋作用。争创“好班子好书记”，2015年以来连续3届实现村党委书记与村委会主任“一肩挑”，持续强化领头雁作用；结合

“陈水让书记工作室”，发挥导师传帮带作用，联合汀溪镇五峰村以及莲花镇水洋村、云洋村开展“三洋一峰·跨村联建”，积极开展实地走访、经验交流等，结对帮扶党建薄弱村，促“后进蝶变”；打造党员先锋模范墙，以二维码的形式对优秀党员的先进事迹进行公开，鼓励辖区内党员立足自身岗位，许下一句话承诺，激发党员干事创业活力。

（二）从“爱村”落脚，共筑党群同心

一是建强服务阵地。通过创新村“两委”、驻村工作队、网格员一体化集中办公新模式，免费为村民提供近 500 平方米的活动和服务空间，实现“办公场所最小化、服务空间最大化”的目标，创设的一站式服务吧台不仅拉近了与村民的距离，也有效提高办事服务能力，该一体化办公模式得到区组肯定，也在其他区一些村居得到推广；利用其他空间打造 2035 年田洋发展规划沙盘，广邀村民交流探讨，增进村民“爱村如家”情怀，树立主人翁意识，通过规划沙盘开展土地收储动迁会，成功预征收 1770 亩土地。

二是激发自治活力。以党组织引领推进村民自治模式创新，推行“邻长制”，每 10 户设置一名“邻长”，发动党员、积极分子带头解决各类邻里问题，将矛盾化解在前端；探索自治机制创新，打造“环境整治红黑榜”的人居环境评比机制，依托村内聚贤厅常态化开展“田洋茶话会”活动，邀请辖区内村民代表、小组长等共同交流探讨村庄治理难题；通过党员带领组建“百事服务志愿团”，发动辖区内 124 名党员参与到设岗定责、爱心结对、“共产党员户”等活动中，在爱心帮扶、法律援助、技艺传授等方面发挥作用。

三是完善监督机制。着力打造“大荧幕小窗口”线上线下信息公开平台。在线下，充分利用党群服务中心 LED 屏常态化公开党务、村务、财务信息，于每月最后一周周五设立“阳光村务、人人知晓”信息公开活动日，邀请各个村民小组代表，定期汇报本村民生资金发放情况、小微项目落实情况、发展党员情况、村集体资产情况等等。在线上，依托微信公众号平台建设“村务掌上通平台”，设立“田洋新闻”“村务公开”“重要通知”“随手拍拍”4 个板块，切实保障了村民的知情权、参

与权和监督权。

(三) 从“爱拼”发力，壮大集体经济

一是夯实农业基础。巩固特色农产品甘蔗的资源优势，整合科特派、农业科技公司、校科研团队等人才资源开展经验介绍会、政策宣讲会十余场，指导传授农民科学高效种植；开展“蔗王争霸”甘蔗种植评比活动，邀请农业专家等参与评选村庄内品质优良的甘蔗，对获评“甘蔗王”称号的村民给予种植补贴，不断提高农民种植积极性；开展“爱学助农”系列活动，精准对接农户与学校，开展甘蔗研学、甘蔗爱心认购活动，不断拓宽农产品销售渠道，夯实农业发展基本盘。

二是深化共建模式。探索开展“市直部门+市属国企+村集体”共建，部门、企业通过下派驻村蹲点干部、提供帮扶资金等方式，增强田洋村造血功能；近两年来，信息集团共为田洋村提供300万元资金支持，用于打造村部综合楼，为村集体增加租金收入，打造党员教育基地，推动国企党员为村庄建设贡献力量，打造名优农副产品展厅，汇聚同安各村特产，助力村集体经济收入提升；成功对接区人大、区禁毒办、区工会，打造田洋村人大代表联系群众活动站、无毒示范村、爱心超市等基地，通过与机关单位共建，不断提振村庄人气，增强经济发展潜力。

三是促进产业升级。村党委利用合作社平台，引进投资、设计团队，对热心村民免费提供的古厝民居、闲置空地等进行改造，建成占地2000平方米的手工创意空间，塑造出桐庐归旧庐、田洋陶艺工坊、楼书画等工作室，开启“手艺+文旅”的研学团建新模式，实现产业升级；紧抓时代发展先机、市场所需，打造特色“田洋市集”，进一步提升市场环境，优化管理服务，延长营业时间，创新发展夜市经济、电商经济，为村民提供更多就业岗位的同时带动周边经济发展。

(四)“爱学、爱邻”推进，共促乡风文明

一是挖掘甘蔗文化。围绕“一个形象、一首村歌、一种精神”创建甘蔗文化品牌，邀请“海归”博士、台湾乡村振兴专家等设计村庄形象大使“甘蔗哥”，创作村歌及MV《甘蔗歌》，吸引50余名村民参与拍

摄，歌曲在村庄内传唱不断、历久弥新，切实提升村庄向心力、凝聚力，此外，还提炼出“外表硬直、内在清甜、甘于奉献”的甘蔗精神，“甘蔗哥文化品牌”的经验曾登上“学习强国”平台，多次获市区级媒体报道，不断增强市级“抓党建促乡村振兴示范村”文化内涵。

二是弘扬“爱学”传统。进一步传承“古同安科举第一乡”重教兴学的传统美德，由村党委牵头组织、爱心企业与乡贤能人共同捐资，连续10年举办“应届大学生表彰资助大会”，累计资助近200名大学生；深化与厦门双十中学共建协作，签订乡村振兴帮扶协议书，持续推进厦门双十中学结对帮扶田洋小学，提升村教育发展潜力；利用闲置土地打造艺术家工作室，吸引艺术家长期进驻村庄，通过暑期陶艺营、大使漆线雕体验、公益文化直播课等活动切实提升青少年文化修养水平。

三是营造“爱邻”氛围。以老年人的幸福为抓手，依托老人幸福院开设免费惠老食堂——“爱拼食堂”，切实解决孤寡老人、空巢老人吃饭难、吃饭孤单的问题。该食堂创新“组织帮一点、企业捐一点、能人掏一点”的运营模式，有效整合慈善机构、民营企业等各种社会力量，鼓励村民“自给自足”展示厨艺、分享才艺，动员50余名村民自发组成帮扶志愿队，目前已常态化举办80余场活动，辖区内老人聚在一起吃饭、唱歌跳舞、学习知识……形成人人争先敬老助老爱老的氛围，乡风文明进一步提升。

三、发展成效

（一）融洽关系，发展新型党群关系

田洋村党委依托党群服务中心，着力统筹田洋村内公共资源及志愿服务队等资源，高举旗帜强化基层党组织建设，守正创新为村民提供精细化服务，强化宗旨意识，及时化解矛盾纠纷，传递社情民意，使党群关系进一步密切、干群关系进一步融洽。田洋村党委以“爱在田洋”党建品牌为引领开展基层党建工作，充分动员群众自主参与到理论学习、文明创建、城中村改造等工作中来，获得省级文明村、省级乡村振兴示范村、省级乡村治理试点村等荣誉，成为全市抓党建促乡村振兴示范

田洋村文旅产业（陈水让 供图）

村，田洋村党建品牌则荣获“全区十佳党建品牌”称号。

（二）宣传有力，规范建设基层党组织

田洋村党委始终把规范化建设基层党组织贯穿基层党建工作始终，使基层党组织的引领作用持续强化：2015 年以来连续 3 届实现村党委书记、村委会主任“一肩挑”；打造市级“书记话振兴”系列精品微党课《爱在田洋》，向全市各村居宣传本村抓党建促乡村振兴的典型经验；连续多年被纳入城市党建学院的实训基地并接待来自省内外培训班 5000 多人次的参观考察工作，建立全市党建示范点；一体化集中办公模式得到推广，并有效提升党员干部尽职履责、为人民服务的能力和水平，其典型经验多次获得“学习强国”平台、市区级官方媒体转载报道。

（三）厚植文化，助推产业升级

田洋村党委立足资源优势、文化优势，打造出甘蔗文化品牌，《甘蔗歌》成为村民间传唱的歌曲，也作为典型被“学习强国”平台报道；激活艺术人才发展乡村文化产业，艺术家工作室常态化开展工作，建盏、佛雕、瓷板画等艺术品销往海内外；开展特色助学助老活动，开创“爱拼食堂”并举办了 80 余场活动，大力提升了乡风文明。田洋村在延

续乡土文化的耕读传统、传承发展中华传统美德、守住“乡村之魂”的同时，也实现艺术激活产业、文化赋能经济，走出了一条特色文化产业发展之路，同时提前完成厦门市委组织部提出的村集体经济收入50万元的目标。

四、经验启示

田洋村以甘蔗产业为依托，结合厚重的历史文化底蕴，始终贯彻落实“文化兴村”战略，立足自身资源禀赋优势，不断扩大田洋甘蔗的知名度，形成具有田洋特色的甘蔗特色文化品牌。田洋村的“爱党、爱村、爱拼、爱学、爱邻”五大具体举措，为基层党组织强化党建引领、推进乡村振兴提供了有益启示。

（一）强化党建引领

基层党组织要充分发挥党建引领作用，统一思想凝聚共识，创新政治理论学习，让党员教育入脑入心入行，要多措并举强化队伍建设，发挥领头雁作用，全面提升干部队伍水平和壮大基层组织建设队伍。实践表明，田洋村坚持党建引领推动各项工作取得良好成效，充分发挥了基层党组织的带动示范作用。

（二）密切联系群众

基层党组织在全面推进乡村振兴过程中必须紧紧依靠群众，组织动员群众，尊重群众的首创精神。要增强基层党组织的服务功能，建强活动阵地，要充分发挥党员的先锋模范作用，激发群众自治活力，要不断创新完善群众监督机制。实践证明，田洋村党委始终坚持群众路线，充分动员群众自主参与城中村改造332人次，在全区城中村整治行动“周晾晒”评比中名列前茅。

（三）抓实经济发展

基层党组织要持续强化对发展村集体经济的领导，基层党员干部要加强理论学习，提升自身理论素养水平，提高带领群众脱贫致富的能力，要灵活运用马克思主义理论，坚持调查研究、理论联系实际等工作作风，统筹资源禀赋、村情实际、市场需求，对村庄特色发展路径谋篇布局、制定规划。实践表明，田洋村通过发挥党建工作优势，走出一条乡村特色文化产业发展道路，2022 年村集体经济收入达 50 万元。

（四）以党建带动群建

基层党组织要有效引导社会力量的参与，将组织优势、政治优势切实转化为资源优势，深化村企共建、村校合作模式，推动共建单位履行社会责任，主动对接社会组织、企业单位、高校等共同助力乡村振兴。实践表明，田洋村“爱拼食堂”“甘蔗哥”凝聚了多方力量，共同推进共建共治共享新局面，打造了乡村振兴新样板。

案例评析

田洋村围绕“一个形象、一首村歌、一种精神”创建甘蔗文化品牌，传承“古同安科举第一乡”重教兴学的传统美德，深化村企共建、村校合作，探索农文旅融合，开展甘蔗研学、艺术培训、文化直播等，推进“爱党、爱村、爱拼、爱学、爱邻”，促进乡风文明，走出一条乡村特色文化产业之路。未来，田洋村应继续挖掘和利用当地丰富的历史文化资源，传承和发展乡村优秀传统文化，通过建设文化广场、开展文化活动等方式，丰富村民的精神文化生活，提升村民的文化素养。同时，还可以开发更多包含甘蔗元素的文化产品和服务，提高文化产业的附加值，推动文化和旅游深度融合，赋予旅游景点更多文化内涵，把乡村文化转化为实实在在的收益。

传承红色文化基因，促进乡村整体发展

——集美区后溪镇崎沟村的乡村振兴之路*

一、乡村概况

后溪镇崎沟村是厦门市革命老区基点村之一，位于后溪镇中部，占地面积约2平方千米。辖有田头、崎沟、新店、前行、围仔内、碗头崎6个村民小组，其中新店组已全部征拆。本地人口有3000余人、1050户，外来人口8000余人。崎沟村历史悠久、底蕴深厚，南宋时，王审知后人于此肇基，传承至今700余年，子孙后代遍及海内外，新加坡首任民选总统王鼎昌便是崎沟人。

崎沟村党总支下设3个支部，共设党小组9个，有党员90名。2021年崎沟村“两委”班子顺利完成换届，有干部7名。崎沟村充分发挥党建领航作用，立足村情实际，紧扣补短板、促发展两个主题，狠抓工作落实，确保了乡村振兴各项工作有序有效推进。

二、主要做法

（一）统一多方思想，着力夯实基础

一是深入理论学习，提高政治站位。崎沟村狠抓基层党建重点任务落实，对于上级乡村振兴工作重要会议和重要文件精神，传达学习到位，深化以学促行，开展党的二十大精神宣讲、学习研讨，多形式落实“三会一课”制度，开展线上、线下集中学习等，着力实现党建与乡村

---

* 本文资料由王惠燕（中共集美区后溪镇崎沟村党总支书记）提供。

崎沟村红色文化展厅（王惠燕　供图）

振兴同频共振，让党旗在乡村振兴一线飘扬。

二是规范队伍管理，加强组织建设。自全面启动实施乡村振兴战略以来，崎沟村高度重视，先后多次召开专题研究会议，成立了以村党总支书记为组长，驻村干部、村“两委”班子为成员的工作领导小组，坚持党建与乡村振兴工作同部署、同落实、同检查、同考核。注重统筹协调，形成常态化学习机制，积极和支委、党员谈心谈话。坚持把党的政治建设摆在首位，落实全面从严治党主体责任，找准切入口，扎扎实实开展整治，抓实抓好乡村振兴各项工作任务。

三是抓好廉政监督，持续正风肃纪。2019 年，在区纪委、镇纪委的统一指导下，崎沟村成立了廉政监督工作室，由纪委委员担任工作室主任，配备监督员 7 名，设置“一室三能一廊”，实现有阵地、有队伍、有制度、有保障。充分发挥廉政监督工作室基层监督“最后一公里”作用，提升监督质效，相关工作稳步有序推进，开展廉政例会、集体廉政教育谈话、个人谈心谈话，切实加强党风廉政建设。坚持党务村务公开，进一步完善党务村务信息公开制度，规范党总支、村委会财务管理，促进权力公开透明，规范运行。

（二）传承红色基因，激发乡村活力

一是依托红色资源，探索品牌建设。充分利用好家门口的红色资源，持续深入探索打造“红色崎迹‘1234’工作机制”党建品牌，将党群活动服务中心“阵地＋活动＋教育＋办事＋文娱”的一体化服务模式走深走实；积极打造“幸福邻里，一‘崎’拉‘沟’”近邻党建品牌，构建3个近邻一“崎”工作法，以红星凝聚民心；依托基点村的红色文化历史，进一步发挥妇联组织桥梁纽带作用，凝聚助力全村发展的巾帼力量，建强活动阵地，做深做实妇联工作。2023年3月，崎沟村妇联获评福建省“巾帼文明岗”。

二是赓续红色血脉，实现文化振兴。根据上级要求，积极推进乡风文明建设，为乡村振兴培根铸魂。持续加强文化设施建设，切实发挥新时代小讲堂、党员活动站等文化设施的惠民功能；倡导社会主义新农村健康、文明的新生活方式。利用“线上＋线下”模式开展学习分享绘爱国画卷、听老党员讲红色故事；组织开展“小小红色讲解员”系列红色夏令营等特色活动，让少年儿童了解家乡党史故事，厚植爱党爱国爱社会主义的情怀。同时，依托党群活动服务中心、红色文化展厅，接待参观学习千余人次，追溯红色历史，传承革命精神。

三是结合中心任务，宣传营造氛围。构建党建引领网格化管理体系，结合文明创建、消防安全、房屋排查、扶贫济困等活动，不断强化宣传工作，利用村民代表大会、党员大会、主题党日等场合，深入宣传教育党员群众，激发大家的自觉性和荣誉感，并将其转化成为乡村振兴的强大合力；利用党群云图、微信、张贴标语横幅等新媒体形式做好宣传，对实施乡村振兴相关工作的目的和意义进行立体式广泛宣传，营造出广大党员干部群众高度关注、普遍参与乡村振兴的浓厚氛围。

（三）整合多方资源，实现乡村振兴

一是围绕经济项目，促进发展动力。为壮大村集体经济收入，通过“四方共建”形成合力，激发各类资源要素活力，增强造血功能，持续壮大集体经济，实现圣果院快捷酒店项目分红43万元；多次与挂钩帮扶单位就如何使村集体经济具有造血功能进行研讨，同时通过现场踏勘

崎沟村圣果院（王惠燕　供图）

了解闲置地块利用事宜，争取为村民带来更多经济红利。此外，做好农村劳动力转移培训，突出做好促进村民增收工作，提升党组织凝聚群众的能力。

二是盘活阵地资源，深化志愿服务。崎沟村切实满足群众多样化、多层次、多方面的精神文化需求，依托幸福院、新时代文明实践站、五社联动等载体，积极整合村社资源，链接高校资源，抓准需求，提高服务精细度，巩固志愿者队伍，调动村民主动性，增强群众文化创造活力，深入开展爱心助残、爱心敬老、爱心济困、爱心扶幼、关爱特殊岗位工人等“五大爱心行动”，因地制宜开展各项服务工作，全力推进爱心厦门建设工作。同时，不断拓展志愿服务项目，丰富志愿服务形式，提升志愿服务水平，精准对接群众需求，以志愿服务涵养文明乡风、厚植文明底蕴，促进乡村振兴。

三是持续改善环境，建设美丽乡村。全力推进政府惠民工程排水管网“正本清源”项目，目前，崎沟村 5 个自然小组前行社、围仔内、碗头崎社、崎沟社、田头社已完成施工，主管道约 2 千米，通过地下管网改造，提高雨污分流水平，提升水环境质量，从源头上治愈水污染顽疾，解决居民“烦心事”。全力推进小微水体整治项目，已完成 5 口池塘的改造，满足崎沟村辖内污染池塘周边居民的用水需求，人居环境进一步提升，村容村貌得以改善。

三、发展成效

（一）党建引领效应日益显著

崎沟村充分发挥基层党组织战斗堡垒作用，不断深入研究新形势下村居党建工作的新思路、新方法、新手段，切实把村居党建工作的实效体现到转变村干部作风和服务效能上。通过村居党务、村务公开，加强各党支部建设，严肃党内政治生活，提高“三会一课”等党内组织生活质量。注重党建创新，大力推进党建 e 家平台运用，切实提高党员教育管理服务信息化、精准化水平。通过党建引领，进一步推进崎沟村乡村振兴工作，大大促进各项事业的顺利发展，起到了引领和示范作用。崎沟村先后获得福建省第二批省级乡村治理示范村、福建省妇联三百五有达标村、精神文明先进单位、厦门市文明村和抓党建促乡村振兴示范村等荣誉。

（二）红色基因传承作用突出

崎沟村积极传承和弘扬红色文化，通过丰富多彩的文体活动和红色文化资源，促进村民思想观念和生产生活方式的转变，促进文明乡风培育，不断满足群众的精神文化需求。崎沟村党总支以“传承红色基因，助推乡村振兴”为主题，积极做实党建强基、党性教育和乡村振兴文章，引领广大党员干部在乡村振兴工作中建功立业，谱写一曲新时代新农村新发展的新篇章。

（三）村容村貌得到改善

结合主题教育，崎沟村扎实推进为民办实事各项工作，全力解决群众的烦心事、操心事、揪心事，大力推进多项民生项目。房前屋后、小微池塘污水横流曾长期困扰村民，崎沟村领导班子得知上级有关于农村污水管网改造和乡村振兴的相关政策，便积极向镇里反映和争取在崎沟村先行开展。获得支持后，村工作人员全力配合镇政府做好前期摸排工作，积极协调管道入户事宜，全程参与项目验收，最终雨污分流顺利完成，村容村貌得到很大改善，村民们的居住生活质量提高了，安全感和幸福感也增强了。

四、经验启示

（一）以党建为引领，发挥头雁作用

书记带头担当作为，严格日常管理，形成头雁效应，把思想政治建设作为首要任务，贯穿到乡村振兴工作的各领域、全过程。利用好革命老区基点村的优势，组织开展为民办实事活动，引导广大党员干部悟初心、守初心、践初心，充分发挥党员先锋模范作用，更加自觉地为建设“富美崎沟”不懈奋斗。

（二）以项目为抓手，推动经济发展

崎沟村严格按照上级指示，紧紧依靠挂钩帮扶单位，团结带领村“两委”班子开展工作，以深化拓展农村基层党建工程为抓手，立足村情实际，紧扣补短板、促发展两个主题，狠抓工作落实，推进乡村振兴各项工作有序开展。依托“四方共建”，加强与挂钩帮扶单位的联系，加强村校、村企共建，整合资源，赋能乡村振兴，带动村民就业创业。

（三）以环境为重点，建设美丽乡村

崎沟村积极推进自来水管网升级改造工程，配套完善村居供水系统，持续跟进小微水体整治项目后期运营维护工作，营造“水清、岸绿、景美、生态”的生态塘，切实增强村民群众的获得感、幸福感、安全感。

案例评析

崎沟村利用其革命老区的历史优势，在建设红色文化展厅、开展红色教育的基础上有效传承红色文化，提升村民的文化自豪感和凝聚力。通过统一多方思想，着力夯实基础；传承红色基因，激发乡村活力；整合多方资源，实现乡村振兴。以“传承红色基因，助推乡村振兴”为主题，通过丰富多彩的文体活动和红色文化资源，促进村民思想观念和生产生活方式的转变，促进文明乡风培育，不断满足群众的精神文化需

求。未来，崎沟村要继续坚持以文化建设推动革命老区基点村奏响乡村振兴曲。一是不断加强品牌建设。以党建为引领，建强活动阵地。围绕崎沟村党建品牌效能发挥出实招、重实效，提升党建品牌的推动力、凝聚力、影响力，提升基层党建的规范化制度化水平。二是持续壮大集体经济。链接侨联等平台，集聚力量，打造一条具有红色崎沟元素的文旅品牌动线，为村民带来更多经济利益，共同构建新时代富美崎沟。

从拆迁村到闽台生态文化村的蝶变

——海沧区海沧街道院前社的乡村振兴之路*

一、乡村概况

院前社地处厦门、漳州两市交界，隶属于厦门市海沧区海沧街道，是青礁行政村下辖的7个自然村之一，全村常住人口227户750多人，流动人口200多人，传统产业为蔬菜种植，曾经是厦门的“菜篮子”。院前社正对国家AAAA级旅游景区青礁慈济东宫，是闽台两地保生慈济文化的主要发祥地，还是开台王颜思齐的故乡、颜氏族群聚居地、厦门地区仅有的3个省级传统村落之一。至今已有千年历史，有保存较为完整的39栋古民居、丰富的闽台两岸历史渊源和慈济东宫文化节、火把节等民俗节日活动，与台湾各地在保生慈济信仰文化、开台王颜思齐文化、两岸颜氏宗亲往来方面交流频繁，具有鲜明的闽南特色。院前社区位优势明显，距厦门岛内仅20分钟车程，距厦门西高速口、厦漳大桥、嵩屿码头仅10分钟车程。

历史上的院前社曾经是耕读文化盛行的富庶乡村，然而由于联络漳州地区的主要干道马青路、角嵩路截断了与青礁村完整的土地关系，南面又有临港新城第一期安置房工程，因此在1993年被划设为拆迁村，人口逐渐流出，成为典型的“空壳村”。恰逢2013年下半年厦门市委、市政府提出“美丽厦门·共同缔造”的发展战略，院前社几位青年村民

---

* 本文资料由何逸英（中共厦门市委党校、厦门市行政学院副教授）、于立华（中共福建省委党校、福建行政学院副教授）提供。

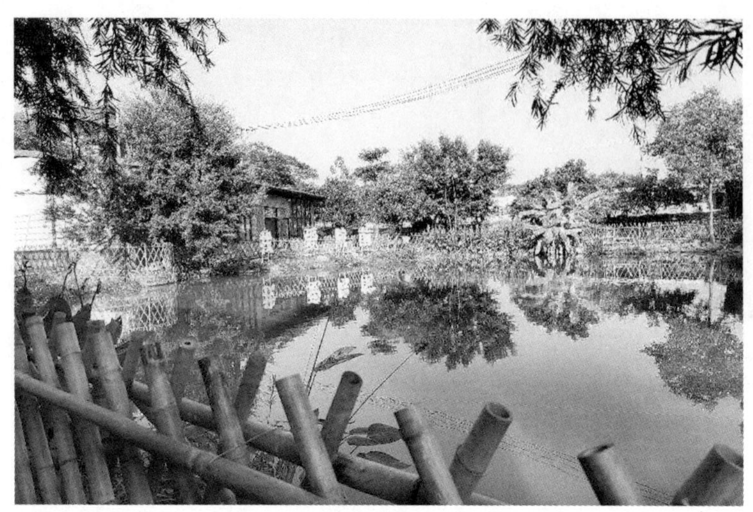

院前社远眺（济生缘合作社　供图）

在陈俊雄的带领下，主动争取机会、对接政策，使院前社被纳入共同缔造的村庄改造计划，并成立济生缘合作社，打造出了一条备受瞩目的共同缔造之路，在保留村落红砖古厝和农村生态景观的基础上，引进台湾手作 DIY 产业，打造“美丽厦门·共同缔造”行动典范社，成为国内首个“机制活、产业优、百姓富、生态美、台味浓”的闽台生态文化村，获得省级休闲农业示范点、福建省青年农民合作社优秀示范社、全国乡村旅游创客示范基地、中国乡村旅游模范村等多项荣誉。陈俊雄个人获得全国农村青年致富带头人等多项荣誉，并于 2018 年受邀成为住建部兼职讲师，在全国各地巡回推广院前社乡村振兴实践经验。

二、主要做法

（一）整治环境，打造宜居生态乡村社区

2013 年下半年，厦门市委、市政府制定和实施了“美丽厦门”战略规划，其中在社区治理方面引入“共同缔造”的理念，以决策共谋、发展共建、建设共管、效果共评、成果共享的“五共”理念，激发群众参与建设美丽家园的积极性，设置了“以奖代补”等系列配套政策。为了争取列入试点村，院前社为数不多留村的年轻人在留村办厂的陈俊雄

带领下，主动投工投劳，拆除鸡鸭猪舍约1万平方米，种花种草，清理了约500吨垃圾，还恢复了多年前村里被挖断的水系。其速度之快、成效之明显，得到街道和区里的大力肯定和支持。很快传来消息，村子不仅不拆了，还列为区里的试点村。村民的干劲更足了，在不到一年的时间里，村庄的环境发生了天翻地覆的变化。在政府相关部门的引导下，院前社邀请台湾大学城乡基金会、中山大学、厦门大学专家和当地的建设、规划部门，将院前定位为福建省首个“闽台生态文化村”。

（二）共谋创业，发展乡村休闲产业

2014年，以陈俊雄为首的村里儿时的小伙伴们在整治村庄环境的共同奋斗中，自发组织起来，以资金、古厝和土地入股，成立了济生缘合作社，寓意“慈济、生态、缘分”，他们的口号是“我们变了，村庄就变了”，成员由最初的15人发展到50人。

经过多次商议和谋划，合作社决定发展乡村休闲产业。因为地处城郊，要吸引客源，必须尽可能延长其逗留时间。根据院前社的实际情况，合作社的第一个项目是“城市菜地”，首期开发20亩，将菜地划分为每份20平方米的会员份额，租给市民耕种和收获，并聘请农民进行

研学活动（济生缘合作社　供图）

种植技术指导，这一举措将菜地收入从每亩 2 万多元提高到了 8 万元。在节假日客流高峰时期，也在菜地边上举办烤地瓜、磨豆浆、种菜认菜等农家乐和亲子教育活动，每逢传统节假日还举行系列农事体验项目和民俗节庆活动，如中秋、端午、火把节等。2015 年，合作社与台湾客商合作，先后开设了系列 DIY 手工项目，提供近 200 个就业岗位。之后，马克客栈、“院前好时光”果饮、台大兰园、牛樟芝馆也相继入驻。目前，通过济生缘合作社平台，院前社已打造出包括农夫集市、凤梨酥观光工厂、民宿、青年创业服务中心、两岸青创书院、两岸青年之家、智慧农场、拓展训练基地、香道馆等多种业态。其中，农夫集市借鉴了台湾“友善乡村”理念，以整合串联农村发展力量为目标，为附近小农户的优质农特产品设立集中展示和销售的平台；济生缘农业发展有限公司由 3 位大学毕业生回乡创设，利用“互联网+”模式主营特色西菜种植配送。

(三) 传承闽南文化，构筑其乐融融家园

作为一个传统的自然村落，院前社有不少老人，其中 60 岁以上的老年人有 126 位。村里的休闲产业刚发展之时，合作社就优先服务村中的老人，拿出 60 万元将一栋古厝修复用作“幸福老人院”，供老人日常休闲娱乐之用。每年重阳节都会举办百老宴，目前已经举办 10 届；逢年过节，合作社的党员团员们都上门慰问老人，帮他们解决困难。在老人们眼中，村庄生态环境变美了，人心更齐了，这群年轻人就是村庄的希望。茶余饭后，老人们还为村里的孩童普及闽南传统文化，传授一些手工技艺。

院前社还保留每年 4 月 18 日的海峡两岸保生慈济文化节、阴历正月十七的火把节等民俗节日。街道组织专家协助挖掘和整理颜氏家训，并开展耕读传家活动，将古厝“大夫第”修复并建成社区书院国学讲坛，每到周末，院前社的孩童都会在那里学习国学、手偶剧表演、手工制作、绘画等课程。

三、发展成效

（一）机制优

一是强化基层党建，引领共同富裕。院前社坚持以“城市后院，党建在前”党建品牌创建为抓手，强组织、筑堡垒、建机制、聚合力，以青礁村党委为核心、院前网格党支部为主体，通过党支部领办合作社，组建济生缘合作社党支部，将分散的群众组成利益共同体，在“支部带领、党员群众带头、合作社带动”下，通过“共谋、共建、共管、共评、共享”的工作机制，发动村民群众投入到乡村振兴中去，极大提高了村集体收益和群众致富的内生动力。

二是提升治理水平，强化治理效能。院前社通过完善村规民约，动员村民自主自愿参与村庄环境改造，依法治理村庄事务，同时，注重发挥村民的主体作用，不断提升村民自我管理、自我教育、自我服务的能力和水平，村庄治理水平得到了显著提高。

三是坚持市场导向，搭建利益共享平台。济生缘合作社成立之初，即在院前社区位优势、传统产业优势的基础上，抓住城市居民重视食品安全及参与农事体验的需求，以“城市菜地”为载体，村民以土地、资金等形式入股，通过搭建利益共享平台，引进多种业态、多个项目，共同推进合作社运行。

（二）产业活

院前社立足自身交通便利、村民蔬菜种植经验丰富、菜地多、古民居独具特色、对台文化交流频繁的优势，找准产业发展方向，整合城市菜地、慈济东宫景区、古民居、对台文化交流等资源，大力发展集休闲、民间信仰、文化旅游、研学、户外拓展等于一体的乡村休闲旅游业。培训业务的开展也为济生缘合作社开拓了新市场。创始人陈俊雄成为住建部兼职讲师后，院前社影响范围不断扩大，吸引来自全国各地的党政团体前来调研，济生缘合作社顺势开发了党政团体培训市场，仅2023年前10个月就已接待229场，总计1万余人次。

（三）百姓富

通过“支部+合作社”方式，引进多个特色产业，发展乡村旅游业，2019年以前每年接待游客总数已达到10万人次以上。通过发展多种业态的乡村休闲旅游，带动村民家门口就业，不仅提高了村民的收入水平，还让村民在发展中有了更多获得感和幸福感。

（四）生态美

为实现“望得见山，看得见水，记得住乡愁”规划，院前社通过实施“平改坡”、裸房整治、房前屋后专项整治、“拆墙透绿”、美丽庭院建设等措施，使过去的臭水塘、杂乱小路、破旧猪舍变为宽阔平坦整洁的水泥路，极大地提升了村容村貌，改善了村民的居住环境。

（五）两岸亲

2006年以来，海沧区政府一年一度举办的海峡两岸保生慈济文化旅游节已成为大陆对台交流的重要平台。2014年，来自台湾的社区规划师李佩珍来到厦门，与台湾团队一起参与乡村、社区的改造，秉承“先造人、后造物”的理念，为院前社的社区营造提供陪伴式服务，并在项目结束后留在院前社，持续推进院前社的发展，共同打造乡村振兴与两岸融合的美好图景。

四、经验启示

（一）坚持农民的主体地位

农民是乡村振兴的主体，农民的创造性是农村改革发展的强大动力，这一点在院前社得到充分体现。院前社的环境整治和景观改造，并非靠政府大包大揽，而是村民积极向村委会和街道主动请缨，政府相关部门也没有借此“替民做主”，而是充分尊重村民意愿，关于具体景观改造项目和村庄规划，也不是政府说了算，而是多次召开规划征求意见会，听取村民意见；产业发展和业态选择，都是由村民开会和征求各方意见决定的，真正做到征求民意、凝聚民智、共谋共建，这其实就是党的群众路线在农村工作中的具体表现。乡村振兴，只要把广大农民的积极性调动起来，把群众利益放在首位，不断提升农民的获得感、幸福感，就能取得好的成果。

（二）坚持以德治与自治为基础的乡村治理模式

乡村振兴是全面的振兴，社会和谐稳定有序是乡村振兴的题中应有之义。在自治、法治、德治有机结合的乡村治理体系中，法治是保障，自治和德治是基础。特别是在自然村，亲缘血缘相近，熟人社会特征突出，自治和德治更有效。《中国社会报》评价道：济生缘合作社一群“回乡”80后、90后的大胆探索，不仅走出一条“农村复兴之路”，也走出一条农村社区治理新路。合作社通过服务村里的老人，获得重要的支持力量，之后的发展特色产业、传承闽南文化、建设社区书院等比较顺利，最终建设共建共享和谐发展的农村社区，形成有效的农村社区治理模式。

（三）创新村庄造血机制

济生缘合作社的快速发展取得成效后，越来越多的村民看到发展前景，希望通过土地入股、资金入股的方式加入合作社，以获得分红收益，然而这种方式会削弱成员的主观能动性，依赖性反而增强，合作社运作成本越来越高，运行效率下降。因此，济生缘合作社不再接受村民以资金、土地入股，而是采取项目合作的模式，欢迎有想法、想创业但缺乏平台，或者没有创业能力但愿意参与到村庄共建活动中的村民，为他们提供创业空间、就业机会，极大地调动了村民的积极性。同时，合作社将利润不断回馈给村庄，用于赡养老人和教育学生，提升了村民的凝聚力和向上、向善的良好风气，真正促使村庄形成长效造血机制。

（四）创新合作社运营机制

济生缘合作社与以项目入股，进驻平台的商家之间采用分成结算的方式，实现互利共赢。2014 年至 2015 年间，市场开拓基本上由济生缘合作社负责，进驻平台的商家不愿意主动拓客，合作社险些陷入无法继续运转的境地。2016 年，济生缘合作社开始实行改革，按照“陀螺法则”进行管理，即由各个进驻商家去开拓市场，再把订单交给合作社统筹，由各个商家共同推动合作社前进，这种模式就像陀螺一样，底部不断旋转，陀螺越转越快、越转越稳。院前社通过合作社运营机制创新，提高了主动应对市场趋势的运营能力。

案例评析

乡村振兴需要根据当地的自然和社会条件制定有针对性的战略。在面临城市扩张和工业发展巨大冲击的情况下，院前社济生缘合作社以敏锐的洞察力和创新思维，充分利用其独特的区位优势和历史文化资源，创新发展乡村休闲旅游业，实现了一二三产深度融合，提高了乡村经济水平，以创新和智慧驱动社区转型，提高乡村生活环境质量，促进乡风文明建设，成功地使院前社从一个面临拆迁的村庄转变成为一个充满生机与活力的闽台生态文化示范村。未来，院前社要进一步在加强乡村优秀文化保护传承上下功夫，挖掘和传承闽台优秀历史文化，同时思考如何更好地承接城市功能外溢，处理好城市与农村的关系，统筹好保护与发展的关系，实现可持续发展。

外引内联，打造乡村振兴“河田样板”

——长汀县河田镇南塘村的乡村振兴之路*

一、乡村概况

南塘村位于长汀县河田镇南部，距河田集镇约 2 千米，厦蓉高速互通口坐落于此，客家母亲河——汀江穿村而过，交通便捷、物产丰富、生态优美、人杰地灵，涌现出陈鼓应等优秀乡贤。全村共辖 12 个自然村，11 个村民小组，有 868 户 4000 余人。地域面积 39.7 平方千米，其中耕地面积 2075 亩、山地面积 5775 亩。南塘村附近有长汀红色旧址群、汀江源龙门风景区、长汀汀江国家湿地公园、长汀古镇（汀州古城）、圭龙山自然保护区、长汀县革命委员会旧址等旅游景点，有长汀河田鸡、龙岩咸酥花生、长汀槟榔芋、涂坊槟榔芋、长汀板栗等特产，有唢呐艺术（长汀公嫲吹）、彭坊刻纸龙灯、闽西客家元宵节庆、闽西客家春耕习俗等民俗文化。村内目前主要种植优质水稻及烤烟、槟榔芋等经济作物，有万亩现代农业观光基地、金花茶种植基地、花卉苗木基地等。2020 年被列入龙岩市“一县一片区”暨“红旗跃过汀江，两山实践走廊”乡村振兴跨村联建示范片区。2021 年 10 月，龙岩市农业农村局认定南塘村为龙岩市 2021 年市级“一村一品”（金花茶）专业村。

---

* 本文资料由丘观盛（长汀县河田镇副镇长）、林世星（长汀县河田镇科技副镇长、二级主任科员）提供。

南塘村万亩良田（河田镇政府　供图）

二、主要做法

近年来，南塘村抢抓发展机遇，谋划发展富民产业，狠抓人居环境整治，加快基础设施建设，巩固拓展脱贫攻坚成果，全面推进乡村振兴。同时，借助台湾建筑师（含文创）团队陪伴式服务及南塘村优秀乡贤陈鼓应的闽台合作资源优势，以及台湾先进的乡村发展理念及实践经验，推动"五大振兴"，打造独具特色的海峡两岸融合发展"外引内联"乡村振兴样板。

（一）规划先行，谋定而后动

一是因地制宜，积极主动求发展。镇村两级积极主动作为，邀请集美大学麻显钢教授艺术创作团队、福建省民宿协会、旅行社等团体前来调研，为南塘村乡村振兴特别是乡村运营把脉问诊，探索将研学培训需要与文化旅游融合发展相结合的乡村产业振兴之路。

二是因时制宜，考察学习促动能。主动学习厦门黄厝村、曾厝垵等地乡村建设及运营经验，并与麻显钢教授艺术创作团队、李杨艺考创始人、福建省民宿协会秘书长、厦门春涵国际旅行社、知名旅行博主等在“研学+”方面开展深入交流，以探索艺术拓展、自然人文景观打造、资源整合、获取项目资金支持等方面的有效途径。

三是借鉴所长，摸底调查定规划。充分借助台湾建筑师（含文创）团队专业特长及其在两岸和其他地区的成功实践经验，在村庄发展定位、国土空间管控、民生基础设施建设、产业发展规划、文化保护利用、人居环境提升、社会治理模式等方面进行充分调研论证，因地制宜提出“沃野平畴·耕读南塘”的特色定位，并配合村庄规划团队高质量编制《长汀县河田镇南塘村村庄规划（2021—2035年）》，为南塘村乡村振兴实施提供了指引。

（二）整合资源，强化发展支撑

一是用好资源要素发展产业。南塘村充分发挥资源优势，争取各级各部门政策、资金等要素支持。2020年以来，成功争取项目资金800余万元，获评福建省2022年度乡村振兴实绩突出村。此外，在台湾建筑师（含文创）团队的策划推动下，成功争取福建省水利厅开展水稻认种认养活动，并提出借鉴台湾精致农业发展模式，发展“机遇到”（河田鸡、槟榔芋、优质稻）产业。通过整合各方资源，在夯实乡村发展基础的同时，科学准确地提出产业发展定位，进一步增强了乡村发展后劲。

二是借助发展优势推动治理。南塘村以“三宜”为目标，推进“两治一拆”专项行动，提升河畔人家农村人居环境，治理“空心房”、危损房及拆除违法建筑，因地制宜种植生态景观植物或经济作物，完善村规民约，落实乡村垃圾不落地要求，提高全民参与人居环境提升的积极性和主动性，推动乡村建设品质提升，打造宜居宜业宜游的和美乡村。2022年成功创建中级版“绿盈乡村”并通过市级农村人居环境整治验收。

三是升级产业促进增收致富。在推进生态宜居建设的同时，进一步加大农田水利基础设施建设、复垦撂荒耕地力度，积极引导培育经营主体，由村“两委”干部带头，成立乡村振兴理事会，带动村民将金花茶、槟榔芋、河田鸡等特色种养产业做强做大，努力实现农民富裕富足。

(三) 打造亮点，激活内生动力

一是打造闽台合作生态休闲农业示范基地。通过台湾建筑师团队和引进的台湾人才，带领当地农民发展台湾特色果蔬种植、农特产品研发和农文旅产业，打造闽台一二三产融合基地。以推动乡村产业振兴。

二是打造闽台乡建乡创工作站。修缮闲置客家传统民居，吸引台湾建筑师（含文创）团队入驻，打造乡村振兴人才驿站，吸引更多的台湾创业青年、各级各部门及社会各界乡村振兴人才进驻，加强人才驱动。

三是打造传统文化传承基地。与台湾建筑师（含文创）陪护式团队一起，深入挖掘当地文化，将优秀文化观念融入乡村，促进文明之风兴起，提供精神动力，将优秀文化与优美环境结合，提升乡村旅游资源。比如，团队将陈鼓应提炼出的庄子的内涵价值与乡村融合，从屋内到村口、彩绘、路面都融入庄子文化及故事。同时，项目也拉近了与陈鼓应的沟通联系，促进乡村文化振兴。

四是加快河畔人家农村人居环境提升。借鉴台湾及其他地区典型的乡村发展模式、发展经验，因地制宜种植忘忧草（黄花菜）、黄金构骨、红千层等景观植物，安装垃圾分类屋，及时修订村规民约，进一步调动人民群众参与人居环境提升的积极性和主动性，加快推动乡村建设品质提升。

南塘村闽台乡建乡创工作站（河田镇政府　供图）

五是实施智慧乡村体系建设项目。通过智慧农业、数字乡村等建设，进一步优化和提升传统的乡村治理模式，提升乡村治理效率，如打造智慧政务系统、数字乡村综治平台、智慧消防、智慧农业等，进一步提升政务处理、安全生产、综治平安、农特产品销售、疫情防控、品牌宣传等能力，协助村委会管理及运营，加快推动农村治理体系治理能力现代化。

三、发展成效

近年来，南塘村全力推进乡村振兴各项工作，积极引进拥有农文旅产业、精致农业等发展经验的台湾人才以及“绿之梦”等本地经营主体，以市场化为导向，以项目建设为载体，带领当地农民重点发展台湾特色果蔬种植、农特产品研发、农文旅产业发展等，打造独具特色的闽台一二三产融合基地。

一是带动周边10户农民，种植台湾品种水稻30亩、台湾精致果蔬3亩，建设生态树屋1栋（2层，占地面积约260平方米），吸引返乡创业青年进行运营，预计每年可增加村集体经营性收入10万元以上。

二是先后吸引5批23人次的台湾乡建乡创领域的教授、专家、创客等到基地考察指导乡建乡创，2批7人次的省内相关领域的人才到基地交流学习。开展抖音短视频培训教学3次，协助培训当地5位村民、返乡青年创业。

三是2022年在南塘村小学成功举办5批数百人次参加的国学文化暨社会主义核心价值观宣传教育讲座，通过教育讲座、南塘奖教奖学、乡村美丽庭院建设评选等方式，着力培育文明乡风、良好家风、淳朴民风，建设文明乡村。

四是以福建省教育厅认证的“福建省中小学生劳动教育实践基地”为载体，以国学大师陈鼓应传统文化传承、万亩良田农耕文化、传统客家文化等优质资源为特色，累计举办5场500余人次的研学活动。

四、经验启示

（一）要充分摸底调研

从南塘村乡村振兴发展历程可以看出前期摸底调研的重要性和必要性，只有通过充分的摸底调研，才能知道一个地方的发展条件有什么、发展实际是什么，一个地方的发展优势在哪里、短板又在哪里，不同类型的项目建设的逻辑关系以及具体落在什么地方，各个乡村振兴项目实施后能带来什么具体效果等等。

（二）要充分吃透政策

南塘村的发展涉及从中央到地方各级乡村振兴战略政策支持、欠发达革命老区各项政策支持等，只有把各级各部门的相关政策吃透了、理清楚了，才能因地制宜策划生成更为突出的优势特色示范项目，才能在乡村振兴中脱颖而出。

（三）要突出优势特色

在南塘村这样地理优势不明显、资源优势不突出的村庄，只有充分挖掘和开发利用台湾建筑师（含文创）陪护式团队入驻以及知名乡贤的独特优势，才能有资格、有条件去争取各级各部门更大的政策支持。

（四）要整合各方资源

一个村、一个地方的发展单靠一个部门、一项政策的支持是发展不起来的，只有镇村两级积极主动去谋划好的项目，整合各方资源和优势，才能形成发展合力，抢得发展先机。

（五）要以市场为导向

要慎重选择第三方专业运营团队，以市场运营为导向去指导项目谋划、项目建设和乡村运营。在此基础上，要充分利用县乡两级国企、镇企与第三方社会机构合作运营，比如，南塘村利用河田镇柳村人家旅游开发有限公司与运营方签订运营合同，同时也可以根据市场需求，与第三方运营机构一起谋划和完善相关项目，其优势在于：一方面，国企、镇企的介入可以在资金和政策方面给予运营方持续支持，减少运营成本，增强运营信心；另一方面，政府也可以在其中加强专业力量（相对于村一级）进驻，在加强运营指导的同时，也加强对运营的监管。

（六）要扎实落地见效

一旦有好的发展机遇和优质项目，最重要的就是马上就办、真抓实干，尽快落地见效，不能有“等、靠、要”的思想，要做到“一任接着一任干”，持之以恒，乡村振兴才能真正做出成效。

案例评析

南塘村在海峡两岸融合发展背景下，发挥闽台地理位置相近、民间交流历史悠久、经济交流合作需求增强和国家出台一系列支持福建与台湾地区交流合作政策的优势，抢抓机遇，通过整合乡村振兴各项目的策划、实施和运营全链条，充分挖掘自身资源，借势推动乡村产业提质增效，健全联农带农富农机制，扎实稳妥推进乡村建设品质提升，探索走出一条以闽台乡建乡创合作为特色、以项目建设为抓手、以外引内联为发展路径的乡村振兴之路。未来，南塘村应继续关注政策和社会资本方面的发展机遇，如农村土地政策、财政支持政策、金融支持政策、工商资本下乡等，要结合自身实际和发展需求，扩大闽台合作，以文化发展进一步带动乡村各项事业全面进步。

"六要"之源觅新时代农村发展之路

——浦城县石陂镇布墩村的乡村振兴之路*

一、乡村概况

石陂镇布墩村位于福建北大门浦城县南部石陂镇与临江镇交界处，205国道和浦南高速公路穿村而过，距县城35千米。村域面积18.9平方千米，其中耕地5062.2亩，山地面积31843亩，森林覆盖率69.76%，是省级生态村。地处闽北山区丘陵地带，土地肥沃，气候温和，是典型的农林业发展村。2022年村集体经济收入81.05万元，农民人均可支配收入19891元。全村共辖9个自然村，15个村民小组，有890户3421人，是浦城县内常住人口最多的村，村党支部下设6个党小组，党员64名。布墩村具有优良的革命传统，是老区村，其中王山仔自然村是老区基点村，是革命年代地下交通员联络的地点。布墩村曾获全国绿化委员会授予的全国造林千佳村称号，村里至今尚有保留完好的树龄500年以上的古樟树20余棵，分布在各自然村的村头村尾，其中一棵树龄千年的古樟树被誉为"樟树王"，载入县志。布墩村是"六要"群众工作法（村里的事党组织要引领、村民要知道、村民要参与、村民要作主、村民要监督、村民要满意）的发源地实践地，连续13年实现村民"零上访"、工程"零投诉"、干部"零违纪"；连续12年实现村民对重大村务决策、村"两委"班子、村干部测评满意度"三个100%"。布墩村先后获得省级扶持壮大村集体经济发展试点村、省

---

* 本文资料由章贤星（南平市政协派驻布墩村干部）提供。

级乡村振兴试点，荣获全国生态文明村、南平市乡村振兴五星级示范村等荣誉称号。

二、主要做法

近年来，布墩村持续深化“六要”群众工作法，以强化党建引领、打造省级乡村试点村为切入点，加强基础设施建设，推进农业现代化，提升乡风文明，全面整治村庄公园环境，擦亮了石陂农村的“美丽底色”。

（一）夯实党建基础，强化组织引领

1. 深化“六要”群众工作法

布墩村自2006年开始，在实践中探索形成了“六要”群众工作法。该工作法不仅能较好地破解新形势下农村基层组织建设和党风廉政建设的难题，还提升了党组织服务群众的功能，密切了党同人民群众的血肉联系，促进了农村科学发展、农民脱贫增收和社会和谐稳定。布墩村充分发挥“六要”群众工作法发源地的优势，积极推广该工作法，以“党

“六要”群众工作法展馆（余毅奎 供图）

建＋培训”的创新发展模式，结合“六要”群众工作法的特点建设村级组织活动场所，并建立“六要”群众工作法现场教学点，通过“教学＋展示”的形式把该工作法的具体做法生动展示出来。同时，将原村部礼堂改造成“六要”讲堂，配备投影设备，能同时容纳120余人上课，讲好布墩村“六要”故事。微宣讲员们积极开展文化活动，在村里的古樟树下用通俗易懂的语言，讲述《一粒米的故事》《俊波故里的新篇章》等引人入胜的典型故事，加强乡村文化教育。目前，“六要”群众工作法现场教学点已被列为省委党校现场教学基地。

2. 强化支部党建引领

首先，织密建强一张联系网。整合现有的综治维稳、疫情防控、残联等网格化服务管理体系，将村子划分为7个区域，由村“两委”干部担任网格长，每个区域按照村民小组和实际在家户数，细分为53个小网格，将年轻有活力、威望高的党员编入网格化队伍，建立起支部书记负总责—支委连片区—党员联农户的联系服务群众网格化体系，有效破解长期以来“一人干、多人望”的现象，形成一体化服务村民体系。

其次，建立健全三个抓手。一是明目标，建立村“两委”履职服务清单。村党支部结合推进乡村振兴和村民休闲娱乐、生产出行需求，精心谋划支部建设、乡村治理、人居环境提升、产业发展、为民办实事等方面事项，召开党员大会、村民代表大会进行讨论，通过后以清单方式固定下来，明确工作事项、责任人、完成时限，并上墙公布，进行销号管理。二是强引领，健全民主议事决策机制。探索推行“相约二八”村民自主议事制度，即每月28日，村党支部召集村“两委”成员、村务监督委员会成员、在家党员和村民代表议事，通报项目建设、产业发展、财务收支、“非农化”“非粮化”整治等情况，讨论疫情防控、低保评定等涉及村民利益的事项，统一思想，凝聚力量。三是练本领，实施能力素质提升行动。紧紧围绕推进乡村振兴，通过“请进来＋走出去”方式，组织开展风险防控、财务管理、产业发展、村庄规划、项目管理等方面的学习培训，引导党员干部开阔眼界、增长见识、转变观念，切实提高履职能力。

再次，突出四个关键点。布墩村党支部大力推行党建引领“三治”

融合，通过抓好家风、家事、家业、家人四个关键点，提升乡村治理水平。一是引领树好家风。健全完善村规民约，规范村里的红白喜事。深入开展学习廖俊波同志先进事迹活动，深入挖掘党员群众中好的家风家训家规，开展“一月一典型”评选活动，每月评选出一批“先锋党员”“孝亲敬老好媳妇”“致富能手”“最美家庭”等系列先进典型，并在“六要”公园红黑榜进行公示，以身边人、身边事等鲜活事例，引导村民对标先进、共倡新风。二是引领理好家事。依托网格化机制，及时了解掌握村民之间的矛盾纠纷，实行网格党员五分钟到户、包片村“两委”干部半小时到场制度，第一时间介入进行调处，确保“小事不出户、大事不出村”。同时，邀请司法、公安、国土、住建等部门业务骨干到村里授课，广泛开展法制宣传，提升村民法治素养，推动邻里纠纷、土地边界、房屋建设等问题阳光化解。三是引领做好家业。近年来，村党支部通过“党支部＋合作社＋农户”发展模式，精心打造大棚种植基地，大力发展烟叶产业，培育再生稻种植大户，带动在家村民实现家门口就业。四是引领顾好家人。将村里“空巢老人”“留守儿童”、残疾人员和低保户纳入困难群体清单，党支部每月组织在家党员、妇女开展“孝老爱小”“清洁家园”等志愿服务活动，帮助困难群体打扫房屋、疏导情绪及解决一些生活实际困难。同时，党支部积极筹办“长者食堂”，将困难群体纳入服务对象，解决吃饭问题，让群众真切感受到党组织温暖。

(二) 推进产业发展，带动村民增收

布墩村根据当地的资源禀赋、市场需求和产业基础，制定适合本村发展的产业规划，明确发展的目标方向。

一是推进农业产业升级。长期以来，布墩村主要以原生态的农业种植为主。为实现村集体增收和农业现代化，建设高标准智能和普通标准两种大棚 90 亩，满足不同生产需求。其中普通标准大棚面积 60 亩，主要用于种植时令蔬菜；高标准智能大棚面积 30 亩，可实现机械化作业、智能调控温湿，主要用于水稻育秧、蔬菜轮作。目前已与客商、种粮大户签订租赁合同，合同期为 10 年，前 5 年每年可促进村集体增收 17 万

元，后5年按照每年不少于10%的比例递增。同时，很好地解决部分村民的家门口就业问题，每年实现村民增收40余万元。为探索尝试向三产融合发展要效益，成立“六要”农业发展有限公司，陆续引进武夷山水品牌的福建美菰林生物科技有限公司、亿家园家庭农场、福建省优又鲜有限公司等，还尝试与武夷山旅游公司合作，吸引城市居民，力争实现农业产业升级。

二是鼓励村民自主经营。布墩村现有烤烟房27座，均为村民建造所有，实现全村烟叶种植380亩，促进村集体增收8万元，带动村民增收70余万元，形成“党支部＋合作社＋农户”的发展模式，持续发展壮大烟叶种植规模，促进村强民富。

三是发展当地特色农业。布墩村党支部以省、市、县大力推广再生稻为契机，紧紧抓住政策红利，充分发挥区位优势、土地资源优势，动员种粮大户种植再生稻，打造布墩村再生稻种植基地。目前全村共种植再生稻1614亩，每年可促进村集体增收10万元，带动村民增收113万元。

（三）夯实农村基础，共建宜居家园

一是兴建水利设施。为提升整体村容村貌和治理水土流失，布墩村积极向上级争取省级水土流失综合治理项目。因项目建设涉及沿河两岸菜地、自留地，村党支部组织党员干部逐一走访村民，征求意见建议，并多次召开党员大会、村民代表大会研究讨论建设事项，最终相关村民纷纷无偿让出自家菜地、自留地，支持项目建设。项目改造布墩村溪流域近400米，建设生态步道、绿化带近800米，极大地改善村民休闲条件，得到村民的高度赞扬。同时，为保障村民用水安全，村里对部分自然村饮水管道进行更换处理。饮水管道总长3000多米，项目造价共30万元。另外，还通过修建水坝、水渠等，便利农田灌溉，推进农业发展。争取省级“以工代赈”项目，加固河岸，保障农田安全。

二是打造主题公园。布墩村是典型的农林业发展村，曾获全国绿化委员会授予的“全国造林千佳村”称号，各自然村的村头村尾的古樟树，是革命斗争年代地下交通员联络的地点。借着乡村振兴的东风，布

依托千年古樟修建的古樟树公园（蔡书玉 供图）

墩村积极以本村最大的一棵千年古樟为主题建设“古樟树公园”，作为村民民主协商、建言献策、休闲娱乐场地。同时，为完善公园内容，提升公园整体品质，布墩村与浦城县司法局合作，在“六要”公园融入司法元素，让村民对法律知识更加一目了然。

三是数字治理乡村。数字化是推动农村现代化的重要手段。布墩村很早就意识到数字化的重要性。通过与浦城电信公司合作，建设数字化乡村治理平台，在村务、党建、平安乡村等7个方面实现乡村治理的数字化、智能化和精细化，提高乡村治理效率和公共服务水平。

四是创建森林村庄。布墩村贯彻加强森林生态安全“四个着力”指示精神，加大森林村庄的建设力度，按照森林村庄的评价体系标准逐条落实，统筹发展森林村庄建设，在原有绿化的基础上，建立健全机构，建章立制，安排专人负责，进行见缝插绿，提升绿化质量，加大宣传力度，把布墩村建设成为“四富四美”的森林村庄。2022年，布墩村被正式列为省级森林村庄。

五是服务群众为本。长期以来，布墩村坚持从实际出发，村“两委”定期开展与村民的互动交流，了解他们的生活情况和困难需求，并

南平市政协在村部建成的书屋（章贤星　供图）

通过村民大会、村民代表大会等方式收集意见和建议，切实做到为民办实事，如在河道上修建清洗台，方便村民洗衣洗菜等；强化与相关部门联系，每年为村里相对困难家庭的孩子争取助学资金及为困难家庭争取慰问品及慰问金等；向民政部门及企业家争取补助资金，推动“长者食堂”建设。

三、发展成效

布墩村充分发挥机制优势，大力发展乡村振兴产业项目，先后投入完成“六要”群众工作法教育培训基地、家宴服务中心、生态大棚、千年古樟树公园等10个乡村振兴项目，极大地提升了村庄人居环境水平，打造好美丽小公园样板，形成“生态农业＋旅游产业＋研学基地”的良好发展局面。

（一）农业产业振兴

布墩村在农业产业方面的发展尤为突出，积极推进农业结构调整，实现了从传统农业向现代农业的转型升级。一方面，引进了多种高效、优质、抗逆性强的新品种，广泛应用于农业生产实践，有效提高了农产品产量和质量，如再生稻，提升产量约30%；另一方面，大力发展设施农业，如修建水库、水坝、水渠等，保障农业安全生产。通过建设温室大棚等设施，实现了反季节种植和养殖，进一步提高了土地利用率和农业生产效益，为当地居民提供了更多的就业机会和收入来源。

（二）乡村生态振兴

布墩村在乡村生态方面的发展也取得了显著成效。首先，积极推进人居环境整治，实现了垃圾分类处理和污水有序排放，投入使用的污水处理厂有效解决了农村废水横流的局面。实施2个自然村污水并入管道的项目工程；建设12座户外公厕，有效解决村民急难愁盼问题；转变村民传统观念，实现家禽圈养，有效解决脏乱差现象。其次，大力推广绿色生产方式和循环农业模式，通过减少农药和化肥的使用量、多种农作物轮种方式，促进了农业可持续发展。再次，加强农村绿化美化工作，在闲置的地方投放鲜花种子、种植树苗，进一步美化村庄，增加绿化率，提高了空气质量。

（三）乡村文化振兴

布墩村在乡村文化方面的发展也取得了明显成效。首先，加强了对乡村历史文化遗产的保护和传承，对传统民居、古树名木等进行了登记造册和保护。其次，积极开展文化活动，如乡村文艺演出、民俗文化展览等，丰富了村民的精神文化生活。再次，加强了乡村文化教育，通过与各相关单位合作，开展各种形式的培训和讲座，提高了村民的文化素质和职业技能。

（四）乡村组织振兴

布墩村在乡村组织方面的发展也取得了重要成效。首先，深化“六要”工作机制，完善了村级组织机构，建立了村民委员会、村民代表大会、监察委员会等组织，实现了基层组织建设的全覆盖。其次，加强了基层党组织建设，通过开展“三会一课”“两学一做”学习教育等活动，提高了党员的政治素质和组织凝聚力。再次，通过开展民主决策、民主管理、民主监督等活动，增强了基层民主的意识和能力。

四、经验启示

(一) 制定科学的规划是实施乡村振兴战略的前提

规划应该明确发展方向和目标，细化各项建设任务，制定时间节点。同时，规划还应该充分考虑当地的自然资源和人文环境，确保规划的可操作性。布墩村每5年制定修改适合本村的发展规划，明确村“两委”每年的履职清单，切实做到责任到人，确保各项目如期完成。

(二) 发展乡村产业是实施乡村振兴战略的关键

只有通过因地制宜地发展乡村产业，才能提高农村经济收入，增加农民就业机会，提高农民生活水平。同时，发展乡村产业还应该注重产业的多元化和可持续发展，避免单一产业可能遇到的发展瓶颈。长期以来，布墩村依据当地资源禀赋和产业基础，通过引导农民种植特色农产品、养殖家禽家畜、发展乡村旅游等措施，实现了乡村产业的多元化发展。同时，还通过建设农业合作社，提高了农产品的附加值，推动乡村产业发展。

(三) 改善农村人居环境是实施乡村振兴战略的重要任务

通过开展环境整治、建设垃圾处理设施、推广清洁能源等措施，可以改善农村环境卫生和基础设施建设。同时，还应该注重丰富农民的文化生活，提高农民的生活质量。布墩村通过开展环境整治、建设污水处理厂等措施，改善了农村人居环境；通过建设篮球场、配置健身设施等措施，丰富村民的业余生活。

(四) 提高农民生活水平是实施乡村振兴战略的根本目的

通过加强技能培训、提供就业机会、实施社会保障等措施，有助于保障农民的基本生活，提高农民的生活水平。布墩村通过与相关部门合作、开展技能培训、与园区企业交流合作、提供就业机会等措施，提高村民的就业技能和就业能力；通过实施社会保障、扶贫救助等措施，保障了农民的基本生活。

(五) 加强乡村治理是实施乡村振兴战略的重要保障

通过加强党组织建设、推进村民自治、开展法治宣传教育等措施，可以提高农民的思想道德素质和文化素质，促进乡村和谐稳定发展。同时，推进农村土地制度改革，解决深层次问题，为乡村振兴战略的实施提供制度保障。布墩村通过加强党组织建设、推进村民自治、开展法治宣传教育等措施，加强了乡村治理；通过建设平安乡村、推进移风易俗等措施，提高了农民的思想道德素质和文化素质。

案例评析

浦城县素有“福建粮仓”的美誉。布墩村强化党建引领，充分发挥“六要”群众工作法的机制优势，一方面加强对乡村历史文化遗产的保护和传承，另一方面鼓励微宣讲员等个人和组织积极开展文化活动，在文化建设方面的发展取得了明显成效。未来，要把乡村文化建设摆在更加重要的位置，加大力度研究浦城农耕文化在现代语境下的保护传承和活化利用，同时按照乡村实际情况，加快推进乡村文化活动中心等场所建设，鼓励建造开放特定主题的农耕文化园，形成全体村民关心支持和积极参与乡村文化振兴的浓厚氛围。

小剪刀带动大发展

——柘荣县城郊乡靴岭尾村的乡村振兴之路*

一、乡村概况

靴岭尾原称桦树洋，后有人发现村庄岭头上有一块像靴子的巨石，而村庄又位于岭尾，于是易名靴岭尾，并沿用至今。靴岭尾村位于柘荣县西北部，104国道穿村而过，距城关5千米，距离乡政府所在地5.5千米，海拔685米。全村总面积1.68平方千米，耕地面积695亩，其中水田500亩；山地面积195亩；林地面积2252亩，其中竹林面积1125亩。下辖3个自然村，分别为上洋、下洋、里洋。全村共有148户618人，党员22人。境内生态资源丰富，主要产业以太子参、茶叶为主，被列为“太子参追溯体系村”。作为中国民间文化艺术之乡，剪纸是柘荣县的文化特色，是熠熠生辉的“闽东之光”。有着400多年剪纸传统文化底蕴的靴岭尾村，是宁德市“剪纸特色村”，有剪纸巧手数十人。近年来，靴岭尾村通过活化非遗，打造“清新乡野、文创田园”，走出一条“非遗+旅游”的特色乡村振兴路，“妙手”剪出文旅兴村的锦绣画卷，先后被评为福建省乡村振兴实绩突出村、福建省乡村治理示范村、福建省金牌旅游村、福建省文化产业示范基地、福建省新时代特色文艺示范基地、国家AA级旅游景区、柘荣县“福文化”示范村等，并成功入选全国第二届乡村振兴品牌节文化振兴典型案例、福建省乡村振兴优秀案例。

---

* 本文资料由吴雪香（柘荣县城郊乡靴岭尾村第一书记）提供。

靴岭尾村一景（吴敏婕　供图）

二、主要做法

（一）强化党建，引领乡村振兴工作

一是强化组织建设。柘荣县城郊乡党委充分利用村级换届契机，选优配强村级组织班子，形成了以省商务厅下派第一书记迟捷、村第一书记吴雪香、村支部书记袁品瑞为主心骨的乡村振兴领头羊。将村“两委”人员按分工组建事业发展工作组、社会治理工作组、便民服务工作组的“一团三组”工作架构，建立常态化联系服务群众制度，有效增强党组织的凝聚力、号召力、战斗力。

靴岭尾村主动联络闽籍侨商、海外福建社团、柘荣驻外商会及在外乡贤能人，采取建立一个在外人才信息库、成立一个乡村振兴促进会、制定一个在外优秀人才联络服务办法的“三个一”工作方法，成立了由帮带导师、文创导师和乡贤骨干组成的“乡村振兴帮帮团”，共登记乡贤能人 36 名，每年至少举办一次“乡贤诸葛会”，为家乡发展建言献策，帮助对接发展项目。2020 年以来，乡贤筹集资金 1000 多万元，创办岩峰文旅发展有限公司等经济实体，为产业振兴注入新鲜血液。

二是规范支部领办。2021年起，柘荣县委组织部指导靴岭尾村成为支部领办农民专业合作社试点，领办了4家经济实体。为保证规范经营、分配合理，村党支部制定了合作社（公司）章程，其中规定村集体和村民社员股份占比51%以上，大户持股不超过10%，村委会以集体土地和相关基础设施配套计价入股；社员入社自愿、退社自由；合作社（公司）接受乡党委和村党支部的领导和监督；理事长由党支部书记兼任。通过制度的执行，强化了监督，使支部在经济实体运作中拥有决策权和分配权，能代表村集体和入股群众的利益。支部领办合作社（公司）探索了“三变”改革，群众既得到实惠，又激发主体意识，形成良性循环。改革创新使党支部带领群众共富，群众更紧密地团结在村党组织周围。

三是党建与三治融合。靴岭尾村以德治、自治、法治为支撑，优化乡村治理结构，营造文明、民主、和谐的社会环境。建立直联机制，关心群众生活，加强德治；坚持村民自治制度，党员群众参与制度制定、重大决策、工程审定、环境整治、村务监督，以法治为保障定纷止争，明法理，促和谐，加大普法宣传力度，提升村民法治意识。同时搭建“党建小院”，聚集党员、乡贤，方便群众议事、议发展、提建议、解纠纷，调动群众参与乡村振兴工作的积极性。

（二）兴村治村，实现乡村善治目标

一是建设善治组织。加强支部建设，建立定期联系服务群众制度，支部书记每年走访2次以上，开展“敲门行动”，解决群众问题。梳理小微权力清单29项，设立廉情观察室，让权力在阳光下运行，打造有凝聚力、号召力和公信力的党组织。

二是搭建善治阵地。顺应新时代立体化治理趋势，完善阵地建设，开展“方针政策讲一讲、文明家风传一传、组织生活过一过、邻里纠纷调一调、村居事务议一议、群众难事帮一帮、致富经验带一带”的“七个一”活动，设立7个便民工作室，创新“草根和事佬”工作机制，选聘6名“草根和事佬”，坚持“六心”服务，用“能人”智慧化解矛盾纠纷，做到小事不出村、矛盾不上交。同时加强“一村一警”警务室建

设，提供高效治安便民服务，补齐农村治安防控短板。

三是培育善治人文。利用本土文化优势，实施“两约一训”，推动文明乡风和孝德家风。每年评选“五好五星”，鼓励村民参与，形成比学赶超氛围。完善村民自治制度，强化主体意识，激发村民参与乡村治理的积极性与主动性。

（三）深入挖掘，一把剪刀改变村貌

靴岭尾村是农业村，业态单一，群众发展思路不宽。但是，在靴岭尾村，家家贴窗花、挂饰、墙贴，无处不在的剪纸成为一种生活方式，形成独特的文化现象。正是这把几乎人人都会舞弄的小剪刀，成为剪出靴岭尾村锦绣前程的“金剪刀”。干部利用村内400多年的剪纸文化底蕴，瞄准文创产业这一新兴市场，提出打造“文创田园”的发展定位，致力实现“中国剪纸第一村”的发展目标。

一是培育剪纸能手。靴岭尾村党支部号召党员和群众，由干部带头，重拾剪纸技艺，动员215名村民参与，其中26人搞传统剪纸。村委会修整闲置老宅作为剪纸小院，邀请非遗传承人孔春霞开班授课，传授剪纸技艺。经过一年多努力，培育了31名剪纸能手，组织艺人袁作

小剪刀志愿服务队开展公益剪纸培训（靴岭尾村委会　供图）

干、章小云等赴福州学习培训，培育剪纸文化在村内传承的后续力量。城郊乡党委支持靴岭尾村在剪纸产业上的探索，2020年春节前组织了“金鼠送福”春联剪纸公益活动，群众创作的剪纸作品获得好评。

二是建立剪纸基地。为了扩大剪纸培训传习范围，靴岭尾村建立了一系列剪纸设施，包括剪纸文创馆（非遗技能传习中心）、柘荣剪纸传习馆（介绍剪纸历史源流及风格技艺、展示11位大师作品）、剪纸体验馆（让游客体验剪纸技艺、销售剪纸工艺品）、31座剪纸风格特色小院（变家园为景区）。

三是开展传承研学活动。引进多位优秀剪纸传承人作为技艺导师，签订合作协议，进行公益培训，包括文创田园剪纸培训、青年创业协会专场培训、电商人才培训以及直播带货。培训吸引了大量人员参与，传承了剪纸技艺，营造了良好的文化氛围。

四是创办文旅实体。靴岭尾村党支部引入36名乡贤能人，通过支部领办、乡贤投资、村民入股的方式创办了4家经济实体，以推动剪纸产业化、研学亲子游乐项目的发展。其中，小红鞋文创公司主要负责剪纸、油画等文创产品的加工、销售和文化研学活动、文艺活动策划与表演等。目前，小红鞋文创公司已开设了剪纸培训园、剪纸展示馆、剪纸体验馆、油画馆和林下旅游亲子活动区等场所。

（四）完善空间，提升村庄特色品位

靴岭尾村在打造剪纸特色村后，继续利用政策优势，通过艺术化手段，加强基础设施建设和提升剪纸村的特色品位。

一是推进人居环境整治。改造房屋立面2.7万平方米，统一上色，显得清新亮丽；红色剪纸装置点缀31栋房屋，剪纸画上墙31座，展示了特色村的风貌；改厕24户，修建公厕4座，建成健身漫步道860米、花圃300平方米以上，提升村容村貌。

二是建设文创田园。文创田园占地3000平方米，包括乡村振兴展示馆、剪纸名师工作室、剪纸展示馆、油画馆、亲子草坪、CS野战基地、农耕体验园等，成为村庄的一大亮点。

三是建设乡村游配套设施。修筑长500米、宽6.5米的进村公路，

安装剪纸风格太阳能路灯 50 盏，显得美观大气；建停车场 1500 平方米、游客驿站店面 11 间，对外承接研学夏令营、短途游等团队，使文旅产业日趋成熟。

四是配制外墙剪纸装饰图案。邀请柘荣剪纸传承人和本村剪纸能手设计精美的剪纸图案构件，装饰村庄主要建筑和民居，展示不同剪纸风格和故事，尽显剪纸文化村的特色。

三、发展成效

曾经的靴岭尾村是典型的山村，基础设施差，产业基础薄弱，农民收入低，劳动力外流严重。2018 年，新一届村委决心改变现状，组织人员学习经验，进行实地调研，开展座谈交流，提出发展剪纸产业的想法，深挖剪纸习俗，利用非遗文化优势，发展剪纸产业，带动其他文创、旅游业发展。

（一）促进文化传承

靴岭尾村拥有 400 多年的剪纸文化历史，家家户户的妇女都会剪纸。为了传承这一技艺，村里建立了剪纸非遗工坊，并开设了群众剪纸传习馆、大师剪纸馆，为剪纸文化的传承提供了坚实的平台。为进一步提升剪纸技艺和推动产业发展，村里引进了孔春霞、金素清等拓荣剪纸省、市非遗传承人，并通过“导师帮带制”和公益剪纸培训班培训学员 5000 余人，帮助村民提升剪纸技艺。

（二）推进产业发展

为了进一步带动剪纸文化产业的发展，靴岭尾村投入专项资金，完善基础设施。例如，利用剪纸装置装饰庭院立面，打造剪纸“庭院经济”，并建设大师剪纸馆等文化艺项目。经过几年的培育打造，靴岭尾村以剪纸为主导的产业稳步发展。目前小红鞋文创公司每年收益可达 300 万元左右；岩峰文旅发展有限公司向旅客提供餐饮、民宿等服务，每年营业额可达 500 万元左右。特别是先后建成“文创田园”景区、K 瓦立方游乐园、真人 CS 基地等创收项目，使靴岭尾成为年均接待游客 15 万人次以上的“网红村”。剪纸、文旅产业的发展，带动了乡村游发展。2022 年共接待研学团队 7000 人次，文创关联产品产值累计达 300 多万元。

同时，农业产业化进一步发展。靴岭尾村有标准化茶叶加工厂，面积 3000 平方米，年销售额 500 万元。有百香果育苗园，种植大棚草莓，新品种白雪公主、熏桃等。林下轮种竹荪、黄精、赤芝等，一期种植 36 亩。村里的草莓、杨梅、石榴、辣椒种植和林下竹荪共 1800 多亩，建设农业产业化基地，发展农业观光园、农事体验和采摘游等项目。接待中小学生夏令营 200 批次 1 万多人，接待百人以上大型旅游团 11 个，日均游客量过千人。

（三）引导树立乡风文明

乡村产业初见成效后，靴岭尾村党支部加大投入进行精神文明建设，将剪纸元素与村庄环境相融合，使村中充满了浓厚的文化氛围。2018 年起，开展“五好五星”评选活动，每年评选 25 名“带富之星、诚信之星、孝德之星、友爱之星、清洁之星”，以典型引路、用先进示范，激发村民的荣誉感和内生动力。同时，成立 11 个自治组织，制定“两约一训”，引导村民参与人居环境整治，逐渐形成文明乡风、良好家风、淳朴民风。

（四）促进村级经济发展

经过几年努力，靴岭尾村以剪纸产业为主导的文创、旅游产业形成规模，促进了村民收入增加，村财增收。村民入股经济实体户均年增收 2 万元，经济实体吸纳村民务工年人均增收 2 万元，加上自营茶叶、太子参等收入，2022 年全村农民人均收入达 2.79 万元。村集体以土地和相关基础设施配套折价入股，建设了多个农业基地和投资项目，从 2017 年零村财“薄弱村”发展成 2023 年村财收入 97.6 万元的“明星村”。

（五）建成特色优美村庄

靴岭尾村党支部推动产业振兴，进行房屋改造、污水管网建设、文创旅游设施及剪纸装饰，提升村庄品位。迎宾公园、迎宾大道及精美剪纸图案装饰的太阳能路灯展示村庄魅力；民房清新整洁，镂空剪纸图案和剪纸壁画装饰别具一格；游乐园、红纸屋、党建小院等设施让人流连忘返；观光农业区展现优美生态环境和田园风光，成为剪纸特色“网红村”。

四、经验启示

（一）明确定位、培育产业是乡村振兴的核心目标

靴岭尾村新班子上任后，经过探索论证，提出发展剪纸产业思路，确立“文创＋旅游”发展定位。通过培育剪纸人才、建设剪纸基地、创办经济实体等措施，使剪纸文旅产业取得坚实依托和运营载体，文创产品成为商品并产生良好经济效益，带动全村其他工作开展。

（二）激活主体、凝聚合力是乡村振兴的内生力量

靴岭尾村党支部建立联系服务群众制度，建设党建小院，邀请乡贤群众参与发展决策，调动群众的积极性。通过制度创新，推行支部领办合作社，使大多数群众和村集体形成利益共同体，激发共同创业热情，产生带动乡村振兴的内生力量。

（三）突显特色、提升品位是乡村振兴的重要环节

靴岭尾村党支部邀请专家设计剪纸文化村庄改造方案，融入剪纸元素，整治脏乱差，绿化环境，完善文创场馆、健康步道、游乐场所，展示村庄特色与魅力。

（四）班子带头、党建引领是乡村振兴的坚强保证

靴岭尾村党支部在乡村振兴中发挥重要作用，加强党建，建立机制，创新模式，充分发挥“两委”作用，引领发展方向，激活产业、激励村民参与建设，形成乡村振兴合力。

案例评析

随着我国非遗保护工作的不断推进和传承发展水平的不断提升，一系列生动的非遗保护实践为推进乡村振兴提供了思想保证、精神动力、舆论支持和文化条件。本案例中的靴岭尾村通过支部领办等方式挖掘特

色非遗剪纸文化，在保护和传承中也促进了乡村经济的发展，找到了一条适合自身特点的道路发展。在推进乡村振兴实践中，必须加大力度有效地保护和传承这些宝贵的文化遗产，开发文化旅游产品，举办非遗文化展览和演出活动，推动相关产业的发展，如手工艺品制作、农产品加工等，为乡村经济注入活力。同时，要继续宣传普及习近平总书记关于非遗保护的重要论述，增强乡村群众对传统文化的认同感和自豪感，提高其文化素养和审美水平，提供就业机会和创业平台，促进个人发展和家庭收入提高。

“酒酒”为功，酿造乡村振兴“醉美味道”

——屏南县代溪镇北墘村乡村振兴实践的经验和启示*

一、乡村概况

北墘村位于宁德市屏南县代溪镇，平均海拔678米，年平均温度15～18℃，森林覆盖率96%。村庄总面积28平方千米，耕地面积3252亩，山地面积2.2万亩，下辖1个自然村，有18个村民小组，全村总人口609户2290人，常住人口700多人，党员44人。

北墘村全景（季周　供图）

* 本文资料由吴毓淮（宁德市屏南县代溪镇党委宣传委员）、陈晓宇（宁德市屏南县代溪镇党政办负责人）提供。

北墘村有700多年历史，水质优，气候适宜，有独特的酿酒环境。全村从事黄酒酿造的农户占99%，家家酿酒、户户有酒窖，被誉为“红曲黄酒之乡”。传统建筑、古迹保存完好。曾经的北墘家家酿酒，却无法摆脱贫困。自2016年以来，通过激活黄酒文化、忠孝文化，做强“黄酒+”“文旅+”等多业态组合，努力发挥村集体经济造血能力，村民凝心聚力，稳步实现共同富裕的目标，成功打造“闽派黄酒第一村”，走出了一条乡土特色文化赋能乡村全面振兴的可持续发展之路、一条“具有闽东特色的乡村振兴之路”。先后荣获中国传统村落、全国文明村、中国美丽休闲乡村、中国传统建筑文化旅游目的地、中国红曲黄酒文化之乡、国家AAA级旅游景区、省级金牌旅游村、省级森林村庄等十余项荣誉称号。

具有传统产业特色的北墘村村标（于立华　供图）

二、主要做法

（一）突出党建领动，为乡村振兴掌舵

一是支部把关定向。北墘村党支部发挥战斗堡垒作用，提升标准、把握方法、改进作风，引领群众参与乡村治理，打造精细化管理模式。立足村情实际，锚定发展目标，钻研惠农政策，扶持有经验的酿酒大户及有带富能力的农民专业合作社。邀请专家学者进村传授经验，开展技术培训，提升理论水平和技术能力。

二是党员先锋领航。北墘村实施“三亮”＋“积分制”乡村治理模式，提升村庄面貌。党员亮身份、亮承诺、亮工作，管理责任片区及监督联系挂户人员规范行为；围绕村民自治的重点任务和突出问题，推行积分量化评比，调动农民群众参与乡村治理的积极性、主动性、创造性，引导问题解决，增强村民的获得感、幸福感、安全感。

三是村民共同治理。北墘村充分发挥党员干部和乡贤的示范带领作用，积极引导、发动、鼓励、组织村民广泛参与文旅发展的全过程，凝聚起各方共建共治意识，让村集体和村民共享地方发展红利。

（二）突出文化铸魂，为乡村振兴打底

北墘村的忠孝文化源远流长，北墘村创建乡村振兴故事馆讲好新时代涌现的“忠为大孝”人物、忠孝村民乡贤等故事，赋予忠孝文化以新的时代意义，成功赋能乡风文明建设；通过创建北墘忠孝传家村民志愿者队伍和发挥忠孝村民乡贤的示范带动作用，发动、鼓励群众积极分子参与村民自治，推进了善治建设，提高了乡村治理水平，有效赋能乡村组织振兴；提升村民乡贤的文化自觉及自信，将忠孝文化与黄酒文化融入村容村貌建设、景观体系建设中，进一步为北墘村发展文旅产业提供基础保障，多角度推进村落社区建设。

（三）突出产业拉动，为乡村振兴“增肌”

一是传承文化，提升黄酒产业集聚度。深入挖掘黄酒文化，以北墘老酒为核心，从黄酒生产和生活文化中提炼出包括家传作坊、夏曲冬酒

等10项特征的北墘黄酒文化体系，并将其具象化为黄酒酿造技艺、黄酒风俗等。村党支部统筹政策、资金、资源、技术、人才等发展要素，发挥“北墘老酒”知名度高和家家酿酒的产业基础优势，通过“党支部+企业+农户”模式，整合各方面优势资源，重点打造“北墘老酒”品牌，改变酒农单打独斗的局面，进一步做大做强黄酒产业，以黄酒文化助推黄酒产业发展，延长产业链，增加村民收入。

二是回引乡贤，提升黄酒产业活跃度。支持乡贤创建北墘酒业、龙头湾酒业等企业，打造个性化黄酒新品，满足消费需求，提升黄酒产业活跃度；收购村民黄酒，打造“柏墘”黄酒商标，进行品牌包装推广；动员乡贤开办古玩店、民宿，丰富村内旅游业态，带动村民增收。

三是创新模式，提升黄酒产业感受度。为了让消费者体验黄酒文化，推出“游客认购、酒农藏酒”模式，讲好封藏酒的故事，激发购买热情，定制独一无二的限量大坛酒，满足个性化需求；开发黄酒衍生品，设计酒瓶、包装外形图案、伴手礼包装袋，结合本地红曲，开发出特色产品参与展销活动。

北墘村六角井（于立华　供图）

（四）突出旅游驱动，为乡村振兴赋能

一是打好资源牌，黄酒文化旅游深入人心。充分挖掘黄酒文化资源，开发优质黄酒文化旅游产品，做活酒文旅融合大文章，推动资源优势转化为产业优势。着力打造“党支部＋景区＋公司＋农户”的创新模式，建立政府、外来投资主体、村集体、村民四者之间协同互利的发展机制。对集体资产和空闲资源进行登记，深化资源开发、股份合作、服务增收、项目带动等模式，发展村级集体经济。坚持生态保护、文化传承的绿色发展理念，收储闲置古民居，统一招商，将传统文化与旅游产业结合。开发包装旅游业态，将闲置资产变为聚宝盆，增加固定资产和村集体经济收入、农民租金收入。

二是打好定位牌，黄酒文化旅游异军突起。以黄酒文化旅游为主导产业，对北墘村的黄酒文化旅游资源、传统产业资源进行整体策划、开发及市场运营，打造精品旅游路线。着重发展以黄酒文化为特色的乡村休闲度假、文化体验旅游、乡村民俗旅游等新业态。

三是打好体验牌，黄酒文化旅游品质升级。投入 4600 万元改造提升基础设施，融入黄酒文化元素，建成黄酒文化技艺体验馆、黄酒文化展示馆等多个功能体验区，提升黄酒文化旅游品质。加大历史古村落保护力度，保留传统乡村文化风貌，修缮吴氏宗祠、佛仔厝等历史风貌建筑，绿化古村内部边角，打造小景观及网红打卡点。开发新型业态，利用古民居修缮改造酒吧、咖啡屋、民宿等，促进黄酒文化旅游发展。

四是打好节庆牌，黄酒文化旅游声名鹊起。通过“黄酒文化＋节庆活动”的方式，开启黄酒文化“引力”模式。已经成功举办 6 届黄酒文化节，在黄酒文化节机制保障、村民参与、媒体宣传等方面积累了丰富的经验，不仅让大家感受到北墘的文化气息，也扩大了北墘黄酒文化旅游的知名度、吸引力、影响力，提高了北墘酒文旅产业的经济效益。

三、发展成效

（一）坚持特色文化赋能，搭乘产业发展快车，打造新的增收模式

北墘村以黄酒文化助推黄酒产业发展，形成“北墘老酒＋品牌集合

＋家庭作坊”的产业体系。2018 年在原有珑泉古酿、一口香、志鸿酒业等酒企或专业合作社的基础上，北墘乡贤、乡村振兴特聘指导员吴善远返乡创办北墘酒业有限公司，高于市场价收购北墘村民生产的黄酒，进行品牌包装、推广，实现年销售额超 2800 万元。全村每年酿酒 30 多坛的有 260 户，100～300 坛的有 46 户，500 坛以上的有 8 户，1000 坛以上的有 2 户。开展“我在北墘有坛酒”活动，全村被认购的黄酒近 300 坛，带动酒农人均增收 2 万元左右。2018 年北墘村人均年纯收入尚不足 1.56 万元，村财收入仅 3.28 万元，经过几年的发展，2022 年北墘村黄酒年产量超过 1600 吨，年产值超过 4200 万元，黄酒存量 3200 吨左右，当年集体经济收入达 56.01 万元，人均可支配收入约 2.6 万元。

（二）嫁接乡村文旅业态，打造高黏性的互动体验

发挥特聘指导员资源优势，推动酒文旅融合，丰富旅游业态；与福州阳光学院、福建江夏学院、福建理工大学等院校合作，开发优质黄酒文化旅游产品；黄酒“村游”持续升级，开办了 8 家特色民宿、3 家特色餐饮和 6 家土特产商铺；与福建农业职业技术学院等高校合作，深度发掘黄酒元素，延长黄酒产业链，做强“黄酒＋”，开发出“酒、糟菜肴＋酒、糟美食”等黄酒衍生产品以及“子孙孝 DIY”等文创产品，实现了农副土特产品变成旅游商品，乡村山居变成民宿，传统民俗变成旅游新体验。2022 年，北墘村共接待游客近 4 万人，旅游综合收入超 600 万元，成为屏南县乡村振兴的新生力量和乡村旅游的新打卡地。①

（三）提高文化自信和文化向心力，打造高颜值的和美乡村

发挥黄酒文化资源优势，持续增强文化自信和文化向心力。在生态建设、乡村环境整治、村容村貌建设过程中，以“五个美丽”建设活动为目标，秉持着眼“小切口”、推动服务“大民生”理念，深耕酒元素，采取因村制宜、就地取材、变废为宝等方式，从“微”字着手，发挥村

---

① 叶陈芬、甘叶斌：《屏南北墘村：“酒旅”融合绘就“醉美”乡村》，载《闽东日报》2023 年 4 月 17 日。

党支部、乡贤和村民的能动性，整合零星资源，发挥创意，创造亮点，打造特色庭院、微景观、小公园、田园、旅游打卡点，绘就“醉美”乡村，北墘村微景观建设入选全省50个乡村“五个美丽”建设典型案例。

（四）乡贤带动、共同治理，提升村民有感度

每年正月初二召开乡贤茶话会，广邀乡贤为全村经济发展建言献策，共谋北墘村的发展振兴。乡贤返乡创建了多家酒企，不仅实现了企业盈利，也促进了农户增收，更多乡贤通过酒旅融合，为北墘村文旅经济发展注入新活力。始终坚持“以人民为中心”发展理念，凝聚巨大的发展合力，村民积极参与产业振兴，开起民宿，办起餐馆，售卖特色农产品等。黄酒文化节上，北墘村群众自导自编自演的反映北墘乡村生产、生活、文化传统的文艺节目和各类传统手工艺制作展示活动颇受欢迎。北墘村民成为乡村振兴发展主体，群众的获得感、幸福感、安全感不断增强。

四、经验启示

（一）立足资源禀赋，培育差异化竞争优势

北墘村依托700年黄酒文化和制酒技艺优势，激活文化，发展“黄酒+”“文旅+”，探索“酒文旅融合”新路，成为“闽派黄酒第一村”。通过市场运作，整合、开发、利用集体资源，将资源优势转化为经济发展动力，使“北墘老酒”焕发新的光彩，占据闽东和福建黄酒产业的优势地位。

（二）整合特色文化，赋能乡村振兴全过程

北墘村有深厚的黄酒文化和忠孝文化底蕴，经过挖掘、整合和提炼，成为村落特色文化。黄酒文化被用于开发特色产业，衍生出黄酒文创产品、酒糟系列产品以及黄酒文化产品，并带动村民家门口就业和增收。忠孝文化与之相互配合，提升村民的乡愁认同、文化自觉和参与乡村振兴的积极性，为北墘村的振兴打下坚实的基础。

（三）坚持目标战略，党建引领绘美丽图景

自2016年确定创建北墘黄酒文化特色小镇起，代溪镇党委与北墘

村历任党支部书记都坚持推进主线任务，集中配置资源，主动对接机会，紧扣战略目标，弹性应对变化，突出党支部在北墘黄酒文化小镇建设中的方向引领作用和主导地位。北墘村坚持“党建引领、村企合一、因地制宜、市场导向”的原则，将党支部打造成为基层的战斗堡垒，立足村情，着眼长远，大胆实践，运用新思维、新方法，走差异化发展之路，引导各方实体定向发力，充分发挥北墘特色和优势，为乡村振兴提供坚强有力的政治保障。

（四）培育内生动力，聚力贤才建美好家园

北墘村在乡村振兴中，重视提高村民认同感和参与感，激活和整合特色传统文化，形成团结融洽的干群关系和友善好客的待客之道，激发乡贤和村民的文化自觉，形成发展内生动力。村党支部加强党建引领，邀请各界热心人士参与，形成头雁群体和乡村振兴队伍，共同努力发展特色产业，提高黄酒品质，完善旅游服务，实现群众增收。

案例评析

北墘村在乡村振兴过程中，挖掘深厚的黄酒文化和忠孝文化，将其提炼为村落特色文化，进而以黄酒文化为引领，赋能乡村振兴，实现了特色文化主导的产业链延伸；注重整合特色文化资源，与时代精神相结合，探索出“酒文旅融合”的发展新思路；以“企业＋专业合作社＋农户”的发展模式为抓手，通过企业化市场运作，整合、开发、利用集体资源，将其转化为经济发展红利。这种发展模式不仅使北墘村在闽东乃至福建黄酒相关产业中占据了优势地位，还为乡村旅游注入了新的活力。下一步，北墘村应在保护利用好古建筑的基础上深入挖掘民间手工技艺等非物质文化遗产，让活态的乡土文化通过有形的实体传承下去。同时，为了更好地发挥“黄酒＋”的产业拉动作用，必须重视研究制定北墘老酒的品控标准，提高北墘老酒的知名度和美誉度，把北墘打造成既富又美的黄酒文化特色小镇。

第四篇　生态振兴

习近平总书记指出："良好生态环境是最公平的公共产品，是最普惠的民生福祉。"① 在乡村"五大振兴"中，生态振兴不仅是乡村振兴的重要基础，而且是乡村振兴的有力抓手。福建省是习近平生态文明思想的重要孕育地与实践地，习近平同志在福建工作17年半，提出了一系列生态文明建设的创新理念，亲自部署、亲自参与、亲自推动生态文明建设重大实践。福建省牢固树立和践行"绿水青山就是金山银山"理念，以实施乡村建设行动为抓手，改善农村人居环境，不断提升生态颜值。全力打好"蓝天、碧水、碧海、净土"保卫战，推进山水林田湖草沙一体化保护修复、海上养殖综合整治等，生态环境质量持续优化，一幅幅宜居宜业美丽乡村新画卷徐徐铺展。长汀县曾是我国南方红壤区水土流失最严重的县份之一，长汀人民持续发扬"滴水穿石，人一我十"的精神，水土流失治理取得历史性成就，总结形成了可资借鉴的"长汀经验"，推广全国，走向世界。

乡村生态振兴是激活乡村产业发展的"源头活水"。近年来，福建省深入学习"千万工程"经验，持续改善农村人居环境，优化村庄建设布局，提升乡村风貌和建设品质，打造清洁美丽田园，立足农业资源多样性和气候适宜优势，培育特色优势产业。将乐县高唐镇常口村将生态公益林推向碳票市场，让空气变成可交易、可质押、可存储的"真金白银"，同时依托水资源优势，大力发展水美经济，开发云衢山漂流、水上威尼斯乐园项目，打造皮划艇训练基地，依托生态脐橙园、蔬菜水果种植大棚，打造县中小学生劳动教育实践基地，让村民变老师、变厨师、变导游，增加收入，为更多乡村树立生态产品价值实现的示范。长汀县河田镇利用水土流失治理成果，采取经济、教育、行政、伦理、文化、法规等各种措施和方法，大力发展林下中草药种植，加快基础设施建设，谋划富民产业发展，全力打造集红色文化、生态文化、特色农业于一体的"红色＋生态""红色＋农业"综合性红色旅游景区，实现省级贫困村到省级乡村振兴实绩突出村的华丽转变。

---

① 引自：准确把握人与自然和谐共生的现代化的重大要求［EB/OL］.（2023-06-10）［2023-08-21］. http：//www.qstheory.cn/laigao/ycjx/2023-06/10/c_1129684521.htm.

福建省完成农村人居环境整治“三年行动”，扎实推进农村建设品质提升，全面开展乡村“五个美丽”建设，不断提升农村基础设施公共服务保障水平，农村公厕、卫生户厕全覆盖，所有乡镇建成生活污水处理设施，农村生活垃圾收集转运处置体系全面构建，农村人居环境得到明显改善，持续推进建设宜居宜业和美乡村。长汀县在农村环境整治中，因地制宜推进“五园一舍五化”创建，推动乡村由表及里、形神兼备的全面提升，在宜居乡村、共富乡村、人文乡村的建设上取得良好成效，达到了环境美、村庄靓的宜居效果。把农村人居环境整治提升作为实施乡村振兴战略的重要抓手，强化农村水土资源保护，合理控制自然资源利用强度，推动农村人居环境改善提升。加大农业面源污染防治力度，遵循生态系统整体性、生物多样性规律，构建稳定可持续的田园生态系统，走出一条以生态优先、绿色发展为导向的高质量发展路子。周宁县在农业发展观上进行一场深刻革命，以“四绿”行动践行“四库”理念，全面建立以绿色生态为导向的制度体系。

福建省聚焦生态建设，合力绘出“山水画”，建设生态宜居新家园，让人们看得见山、望得见水、记得住乡愁。建阳区黄坑镇三峡民族村发挥自然景观、民族风情、人文历史等资源优势，注重突出产业特色，抓好民族村特色建设、基础设施建设、村庄建设，走出一条具有畲族特色的乡村振兴之路。永泰县梧桐镇利用大樟溪中游山地丘陵优美的自然资源、天然优质温泉资源以及深厚的历史文化底蕴，开展“美丽乡村”建设，引进民宿，发展乡村休闲游，取得了很好的效果。城厢区五云村坚持科学规划、稳步推进，开展木兰溪治理，实现特色果品和乡村生态旅游“两手抓”“两手硬”，成功摘掉“贫困村”帽子，成为周边市民热衷游玩的“网红村”，提高村民的参与感和获得感，实现经济发展和环境保护的双赢。

推动乡村生态振兴离不开长效机制建设。对基础设施要完善建设和管护机制，当前，福建省许多乡村基本建立有制度、有标准、有队伍、有经费、有督查的村庄人居环境管护长效机制，鼓励专业化、市场化建设和运行管护，推行环境治理依效付费制度，健全服务绩效评价考核机制；坚持破除以城市治理为中心的惯性立法思维，关注城乡差异，从农村实际情况出发，严格控制污染企业向农村转移，鼓励资金、人才要素进入农村，探索市场化手段解决乡村生态环境问题的长效机制。上杭县才溪镇下王村以改善辖区生态环境为目标，以提升村民生活质量为宗旨，深入开展市级生态村创建工作，探索创新群众自治、共治的生态环境治理模式，充分发挥村规民约的作用，探索以“积分制”“责任制”等方式引导村民参与乡村治理，进而实现农业生产的绿色化、农民生活的低碳化。

立足生态优势，绘就乡村振兴“全域图”

——永泰县梧桐镇的乡村振兴之路

一、乡村概况

梧桐镇地处福州市永泰县西南部，东邻赤锡乡，南同仙游县游洋镇、石苍乡接壤，西接嵩口镇，北与同安镇毗邻。镇区距县城33千米，位于大樟溪中游，山地丘陵居多，地势西高东低，起伏的山峦、川流的大樟溪形成半高山缓坡地和河谷地，还有优质温泉资源。总面积169.92平方千米，全镇辖行政村21个、社区1个，总人口约4.2万人，共有党支部40个，党员949名。气候四季分明，植物生长期年平均248天，盛产多种亚热带水果及李干、柿饼等特产。境内文物古迹主要有潼关村的省级文物保护单位郑侨墓、后溪村的省委旧址红军洞以及椿阳村的狮尾寨、旧街兴安会馆，具有深厚的历史文化底蕴。近年来，梧桐镇先后获评福建省全域生态旅游小镇、省级乡村治理示范镇、省级乡村旅游休闲集镇、省级文明村镇等。白杜村获评全国乡村治理示范村、省级森林村庄、省级乡村振兴试点村；坵演村获评国家级森林村庄、省级金牌旅游村、省级乡村旅游特色村；春光村获评中国美丽休闲乡村、全国乡村旅游重点村、四星级旅游村等。

二、主要做法

(一) 党建引领，机制创新，激发振兴新活力

一是推进“服务队+工作组+合作社”工作机制。通过党建“整乡

推进、整县提升”行动，创建五星级党组织6个，设立中心村党委4个，以中心村党委集聚资源优势，分片带动大樟溪沿岸各村共同发展。通过“旅游＋民宿”“旅游＋研学”“旅游＋龙头企业”等模式，做足“以农促旅、以旅兴农、农旅共生”文章。完善党建引领“服务队＋工作组＋合作社”工作机制，联合创办金融助理工作室，推动“党建＋金融”信用体系建设。激活各村合作社，推进乡村振兴试点建设工作，实施13个乡村振兴项目，打造集体经济增收引擎。

二是创新“村集体＋企业＋村民”合作社模式。推动特色农业发展，采取“机制带动、国企助推、村民参与”的模式，成立联合党支部，实现“国企注资、村民参与、专业运营团队管理”三方合作共建，克服以往涉农项目工作力量分散、议事协调机制不畅、利益诉求难以满足等问题。“梧桐外·城投农场”在梧桐镇坵演村流转45亩土地，进行统一规划、综合开发，利用当地农业资源，培育绿色、生态有机农业，以都市休闲、旅游和观光为主导产业，打造集农业技术交流培训、特色农业研发、生态种植、餐饮住宿、商务会议、游乐拓展于一体的特色休

梧桐外·城投农场（梧桐镇政府　供图）

闲农业。建设“好玩、好看、好农货”的亲子生态体验农场，以及大樟溪沿岸第一块绿色生态现代化农业观光园，带动村财增收 13.4 万元。注册了城投自持商标“好飨礼”，统一品牌化包装农特产品，推动一二三产融合发展，促进村民增收致富，成为福州城投集团助力打造大樟溪沿岸乡村振兴示范带绿色生态新农业的标杆场景，走出了一条具有福州特色的国企助力乡村振兴之路。

三是探索“党建+乡贤+产业”的雁阵模式。梧桐镇党委发挥基层党组织、党员致富带头人、乡贤的引领作用，强化农林产品品牌建设，探索“村集体+企业+村民”合作社模式、“党建+乡贤+产业”的雁阵模式、“网格化+微信群”的管理机制，共商共建共享发展成果。创新“新乡贤”培育引进机制，成立公益基金会和持股农业合作社，为乡贤组织助力乡村振兴营造良好环境。

（二）引资引智，产业融合，培育发展新动能

一是发展园区经济。强化招商引资，围绕“招大商、招强商、招实商”目标，推行领导班子成员带头招商机制，用足、用好、用活各类招商优惠政策，积极引进建材生产、文旅民宿等招商项目。2023 年前三季度全镇税收达 2274 万元。永泰县乡村振兴展示馆完工投用，日均接待 200 人次。谋划生成总投资 2.1 亿元的集镇改造、粗溪流域治理等 15 个倍增项目，推进田园研学基地、旧粮站改造活化利用等 14 个乡村振兴试点项目建设，生态工业园区、新思想实践基地等一批重点项目建设持续推进，全镇产业体系不断丰富，镇域经济造血功能不断增强。

二是加强人才“内育外引”。梧桐镇率先探索非本地户籍入选村委参与基层治理，引进新村民参与治理，发挥 3 名市委、市政府中心工作服务专员作用，设立人才驿站，推动人才扎根服务基层。发挥科技特派员作用，推广稻田综合种养 45 亩，每年增加村财收入 2 万元。选派乡村振兴指导员和科级特派员对接策划“大樟溪·梧桐畔”等 4 个重点项目，引进专业团队开展乡村振兴和旅游策划顾问服务。今后将发挥一线指战员工作制度优势，凝聚乡村振兴的战斗合力。

三是推动多产融合。制定乡村振兴总体规划，按照“一心、两轴、

六区”划分温泉养生、田园度假、红色文旅等六大区块。全面梳理各村的优势资源和特色产业，制定22个村的乡村振兴规划图。做好“旅游+”文章，推动12家民宿形成联动，打造特色民宿产业品牌。盘活闲置资源，实施旧电影院、旧粮站改造项目。建设“泰享受”足汤温泉公园、户外露营基地等项目，打造“梧桐湾”休闲观光带。同时，继续深挖菜篮公文化资源，发展福寿文化，打造“数字+乡村振兴+IP产业”全产业链。培育安狮生态合作社、金野农场等本土特色农业主体，建设虎马谷鲜食李示范基地。坵演村好农场项目采用“基地+村集体+农户+认种方”模式，带动村财增收13.4万元。积极推进大樟溪乡村振兴示范带建设，持续做好“旅游+”文章，建设鱼鳞坝亲水乐园、春伦茉莉花文化馆、“梧桐湾”露营地等特色项目。进一步延伸旅游产业链，实施椿阳村传统村落集中连片保护利用示范项目，策划“菜篮公长寿宴”系列活动，打造坂中街历史商业街区。

(三) 共建共治，长效管理，构筑发展新格局

一是加强上下联动。梧桐镇积极推进“我在乡间有亩田”认领活动，与省地矿局、市人社局及县财政局等签约认领稻田36亩，带动乡村农业发展。创新党员志愿服务模式，发动85名党员干部出资1.27万元，在盘富村认领5亩复耕抛荒地，采取带头耕种、委托代耕代种、共享土地收成等方式，大力开展农事体验教育、扶农惠粮政策宣传等，激活乡村发展内生动力。同时，积极发挥科技特派员作用，创新农业发展模式，推行稻田养鱼综合种养技术，整合打造优质稻、稻鱼种养、瓜果蔬菜等13个可供认养基地，共计690亩，借助“互联网+农产品营销”模式，解决农产品销售难问题。梳理油茶林基地、青梅林基地等12个可供认养的基地，延伸打造“我在乡间有亩林”等志愿活动品牌。

二是推进村企合作。梧桐镇与福州城投集团合作建设大樟溪沿岸乡村振兴示范带，发挥国资优势，激活乡村振兴。坵演村与福州城投集团共建首个乡村振兴联合党支部，融入示范带建设，打造红色研学示范村，唤醒沉睡资源，推动资金、人才、产业等下乡，激发乡村振兴新动

梧桐春伦茉莉花基地（陈龙　供图）

能，走出有福州特色的国企助力乡村振兴之路。福建春伦茶业集团在梧桐镇建立春伦茉莉花基地2000多亩，带动周边农户600多户，农户年均增收3万～5万元。春伦集团作为实践基地，将采摘茉莉花纳入中小学生实践内容，让他们体验劳动和市花文化。举办春伦茉莉花文化开采节，吸引游客体验茉莉花文化，以三产带动一产和二产的方式，促进当地经济增长和乡村振兴建设。

三是发动村民参与。梧桐镇以打造村容整洁、环境优美、生态良好、宜居宜业的美丽梧桐为目标，推行人居环境文明积分制，采取“省市补助＋政府投入＋村民缴交＋乡贤捐赠”方式，发动村民实现垃圾长效治理，不断推进美丽乡村建设。同时，通过开展“星级文明户”“文明村”评选活动、建立“爱心超市”、明确积分兑换机制等有效措施，落实好积分制实施的“最后一公里”，引导广大人民群众自觉养成良好的生活习惯，营造助力乡风文明建设的良好氛围。以点带面推动人居环境整治工作上新台阶，乡风更加文明，移风易俗蔚然成风。同时，继续开展“护河爱水、清洁家园”“六清一改”专项行动，推动全镇人居环境步入良性循环轨道。

三、发展成效

（一）“新村民”为“新乡村”注入新活力

一是抓好产业培育。通过项目招引，与以刘娴姗为带头人的“十月文旅”团队达成合作，流转土地建设“春光里”民宿，以返租、盈利分成等方式交由团队运营，每年可为村财增收约6万元，并带动周边村民就业。

二是强化人才支撑。在2021年村委会换届选举中，刘娴姗以非永泰户籍当选春光村委会委员，是首个“外乡人”变“当家人”案例。她带领团队将民宿升级为乡创人才驿站，联系高素质农民等各方面人才，交流经验，为乡村振兴发展带来新理念。

三是实现运营长效。目前，“春光里”民宿入住量已超1万人次。民宿运营团队还积极参与建设运营“梧桐湾”露营地、古树名木博物馆等项目，实现发展共建、成果共享。

（二）“企业家思维”赋能乡村振兴，股权杠杆撬动发展活力

一是以乡贤带头作用激发全村活力。以46名乡贤成立的公益基金会为核心力量，走“体验式田园综合体＋有机生态农业＋休闲民宿＋康养度假”的发展模式，复垦140亩梯田，形成有机种植产业链，年产值130万元。

二是以合作社模式带动全村共富。村集体和村民集资成立福州富竹里生态农业发展有限公司，引入企业家思维，发展“村集体＋乡贤＋合作社”模式，以“25％全体村民永久免费生态股＋75％认购股和技术股”的形式，成立全县首个全体村民参股的生态农业合作社，集资70万元建设80亩黄金猕猴桃种植基地，带动村财增收6万元，入股村民年均分红5000元。

三是以产业链提升赋能全村品牌增值。依托生态资源优势，积极打造“沃土盘富”“盘富人家”品牌，吸纳猕猴桃种植大户林杰以技术入股。投资1000万元建设盘富村综合服务场所，带动87间民宿进入市场运营，盘活村民闲置资产。

(三) 党建引领，“政府＋企业＋村集体”共建模式推进整村提升

一是共建联合构筑产业发展体系。与福州城投集团携手共建全市首个乡村振兴联合党支部，构建“国企注资、村民参与、团队管理”三方合作共建模式。引入“好农场”集团，打造大樟溪沿岸第一块绿色生态现代化农业观光园，带动村财增收 13.4 万元。

二是培育发展合作社带动产业增收。探索建立乡村振兴党建引领“服务队＋工作组＋合作社”工作机制，成立安狮生态农业专业合作社，发展百香果、蓝莓等有机生态种植，提供就业岗位近 70 个，带动农民年人均收入增加 2.8 万元。

三是联动效应实现整村产业提升。联合市建总公司投资 8000 万元打造新思想学习教育实践基地，建设凤栖谷、红色文化孵化中心等项目，打造全省红色研学示范村。引进中冠集团投资 5000 万元实施“大樟溪·梧桐畔”古居民改造项目，打造大樟溪沿岸全新文旅品牌。

(四) 政策支撑，精准发力，园区经济集聚发展动能

一是强链条，以长效产业把牢发展方向。针对产业薄弱问题，积极推动生态工业园区项目，总投资 4.9 亿元，以增强发展后劲，实现产业聚集、设施配套、产城联动。

二是盯机遇，以政策导向支撑项目生成。申请 2.45 亿元专项债券，促进企业发展及劳动力就业，推动永泰县产城融合建设，培育新的经济增长点。

三是抓创新，以精准服务助力企业落地。与企业建立直联渠道，掌握投资意向，根据企业需求规划建设方案，确保园区建设符合需求，出租厂房后由企业返还专项债券利息，每亩年收入保底 20 万元。

四、经验启示

(一) 构建组织强的格局

以党建引领，创新“新乡贤”培育引进使用机制，探索区域统筹、资源整合的党建共同体，全链条培育青年人才，协助各村培养相关领域人才，充实基层人才储备，吸引年轻人回乡学习、创业。同时挖掘乡贤

的精神价值和时代意义，营造良好环境，激活乡贤力量，鼓足乡村发展后劲。

（二）强化产业旺的保障

以全域旅游为契机，以乡村旅游为重点，开发红色研学、自驾露营、康养等新业态，打造特色乡村旅游线路。依托春光村资源，发展龙头产业，推进农业与旅游、文化、健康养老等产业深度融合，丰富经营模式，做好“旅游＋”文章，走产业、文化、旅游“三位一体”和生产、生活、生态融合发展之路，拓宽村民增收渠道，建立脱贫致富长效机制，发展多元化经济。

（三）打造乡村美的品牌

秉承“绿水青山就是金山银山”理念，以美丽乡村建设为契机，立足各村村情实际，探索“党建＋生态”模式。保护自然生态，保持原始风貌，开展“美丽乡村”建设，保留乡愁，引进民宿，深化乡村休闲游定位，打造本土独特魅力。同时，把美丽乡村作为重要资源，结合政策、区位、产业等，“以发展哺保护、以保护促发展”，形成良性循环，打造宜居宜业家园，谋求更高层次、更大目标的持续发展。

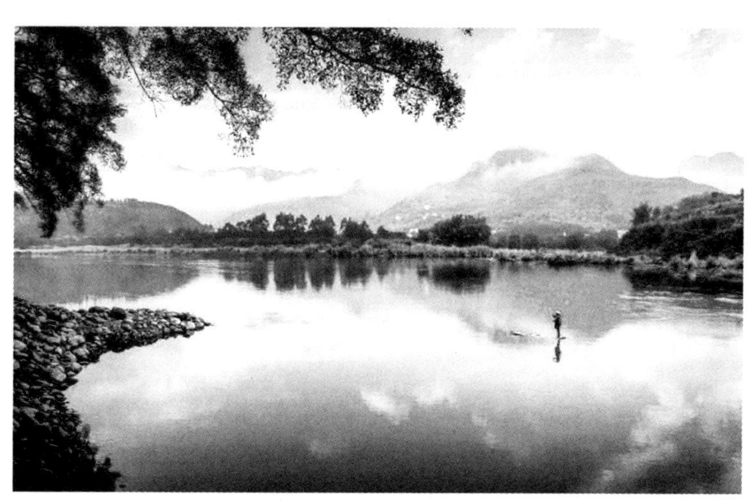

大樟溪风光（邵永裕　供图）

案例评析

乡村振兴是一项系统工程，需要政府、企业和社会各方共同参与。国企和私企作为不同的经济主体，在参与乡村振兴中具有各自的优势。国企拥有雄厚的资金、技术和人才优势，私企具有更加灵活的机制和更强的创新能力，能够根据市场需求和乡村资源特点，开发出更具竞争力和可持续性的产业和项目。本案例中的梧桐镇具有自然资源和文化底蕴优势，在乡村振兴过程中，通过与国企和私企进行项目合作，找到乡村振兴的切口，在组织引领带动下，创新工作机制，创新与村经济组织的合作模式，引资引智，推动文旅产业融合，放大比较优势，促进增收共富、促进品牌增值、促进乡村生态产品价值实现，走出一条国企助力、组织强、产业旺、乡村美的振兴路径。未来，梧桐镇应该进一步优化国资配置，利用国资设立乡村振兴基金，支持农业科技创新、农产品品牌建设、乡村旅游发展等领域。

拆旧复垦，打造幸福家园

——城厢区华亭镇五云村的乡村振兴之路

一、乡村概况

城厢区五云村位于华亭镇西北部，面积 2.5 平方千米，山地面积 2600 亩，耕地面积 680 亩，总人口 3500 多人，共计 820 户，下辖五云、院后、岭顶 3 个自然村，有 17 个村民小组，党员 123 人。五云村古属闽中郡，中晚唐时期划归清源县（今仙游），唐末后由莆田县文赋里管治，现属城厢区华亭镇管区。五云村为镇西北边界，与仙游县接壤，经济来源以种植业、加工业为主，盛产晚熟龙眼、枇杷等名优水果。五云村曾因地处偏僻、信息闭塞等原因，贫困发生率较高，2012 年村集体经济完全无收入，曾被列为省定建档立卡贫困村。后来，五云村通过实施拆旧复垦、新村建设、村庄整治等财政补贴政策，把牢乡村振兴“一条主线”，把晚熟龙眼“四季蜜”打造成为特色产品，配套旅游产业官帽山公园玻璃滑道、农家乐、游泳健身基地、儿童游乐园等，实现特色果品和乡村生态旅游两手抓，成功摘掉贫困村帽子，成为周边市民热衷游玩的网红村。

五云村先后获得全省民主法治示范村、市级文明村、省级文明村、扶贫示范点、省级乡村振兴试点村、省级垃圾分类试点村、省级三星级乡村旅游村、全省乡村治理示范村、全国综合减灾示范社区等荣誉称号。

二、主要做法

（一）勠力同心：党建引领助力乡村振兴

五云村始终把党建引领与乡村建设工作紧密结合，积极响应市委、市政府的号召，着眼新时代基层治理的模式创新。2020年，五云村在全市率先建设面积1200平方米的“党建＋”乡村邻里中心，全力打造农村开放式、集约化、共享型的服务圈。按照“办公场所趋零化、社会服务最大化”的原则，推动资源整合、功能融合、力量协同，就近有效整合便民、养老、医疗等各类服务资源，按照功能服务划分，设置便民服务功能区、党群服务功能区、乡村振兴功能区、社会治理功能区、长者之家功能区、儿童教育功能区、文体活动功能区等，全力打造农村开放式、集约化、共享性的服务圈。积极探索基层治理新模式，扎实推进“党建引领，夯基惠民”工程，挂牌成立“综治＋”网格中心并投入使用，结合“邻里家家亲”信息化平台，把网格、单元建设成为服务群众的最前沿、党员教育的主场所，建设“综治＋”社会基层治理新样板，建立健全矛盾纠纷联调、社区服务联建、社会治安联防、行政执法联合、基层平安联创、应急处置联动的“六联驱动”治理模式，精干高效地提供便民、利民服务。此外，五云村在“党建＋”邻里中心设置农副产品展厅，销售桂圆干、蜂蜜、糍粑罐头、线面等莆田特色农副产品，助力村民增收。

（二）安居乐业：拆旧复垦打造幸福家园

五云村属于华亭镇比较偏僻的山区村，存在交通不便、基础设施差、村容村貌落后、人均收入低、村集体收入微薄等问题，于2014年被列为省级贫困村。为了改变村容村貌、改善农民居住环境、提高生活质量，五云村通过积极争取，成功入选2015年莆田市第三批幸福家园试点村。

五云村通过借鉴新农村改造建设模式，以拆旧复垦和新区建设为工作切入点，加速推进“美丽乡村、幸福家园”建设。2014年至2015年，对全村旧房进行丈量，并与472户农户签约，拆除旧房638间，拆旧复垦5.4万平方米，转让增减挂钩指标2400万元。经过测算，拆旧复垦项目为村集体创收800万元。2016年，五云村乘势而为，开展新建区建设，占地面积20多亩，同时配套有基础设施、绿化等，并安置农户37户，其中贫困户4户。通过拆旧复垦，解决资金来源的问题；

通过集中建新区，解决宜居配套的问题；通过促进土地流转，解决产业发展的问题；通过组织确权发证，解决资源变资产问题；通过打造幸福家园，保障村民安居乐业。

（三）路通业兴：修路搭桥圆梦五云人

20世纪90年代末，五云村里都是夯土瓦房，破旧不堪，没有水泥路。而在院后和五云两村之间横亘着的旺溪并没有给村里带来“旺运”，深达10余米的溪沟反而严重阻碍了两村的往来。院后的孩子去上学，必须绕道隔壁隆兴村，来回要多走好些路。有了前期“折旧复垦，幸福家园”的成功经验和充实的村集体收益，村委开始认真谋划建设，优先解决群众发展经济迫切需求的道路问题，进一步改善村基础设施。五云村于2015年投资250多万元，推进建设了云顶路、五院桥工程，解决了1500多名村民生活、生产、出行和学生上学问题；于2016年投资90多万元，为村道安装了215盏路灯，对全村道路进行亮化、美化。云顶路、五院桥的修建圆了五云人几十年来的梦，得到了村民的一致认可，既方便了村民，又使村“两委”班子得到村民信任，为下一步推进各项建设奠定基础。

五云村村貌（五云村委会　供图）

(四) 产业兴旺：特色品牌促进可持续发展

美丽乡村建设，不单单是建新房，还要增强集体经济的造血功能，让群众富起来。五云村主要以发展果品为主产业，通过嫁接晚熟龙眼品种“四季蜜”“立冬本”等，打造成为特色产品。2017 年，五云村进一步扩大晚熟龙眼的种植规模，推动建设 60 亩的“四季蜜”示范基地，在带领全体村民增收致富的同时也为发展乡村旅游打下基础。五云村与莆田市振兴集团联建，设置农副产品展厅和壶兰乡村推广平台，帮助 820 户村民推荐龙眼干、枇杷罐头、线面、蜂蜜等具有莆仙特色的绿色食品。为了满足电商平台的物流需求，五云村还对接引进邮政快递，在村里设立代办点，线上销售的一些产品可以直接寄出，十分便捷。2020 年 9 月 22 日，莆田市农民丰收节在五云村举办，通过线上、线下结合的方式，成功帮助农民销售出 5200 斤农产品，销售额达 3 万多元。与此同时，五云村积极配套旅游产业官帽山公园玻璃滑道、自助农家乐、游泳健身基地、儿童游乐园、自来水提升工程等，实现特色果品和乡村生态旅游相结合，吸引游客前来品尝游玩。

为了可持续发展壮大集体产业，2023 年，五云村重点推进官帽山儿童游乐园建设，规划投资 480 万元，包含 7 个产业振兴项目，目前已

五云村“四季蜜”龙眼种植基地（五云村委会　供图）

完工 2 个项目并投入使用。项目建设完成后，在给村集体带来经济收益的同时，也能提供就业岗位。同时，加强与文旅企业合作，创建旅游项目，策划乡村特色主题活动，补齐乡村旅游短板，打造五云乡村游本土品牌。

(五) 山清水秀：生态修复绘制绿盈乡村

五云村作为濒临木兰溪、西湖溪支流的行政村，认真践行习近平同志“变害为利、造福人民”的木兰溪治理理念，坚持科学规划、稳步推进、精准治污、长效管理，全力打造环境优美、留得住乡愁的新农村。2019 年 6 月，五云村启动农村生活污水集中收集工程，结合高低差，将全村分为 4 个片区，统一收集污水至本村收集池后，再加压提升至邻村的提升池，采取“蚂蚁搬家”的方式，统一纳管至市政污水管网。2019 年，五云村率先完成华亭镇二期污水（五云）建设工程，完成污水管道铺设 2.9 万米，新增三格化池 382 户，家用卫生间、厨房污水全部纳入污水管道，实现全村生活污水收集全覆盖，有效改善了人居卫生环境，溪水清澈，达到了排放标准，市、区农村污水现场会在五云村召开。2021 年 8 月 21 日，《人民日报》头版刊登文章，介绍五云村治理污水，实现城乡“一根管道通到底”的做法。五云村还在木兰溪支流旺

五云村河道整治工程（五云村委会　供图）

溪沿岸修缮休闲步道，可供村民日常休闲娱乐之用。现在的五云，山高水美，呈现出一幅“河畅、水清、岸绿、景美、人和”的美丽乡村新画卷。

三、发展成效

近年来，在党建引领下，五云村多举措推进基层治理，发展文旅经济，增进民生福祉，由扶贫输血向产业振兴造血转变，成为远近闻名的明星村。作为曾经的省级建档立卡贫困村，目前已经一村一落皆是景，乡村蝶变美如画，从脱贫攻坚到“幸福家园”试点村建设，再到省级乡村振兴试点村建设的跨越式发展，实现巨大跨越和华丽蝶变。

（一）党建引领激活振兴内力

2022年，五云村深入实施“党建引领、夯基惠民”工程，划分6个网格、37个单元，建立完善“村党支部—网格党小组—党员联系户”末端组织体系，配齐配强队伍，积极探索“网格化管理、数字化赋能、精细化服务”，将党组织的服务治理触角延伸到每户每人。2022年10月，被评为全省乡村治理示范村。

（二）特色农业解锁振兴密码

有效盘活产业资源，打造晚熟龙眼示范基地。2021年“四季蜜”产量达3500多公斤，为村集体增加收入15万元左右。2022年在原来的基础上，再扩大108亩，全部投产后预计每年为村集体增加收入20万元左右。五云村成功培育出“一村一品”特色农业产品，2022年12月得到国家乡村振兴局的肯定，并推荐到央视二套《中国经济大讲堂》播放。

（三）共建共享优化基层治理

依托“党建+”乡村邻里中心服务阵地，整合便民、养老、医疗等各类服务资源，采用“线上+线下”的服务方式，做到“民需我有、民呼即办”；深入开展“党旗飘起来、党徽亮起来、党员动起来”活动，组建9支党员志愿服务队，参与垃圾分类、污水治理、卫生健康等乡村治理工作，提升基层组织的服务和治理能力，凝聚推进乡村振兴的强大合力。

（四）党建引领发展乡村旅游特色村

五云村积极探索休闲乡村旅游项目，先后投入建设官帽山公园、农家乐、玻璃滑道、休闲步道、游泳池、儿童游乐园等一系列乡村旅游项目，同时配套建设公厕、停车场等，近两年接待游客约 30 万人次，村财年收入 75 万元，人均年收入 2 万多元，固定资产达 2000 万元，逐渐蝶变成远近闻名的乡村游“网红村”。

四、经验启示

（一）党建引领乡村振兴，激活乡村发展一池春水

五云村建立健全“村党支部—网格（村民小组）党小组—党员联系户”末端组织体系，党小组组长全部由村“两委”干部或党员骨干担任。组织村“两委”成员、网格党小组组长和部分党员联系户常态化参加培训教育，持续充电蓄能、建强队伍。

（二）创新引领发展，科技成就未来

在国家精准扶贫的政策引导下，五云村干部与村民树立创新思维，以特色乡村旅游、特色农业为乡村振兴金钥匙，农旅融合助力发展。因“四季蜜”龙眼又脆又甜，汁水恰好，竞争优势明显，为提高销量，增加村民收入，五云村紧跟时代步伐，充分发挥互联网科技优势，依托益农社开展助农直播，并与邮政开展对接，使农产品销售突破地域限制，让益农社成为真正的助农平台，激活乡村发展活力。

（三）聚焦村民需求，提升乡村振兴满意度

五云村积极探索建设“综治＋”社会基层治理新样板，挂牌成立“综治＋”网格中心，结合“邻里家家亲”信息化平台，建立健全“六联驱动”治理模式，提供便民、利民服务；党员志愿服务队采用“线上＋线下”服务方式，打造“一站式”服务平台，切实把村民的事办实办好，提升村民幸福感。

案例评析

20世纪90年代，中共中央、国务院发布相关政策文件，提出对以迁村并点和土地整理等方式进行小城镇建设的，可在建设用地计划中予以适当支持，同时提出了建设用地周转指标的概念，这一阶段可以看作是增减挂钩政策的起步阶段。随后，国土资源部发布通知，明确提出建设用地周转指标，即县、乡级土地利用总体规划和城镇建设规划已经依法批准的试点小城镇，可以给予一定数量的新增建设用地占用耕地的周转指标，用于实施建新拆旧，促进建设用地的集中。至此，城乡建设用地增减挂钩政策正式步入历史舞台。本案例中的五云村即利用这种指标转让的方式，在优化土地利用结构、提高土地利用效率、促进城乡统筹发展的同时，为乡村的全面振兴奠定基础。下一步，五云村党员干部应注意研究国家关于土地的政策规定，进一步发挥土地作为资源要素的重要价值，通过土地指标转让，提高土地利用效率和产出效益，避免资源浪费和环境破坏。通过挖掘山清水秀、景色优美的自然资源与人文景观优势，培育壮大晚熟龙眼特色农业，积极探索休闲乡村旅游项目，多措并举增强集体经济的造血功能，增进民生福祉，绘就五云村“河畅、水清、岸绿、景美、人和”的美丽乡村新画卷。

发扬苏区干部好作风，推动宜居环境建设

——上杭县才溪镇下王村的乡村振兴之路

一、乡村概况

才溪镇下王村地处才溪镇东部，距集镇7千米，南宝溪从南往北穿村而过，是“九军十八师”将校中刘始明、刘卫民、刘汉的故乡，全村有山林面积5600亩，耕地面积907亩，10个村民小组，2个自然村（其中尧昌自然村为革命基点村），共318户1350人。现有村“两委”班子成员6人，3个党小组，39名党员。2018年以来，下王村以改善辖区生态环境为目标，以提升村民生活质量为宗旨，深入开展市级生态村创建工作，全面推进新农村建设，农村各项基础设施不断完善，村容村貌焕然一新，推动了村里各项事业的发展，因地制宜大力发展特色产业，2022年农民人均纯收入达2.3万元。

下王村曾是才溪典型的落后村、薄弱村。一是基础差，起点难。下王村四面环山，人多地少，村民建房凌乱无序，道路狭小弯曲，发展空间有限，人居环境窘迫，家家有“空心房”，总面积达2.36万平方米。二是违建多，处置难。永武高速征迁时没有集中安置，村民建房无规划无审批，乱搭乱建现象突出，历史遗留的“两违”建筑达48户近6000平方米，难以适用政策区分处置。三是祖屋多，析产难。向日堂、家嵩家德堂等祖房众屋有13座6500平方米，年久失修，残破不堪，产权错综交织，拆建两难。四是人外流，沟通难。下王村主要劳动力及有文化的青壮年多长年外出，联系、沟通、宣传难度大，大多数人抱着无所谓、不理解、不支持、不配合的态度，在家的老弱

妇孺不能做主。五是班子弱，推进难。一段时期以来，下王村村级组织软弱涣散，凝聚力、战斗力和号召力不强，一些党员集体意识较差、模范带头作用不强，群众狭隘的“小农思想”比较突出，人心不齐，没有产业基础，村财薄弱。

2018年1月15日，时任福建省委书记于伟国在下王村调研时指出：才溪是当年中央苏区第一模范乡，在实施乡村振兴战略中要先行先试，走前头、作表率，深入群众，摸排问题，重点解决产业兴旺、生态宜居、乡风文明、基层组织建设等问题。才溪镇村两级自加压力，知难而上，发扬苏区干部好作风和“敢为天下先”的革命精神，以“危旧房”“空心房”整治为突破口，率先开展农村人居环境整治提升，为省市县农房整治、推进乡村振兴做试验、做示范。

二、主要做法

建设宜居宜业和美乡村，是全面推进乡村振兴的一项重大任务，是“产业兴旺、生态宜居、乡风文明、治理有效、生活富裕”乡村振兴总要求的进一步体现。下王村将推进宜居环境建设作为乡村振兴的“头步棋”，以“小切口”推动“大振兴”。以规划为引领，以项目为抓手，以

下王村全景（才溪镇政府　供图）

产业为支撑，动员各方力量，整合各种资源，强化各项举措，共建共治共享，推动下王村环境大整治、生态大修复、村风大提升、生活大实惠。2018 年 7 月 4 日正式启动“空心房”拆除“百日会战”，在 3 个月时间里，累计签订拆除协议 259 户，涉及面积 18921 平方米，拆除面积 18606 平方米（其中规划用于宅基地预留用地 1650 平方米，公共服务设施用地 6282 平方米，旧村复垦 5760 平方米），发放“以奖代补”资金 190 余万元。

(一) 精准摸排，做足前期

下王村被列为省级农房整治试点村后，镇、村立即启动人居环境整治提升规划工作和“危旧房”“空心房”的拆除工作，用最短的时间、最快的速度、最足的干劲，凝心聚力破难题，拆旧整治美家园，扎实推进宜居宜业和美乡村建设。由镇、村干部逐户走访，摸清农户基本信息、家庭类型、房屋现有状况、房屋面积、社会关系和拆除意图等信息，留存房屋影像资料，逐栋建册归档，建立台账，真正做到底子清、任务明、目标准。

(二) 因地制宜，规划引领

下王村坚持拆建并举，边拆边规划，边宣传边听取群众意见，并将“一张图”、重要节点设计图打印分发到各家各户，让群众看得到未来，彻底打消“只管拆不管建”的思想顾虑，确保规划接地气、能落地。编

“两治一拆”成效明显（才溪镇政府　供图）

制的农房整治总体规划已经省、市、县评审通过，保证今后新村建设能真正有据可依，做到“一张蓝图绘到底”。

（三）先行先试，探索政策

在多方征求意见的基础上，下王村制定出台了“空心房”拆除“以奖代补”和用于旧村复垦两项政策，供群众自主选择。同时，针对群众耕作所需的闲杂房怎么建、怎么分配，拆后土地怎么集约节约利用，如何征用、调整与置换等问题，同步考虑、同步研究出台杂房建设、村集体公共事业建设用地、裸房及重要节点平改坡、立面改造、祖屋祖祠修缮等一揽子政策。

（四）强化宣传，示范带动

下王村通过召开群众动员大会、印发宣传材料、张贴标语、发放倡议书等形式，多渠道、多层次、全方位宣传乡村振兴和人居环境整治的目的和意义，组织党员、干部、群众代表前往古田吴地红军小镇等示范乡村参观学习，现场感受“看得见，摸得着”的美丽乡村建设成果，并且成立村民理事会，发动党员、干部、理事会成员带头拆、带头整、带头捐，涌现了老党员刘学文、刘祥忠大胆牵头做工作，带动涉及全村200多户的祖屋“向日堂”率先拆除，并捐地支持村民文化广场建设，其他党员干部及村干部也纷纷带头捐地等感人事迹，以身边的榜样消除群众“当看客”和“守祖业”思想。

（五）明晰责任，包干到户

才溪镇抽派30余名镇村干部成立3个工作组，实行“一名领导牵头负责、一套工作专班落实、一个政策标准执行、一个口径宣传解释、一个程序规范操作”的分片包干责任制度。全体工作组成员放弃双休日、节假日，用心、用情、用劲，“撸起袖子加油干”，十几次、几十次入户做工作，交朋友、结农亲，动之以情，晓之以理，公平、公正、公开执行政策，及时有效化解矛盾，真正形成抓拆房的合力、促落实的动力。同时，从农村实际出发，有效解决好群众腾房劳力、家畜养殖、物资存放、住房安全、出行保障等实际问题，最大限度取得群众支持配合。

(六) 统筹推进，合力共建

按照“六边”原则（边规划、边设计、边出政策、边建设、边完善、边整治）开展乡村建设，以拆促建，以建助拆，做到拆建同频共振、互促互进。有效整合部门资源，策划实施项目，制定建设任务清单，倒排项目序时进度，以快拆除、大整治的气势迅速让老百姓感受到人居环境改善带来的实在成效。在整治过程中，下王村工作得到了上级领导和相关部门的鼎力支持和科学指导，县直相关单位主要领导靠前指挥、特事特办、科学调度，强力推进，做到“领导在一线指挥、干部在一线工作、成效在一线体现、问题在一线解决、经验在一线总结”。比如县自然资源局、住建局抽派专门力量全程指导拆房和规划工作，财政局预拨项目启动资金，交通运输局 25 天完成村主干道“白改黑”，执法局随叫随到大力支持“两违”整治和环境整治，电力通信公司边施工边向上争取项目资金，开展杆线整治，水利、生态环境、农业农村等部门积极策划项目，协调资金参与建设，才建建设集团董事长带领技术骨干在下王村蹲点推进项目建设。在部门联动、县乡联动、政企联动、干群联动的合力推动下，大多数难点户从对抗到对话，从质疑到友好，群众扭转态度，工作扭转局面。

村口微景观（才溪镇政府　供图）

三、发展成效

下王村以改善辖区生态环境为目标，以提升村民生活质量为宗旨，深入开展市级生态村创建工作，全面推进新农村建设，农村各项基础设施不断完善，村容村貌焕然一新。

（一）摸清了村情民意

下王村通过摸排、走访调查等前期工作，一方面请专业测量机构逐户逐屋测量、登记造册，摸清全村到底有多少“空心房”、涉及多少户、集中在哪些位置，另一方面又摸清群众的社会关系和真实意愿，是想留还是拆、怎么拆怎么留、怎么整怎么建等问题，为政策制定和工作推进奠定基础、提供依据，也有利于减少纠纷，提高工作效率。

（二）保留了村庄的自然特色

下王村围绕农村人居环境整治“五清楚”“拆什么、整什么、建什么”等问题，因势利导、因地制宜，尊重村庄现有风格，保持村庄原生态特色，实施一户一策，宜建则建，宜改则改，采取拆后复垦、拆后还路、拆后修堤、拆后改园、拆后治脏、拆后添景等综合性措施，合理利用旧材料，就地取材，变废为宝，变“大动作”建设为“巧手笔”整容，让规划像农村、是农村，只是在还原自然、还原生态的基础上锦上添花，既省工时省资金，又实惠实用；既有土里土气“记忆版”的烙印，又有新村新貌“现代版”的气息。

（三）得到了群众的理解支持

在“空心房”整治工作中，下王村有效调动群众参与的积极性、主动性。比如，对如何统筹拆后土地使用、支持村集体公共事业建设问题，制定了捐赠、征用、置换等政策，鼓励祖屋“取之于众、用之于众”无偿捐赠、小面积及愿意征用的适当补偿征用、大面积的以“地票”的形式予以确认等，调动了村民积极性，得到了群众的理解和支持。

（四）形成了全村村民的主动参与

通过动员大会、张贴标语、发放材料、党员带头等形式，形成了从党员干部到普通群众，从零星杂房到十几户甚至上百户的祖房众屋，从普通群众签订协议到一些典型示范户主动捐地，广大群众由最初的“要我拆”变为“我要拆”，由“看着干部干”变为“主动跟着干”，由“自私自利”变为“大公无私”，呈现“全村上下大整治，人人都是保洁员”的生动画面。

四、经验启示

（一）尊重历史原貌

坦然面对下王村环境乱、基础差，班子弱、人心散，无产业、村财薄等历史难题，正视无规划无审批、“空心房”、违章建筑多的困难，对村庄整治开展全面深入的调查摸底和反复核对，做到“空心房”底子清、违章建筑底子清、整治建筑底子清、新增建房需求底子清、建设用地底子清。尊重历史，农村“两违”建筑的产生既有村民法律法规意识不强的主观因素，也有农村住宅建设用地不足的客观原因，必须疏堵结合地推进村庄整治工作，既要通过拆除“空心房”，严控用地审批，打击“两违”建筑的源头，又要在现有的基础上，通过村庄规划、置换腾挪用地、环境整治等措施，引导村民有序建房、美化家园。

（二）尊重发展规律

遵循乡村自身发展的客观规律，走符合农村实际的路子。依托现有山水脉络、村庄肌理，按照“留白、留绿、留旧、留文、留魂”的要求，充分体现对农村特点、历史人文、自然环境、群众精神情感生活的尊重，注意保留村庄原始风貌，在建设中充分利用老木料、老青砖、老窗花、老石板等有历史记忆的老材料，就地取材，变废为宝，尽可能在原有村庄形态上改善居民生活条件。

（三）尊重群众意愿

在村党支部、村委会的统一领导下，通过党员会、代表会、群众会，充分发挥群众主体作用，尊重群众意愿，吸收群众参与，接受群众监督，保障群众权益，鼓励广大群众投身美丽乡村规划、建设和维护全过程，充分做到整治任务向群众公示、整治方案由群众选定、整治内容户户建档，制定切实可行的建设方案，重点突出基础设施建设和公益设施建设，做到稳妥发展，循序渐进，克服急功近利思想，避免短期行为而造成重复、多头建设现象。

（四）坚持主导主体

人居环境整治建设是一项系统工程，必须坚持整体联动，发挥好政府的主导作用、农民的主体作用和社会各方的参与作用，形成美丽乡村建设的合力。政府主导不是政府包办一切，政府主导作用主要体现在宣传引导、组织保障、部门协调、规划引领、财政支持等方面。要最大限度地发挥农民的主动性、积极性和创造性，形成美丽乡村建设的内生活力。此外，尽可能利用民营企业、社会服务机构等社会力量在资金支持、技术与人才支撑、乡村社会治理等资源整合方面的作用。

（五）坚持正向激励

围绕“谁来整、整什么、怎么整”的难题，改革创新，先行先试，探索出台《农房整治十条正向激励措施》，内容涵盖农房整治技术规范、集体土地有偿使用，村民示范小区、示范户、美丽庭院奖补等，严格执行一户一宅、妥善处理历史“两违”建筑、农村环境整治常态化及长效化等激励政策，构建美丽乡村建设新路子。

（六）坚持建管并举

美丽乡村建设，一半靠建设，一半靠管护。因此，不仅要立足于改变村容村貌，通过规划引导和环境整治，实现道路硬化、路灯亮化、河塘净化、卫生洁化、环境美化、村庄绿化，村庄布局更加合理、村容村貌更加优美，更要重视加强对环境的长效管理与维护，建立和落实乡村公共服务设施和环境卫生保洁的长效管理机制，从根本上改善乡村群众的生产、生活环境与生态环境。

案例评析

下王村曾是才溪镇典型的落后村，如今传承红色基因，发扬铁军作风，采用“六边”做法，通过破解人居环境整治过程中的难题打开乡村振兴的突破口，实现华丽转变。环境整治行动不仅改善了村民的生活环境，还提升了乡村的整体形象，也增强了村民的归属感和自豪感。下一步，下王村应巩固农村人居环境的整治成果，找差距、补短板，突出重点，聚焦难点，持续抓好人居环境整治工作。在宜居宜业和美乡村的建设中，要尽力而为也要量力而行，坚持“留白、留绿、留旧、留文、留魂”，充分考虑村民群众的生产生活习惯，从村民反映最强烈、需求最迫切的突出问题入手，更加注重实用性和便捷性。同时，要注意把红色文化、客家文化、生态文化等优秀传统乡土文化要素融入乡村建设，避免千村一面，加大力度培育“生态＋”农业、文化、旅游等新业态，建设生态保护型乡村，加快推动“绿水青山”转化为“金山银山”。

以“515”模式打造宜居宜业和美乡村

——长汀县乡村振兴的主要做法和启示*

一、乡村概况

长汀古称汀州，地处福建省西部山区、汀江上游、武夷山脉南端东侧，东邻连城，南毗上杭，西接江西省的瑞金、石城、会昌，北连宁化、清流，为闽、粤、赣三省的交通枢纽和边陲要冲，号称福建西大门。全县辖 18 个乡（镇）307 个村（居），总人口 55 万，土地面积 3104.16 平方千米，是典型的山区县，属福建省第五大县，是省级乡村振兴重点县。

长汀曾是我国南方红壤区水土流失最严重的县份之一，在习近平同志的感召下，长汀老区人民持续发扬“滴水穿石，人一我十”的精神，水土流失治理取得历史性成就，实现了从“火焰山”向“花果山”的蝶变，并总结形成了“长汀经验”，2021 年“长汀县水土流失综合治理与生态修复实践”入选联合国生态修复典型案例，“长汀经验”走向世界。长汀县先后获得全国生态文明建设示范县、全国现代林业建设示范县、全国水土保持高质量发展先行区、全国“绿水青山就是金山银山”实践创新基地、福建省全域生态旅游示范县等国家、省级荣誉 20 多项，列入全国首批“水生态文明城市”建设、全国第六批生态文明建设等 10

---

* 本文资料由黄天彬（长汀县委乡村振兴办常务副主任）、李佳宇（长汀县委乡村振兴办副主任）、游莉榕（长汀县委乡村振兴办宣传组组长）、兰跃银（长汀县委乡村振兴办宣传组副组长）提供。

多个国家级试点，被水利部水保司赞誉为中国水土流失治理的品牌、南方治理的一面旗帜。自乡村振兴战略实施以来，长汀县牢牢守住保障粮食安全和不发生规模性返贫两条底线，扎实有序做好乡村发展、乡村建设、乡村治理等重点工作，全县乡村振兴工作考评近年来均位居全市前列，获得福建省促进乡村振兴和改善农村人居环境激励县等称号。

二、主要做法

近年来，长汀县坚持把农村人居环境整治作为乡村振兴的先手棋和突破口，创新开展“五园一舍五化”农村人居环境整治、促人居环境品质提升的“515”工作模式，即建设小菜园、小果园、小花园、小公园和小乐园等“五小园”，利用农村附属房或特色竹篱笆等方式修建“小鸡（鸭）舍”，实现村庄森林化、道路林荫化、庭院花果化、集中绿地宜人化、河渠公路风景化，推动农村人居环境整治，建设宜居宜业和美乡村。

（一）全面部署，规划先行，绘制美好蓝图

一是强化部署推动。出台《长汀县农村人居环境整治提升行动方案》，明确工作要点、目标任务、创建标准，落实农村人居环境整治“一把手”责任制，成立由县委、县政府主要负责同志挂帅的领导小组，形成“县级组织推动、乡镇具体落实、部门合力共为、村级主体实施、村民积极参与、层层压实责任”的工作格局，有力地推动了农村人居环境整治工作。

二是坚持规划先行。以人居环境整治为切入点，结合美丽宜居村庄建设和镇村实际，遵循乡村发展规律，尊重乡村特点，将“五园一舍”建设模式有机融入村庄规划统筹谋划，实现农村人居环境整治提升与公共基础设施改善、乡村产业发展、乡风文明进步等互促互进。

三是加强督促指导。县委、县政府发挥领导统帅作用，推动村庄人居环境整治。主要负责同志亲自指挥、决策部署、组织推动、督查落实，促进各乡镇间互学互鉴，比学赶超。乡镇一级常态化开展组织实施、督导推进，精准发力，提升整治质效。

(二) 全力建设，因地制宜，凸显区域特色

一是建设“五园”，改善村容村貌。在农村环境整治中，各村根据实际情况，进行科学布局，有序引导村民利用拆后土地，建设“五小园”。例如，在三洲镇曾坊村，利用乡土材质和元素建设具有地域特色的乡村式“小花园”，同时利用本地楠竹资源建设“小菜园”“小果园”，建设公共休憩休闲的“小公园”和“小乐园”，提升村庄绿化美化水平，增加村庄颜值。全县已累计建成“五小园”3200余个，有效利用拆后土地约26780平方米。

焕然一新的“五小园”（长汀县委乡村振兴办 供图）

二是打造“一舍”，促进环境整洁。针对农村鸡鸭散养问题，指导各村根据《长汀县农村人居环境整治提升工作方案》进行规划并优化村庄布局。利用农村附属房修建小鸡（鸭）舍或特色竹篱笆等，专门圈出空地，实行全村散养的鸡鸭入笼圈养等有效有序发展方式。同时建立长效管护机制，组织开展“人居环境整治日”“农村人居环境整治提升夏季行动”等活动，建立“门前三包”制度，全县累计规范化建设可供鸡鸭入笼圈养的示范养殖舍1万余处。

三是实现“五化”，助力宜居宜业。实施村庄、道路、庭院绿化，制定符合各村发展的绿化美化提升方案。利用村庄可种植的边角空地，种植本土花树、果树、绿植花卉，实现“三季有花、三季有果、四季常绿”。如古城镇梁坑村引进园艺公司，由村民领取盆景在自家庭院内种植，园艺公司负责回购，带动就业增收和村庄美化。全县完成村庄绿化美化，创建“绿盈乡村”288个，占99.3%，其中省级试点示范村41个。已打造国家级“森林乡村”7个、省级“森林城镇”3个、省级“森林村庄”26个。

（三）全民参与，示范带动，凝聚推进合力

一是发挥群众主体作用。以“乡村振兴为农民而兴，乡村建设为农民而建”为根本遵循，多渠道提高乡村建设“五园一舍五化”农村人居环境整治工作的参与度，在基层广泛开展“乡村振兴怎么看、怎么办、怎么干”乡村振兴“三问”活动，引导广大基层干部群众严肃工作态度，提升乡村振兴热度，加快干事创业速度。通过“三势”“三度”系列活动，让“农民群众既是参与的主体，也是受益的主体”的理念深入人心，充分发挥群众主体作用，全面激发乡贤与村民的内生动力。

二是发挥示范带动作用。按照“点上示范、全域推进”的工作思路，以省级乡村振兴试点村、实绩突出村、特色乡镇、示范片区村、乡镇集镇村、中心村、少数民族特色村寨、传统村落等试点示范重点村作为“515”模式创建重点先行区域，结合小微景观、美丽庭院等“五个美丽”提升建设活动，打造乡村建设典型示范点。如馆前镇汀东村高效利用庭院前后空地，发展米粉加工产业，形成多样化、特色化的庭院经

济，推动庭院美化、农业增效、农民增收；羊牯乡白头村个性化打造“白头到老”“携子之手、与子偕老”等传统主题文化，因地制宜布置“白头到老石墙”“99 米花园小路”“比翼双飞墙绘”等网红打卡微景观，吸引众多游客驻足游玩，带动乡村旅游产业发展。

三是发挥长效机制作用。建立“积分＋‘五园一舍五化’”机制，将“五小园”和养殖舍管护纳入积分细则。设立积分超市，建立积分兑换机制，强化奖惩激励，规范村民日常行为，巩固人居环境整治成果。南山镇桥下村建立健全了“美家美院”“文明家庭”、奖优罚劣等长效机制，村民主动参与，自发成立卫生管护志愿队，实现常态长效管护。

三、发展成效

（一）产业融合发展，助力农民增收、乡村共富

以“两山”思想为指引，注重从乡村建设向乡村运营转变，推进美丽宜居向“美丽经济”转化，打造乡村振兴可持续共富乡村“升级版”。结合“五园一舍五化”创建与联农带农产业发展，利用农村资源优势，融合“五个美丽”创建、庭院经济拓展发展空间和农业新功能，持续拓宽农民增收路。以“因户施策、因地制宜、突出特色、发挥优势”为原则，利用拆后地和空闲地发展庭院经济，进行合理规划，选取具有长汀特色的河田鸡、米粉、兰花等作为示范产业，实现产购销一体化。如四都镇同仁村通过元仕花卉专业合作社的示范引领作用，发展兰花种植庭院经济 1000 余户，实现户均增收 3000 元。同时推进休闲观光农业等新型业态，实现旅游与庭院经济发展的深度融合。将“方寸地”打造成“增收院”，让“小庭院”撬动“大经济”。

（二）人居品质提升，助推村庄增颜、乡村宜居

长汀县实施乡村振兴战略，通过“五园一舍五化”示范引领，提升农村人居环境品质。近年来，农村人居环境得到明显改善，村庄环境干净整洁有序，农民生活质量提高。在“515”工作模式的推动下，乡村基础设施和公共服务质量明显改善。投入 12.4 亿元实施农村建设品质提升工程，重点推进村庄规划编制、整治既有裸房、新改建农村公路等

任务，进一步完善提升乡村基础设施和公共服务建设，夯实宜居宜业和美乡村建设基础。

（三）乡土文化赋能，激活人文乡村内生动力

挖掘、融合村庄历史文化、农耕文化、红色文化等，打造特色小品和节点，展示村庄文化内涵、科普知识，推进乡村研学、休闲游等加快发展，为乡村带来人气。目前，全县已创建472处美丽乡村微景观和109个美丽乡村小公园。南山镇等地区将红色故事、农耕文化等彩绘上墙，提高村民文明素养；钟宜龙的红色家庭展已接待上百万人次，包括学生群体，提高了村集体收入。

四、经验启示

（一）注重科学规划，示范带动，提升乡村颜值

长汀县开展农村人居环境整治工作，创建“515”工作模式，进行合理规划和科学建设，探索适合实际、群众接受的美丽乡村建设模式。对全县各村发展情况进行深入调查，明确以特色村为重点先行区域，优先列入示范创建。注重细节，因村制宜，突出特色，体现一村一品、一户一韵、一处一景，建设一批布局合理、体现乡村特色、群众满意的“515”式美丽乡村。

（二）坚持因地制宜，融入特色，彰显长汀特色

长汀县采取“原生态、低成本、精提升”理念，因地制宜，因材致用，就地取材，打造微景观和微公园、微花园、微菜园，保留乡土风貌和优秀传统乡土文化要素，提升传统村落颜值。例如，策武镇南坑村和三洲镇三洲村等实施景观提升、文保修复、立面改造等项目，尽量保留特色建筑风貌，留住乡愁。

（三）强化产业支撑，融合发展，撬动庭院经济

长汀县发展生态农业、乡村旅游、文化创意等新型业态，解决村美和民富的关系，拓宽群众增收渠道，引导美丽村庄变输血为造血，促进美丽乡村可持续发展，被列入高质量发展庭院经济建设示范县。盘活土

地资源，引导农户将房前屋后空闲地变成“小菜园”“小果园”“小花园”“小乐园”“小公园”“小养殖舍”，开发出当地特色产品，吸引游客观光采摘，打造农家乐、特色民宿等产业模式，实现农民收入多元化、农业发展新型化。培育采摘园 200 余家，农家乐 90 余家，带动从业人员 2000 余人。

案例评析

2021 年，中共中央办公厅、国务院办公厅印发《农村人居环境整治提升五年行动方案（2021—2025 年）》，提出到 2025 年，农村人居环境显著改善，生态宜居美丽乡村建设取得新进步。长汀县经过数十年大规模水土治理，成功完成了从“火焰山”到“花果山”的生态巨变，得到水利部水保司的赞誉。在水土保持方面，通过实施封山育林、退耕还林、小流域治理等一系列工程，有效地控制水土流失，提高土壤保水能力；在生态治理方面，通过实施生态修复工程、建设生态公益林、推广生态农业等措施改善生态环境。在乡村振兴过程中，长汀县以改善人居环境为切入点，创新提出“515”模式，创新工作机制，明确建设目标，综合施策，在改善农村人居环境过程中兼顾乡村产业发展、农民生活质量提高和乡村治理水平提升，为其他地区乡村人居环境整治提供了“长汀经验”。下一步，必须重视研究提升水土流失综合治理能力的先进技术和科学方法，提高水土保持效率，提升生态向好的效果，加大力度有效整合生态旅游、生态农业和“长汀经验”品牌等资源，真正守护好农村的绿水青山，在长汀的绿色底色上发展诗意山水、民俗风情和长汀美食等特色。

“红”“绿”并进，走出强村富民新路径

——长汀县河田镇露湖村、伯湖村的乡村振兴之路*

一、乡村概况

长汀县河田镇土地总面积275平方千米（其中耕地面积4.26万亩，山地面积32.4万亩）。现辖31个行政村，有8万余人，是闽西人口最多、密度最大的农村乡镇。地处长汀中部、汀江上游两岸，东邻南山，南与涂坊、濯田接壤，北与新桥相连，西与策武交界，离长汀县城23千米。河田镇历史悠久，红色文化、生态文化、历史文化、客家文化“四位一体”，底蕴深厚。交通便捷畅通，基础设施完善，物产资源丰富，政策优势明显，生态治理成果丰硕，是水土流失治理“长汀经验”的主要形成地和重要实践地。露湖村地处河田镇与南山镇交界处，319国道穿村而过，村中有“长汀县水土保持科教园”。伯湖村作为革命基点村，是开国中将、“红色华佗”傅连暲将军的故乡，有着丰富的红色资源，包括傅连暲故居、傅连暲铜像、闽粤赣独立第七团旧址、伯公岭乡苏维埃旧址、老鹰树等红色打卡点，有发展红色旅游得天独厚的条件。

二、主要做法

（一）露湖村：“绿色”引领，强村富民

露湖村曾是长汀境内水土流失最为严重的行政村，“山光、水浊、

* 本文资料由丘观盛（长汀县河田镇副镇长）、林世星（长汀县河田镇科技副镇长、二级主任科员）提供。

田瘦、人穷”是当时最真实的写照，经过几代人近30年的不懈努力，创新实施“等高草灌带”治理方法及生态开发治理模式，全村共治理水土流失面积7818亩。近几年，露湖村深入践行“绿水青山就是金山银山”的发展理念，扎实推进水土流失精准治理和深层治理，持续做好以生态为引领的乡村振兴文章。

1. 以生态引领产业发展

2018年以来，露湖村立足生态优势，紧紧抓住实施乡村振兴战略的机遇期，探索形成“党支部＋合作社＋贫困户”的产业发展模式。结合激励性扶贫项目，由村党支部出资流转土地，吸引专业合作社进驻，大力发展特色农业。目前，全村已建成林下285亩黄花远志、70亩百香果基地，基本形成了以水稻、槟榔芋、烤烟种植和河田鸡养殖为主，吊瓜、黄花远志等特色农产品竞相发展的农业产业发展格局。同时，百亩荷塘景观提升工程、露湖生态山庄、电子商务展销平台等项目建设基本完成。依托露湖生态山庄第三产业服务及冷链配送，推动全镇名优特农副产品（包括河田鸡、黄花远志及加工产品、百香果、火龙果等）面向全省、全国销售，进一步拓宽产品销售渠道，形成农副产品集储存、生产、加工、转运、销售于一体的集约式全产业链。

露湖村的林下中草药种植（河田镇政府　供图）

2. 以生态引领乡风文明

露湖村充分发挥生态优势，强化水土流失治理的“长汀经验”的宣传教育，在水土保持科教园及村部周边设立生态科普宣传栏，努力提升村民自然生态保护意识。充分利用新时代文明实践站平台，加大村庄卫生治理宣传，将垃圾治理、人居环境整治、生态建设、婚嫁丧葬新风与“两学一做”学习教育、主题党日、村民小组长会有机结合起来，让环境治理理念根植于心、外化于行，广泛凝聚起百姓思想共识。发扬“一约四会”村级自治的辅助作用，对抬公太、红白事宴请实行登记审批，进一步倡导移风易俗、红白喜事简办，规范村民的日常行为，培养科学文明、健康向上的生活方式，形成和谐向上、文明礼让的好风气。

3. 以生态引领村居建设

露湖村牢牢把握自身生态优势，通过召开村民座谈会、外出乡贤座谈会，群策群力，充分调动村民参与美丽家园建设的积极性；听取不同意见，学习和借鉴其他地方乡村振兴的经验，结合本村实际，制定完成适合本村的发展规划。同时，结合本村发展实际，及时制定优化村规民约，坚决落实“四议两公开”工作法，坚持自治、法治、德治相结合，统筹推进乡村治理与公共服务能力建设。借鉴“枫桥经验”，不断提升村民自治能力，积极化解矛盾，建立健全矛盾化解机制，严防矛盾堆积、问题激化，完善人民调解、行政调解、司法调解联动工作体系，重点化解一批民生领域和信访突出问题，积极回应群众诉求。同时，重点开展扫黑除恶专项斗争，打击涉麻制毒、电信网络诈骗违法犯罪活动及农村赌博等突出问题，加强法治宣传，提升村民自治能力，确保不出现涉麻制毒及电信诈骗窝点，不新增涉麻制毒电信诈骗重要人员，创建平安村居。

（二）伯湖村：立足“红色”，抢抓机遇

伯湖村曾经水土流失严重，资源贫瘠，内耗严重，是远近闻名的贫困村。近年来，伯湖村抢抓政策机遇，发展生态种植和养殖等产业，增加村集体经济收入；利用被列入“一县一片区”“红旗跃过汀江·‘两山’实践走廊”乡村振兴跨村联建示范片和长征国家文化公园（福建

段）重要节点的机遇，充分挖掘开国中将傅连暲将军故居等优质红色资源；利用水土流失治理成果，大力发展林下中草药种植，狠抓农村人居环境整治，加快基础设施建设，谋划富民产业发展，着力提升美丽乡村颜值，全力打造集红色文化、生态文化、特色农业于一体的“红色＋生态”“红色＋农业”综合性红色旅游景区，实现从省级贫困村到省级乡村振兴实绩突出村的华丽转变。

1. 立足“红色”，推动文化振兴

伯湖村红色底蕴深厚，是新中国成立后第一批被命名的革命基点村，苏区时期曾成立了伯公岭乡苏维埃政府，是中央苏区的重要组成部分；红军主力长征后，伯湖是长汀红军游击队坚持地下斗争的主要据点；全国解放前夕，中国人民解放军闽粤赣边纵队独立第七团在此成立。在长期的革命斗争实践中，伯湖村涌现出了“红色华佗”傅连暲、闽粤赣边纵队副司令员兼参谋长傅铁坚等一大批英雄儿女。2019 年开始，伯湖村分两期修缮傅连暲将军故居并布置展陈，2022 年起对中国人民解放军闽粤赣边纵队独立第七团成立处进行修缮。

伯湖村成立孝善基金会，举办重阳节联欢晚会，弘扬孝善精神。连续 4 年举办农民综合文化节，提高村民文明素质。成立伯湖小学奖教奖学基金会，发放奖教奖学基金 25 万余元，帮扶困难学生和奖励优秀教师。完善新时代文明实践站建设，组建志愿服务队，开展各项志愿者活动。实施民俗活动党员干部“承诺制”和村民群众红白喜事“备案制”，遏制陋习。规划建设伯湖村村史馆项目，挖掘红色文化和绿色文化资源，弘扬积极价值观。

2. 立足“红色”，做强产业文章

2017 年起，伯湖村基于自身的红色底蕴，流转土地 150 亩，搭建智能温控大棚 30 亩，引进 3 名返乡创业大学生，创建新农人生态有限公司，创新运用“党支部＋合作社（家庭农场）＋基地＋贫困户”模式，带动农户大力发展葡萄、火龙果、茂谷柑等果蔬种植，实行激励性扶贫项目，发展适度规模经营，促进农牧业产业化、品牌化，并同文化旅游、乡村旅游相结合，稳步带动村民增收。依托晋江（长汀）工业园和设施农业龙头企业以及家庭农场、专业合作社，持续为农民群众提供充分的就业保障，带动贫困户脱贫致富，同时发展壮大村级集体经济，使党建优势转化为扶贫优势，党建活力转化为攻坚动力。培育芋子坑家庭农场、稀明养殖合作社，养殖河田鸡 14 万羽，筹集资金 160 万元，在村内建设年出栏 7 万羽以上的标准化河田鸡养殖场。依托“河仁慈善基金”和开国中将故乡，逐步打造红色文化科普、农园民宿体验、生态休闲旅游和农耕文化体验游等项目，促进了一二三产加速融合。目前已利用集体山场建成林下中草药种植基地，种植五瓜皮 5 亩、五指毛桃 200 亩。村级集体经济不断壮大。

3. 立足“红色”，做好人才文章

伯湖村利用红色文化，吸引厦门大学校友邱学军长期支教，并深化与厦门大学的合作，设立支教项目基地和少儿国学教育基地。自 2017 年以来，累计发动 6 所高校 700 余人次师生开展夏令营、冬令营、外出表演、演讲、研学、比赛等活动，争取各级部门资金 100 余万元用于支教之家和小学硬件提升，得到好评。对接农业农村局、专业合作社，加强农民实用技能培训，建立新型职业农民队伍。发挥新农人返乡创业大学生优势，改造新农人讲习所，开办农技培训班，孵化农业“田秀才”。

厦门大学学生定期到伯湖村支教（河田镇政府　供图）

4. 立足“红色”，做实生态文章

伯湖村共有7389亩林地，其中3980亩为生态林。经过近年来的水土流失治理，生态环境得到提升，为未来发展林下经济积蓄潜力。完成罗地河沿岸生态护岸建设，结合新农人生态产业园，建设休闲步道、景观绿化，打造新的生态休闲观光点。此外，开展农村人居环境整治工作，推进“一革命四行动”及“两治一拆”整治提升行动，拆除“空心房”109栋16610平方米，整治裸房58栋；落实“平改坡”建设；定期组织人居环境整治行动及河道“清四乱”综合行动，开展房前屋后美化行动，有效提升农村人居环境。2021年，伯湖村通过市级“两治一拆”验收。

三、发展成效

（一）露湖村

如今的露湖村生态良好，环境优美，景色宜人。村财年收入突破50万元，村内产业带动就业70余人，人均可支配收入超过全县平均水平，先后获得全国妇联基层组织建设示范村、省妇联巾帼英雄示范村、省民主法治示范村、“三农”综合示范点等荣誉；2019年被列为省级乡村振兴示范点、市级人居环境整治试点村，获评第一批国家森林乡村；《探索生态建设新经验——长汀县河田镇露湖村》入选“2019年全国乡村振兴优秀案例”；2020年被评为国家森林乡村；2020年被评为省级高级版“绿盈乡村”；2021年被评为市“平安村居”。

（二）伯湖村

目前，厦门大学对伯湖村的人才帮扶和教育帮扶走向常态化，伯湖村的厦门大学支教之家已经投入运营，厦门大学学生每月定期到伯湖小学开展支教活动。2021年，伯湖村被评为省级森林村庄、省乡村振兴实绩突出村；2022年，伯湖村党支部被龙岩市委评为新时代红土地党的建设工作先进集体，伯湖村获评市级民主法治村，傅连暲将军故居景区成功创建国家AAA级旅游景区。

四、经验启示

（一）立足禀赋，找准定位

推进乡村振兴必须立足于自身的资源禀赋，充分认识自身的比较优势，找准自身定位和发展路径，并在此基础上制定发展战略。露湖村充分利用自身的生态优势，打好“绿色”牌，走出了一条生态引领的乡村振兴之路；伯湖村充分挖掘本村红色文化资源，打好“红色”牌，获得了上级的大力帮扶和资源倾斜。

（二）凝心聚力，充分借力

不少行政村存在发展理念、房分、宗派之争，导致发展受阻，难以推进乡村振兴。伯湖村曾面临这一问题，经过工作队指导调解，在换届后得到解决，凝聚共识，为后续发展提供支撑和保障。镇党委、政府调动乡贤力量，争取政策、资金和人才支持，引入外部力量，推动乡村振兴工作走深走实，获得成效，这说明凝心聚力、充分借力对乡村振兴的重要性。

（三）项目主导，产业先行

通过积极谋划项目获得资金支持，露湖村、伯湖村获得了上千万元的资金支持，保障工作开展。项目实施带动村民就业增收，改善基础设施和村容村貌。河田镇重视产业振兴，示范村孵化一批规模化养殖场、粮食果蔬合作社和生态休闲旅游农庄等产业，奠定振兴基础。

（四）以人为本，振兴为民

乡村振兴以提高人民生活质量为目的，人民既是参与者、见证者和受益者，也是评价者。露湖村和伯湖村取得成效的关键是以人为本，发展为了群众，依靠群众。两村让村民参与乡村振兴战略，提高就业率，村民以在乡村振兴理事会中任职为荣、捐地让利为荣，增强获得感和幸福感。

案例评析

红色资源和绿色资源是革命老区经济发展可以利用的重要资源，在乡村振兴中具有重要作用。本案例中的露湖村、伯湖村一方面加强红色文化保护，丰富乡村文化内涵；另一方面推进红色文旅融合，激发乡村经济活力。未来应抓住“十四五”发展规划契机，按照文化和旅游部提出的“理念、职能、产业、市场、服务、交流”六大融合等发展路径，充分体现“宜融则融、能融尽融”的原则，找准文化旅游和乡村振兴之间的最佳连接点，推进农业生产、农村建设、红色文旅与乡村生活生态良性循环，为革命老区乡村振兴提供参考路径。

画好山水画，走好小康路

——将乐县高唐镇常口村全面推进乡村振兴的做法和启示*

一、乡村概况

高唐镇常口村犹如一颗璀璨的明珠，镶嵌在“美丽中国·深呼吸第一城”的将乐县东部、闽江支流金溪河畔，距县城15千米。村域面积13.83平方千米，其中耕地0.12万亩，林地1.9万亩。现有7个村民小组，246户1062人，党员46名。

1997年4月11日，时任中共福建省委副书记的习近平到常口调研时说：“青山绿水是无价之宝，山区要画好‘山水画’，做好山水田文章。”① 正是这句嘱托，为常口村留下了河对岸的这片青山，也有了今天的美丽常口村。

20多年来，常口村“两委”突出党建引领作用，一任接着一任地把这句嘱托口口相传，深深地根植于村民的心中，融入常口经济、文化和社会建设的全过程，转化为绿色发展的具体行动。如今的常口村发生了翻天覆地的变化，村民们收获了满满的幸福感。2022年，村集体年收入达185万元，比1997年增长61.6倍；农民人均年收入3万元，比1997年增长12.5倍。先后获得全国文明村镇建设先进单位、全国文明村、全国民主法治村、省级园林式村庄、省级生态村、省级美丽乡村示

* 本文资料由张雪凤（将乐县高唐镇政府一级科员）提供。

① 引自：三明：守护无价宝 画好山水画［EB/OL］.（2022-04-18）［2022-07-16］. http：//fj. people. com. cn/n2/2022/0418/c181466-35227232. html.

范村和省级水利风景名胜区等荣誉称号，绘就了常口践行习近平生态文明思想的生动画卷。

二、主要做法

（一）坚持“一个理念”

常口村在村庄规划建设上，突出宜居宜业，坚持“高起点规划，分阶段实施，按能力建新，有重点改旧，全方位整治”原则。依托资源条件、环境特色和风土人情，先后3次编制修订完善村庄发展规划，并制定常口联村区域发展总体规划，一张蓝图绘到底，一任接着一任干，实现生态保护、村庄建设、产业布局、交通路网、公共服务“五规合一”，让村民望得见山，看得见水，记得住乡愁。

（二）做好“三篇文章”

一是做好“山”文章。多年来，常口村咬定青山不放松，坚决摒弃“砍树吃山”模式，持续实施造林绿化、封山育林工程，推行“林长制”，实现山有人管、树有人护、责有人担，境内森林覆盖率达80%以上。2021年5月，常口村积极融入三明市集体林权制度改革，开展碳汇试点，探索出以森林净固碳增量来核算碳汇量的创新方式，获得了全国首张林业“碳票”。通过“村集体＋国有企业”联动模式，常口村充分依托县属国有企业金森公司的碳汇开发、监测计量、碳中和等服务技术和市场优势，将“碳票”的开发和交易进行托管，首张“碳票”将村内生态公益林中林木的生长量增量换算成为碳减排量，将生态公益林推向碳汇市场交易，盘活了村内公益林资产。2022年5月，常口村继续摸清家底，放大绿色效益，将7181亩集体人工林的碳减排量进行测算，获得了第二张“碳票”，让空气变成可贷款、可质押、可存储的“真金白银”。同时，大力发展文旅康养产业，与省旅游集团合作，成立常青康养研学公司，共同建设两山学堂等康养项目。统筹区域内12.5万亩林地资源，发展珍贵苗木、中药材、红菇、竹笋等产业，推动林业差异化发展。

二是做好“水”文章。依托水资源优势，大力发展水美经济，开发

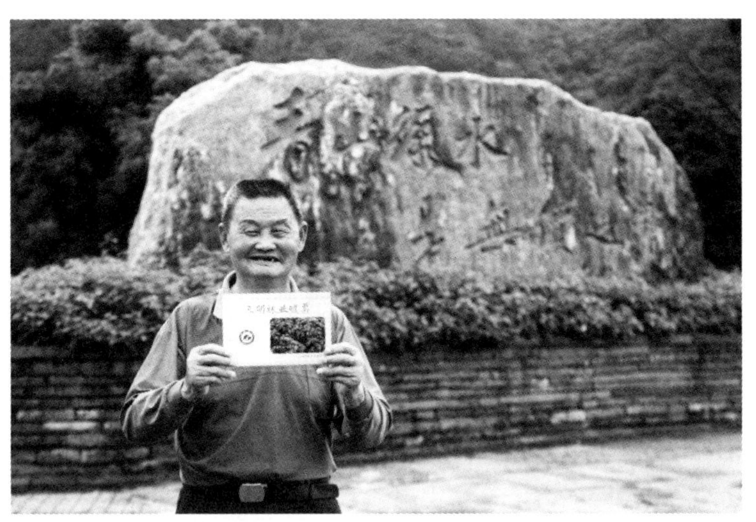

村民喜拿林业碳票（董观生　供图）

云衢山漂流、水上威尼斯乐园项目，打造皮划艇训练基地，每年可吸引10万国内外人士在常口集训比赛、休闲旅游。其中，常年入驻集训的2支皮划艇队伍不仅盘活了村里的闲置民房，而且带动了周边餐饮、小卖部等发展，每个月可为当地带来7000多元的房租收入和超过3万元的其他收入。

三是做好“田”文章。以农业产业现代化为抓手，引进福建常口分享生态农业有限公司等企业，建设以纽荷尔脐橙为主的特色水果产业基地近千亩，农户以土地、劳力等多种形式加盟，每年带动村民及村财增收超过100万元。依托生态脐橙园、蔬菜水果种植大棚，打造县中小学生劳动教育实践基地，让村民变老师、变厨师、变导游，每月人均增收2350元，并为村财增加1.5万元收入。

（三）实施“四项工程”

一是生态治理工程。新建PPP污水微动力处理站，每日可处理生活污水60吨，日常运营建立村里主导、多方参与、市场运作的管护机制，通过政府购买服务，引入第三方机构实施农村生活污水治理项目，让专业的人做专业的事，有效解决“有人建设、没人管理”等乱象，处理后的农村污水水质达到国标一级B标准，可直接排入河流或用于绿化、灌溉等，真正实现了污水再利用。积极开展农村垃圾分类试点，实行“积分制”，让垃圾分类意识深入人心。持续加强生态综合治理，完成常上湖生态保护修复示范工程。

二是乡村建设工程。坚持“留白、留绿、留旧、留文、留魂”，遵循宜蔬则蔬、宜果则果、宜景则景的原则，引导农民开展庭院和村庄绿化美化，因地制宜推进农房“微改造”，建成山水广场、初心书屋、篮球场、羽毛球场、儿童户外乐园等公共活动场所，率先实现天然气进村入户，并利用污水管网下地改造机会，把后山山泉水引入村中，形成村中有园、园中有水、水中有花的园林式村庄。针对历次新村建设中形成的水泥路面等现代化、城市化问题，不搞大拆大建，科学制定全村绿化方案，以自然融合的方式彰显常口绿色生态风貌。

三是乡风文明工程。在全国率先开展“创十星评十户”活动，推行“住村夜谈会”机制，打通农民群众参与乡村治理的“最后一公里”，有效解决乡村治理等难题。设立教育基金对品学兼优的学生予以奖励，截至2023年底，全村大中专以上学历的共155人（其中博士5人、硕士16人），平均每8名群众就有1名大学生。

四是党建引领工程。大力推行“跨村联建”党建模式，以常口村为中心，成立常口联村党委，形成组织联建、产业联带、民生联办、治理联动格局，通过土地集中流转、量化折股分红等形式，带动周边5个村抱团聚力、资源共享、优势互补、同步发展，打造了1000亩脐橙种植基地、70亩葡萄柚种植园、200亩林下黄精种植基地、10亩蔬菜大棚和2000亩红菇扩繁基地，打造“山上是银行、山下是粮仓”的格局。同时，对接县旅游总体布局，以常上湖文旅康养旅游为重点，将联建村纳入环常上湖森林康养基地旅游规划，大力发展城郊旅游，做活水上产业，引进辽宁、山东等地的省市皮划艇运动员常年在此训练，拓宽增收渠道，增加生态效益，2022年联建村村财收入平均达65万元。

三、发展成效

（一）坚持科学合理规划

常口村立足村情实际，于1999年、2012年和2018年3次制定了村

常口村自然生态景观（董观生　供图）

庄发展规划，先后奏响了“社会主义新农村建设”“家园清洁行动”“农村环境综合整治”和“乡村振兴”进行曲，明确了打造“生态、宜居、美丽新常口”的奋斗目标；优化了立足区位、资源优势，以市场为导向，以企业为龙头，以结构调整为抓手，以产业化经营为主体的“一园、两带、五区”产业布局；确定了“生态立村、绿色兴村、文旅强村”的绿色发展之路；制定常口联村区域发展总体规划，实现村庄建设、产业布局、交通路网、公共服务、生态保护“五规合一”。

（二）坚持绿色发展道路

常口村充分利用资源禀赋，走绿色发展道路，不断调优农业种植结构，巩固传统农业，发展特色农业，盘活林地资源，做旺全域旅游，山、水、田焕发出勃勃生机。常口村首张“碳票”监测期（2016 年 1 月 1 日至 2020 年 12 月 31 日）碳减排量 12723 吨，其中“碳票”推出当天，福建通海镍业科技有限公司便以 4 万元的价格购买了其中的 2723 吨碳减排量，其余额度由金森公司以每吨 10 元的价格进行收储，14 万元的收益由全村村民共享。目前，常口村第二张“碳票”已经制作完成，涉林地面积 7181 亩，经核算可达 21139 吨碳减排量。利用林地资源，发展苗木产业；深化林权制度改革，与福建金森集团合作，稳步提高林地租金；以多村联建为抓手，统筹联村区域内 12.5 万亩林地资源，培育新型林业经营主体，探索新型林业合作经营模式，推动林业规模化差异化发展。

(三) 坚持产业富民强村

好山好水好空气引来好项目。总投资 3000 万元的云衢山漂流项目于 2013 年投入使用，村里未出一分钱，占股 10%，目前年接待游客 1 万余人次。为 10 余名村民提供了就业岗位，实现人均季节性务工收入 1 万余元，在增加了村财收入的同时，又拓宽了村民增收渠道。

(四) 坚持保障改善民生

常口村“两委”坚持以人民为中心，坚持发展为民增福祉，坚持每年实施一批为民办实事项目，着力解决好涉及村民利益的重点民生问题，村容村貌得到极大改善，人居环境持续优化。村里建有卫生院，由村财出资向 60 周岁以上村民根据年龄段每季度发放生活补助 120～180 元，设立教育基金对品学兼优的学生予以奖励，基本实现“老有所养、病有所医、幼有所教”；先后完成村自来水改扩建工程，改善了村民的饮水条件；新建了常口村农民公园、灯光篮球场、露天游泳池等设施，丰富群众业余生活；开展村庄环境整治，实施垃圾分类处理，完善污水治理设施，开展绿化美化亮化净化工程，村庄生态环境良好，全村森林覆盖率达 92%，村道亮化率 100%，道路硬化率 100%，绿化率达 85%以上。

(五) 坚持培塑文明乡风

村规民约的力量十分强大，常口村一直保持着令人羡慕的民风，并且延伸出了“创十星、评十户”的精神文明创建典型经验，成为首批全国精神文明创建工作先进单位。每年村里都要通过村民自评，党员、村民代表互评，村“两委”干部评议的形式，评选表彰勤劳致富星、遵纪守法星、社会道德星、团结和睦星、爱护公物星、尊老爱幼星、移风易俗星、诚实守信星、文化体育星、学文重教星、卫生健康星、生态环保星 10 个典型户，并在全村张榜宣传，使村民学有目标，赶有榜样。特别是习近平同志到常口调研后，生态文明的理念更是深深扎根于每位村民的心中，生态环保星成为村民争抢的“最高荣誉”。

（六）坚持党建示范引领

20多年来，常口村历届党支部秉持生态文明理念，一任接着一任地推进“五好”支部建设，在选优配强领头雁的基础上，开展干部传帮带工作，既保证了队伍的稳定性，又保障了工作的延续性。常口村现有“两委”干部5人，其中村党支部书记、村委会主任邓万富为县局机关退居二线领导回引而来。发挥好“三会一课”制度功能，创新党小组活动形式，坚持每月10、20、30日晚上开展党小组活动，开展党员“亮承诺、晒成绩、评实效”活动，不断增强党员的政治荣誉感和组织归属感。2021年，常口村党支部获评“全国先进基层党组织”。

四、经验启示

（一）注重村庄规划，坚持生态优先

常口村守住了生态的底线，坚持科学规划，谋而后动，既提出思路要求又明确办法举措，既兼顾当前又考虑长远，把生态文明建设融入经济、社会和文化建设的各个方面、各个环节，与打好精准脱贫攻坚战、建设美丽乡村、推进农村人居环境整治三年行动方案等相结合，坚持“一张蓝图绘到底”，真抓实干，久久为功，实现持续健康的发展。

（二）注重产业支撑，坚持绿色发展

常口村在培育产业的过程中，牢牢把住绿色发展“入口关”，将高污染、高耗能项目拒之门外，充分利用良好的山、水、田资源优势，发展绿色产业，在带动村财增收、村民致富的同时，守住了绿水青山。经济发展“高素质”与生态环境“高颜值”是高质量发展的“双轮驱动”，把生态优势转化为发展优势，就是要辩证处理好发展与保护的关系，充分利用好自然资源，推进资源产业化、产业绿色化，形成绿色发展体系。

（三）注重生态惠民，坚持民生福祉

常口村站在村民的立场上，把产业培育当作乡村振兴的动力源，把村民的山、水、田通过资源发包与资源入股形式加以利用，发展生态产业，充分释放了生态红利，提升了村民的幸福感和获得感。全面建成小康社会的关键之一是要变“输血”为“造血”，实现可持续的自主发展，

才能最终实现共同富裕。

（四）注重文明养成，坚持生态价值

长期以来，常口村把生态文明理念纳入村规民约，创新“创十星·评十户”活动载体，增强了村民的节约意识、环保意识、生态意识，形成了人人保护环境、助推乡村振兴的行动自觉。生态文明是人民群众共同参与、共同建设、共同享有的事业。推进生态文明建设，就是要把习近平生态文明思想转化为群众认同遵循的共同价值理念和行动指南，树立正确的生态价值观，形成共同推进生态文明建设的自觉性。

（五）注重凝聚合力，坚持党建引领

常口村历届党支部通过党员干部示范带动，形成了坚强的战斗堡垒，并言传身教地把习近平生态文明思想深深根植于党员群众的心中，让广大群众凝聚合力，切实起到基层党组织的示范带动作用，将保护和改善环境变成村民的共同责任。

案例评析

高唐镇常口村牢记习近平同志“青山绿水是无价之宝”的嘱托，将生态文明理念付诸实践，走出了一条“产业富村、文化兴村、党建强村、生态惠民”的特色生态小康之路，做好山水田文章，让农民群众吃上“生态饭”，为新时代推进乡村振兴提供了“常口模式”，不仅是“两山”理念的孕育地和实践地，更是当前建设宜居宜业和美乡村、推进乡村振兴高质量发展的一个“样本村”。建议进一步加大探索生态产品价值实现机制的力度，在目前全球尚未形成统一碳交易市场的情况下，研究分析国内“碳票”异地交易模式。争取在“沪明合作”中或是在上海碳交易所实现碳交易，在更大交易平台上提升“碳票”价格，提高绿色资源的变现能力。充分发挥村民在乡村生态振兴中的主体作用，才能加速推进乡村生态振兴，才能实现乡村生态改善、环境优美。必须坚持生态效益、经济效益和社会效益“三效”并举，才能为更多地区树立起既实现生态振兴，又实现经济发展和社会进步的发展示范。

产业生态文化共治，谱写乡村振兴新篇章

——建阳区黄坑镇三峡民族村的乡村振兴实践*

一、乡村概况

黄坑镇三峡民族村是一个以畲族为主的少数民族革命老区基点村，位于南平市建阳区西北部，东与武夷山，西与邵武连接，区域总面积72843亩，其中林地面积27349亩，水田面积2330亩，共有10个自然村，设10个村民小组，共345户，1350人，其中华侨91人，党员53人。2023年村集体自主经营性收入24.3万元，村民人均收入27309元。近年来，三峡民族村以畲族风情园、响鼓水世界为核心，以响鼓至上肖村主干道为轴线，结合实施乡村振兴战略，厚植文化内涵，充分挖掘村域内的畲族文化、竹产业文化、茶产业文化等资源，打造集生态、文化、旅游于一体的民族特色村寨。走进三峡民族村，只见一座座竹山起伏绵延，一片片稻田阡陌纵横，屋舍整洁，小桥流水，尽显桃源盛景的畲族风貌。先后荣获全国文明村、省级乡村振兴产业兴旺示范村、省级森林村庄、南平市实施乡村振兴战略四星级示范村、高级版“绿盈乡村”等荣誉称号。

二、主要做法

三峡民族村立足本村实际情况，发挥自然景观、民族风情、人文历史等资源优势，注重突出产业特色，全面推进村集体经济建设，抓好民

---

* 本文资料由汤鼎（建阳区黄坑镇党政办主任）提供。

三峡民族村全景（黄坑镇政府　供图）

族特色建设、基础设施建设、村庄建设，走出一条具有三峡民族村特色的乡村振兴之路。

（一）坚持党建引领，党建“红”促进产业“绿”

三峡民族村作为乡村振兴产业兴旺示范村，从事与竹筷生产有关工作的人口比例高达 80%。通过与资源禀赋相同、区域位置相对集中的苦竹坪村、塘头村建立竹产业发展跨村联建示范片，赋能竹产业发展，以党建一体化引领推动片区化组团发展，形成利益共同体，推动村级集体经济提质增效。

一是链成体系，组织链串起产业链。按照“1＋2＋X”模式成立竹产业链党委，覆盖竹制品相关企业 71 家，管理党员 143 人，服务人口 3200 人，配备链上党建工作指导员 4 名、党群工作者 3 名。搭建竹产业乡土人才智库，充分发挥党管人才的制度优势，将退出实职岗位的党员干部、致富带头人等 100 余人纳入乡土人才库。成功吸纳雷成明、罗杰等优秀创业青年入党并加入竹产业链上党支部，邀请退休党员干部许洪贵入驻建阳春晖竹木业有限公司，共计为福建星星竹业有限公司等链上企业输送本土大学毕业生等乡土人才 20 余人。明确“党建引领、行业归口、产业链接、融合发展”工作体系，实现“党建链”连起“产业链”、带动“服务链”，打造出产业链党建的“黄坑样本”。

二是链出成效，企业富带动竹农富。指导辖区 31 家竹制品企业、40 户家庭式竹筷作坊联合成立筷乐竹产业专业合作社，整合竹农 301 人。在合作社等 5 家骨干企业领导下，建立竹山统一培育管理模式，指导竹农开展竹山标准化经营管理和品种改良，提升了毛竹质量，促进竹筷品质提升。2023 年，联建片区毛竹产量增长 15 万余根，单价高于一般产区 2 元，竹企年均增收 600 万元，竹农年均增收 2000 余元。

三是链出销量，好产品联通好销路。为做好竹产品销售帮扶工作，组织 22 家竹企前往上海、广州等地，借助参加中国竹产业博览大会等大型展会契机，充分展示片区竹产业的优良品质和发展成就，打响黄坑竹制品品牌知名度。2019 年 12 月疫情发生以来，竹企面临滞销打击，为拓宽销售渠道，组织开展电商培训 10 次，惠及 700 人，并通过 1688 电商营销网络进行竹制品销售，逐步提高竹制品的附加值。目前已有百余家竹企加入，年均线上销售额超 2000 万元。

（二）打造和美乡村，找准“三个抓手”，实现“三个转变”

近年来，三峡村以打造宜居宜业的生产生活环境为目标，持续提升人居环境，围绕“精准施策、梯次推进、全面提升”的思路，找准“三个抓手”，实现“三个转变”，全力打造生态文明的新时代宜居宜业和美乡村。

一是抓机制建设，由“突击式”向“长效式”转变。推行“一网四长”，由挂村领导带头，镇村干部全员参与，设立属地指挥长、片长、林长、河湖长，形成一个覆盖网络。坚持“整”“治”结合，建立每周检查、每月考核制度，形成长效机制。对日常发现的问题逐一交办，逐项建立台账，限期整改。坚持整治一处，维护一处，形成常态化治理机制，坚决防止前整治、后反弹现象出现。投入资金 40 余万元，发动 1000 余人次干部下沉，扎实推进整村人居环境整治工作。

二是抓资源整合，由“独角戏”向“大合唱”转变。以实现环境净化、绿化、美化、秩序化、常态化为目标，全村共有志愿者121名，有志愿服务时长的志愿者超过注册志愿者人数的一半，共有9支志愿服务队，通过常态化开展志愿活动，充分调动全民参与人居环境整治热情。紧紧围绕美化村容村貌、推进污水治理、开展垃圾分类等重点任务，将空院空地转变为小广场、小游乐园、小花园。通过“线上＋线下”相结合的模式，依托智慧音响、潭山市民讲坛、乡村小喇叭、网络媒体等平台，不断加强生态环保宣传教育，转变群众思想观念，让和美乡村建设由“政府事”成为“自家事”。

三是抓整体提升，由“一处靓”向“全域美”转变。以全国文明城市创建为契机，按照“齐动员、突破点、串成线、扩大面、做全域”的工作思路，以重点突破带动全局提升。借力环武夷山国家公园保护发展带建设，投入约100万元对村道两边建筑进行外立面改造，主街道房屋统一为木窗、木门，主体为棕黄色并以红色点缀，窗户上雕刻着凤凰图案，统一畲族文化特色样式，“畲味”满满，一眼难忘。以村中道路两旁、农户房前屋后、游乐园和空闲地等重点区域为中心，辐射带动农户对自家院落进行绿化，做到身边增绿、见缝插绿，构建出“点上绿化成景、线上绿化成带、面上绿化成片”的绿化格局。沿线进行墙体彩绘，

三峡民族村畲族文化旅游节（黄坑镇政府　供图）

通过图画和文字弘扬社会主义核心价值观，点缀孝德文化墙、廉政文化墙、好人好事墙，既有颜值又有内涵。一幅农、林、花、果、游相融合的田园画卷正在徐徐铺展开来。

（三）推动文旅融合，让乡村业态“火”起来

在借力黄坑全域AAA旅游景区的基础上，三峡村整合资源，融合项目，深挖亮点，以文促旅赋能乡村业态，不断提升文旅产业发展活力，在畲族文化、竹文化等方面进行深度挖掘，巧妙地将自然风光和文化资源相融合，通过特色鲜明的旅游风格吸引众多游客。

一是找准“绽放点”。以竹文化为特色，对接乡村振兴政策，投入300万元，建成乡村振兴竹产业展示馆、三峡竹观光工厂，立足多效合一，统筹规划竹旅融合、竹林基地建设、竹产业发展等，打造集品牌提升、文化交流、党建宣传、产业展示等服务于一体的综合性观光工厂，用一道竹林风景线，描绘竹业新蓝图。

二是切中“吸睛点”。以乡村振兴为抓手，打造精彩纷呈的民俗文化旅游活动，投资40万元打造民族大舞台，从畲族“三月三”提炼出“三月三”民俗活动、“三月三”文化节，举办畲族文化旅游节，通过畲

响鼓水世界（缪德海　供图）

族风情展演、畲族文化展览、制作畲族特色美食等形式，传承优秀畲族传统文化，促进乡村文化繁荣与发展，展示乡村新风貌，吸引八方来客共同纪念畲民先祖，立体展现独特的畲族文化。

三是探寻“引爆点”。结合 251 环带建设，投入 300 万元完成对响鼓水世界观景平台的修缮，完成黄坑镇标识建设，完成 12 处竹屋烧烤亭、茶空间以及露营场地的提升等。目前项目已完工投入运营，结合当下热点，推出露营、烧烤、采摘体验等项目，不仅让游客留下来，也通过文创产品销售走出了一条村民不离乡、不离村、不离土的增收新路子。黄坑镇标识已成为最美打卡地，游客量达到 5 万余人次。

三、发展成效

（一）扶持企业做大做强

实施“企业吹哨、链条响应、部门报到”制度，通过畅通党委、政府、链上企业、行业协会的沟通渠道，靶向发力精准服务。例如，共同出资 120 万元入股，成立蓝色火焰有限公司，2021 年底因红蓝线问题一度停工，竹产业链党委深入了解具体情况，并向南平市人大、建阳区委、水利等部门反映，组织专家到现场开展调研并召开评审会，协助蓝色火焰公司完成蓝线退让。2022 年 9 月，蓝色火焰公司顺利恢复生产，目前年销售额达 400 万元，每年带动村民增收约 150 万元，村财增加收入近 10 万元。为解决竹企建设标准化厂房用地难和产品销售的验厂问题，帮助 5 家竹企争取到三峡焦溪工业平台的 28 亩建设用地，解决企业做大和用地瓶颈。针对竹企融资难、融资贵问题，积极探索党建引领金融助理工作机制，发挥金融助理桥梁作用，主动对接市工商联，与黄坑镇商会党支部携手创办南平市邮商贷现场会，为竹企开辟优先贷款绿色通道。截至目前，已累计为 40 家企业授信利息低、期限长的贷款，金额达 1100 万元，该模式在全省推广，黄坑商会因此获“全国四好商会”称号。

（二）带动百姓增收致富

企业自身提产增收，全镇纳税 20 强企业有 14 家链上企业。片区竹企年均捐赠 5 万余元，助推农村基础设施不断完善。村集体经济得到增长，村集体通过入股企业、盘活闲置土地流转给竹企作为建设用地，每年可获分红。三峡村年均自主经营性收入 53 万元，为全镇最高的两个村之一。村民年均收入提高，村民销售竹原料给企业，企业通过技术讲座、典型示范等形式提高村民素质，吸纳闲置劳动力到企业务工，拓宽群众增收渠道，竹筷生产从业人员人均年收入可达 4.5 万元，较全区人均年收入高出约 2 万元。推荐村“两委”班子“双带”型（带头致富、带领致富）干部到企业党组织兼任职务，促使农村致富能手和产业大户主动与脱贫户结对，帮扶发展产业，28 户脱贫户人均年收入可达 1.8 万元。

（三）促进群众幸福指数提升

坚持大力发展乡村旅游，抓实人居环境整治工作，一系列的措施不仅提升了农村道路的景观，更提高了居民休闲生活的品质。群众开门见绿，推窗有景，也为游客提供了更加舒适、美丽的游览环境，让绿水青山变为乡村振兴的“金山银山”。

四、经验启示

（一）组织振兴是核心

三峡民族村坚持把组织引领贯穿乡村振兴的全过程和各方面，发挥好组织引领把关定向、凝心聚力和支撑保障的作用，全力打牢推动乡村振兴战略的政治地基。一是构建责任体系。落实乡镇班子成员牵头、村“两委”包户制度，5 名村“两委”成员常态化走村入户，推动责任落细落地。二是织密组织体系。全面推行“村党组织—网格党小组—党员联系户”的网格治理模式，将全村划分为 11 个网格，组织 12 名党员与 12 个农户联系结对，推动基层党的组织体系向治理末梢延伸。三是建强队伍体系。高质量完成村级换届，村“两委”班子平均年龄 41 岁，大专以上文化者达 80%，年龄学历实现“一降一升”。建立村党员志愿服务网络，创建三峡民族村党员志愿者示范队，组建“巾帼”“青年”等 9 支专业化志愿服务队，助推乡村全面振兴。

（二）产业振兴是重点

三峡民族村紧紧抓住竹产业发展这个牛鼻子，依托本地特色资源，精准定位、科学谋划，推动小竹子做成大文章。一是深化村企共建。建立“村集体服务企业、企业反哺村集体和村民”的双赢长效机制，村集体为企业提供金融、土地等保障，企业有效盘活村集体土地、劳动力等资源，实现村企强强联合，带动百姓增收致富。二是强化龙头带动。发挥合作社、龙头企业的示范带动作用，引进先进培育、制作，销售等专业技术，助力全竹研发，提升产业发展质效。三是推动竹旅融合。以畲族文化、朱子文化为依托，以响鼓水世界、竹观光工厂为重要阵地，深入开发竹观光、竹工艺等新业态，助力生态康养产业走深走实。

（三）人才振兴是保障

三峡民族村始终把人才作为第一资源，紧扣发展所需，做好人才引、育、用文章，营造近悦远来的人才生态。一是搭建竹产业乡土人才智库。充分发挥党管人才制度优势，将退出实职岗位的党员干部、致富带头人等100余人纳入乡土人才库。二是提升人才能力水平。依托镇党委、镇政府开设的新农人直播培训班，大力培育“直播新农人”。同时，组织企业前往各地参加海丝博览会等大型展会活动，打响黄坑茶、竹产业品牌知名度。

（四）文化振兴是灵魂

三峡民族村坚持把传承和弘扬优秀传统文化作为一项历史性、战略性工程来抓，做到以文铸魂、以文化人、以文育人，不断提升乡村振兴内生动力。一是提升文化基础设施。稳步推进畲族大舞台升级改造，积极拓展村级文化服务场所功能，精心打造乡村舞台、道德讲堂、乡贤课堂、农家书屋、新时代文明实践站等文化传播阵地，擦亮“红色文化地标”。二是弘扬民俗文化。大力支持畲族歌舞、花鼓戏等非物质文化遗产的保护和传承，依托春节、元宵、清明、端午、七夕、中秋、重阳等传统节日，积极开展“我们的节日”文化惠民活动，全面丰富党员群众的文化生活。三是培育文明新风。探索推行“党建＋乡风文明”治理新模式，组织开展“美丽庭院”“文明家庭”等群众性创评活动，发动党员带头宣传执行村规民约、家风建设、移风易俗，着力构建“自治、法治、德治”三治融合的乡村善治体系。

（五）生态振兴是底色

三峡民族村坚持抓党建促生态保护，大力实施“生态优先”战略，用“先锋红”守护“生态绿”。一是“红色网格”守牢生态红线。深入践行“绿水青山就是金山银山”理念，落实河长制、林长制，深化党员网格管理机制，设立党员先锋岗，扎实开展耕地保护、森林防火等主题宣传活动，引导广大党员在生态保护中亮身份、领责任、争先锋。二是“红色先锋”引领“环带”建设。坚持以“环带”建设为抓手，扎实开展“四个一批”工程攻坚行动。深入开展走访入户宣传工作，组织联户党员广泛开展环保宣传、环境整治，通过党员带头、群众参与，扎实开展破房子放倒一批、外立面改造一批、垃圾卫生整治一批、沿线绿化花化彩化一批“四个一批”工程，农村人居环境质量全面提升。

案例评析

三峡民族村充分认识到推进乡村生态振兴是提升乡村居民生态福祉、实现共同富裕的基本保障，以习近平生态文明思想为指导，大力实施“生态优先”战略，坚持党建引领，党建“红”促进产业“绿”，发挥自然景观、民族风情、人文历史等资源优势，注重突出产业生态文化共治，推动文旅融合，打造成为有产业、有风景、有乡愁的生态宜居美丽乡村示范村。建议进一步发挥畲族文化特色，尊重当地的自然肌理和生态脉络，重视建设前期的科学规划，保护乡村的生态、生产和生活的空间功能。加强县域经济发展与生态振兴协同的有机结合，注重保护和挖掘生态系统价值潜力，为游客提供更加舒适、美丽的游览环境，推动资源“含绿量”转化为发展“含金量”，走出一条绿色发展的富民强村之路。

改善人居环境，建设和美乡村，为乡村振兴提“颜”增“质”

——周宁县探索闽东特色乡村振兴的“周宁路径”*

一、乡村概况

周宁县地处福建省东北部，1945 年设县，以周墩、宁德两地首字定名“周宁”，1970 年 7 月起隶属宁德地区，现辖 6 镇 3 乡、147 个行政村（社区），土地面积 1047 平方千米，总人口 21.6 万人。全县平均海拔 800 米，居华东之首，素有“云端之城”的美誉。周宁县属中亚热带海洋性季风山地气候，四季分明，空气质量常年达到国家一级标准，盛夏日均气温仅 24℃，环境宜人，素有“天然空调城”“天然氧吧”之称，是国家重点生态功能区。宁武高速公路、353 国道和建设中的衢宁铁路横贯县境。周宁县群山抱城、层峦叠翠、绿意盎然，境内有国家级风景名胜区、国家 AAAA 级旅游景区、宁德世界地质公园第四园区九龙漈·鲤鱼溪和国家 AAA 级旅游景区陈峭、省级森林公园仙风山，以及芹山湖、后垄溪大峡谷、蝙蝠洞、官山、灵峰寺、方广寺等一大批旅游景点，是集生态避暑、休闲娱乐、疗养度假于一体，极具发展潜力的旅游胜地。

习近平同志在福建工作期间，曾“九进周宁”，留下许多“四下基层”的生动实践。尤其是 1988 年 7 月至 1989 年 1 月期间，时任宁德地委书记的习近平同志先后 3 次走进周宁黄振芳家庭林场，并带着调研成果，创造性地提出“森林是水库、钱库、粮库”的“三库”绿

* 本文资料由周宁县委乡村振兴办提供。

色生态理念。[①] 2022 年 3 月 30 日，习近平总书记在参加首都义务植树活动时，再次指出“森林是水库、钱库、粮库，现在应该再加上一个‘碳库’”，赋予“三库”绿色生态理念新的实践内涵。[②] 此后，习近平总书记在海南、北京、黑龙江等地又多次强调森林“三库＋碳库”理念，为周宁走好生态优先、绿色发展之路指明了方向、鼓足了干劲。近年来，周宁县坚持以“三库”绿色生态理念为指引，以“四绿”行动践行“四库”理念，学习运用浙江“千万工程”经验，把农村人居环境整治提升作为实施乡村振兴战略的重要抓手，持续探索创新工作方法，推动农村人居环境改善提升，加快推动“绿水青山”转化为“金山银山”，先后获得国家生态文明建设示范区、全国“绿水青山就是金山银山”实

鲤鱼溪国家级鱼文化主题公园（汤志涛　供图）

① 引自：“四下基层”何以聚民心［EB/OL］.（2023-12-13）［2023-12-20］. https：//www. gov. cn/zhengce/202312/content _ 6919895. htm.

② 引自：森林是水库钱库粮库碳库——学习贯彻习近平总书记连续十年参加首都义务植树活动重要讲话精神述评之二［EB/OL］.（2022-04-27）［2023-12-20］. https：//www. forestry. gov. cn/c/www/ggzyxx/17524. jhtml.

践创新基地、全国村庄清洁行动先进县、中国天然氧吧、国家水土保持示范县、全国自然资源节约集约示范县、全国节水型社会建设达标县、“四好农村路”全国示范县等一系列“国字号”荣誉，并跻身福建省县域经济发展“十佳县”，走出了一条经济“高质量”与生态“高颜值”相得益彰的“周宁路径”。

二、主要做法

(一) 抓牢“三个坚持”，把好全域整治“方向盘”

针对农村人居环境整治“点多、线长、面广”的特征，周宁县坚持从顶层设计入手，落实县乡村三级书记抓乡村振兴，结合美丽乡村建设，统筹谋划，整体推进。

一是坚持全域规划、整体设计。将推进农村人居环境整治作为全面实施乡村振兴战略的重中之重，邀请国家级和省级专家前来实地考察，现场把脉，总体设计生活垃圾、污水排放、厕所革命和畜禽养殖等整治规划，统筹考虑农业绿色发展、农村庭院功能、乡村旅游等元素与农村环境可持续治理。将建筑风貌管控等纳入村庄规划编制中，推动多规融合在村一级落地，实现农村人居环境整治提升与公共基础设施改善、乡村产业发展、乡风文明进步等互促互进，全县已启动7个乡镇国土空间总体规划，完成107个村庄建设规划编制。

二是坚持分类推进、整体提升。明确各个阶段工作内容、标准和要求，统筹1000多万元资金，先行抓好“两高”沿线村、人口聚集村、特色亮点村整治，发挥示范引领作用，以点带面、全域推进。尤其是针对25个常住人口不足100人的偏远薄弱村，兼顾社会效益、生态效益与文化效益，在保障和改善留守人员生产生活条件的基础上，注重历史文化遗存保护。

三是坚持统筹资源、长效治理。整合美丽乡村建设、农村水利、危房改造等各类资金，采取以奖代补、先建后补、以工代赈等方式，推动农村人居环境设施建设和运行管护。将农村人居环境整治列入对各乡镇的年度绩效考核体系，开展“周暗访、月督查、季巡查、年评比”的工

浦源镇龙住院村（李洪元 供图）

作推进机制，建立日常工作监督、季度工作通报、实绩成效备案“三本台账”，推动责任到点、任务到人，保障整治工作长治长效。

（二）推动“三个结合”，下好改厕改水“先手棋”

周宁县把改厕改水作为打响农村人居环境整治的“第一枪”，以改厕改水的“小工程”带动民生发展的“大事业”。

一是政府主导与全民参与相结合。压实农村改厕改水整治责任，建立部门协同工作机制，调动社会力量投入公共设施建设，灵活运用以奖代补、先建后补等方式，统筹专项经费逾1亿元，推动农村“厕所革命”和污水治理行动，实现农村污水治理全覆盖。实行“县政府投资建设—乡镇/村集体运维—污水管网收集—集中处理设施—达标排放”的综合模式，运用纳厂、集中、分散污水处理模式，泗桥乡农村厕所粪污处理及资源化利用的做法被国家三部委确立为典型范例。

二是统一谋划与因村施策相结合。出台《周宁县农村改厕改水综合整治实施方案》，推行“四三二一”工作模式（“四个带头”：党员干部带头宣传政策、带头作出承诺、带头化解纠纷、带头自拆违建；“三个参与”：人人参与整治、户户参与评比、村村参与创先；“两个无偿”：拆除危房茅房等无需补偿，让出空地园地等无需补偿；“一张蓝图”：一张蓝图绘到底）。坚持分类推进、示范引领、以点带面、全域推进原则，建立五级创建机制，编制《农村户厕建设规范》和“一户一策”方案要求，因地制宜建设集中型、区域型、联户型、单户型生态化粪污治理设施。

三是集中建设与长效管理相结合。发挥县财政资金引导撬动作用，制定《周宁县农村改厕改水综合整治实施方案》和《农村户厕建设规范》，突出把好工程质量关，对验收不合格项目，明确整改措施，限期整改，达标后发放补助。采取建管一体化模式，实施农村生活污水治理项目，制定配套机制，解决运维管理难题。引入第三方公司运营，实现9个乡镇镇区及行政村公厕保洁、河道保洁、农村生活垃圾转运一体市场化运营。探索粪污资源化利用有效途径，建立生态氧化塘，形成乡村“海绵体”，既净化污水，又带来经济效益和观赏效益，推动生活、生产、生态融合发展。

（三）创新“三化模式”，细耕垃圾治理“责任田”

周宁以泗桥乡坂坑村为试点，出台《周宁县农村生活垃圾分类与农业有机废物统筹处理及资源化利用示范工作方案》，因地制宜、逐步铺开，实现农村生活垃圾干湿分类及资源化利用工作全覆盖。

一是“差异化”布点。定人定量明确建设计划、规模、工艺，“单村式”主要在常住人口较多、垃圾数量大的行政村推广；“片区式”主要在交通便利、村庄相对集中连片的农村地区推广；“沤肥池或小型处理设备方式”主要在布局分散、交通不便、运距远、垃圾量少的农村地区推广。全县累计投入1100多万元，建成16个智能化前端分类点、42个片区、24个小型设备处理点及26个人工沤肥池。

二是“一体化”处理。实行县域农村生活垃圾市场化运营，建成垃圾处理房、垃圾分类亭，购进垃圾运输三轮车等配套设施，为村民统一配置干、湿垃圾分类桶，每500人配备1名保洁员，实行“门前三包”制度，干垃圾由第三方运营机构每日收集、清运、处理；湿垃圾由农户进行“初分”，村保洁员统一收集运送至处理点制作有机肥，形成“户分类、村收集，湿垃圾生态处理、干垃圾回收清运”的治理模式，农村日生活垃圾处理量同比减少30%。

三是“网格化”管理。落实网格长和村干部负责垃圾分类，划分网格片区，建立联户帮带机制，引导群众做好垃圾分类投放，形成党建引领、党员联户、村民参与的“网格化+”基层治理创新模式。建成智慧垃圾治理综合管理平台，融合一户一码、积分商城、实点监控、随手拍、流程溯源等功能，通过信息化方式实现湿垃圾回收、有机肥生产、积分兑换、网格评价、全流程溯源的闭环管理，促进环境整治向智治转变。

(四) 巧算“三道公式”，绘就美丽乡村“新画卷”

周宁县坚持不花钱少花钱、不搞大拆大建，引导群众自觉主动用双手美化身边环境，稳妥推进农村环境整治升级。

一是先做清理“减法”。针对镇村辖区环境脏乱差问题，重点整治干道两侧和群众房前屋后，全面开展危旧土坯房、杂屋茅房、鸡窝鸭舍、农具堆放点等清理工作，有效改善乡村面貌。比如，浦源村坚持人鱼和谐共生，保护传统村落，拆除鸡棚鸭舍和柴房1.5万余平方米，为打造“花鲤小镇”腾出空间。

二是巧做美化“加法”。致力增加绿化、完善配套、提升形象，拆除乱搭乱建，利用空地种花种树，建设公共空间，形成“四好”工作法，建设“美丽田园”“微花园”等模式。比如，龙住院村保留古厝、老树和溪流，通过“四季花村”改造，营造诗意环境，被评为省级传统古村落，吸引一大批游客前往休闲度假。

三是激活发展“乘法”。积极推动乡村“旅游+”“康养+”产业发展，大力发展观光休闲、田园采摘、农事体验、特色民宿等新业态，激活拓展“美丽经济”。如苏家山村将整治环境与拓展旅游相结合，打造乡村“迪士尼乐园”，被评为国家AAA级旅游景区和省级金牌旅游村。

七彩后洋村雪景（叶罗彪　供图）

三、发展成效

周宁县遵循乡村发展规律，立足资源禀赋，推动群众利益联结，因地制宜、因村施策，找到传统与现代的最佳结合点，稳妥推进农村环境整治升级，建设宜居宜业和美乡村。

（一）村容村貌整体提升

在全省率先完成所有行政村改厕任务，实现卫生公厕所有行政村全覆盖；在全省率先采用建管一体化（EPC＋O）农污治理模式，农污智慧监管典型案例亮相数字中国峰会，全域54条大小河流水质综合合格率100%；“花鲤小镇”获中央专项彩票公益金支持欠发达革命老区乡村振兴示范区项目5000万元支持；村庄“提档晋级”，实现“基础版”全覆盖，建成“标准版”84个、“提升版”42个；已创建国家级生态乡镇3个、省级生态乡镇5个、省级生态村26个，建设美丽庭院、乡村微景观等620处，村庄整体形象和品位大幅提升。

（二）乡村产业蓬勃发展

乡村环境的大幅改善，为加快推进“绿水青山”转化为“金山银山”打下了坚实基础，实现环境整治与三产融合共赢。周宁县入选2023年省级高质量发展庭院经济试点县，打造5个乡镇16个村庭院经济试点示范，建成家庭花卉园、家庭作坊、家庭菜园等230多处。举办“鲤乡福境·云端周宁”全域旅游推介会、第五届生态康养与健康养老大会、南方（周宁）高山马铃薯种业与产业创新发展大会等活动近百场次，茶叶、花卉、马铃薯等绿色生态农产品市场火爆，农业全产业链产值突破60亿元。涌现出后洋、浦源、芹溪、苏家山等一批村财收入超过50万元的典型村，2023年前三季度游客接待量同比增长41.2%，实现旅游综合收入同比增长49.4%，带动全县近10万人就业增收。

（三）群众主动参与建设

近年来，周宁县涌现出生态旅游、休闲采摘、休闲避暑等56个各具特色的网红乡村，溪口村露营基地、云上揽山民宿、鲤鱼溪音乐集市、古银矿遗址陈列馆等一批综合性项目先后落地建设，群众在家门口坐上致富快车，更加理解、支持乡村人居环境整治，更加珍惜乡村生态价值和文化价值，让乡村实现“五大振兴”更有底气。2022年周宁县农村居民人均可支配收入达到21543元，同比增长9%，增速居宁德山区县第二。

四、经验启示

（一）政府主导，完善长效运行机制

改善农村人居环境，三分在建、七分在管。周宁县以政府为主，建

立多元投入机制，持续发力、久久为功，推动农村人居环境设施建设和运行管护。实践证明，改善提升农村人居环境，就必须不断完善村庄环境日常维护管理的机制、设施配置、经费保障和人员队伍，调动激发社会力量，推动生态价值转化，实现农村人居环境可持续发展。

（二）整体规划，凝聚整治攻坚主力

农村人居环境整治是一项全局性系统性工程，农民群众是农村人居环境整治的主体和主力军。周宁县将农村人居环境整治与全域旅游、乡村发展统筹规划，注重发动群众，一体推进环境整治提升。实践证明，农村人居环境整治与乡村发展、乡村建设、乡村治理等工作密不可分，要带着感情和责任，替群众着想，为群众整治，将整治效益最大化，进而调动人民群众的积极性、主动性、创造性。

（三）因村而动，改善提升农村环境

重点突破、示范带动是推进农村人居环境整治的切入点和关键抓手。周宁县从垃圾分类、粪污资源化利用、庭院经济建设等试点着手，在工作中积累经验、总结经验、推广经验，制作针对性强的有效样本，形成可复制、可传播的工作模式。实践证明，农村人居环境整治需要深入分析不同村情，既尽力而为又量力而行，选用适合村情实际的工作路径和技术模式，分阶段、有步骤地推进全县整体整治和提升。

案例评析

周宁县是国家重点生态功能区，在乡村振兴过程中，把农村人居环境整治提升作为实施乡村振兴战略的重要抓手，统筹考虑农业绿色发展、农村庭院功能、乡村旅游等元素与农村环境的结合发展，走出了一条经济“高质量”与生态“高颜值”相得益彰的“周宁路径”。下一步，考虑到各个乡村的差异性，可分类推进空间布局、土地利用、公共服务、产业发展、人口布局、生态保护、历史文化传承和基础设施建设等方面工作，探索有各村生态特色的差异化路径，建设宜居宜业和美乡村。

第五篇　组织振兴

多元 民主协商

习近平总书记指出："要加强和改进党对农村基层工作的全面领导，提高农村基层组织建设质量，为乡村全面振兴提供坚强政治和组织保证。"① 党的农村基层组织是党在农村全部工作和战斗力的基础，是实施乡村振兴战略的政治优势和根本保障，坚持党管农村工作、重视和加强党的农村基层组织建设是党领导"三农"工作的优良传统。农村基层党组织担负着把党员组织起来、把人才凝聚起来、把群众动员起来、把乡村发展起来的职责和使命，是贯彻落实党中央决策部署的"最后一公里"。

近年来，福建省农村基层党组织的领导地位不断巩固，为农村改革发展稳定提供了坚强保证。莆田市涵江区突出党建引领，强化队伍建设，提升自身建设质量和组织活力，通过夯实乡村振兴的组织基础，打破条块分割，跳出隶属关系，采取"支部＋支部""党总支＋支部""党委＋支部"等方式，跨区域、跨层级、跨领域、跨行业打造党建联合体，推动基层党建融合发展，增强农村基层党组织的自我发展能力和引领农村社会发展的能力，不断提升基层党组织的战斗力。洛江区罗溪镇洪四村在"加强和创新乡村治理，健全自治、法治、德治相结合的乡村治理体系"上坚持全村一盘棋，依托"1＋1＋S党群同心圆"的良好实践，打造党建促乡村振兴的"圆心点"，以班子建设为核心，探索出一条"党群一体，共建共治共享"的新路子，有效激活了乡村治理的神经末梢，促进乡村治理落地。海沧区东屿社区党委在区、街两级的坚强领导下，坚持党建核心引领，以加强社区治理为目标，探索实行"四创新·四破解"工作法，积极探索"上下联动、横向互动、纵向贯通"的组织机制，推动社区党建、组织职能和治理模式的转型升级。

福建省各地重视选好用好乡村基层党组织带头人，选优配强村党支部书记，建设政治过硬、本领过硬、作风过硬的乡村振兴干部队伍，积极开展农村基层党建"头雁"工程，选优配强"两委"队伍，完善"四议两公开"基层民主决策机制，补充党员队伍和后备干部力量，优化党

① 引自：习近平：在基层代表座谈会上的讲话［EB/OL］.（2020-09-19）［2022-04-06］. https：//www.gov.cn/xinwen/2020-09/19/content_5544781.htm.

员队伍结构，把发挥党员示范带头作用落到实处，坚定不移发挥好农村基层党组织的领导核心作用。带领群众积极探索发展集体经济和促进农民增收致富的新路子。诏安县四都镇西梧村使用“五心工作法”：用“初心”凝聚班子，打造整合治理队伍，提升班子战斗力；用“爱心”化解房派斗争，推进乡风文明；用“公心”盘活资产，促进产业兴旺；用“恒心”整治脏乱差，生态宜居取得成效；用“决心”践诺项目，让西梧村旧貌换新颜。福鼎市硖门畲族乡柏洋村创新推行“党员联户”工作法，帮助解决实际困难，带动增收致富，在党员和群众之间架起“连心桥”，激发群众参与社会治理的热情，增强乡村振兴的内生动力。安溪县虎邱镇湖西村在村“两委”换届中，动员年轻乡贤返村参选村党支部书记，挂职干部做好政策带头人，推动形成了“支部牵头—集体带动—党员表率—全民参与”工作机制，立足生态优势，统筹发展旅游业、茶产业、生态农业，着力打造茶旅融合乡村振兴示范村。泉港区界山镇东张村党委班子坚持“精神补钙”挺在前，增强班子决策的思想定力和推动落实的执行力，推行“党建＋项目”工作模式，开展党员“亮身份、晒承诺、比作为、拼成效”互看互学互比活动，推进党员干部带头、率先垂范，建立党员结对帮扶机制，积极构建“三治合一”乡村治理模式，健全自治、法治、德治相结合的乡村治理体系。

组织振兴必须发展经济，夯实物质基础。福建省各级党组织强化责任担当，精心组织安排，发展壮大村级集体经济，同时优化集体利益和村民收益合理分配制度，实现强村与富民同步。平和县国强乡新建村在乡村振兴志愿者（厅级“村官”）的带领下，大力推行“1（党组织）＋1（村投公司）＋N（新型农业主体或农村新业态）”经济组织形式，通过投资、合作、招商、技术服务、入股等方式，不定期组织开展点对点的招引活动，盘活资源，带动村民增收致富。安溪县城厢镇经兜村坚持以“一核五轴”融合式党建为抓手，多维施策打造“治理有序”“美丽宜居”等品牌，各项发展按下“快捷键”跑出“加速度”，“换挡提速”驶入“快车道”，勾画出乡村振兴的“满园春色”。

在做好各村党建工作的基础上，福建省积极探索建立跨村联建党组织，全面推行村级重大事项决策“四议两公开”和“六要”群众工作法，乡村治理水平持续提升。浦城县莲塘镇山桥村与周边两个村联合成立莲塘镇“十里莲塘”联村党委，实行“333＋11”跨村联建机制，即3个村级党组织、3个共建单位、3个运营单位和11个联村企业的共建共享模式，根据各村资源、产业、生态、文化、地理等优势将“组织链”嵌入“产业链”，优势互补、资源共享，实现“联”出合力，共同“跨”出乡村富裕之路。政和县星溪乡以念山村为中心村成立片区联合党总支，构建“联合党总支＋党支部＋企业＋合作社＋农户”联建机制，利用党建工作同研究、组织生活同开展、党建资源同分享、党建经验同交流“四同机制”推动各项工作村企联动、村村联动。此外，许多乡村基层党组织通过实行“党建＋电商”“党建＋乡村旅游”“党建＋创业”等一系列行之有效的措施，把农村基层党组织打造成村级集体经济发展的组织堡垒。

福建省全面加强党对“三农”工作的领导，为乡村振兴工作任务的落实提供坚强保障。坚持以党建为引领，构建完善“省委统一领导、市县推进落实、乡村组织实施、部门合力共为”工作格局，压紧压实“五级书记”抓乡村振兴责任，健全考核督查机制，加强部门协同联动，强化责任担当。在全面推进乡村振兴进程中，不断健全乡村组织振兴的运行机制，建立高效工作机制和共商议事机制，推动提升党支部标准化、规范化建设水平，发挥村“两委”干部和农村党员的先锋模范作用，着力完善乡村公共服务体系，使乡村治理更规范、更精细，为村民服务更到位，持续提升乡村治理能力，保证乡村振兴健康稳步推进。

党建引领，数字赋能，推进乡村振兴

——涵江区实施乡村振兴的“涵江探索”*

一、乡村概况

涵江区地处莆田市东北部，濒临兴化湾，依山面海。涵江是莆田地区的千年古镇，唐贞观元年（627），境内围海造田，筑涵（即水闸）排涝，故称涵头（即涵江最早地名）。据明弘治《兴化府志》记载：宋代“刘氏初开水心河”，始有“涵江”之称。涵江素以“风光小吴越，财货甲漳泉”称誉，自古以商兴镇，宋代初开商埠，明代已成为莆田商贸中心，清末名列福建四大重镇之一，抗战时期有“小上海”之誉。涵江于1984年建区，是福建省定改革开放综合试验区，也是福建省实施星火技术密集区，区域面积873.21平方千米（山区575.3平方千米，平原223.51平方千米，海域73.66平方千米），建成区面积55平方千米，辖14个乡镇（街道）、管委会，共199个村居，户籍人口45.32万，常住人口48万。涵江地势从西北向东南倾斜，莆田的木兰溪、延寿溪和荻芦溪三大溪流亦自西向东流经境内注入东海，构成涵江北洋水系，是莆田母亲河——木兰溪的入海口，也是莆田融入福州大都市圈的桥头堡，具有拥溪抱湖、环心面湾的区位特点。区内森林覆盖率达67%以上；河网交织密布，干流165千米，河道259千米，享有“东方威尼斯”美誉。

---

* 本文资料由黄艳（莆田市涵江区农业农村局干部）提供。

二、主要做法

（一）健全组织架构，完善工作机制

涵江区成立了中共莆田市涵江区委扶贫开发成果巩固与乡村振兴工作领导小组，构建了区镇村三级的“领导小组＋办公室＋专项小组”的组织架构，形成“区委统一领导、县区推进落实、镇村组织实施、部门合力共为、责任层层压实”的工作格局。

为加快推进脱贫攻坚成果巩固同乡村振兴有效衔接，涵江区出台了《莆田市涵江区乡村振兴工作推进机制》《全面推进乡村振兴重点工作的实施意见》等文件，建立学习培训宣传、工作汇报、调研会商、通报考核、约谈问责等机制，有效地推动了乡村振兴重点任务落实；全区各级把《乡村振兴促进法》作为重点学习内容，并将《乡村振兴促进法》确定的重要原则、重大战略、重要制度等落实到“三农”工作各领域、全过程。

（二）党建引领夯基础，人才振兴聚合力

涵江区以高质量党建引领乡村振兴，挖掘流动党员的先锋模范作用，筑牢乡村振兴压舱石。2022 年以来，涵江区各乡镇探索“党员共建、信息共用、发展共助、稳定共抓、成果共享”的建设目标，创新“四三二”工作机制，解决流动党员“作用发挥欠缺”难题。如大洋乡党委实施“我为大洋献一策”行动，助力本乡红色文化建设、村基础设施建设和农文旅项目等；庄边镇举行“党建引领乡村振兴、联农带农合作共富”示范项目集中签约活动，带动流动党员回乡创业；新县镇 20 多名在外流动党员组成联合体，打造千亩庄园。

涵江区多措并举，大力培养乡村振兴人才，通过乡第一书记管理、村级党组织换届选举、“兴农人”计划、校地战略合作等引智工作，充分发挥人才在乡村振兴中的领头雁作用。

自 2021 年 7 月以来，共 51 名第一书记分赴涵江区 51 个村开展驻村工作，累计落实帮扶资金 2.31 亿元，实施帮扶项目 358 个、基础设施建设项目 234 个、产业发展项目 140 个，增加村级集体经济收入 500

东大村驻村第一书记直播带货（涵江区融媒体中心 供图）

余万元。

涵江区通过镇村两级换届选举工作，使新一届村级党组织班子呈现出新面孔增多、女性干部增多、年轻干部增多和高学历成员增多的局面，为乡村振兴注入新鲜血液。此外，涵江区还实施了“兴农人”计划，培养农业种植养殖能手、手工艺技术能人、自媒体直播带货人才等5类人才，壮大乡土人才队伍，为乡村振兴注入活力。另外，涵江区还与湄洲湾职业技术学院签署校地共建战略合作协议，创建“院校＋机关（园区）＋企业”三方结对共建模式，开展“专业导师＋实践导师”双导师制度，助力现代化乡村振兴。涵江区委、区政府积极创新人才政策，引导和支持各类人才到农村发展，为实现乡村振兴添智助力。

（三）数字赋能兴产业，开动发展新引擎

涵江区秉持“数”以“智”用理念，引导各乡镇借助数字化手段持续发力，打响一个品牌、带动一方产业，把数字化建设作为产业兴农、品牌强农新引擎，带动乡村产业提质增效、高质量发展。

一是打造区域公共品牌，激活乡村电商经济。如萩芦镇创建“五彩萩芦”公共品牌，整合优质农产品和生态文旅资源，成立投资公司，引导农企、合作社、农户共塑品牌、共享资源、调配渠道、维护秩序，助

福建省科技特派员林文雄教授常驻指导（涵江区融媒体中心　供图）

力产业升级，培育农业发展新动能，助推产业兴旺、乡村振兴。

二是科技小院助农增收，科特派结合产学研。“科技小院”是科技特派员制度的创新模式，是服务“三农”和乡村振兴的有效平台。涵江区成立福建莆田中药材科技小院，发挥科技特派员优势，集农业科技创新、农业技术服务、农村科学普及、人才培养培训于一体，创建乡村振兴新模式和新平台。福建莆田中药材科技小院是福建省第一家中药材产业科技小院，于2021年12月揭牌。利用间作种植技术将4000多亩林地变成优质中药材种植基地，推动涵江区中药材全产业链协调发展。

三是创新共享种植模式，搭建农耕数字平台。大洋乡开展“我在大洋有亩田”共享稻田认领活动，旨在强化粮食安全认知，帮助农民增收。活动中，推出线上平台“红色闽中商城”，让稻田共享更加便捷。建设基于物联网和大数据技术的产业链追溯系统，使种植过程透明化、公开化，提高线上平台商品质量。新种植模式及数字化平台建设盘活了土地资源，使抛荒地成为“金土地”，拓展网络信息技术改造传统农业的应用空间，提升信息技术服务农业经济的应用水平，稳固提升乡村振兴的质量和成色。

澳东村推进农文旅融合（涵江区融媒体中心　供图）

（四）数字赋能基层智治，打通社会神经末梢

涵江区推进乡村建设、改进治理，发展社会事业，融合数字化技术，以村级政务公开为基础，探索“数字＋”村镇治理模式，实现及时传播政策、村务透明，预判风险，提升“智治”水平，倍增治理效能。

一是数据规范建房秩序，平台增添治理“温度”。涵江区利用“社会治理大数据云平台”，通过“互联网＋乡村振兴”服务，开发了涵江区农村建房审批监管服务平台，实现了农村建房的数字化管理。村民可以在手机上申请新建宅基地、老宅旧房危房翻建，并实时查看审批流程及进度，省时省力省钱，也使村镇风貌得以统一。区政府积极推动多部门联合行动，实现配套建设与服务一站式办理，新增多种常见高频事项，真正做到“一网办理、一体调度、全程监督”，缓解了村民对村“两委”不信任、不支持、不配合的基层治理难题。

二是数据平台多向延伸，双线融合服务人民。涵江区实现农村建房数字化管理后，将平台服务延伸至村庄规划、集约建房示范、集体资产流转、农村工匠培训等政务村务领域。涵江区农村建房审批监管服务平台提供工匠培训、认证、评级等线下服务，展示各类工匠信息，村民可按需求选择。工匠经过实操认证，服务质量有保证。平台推动危房排查和建房监管，要求镇村干部实地摸排，动态调整批准建房顺序。安装监控摄像头监督建筑施工情况，上传建房日志供审批和验收。对于违建早发现早制止，降低拆除成本和执法阻力，保证建房过程安全高效。

三、发展成效

(一) 品牌化战略开启，助推产业升级

萩芦镇在发展乡村产业过程中，打造全区首个区域公共品牌——“五彩萩芦”，成立镇文旅公司，搭建线上“五彩优选”商城、线下五彩萩芦产业馆，以市场化运营、多元化合作，整合农文体旅资源，大力发展全域旅游，成功推出子品牌“萩山来信”等多个文旅新业态项目，探索出“一个引领，两大平台，三种模式，四轮驱动，五彩融合”发展机制，经济发展呈现稳定增长、持续向好态势，品牌驱动发展强劲。目前，“五彩萩芦”品牌已签约合作商家 32 家，推出特色农产品 31 款，自主研发农副产品 42 款，商城销售额已突破 365 万元，“五彩萩芦”公众号流量已达 3000 万人次，“五彩萩芦”品牌效应间接产生经济效益达上千万元；“萩山来信”子品牌影响力不断提升，2023 年中秋、国庆双节期间，“萩山来信”文旅项目累计接待游客 2 万余人次，线下销售额超 40 万元，同期比增 180%，经济效益日益凸显。

(二)“科技小院”当桥梁，搭建助农兴农新平台

福建农林大学教授、福建省科技特派员林文雄带领团队入驻福建莆田中药材科技小院并成立工作站，研究林下仿野生栽培技术、水肥土管理、病虫害生态防控等技术，还多次向学生和农户进行科普和讲解日常管理措施。科技小院架起了科技特派员直接联系农民的便捷桥梁，成为中药材种植科技成果转化的重要平台，提高了农民群众学科技、用科技的热情。同时，科技小院也为培养新型乡村振兴职业农民发挥了引领作用。

(三) 数字推动智慧乡治，平台提升治理效能

江口镇以前期建设的江口镇“12315”侨务跟踪服务平台为基础，利用现代信息技术，建立乡村治理数字化平台，覆盖全村楼院和居民信

息，将人员与房屋相关联，展示各类基层治理元素，推动社会治理全面数字化转型。平台分为总览、党建引领、人房网格、农田网格、乡村经济、人居环境 6 个主题版面，整合重要信息，实时在线互联互通，进行综合评价预警提醒。该平台可加强社会面感知，掌握社会治理动态，预判社会风险，强化基层治理功能，为领导决策提供参考依据。

四、经验启示

（一）思想共识引领，凝聚乡村振兴向心力

乡村振兴必须广泛动员、深入发动，切实凝聚思想共识，形成“心往一处想，劲往一处使”的良好态势。一是强化政治功能，以党建促乡村振兴，严格党内政治生活制度，创新学习方式，结合基层党组织和党员群众智慧，齐心协力投入乡村发展。二是强化组织建设，实施党支部“达标创星”活动，完善标准化体系，深化过硬支部建设。提升村级带头人能力，建立动态调整和后备人才库，严格管理第一书记，挖掘培养农村党员骨干、专业大户、致富能手，回引优秀乡村振兴人才。三是强化宣传引导，紧扣党中央乡村振兴决策部署，找准不同社会群体在乡村振兴中的利益需求，通过组织调研、思想教育、实践引导等方式，精准切入，广泛动员，凝聚各类资源要素。

（二）“样板示范”引领，汇聚乡村振兴资源力

要发挥农村基层党组织的领导作用，通过主要群体带头引路、率先垂范，引领各类主体投身乡村振兴。同时，要抓住重点，强化典型示范，以党组织为纽带，有效整合各方优势资源，打造示范点、示范区等综合示范体系，形成看得见、摸得着的示范样板。例如，引导萩芦镇、新县镇、白沙镇借助产业和资源优势，聚焦农业主导产业，深抓农业供给侧结构性改革，打造农业产业强镇；指导文笔村、哆中村推进“一村一品”专业村项目建设；新增市级以上“一村一品”专业村 7 个（其中省级 2 个），全区市级以上“一村一品”专业村达到 22 个。

（三）“组织管理”引领，增强乡村振兴发展力

乡村振兴必须突出党建引领，强化队伍建设，提升自身建设质量和

组织活力，增强农村基层党组织的自我发展能力和引领农村社会发展的能力。一要建强班子队伍，特别是领头雁队伍。突出精简高效，加强村“两委”班子建设，推动村支书、主任“一肩挑”。健全基层选拔一批、组织选派一批、社会选聘一批、动态储备一批的“四个一批”工作机制，形成选派机关、企事业单位优秀干部到村党组织任职常态机制，选优配强村党组织书记。二要优化党员结构，加强驻村干部考核。搭建人才服务管理平台，评定“兴农人”253人，壮大乡村振兴人才队伍。加强党员日常教育管理，执行组织生活制度，用好远程教育平台，依托社区党校、党建服务站点，开展万名党员轮训，打造先锋队伍。三要聚焦近邻党建，开创基层组织管理新格局。打造“党建引领、多元共治、精准服务”的“近邻党建”模式，推动形成党建引领基层社会管理的新格局。强化街道（乡镇）抓党建、抓治理、抓服务的主责主业，落实“街道吹哨、部门报到”机制，推行“四议两公开”工作机制，形成资源共享、优势互补、相互支持的组织管理新格局。

(四)“制度建设”引领，完善乡村振兴机制保障力

乡村振兴需要强有力的制度机制保障，包括防返贫动态监测机制、规范财政衔接资金使用、人才激励保障机制、党管农村原则和规划先行等。要严格落实过渡期要求，加大产业和就业扶持力度，落实脱贫户的“三保障”。加强项目储备和项目管理，加快资金支出进度和提高使用效益。完善人才激励保障机制，解决人才需求，提高工作积极性。坚持党管农村原则，健全组织领导机制。坚持规划先行，科学把握农村的差异性和发展走势分化特征，做到分类指导、因村制宜、精准施策。同时完善规划体制，通盘考虑编制城乡发展规划，解决规划上城乡脱节的问题。

案例评析

推进数字乡村建设是乡村振兴的重要举措，也是实现农业农村现代化的重要途径。2023年2月，中共中央、国务院印发的《数字中国建设整体布局规划》提出，深入实施数字乡村发展行动，以数字化赋能乡村产业发展、乡村建设和乡村治理。本案例中的莆田涵江区，在党建引

领的背景下，实现资源共享、产业升级、治理创新的区域合作共赢，并将数字要素和数字技术应用于区域的全面振兴，跳出单个村、镇看发展，更好地发挥数字经济的弹性优势，促进区域协同发展，形成县区党建引领、数字赋能推进乡村振兴的“涵江探索”。在下一步实践中，涵江区应进一步深化农业生产、乡村治理和公共服务等领域的数字化应用，打破更多数据壁垒，加强不同部门、不同系统之间的数据互联互通，提高乡村治理现代化水平。

党建引领促发展，乡村振兴正当时

——泉港区界山镇东张村的乡村振兴之路*

一、乡村概况

界山镇东张村地处泉州市“北大门”，全村共有21个村民小组、3208人，陆地面积约1.5平方千米，耕地1200多亩。全村辖区内共有中小企业18家，其中省级农业产业化企业2家，上市公司3家，惠华商品街店面300多家，外来人口2000多人。2022年实现村集体经营性年收入100万元以上，农民人均纯收入3.58万元。村内既有历史传承的东张文化宫、义烈祠、“圣旨牌”、海契牌、陈氏祖祠、南洋楼等文化

东张村党群服务中心（东张村委会　供图）

---

* 本文资料由林秋玲（中共泉州市委党校、泉州市行政学院副教授）、连心怡（泉州市泉港区界山镇党委一级科员）提供。

积淀，又有现代农业田园风光、生态河道漫步长廊、创意油画健康生活等自然和人工景观。近年来，围绕“生态美、百姓富”的美丽东张梦，东张村努力打造“生产、生活、生态”三生共融的宜业宜居新农村，先后荣获全国文明村、全国乡村治理示范村、全国优秀侨胞之家、全国计生基层群众自治示范村、全国无邪教示范创建村、福建省民主法治示范村、福建侨乡文化名镇名村、福建省平安家庭创建活动先进村、福建省首批传统村落、福建省乡村旅游特色村等荣誉称号。

二、主要做法

(一) 组织引领，凝心聚力

近年来，东张村党委始终把政治建设摆在首要位置，把群众团结凝聚在党组织周围，使村党组织成为落实党的路线方针政策和各项工作任务的坚强堡垒。

一是以好党委当家引路。为深入实施乡村振兴战略，东张村党委班子坚持“精神补钙”挺在前，切实做到“两个维护”，提升凝聚力，认真对接上级各项“三农”政策，增强班子决策的思想定力和推动落实的执行力。始终抓牢扛实党建工作主体责任，以“扬旗帜、强堡垒、当先锋”为创先目标，发挥好省级先进基层党组织作用，大力创新党建引领乡村振兴新模式，通过“五抓促五力”（抓政治思想促组织合力、抓经济效益促生产动力、抓任务落实促攻坚能力、抓品牌建设促发展潜力、抓乡风文明促和谐活力），在更高起点、更高层次上推动东张村在实施乡村振兴战略上取得新发展。

二是以好队伍示范领跑。注重加强队伍建设，搭建理论学习、业务培训、老带新实战实训课堂，开展村“两委”干部集中学习。推行“党建+项目”工作模式，每年策划生成一批村级重点建设项目，开展党员“亮身份、晒承诺、比作为、拼成效”互看互学互比活动，推进党员干部带头、率先垂范，建立党员结对帮扶机制，从日常生活到落实工作，因人施策，解决群众生产生活的具体困难，有效推动村级工作落地见效。充分发挥基层党组织核心作用和党员先锋模范作用，科学地制定村规民约，通过宣传教育、党员示范的方式，不断提升村民文化修养，推进移风易俗，改进生活方式，提高生活质量。

三是用好制度创新治理。积极构建“三治合一”乡村治理模式，健全自治、法治、德治相结合的乡村治理体系。探索建立“四事两公开”村民自治工作模式，通过抓规范、讲民主推动村民高度自治。村民提事，通过村民提供意见和建议，收集合理诉求，确定议事项目；村“两委”议事，班子成员充分讨论，提出并修改完善实施方案，以民主投票方式表决；大会定事，利用好“三会一课”“主题党日”“重大村情议事”等机制，召开党员大会或者村民代表大会，深入论证议事项目，听取意见建议，确定领导小组，制定方案规划；监督会监事，对村“两委”通过的重大事项，实行“一事一监督”，重点对项目执行情况、财务公开管理和重大村情村况进行全程监督，努力实现变“代民作主”为“由民作主”。

（二）人才赋能，添智增益

针对家庭空心化、资源空虚化的现实条件，东张村坚持把乡村人力资本开发放在更重要的位置上，积极发挥联系服务人才的侨乡阵地功能，不断强化人才振兴保障措施，让各类人才在农村广阔天地中大施所能、大显身手。

一是释放诚意，广揽人才。东张村牢牢掌握农村的乡土文化与熟人社会特质，通过入户调查、关键人物访谈等方式，构建起乡村重要人物、重要资源等信息档案，在全社会营造尊才重才爱才的浓厚氛围。鼓励支持高校毕业生、退役士兵、农民工等返乡下乡人员结合自身优势和特长，大力发展文化、旅游、生态等乡村特色产业，形成多层次、多样化的返乡下乡创业新格局，每年新增返乡下乡创业人员 200 多人。创建利农新产品培植试验基地、维真工艺美术研究中心等农村党员实践基地，形成“理论培训、基地实践、上岗就业”的农村党员实用人才培养机制，把党组织建设与人才培养工作有机结合起来，实现党组织建设与企业发展的互促共进、产业发展与人才开发培养的良性互动。

二是搭建平台，用好人才。积极搭建“双创”平台，吸引各类人才返乡入乡，以人才下乡进一步带动资源下乡。在破除资源要素瓶颈的基础上，大力支持本地企业家兴企造业，引进维真工艺、安踏鞋业分厂、壹加壹日用品等企业，带动3000多名村民就近就业，促进惠华商业街300多家商铺持续稳定增收。引导乡贤关注经济发展和民生需求，深化镇村联动，积极融入界山镇发展。立足“泉州北大门”区位优势，用好用活周边资源，引资30亿元建设现代海洋文旅产业园区，助力打造“第六产业”模式的生态小镇；先后筹集捐款2000多万元，用于建设东张篮球场，支持慰问困难群众和老年人等公益事业。

三是营造环境，留住人才。一直以来，东张村坚持将党员、乡贤、企业家这三股力量有机结合，并拧成了一股绳。通过颁发证书、宣读倡议等形式，深化他们对家乡的感情，充分激发他们助推家乡发展的意愿和担当。以乡情、乡愁、乡俗为纽带，拍摄系列短视频展现东张新发展、新风貌，增强大家对东张的认同感和归属感。成立泉州市唯一一个以个人名字命名的村级“阿友调解工作室”，依托泉港区法院和区侨联于东张村成立的“涉侨维稳服务工作站”，探索实践民间调解处理侨胞法律纠纷问题的新机制，结合每年开展综治、卫健等入户访视工作，走访帮助生产、生活困难的侨眷，进一步营造“知侨、爱侨、护侨”的良好氛围，共同为维护侨胞合法权益搭建了新的平台。

（三）产业兴旺，培根植基

近年来，东张村紧紧围绕生态发展、绿色发展的思路，乘着上级关于农业改革的政策东风，充分借助外力作用和科技推动，找准对接，多点开发，促进“一产、接二、连三”融合发展，将党建引领的动力转化为乡村富美的实力。

一是做强现代农业。资源禀赋是经济发展的基础，东张村根据生产要素禀赋制定产业结构政策，发挥农村地域优势，调整形成适合发展的产业结构。2003年以前，东张村以农业为主，土地成为支撑当地经济发展的核心生产要素。由于地处沿海地区，土地资源主要为含盐量高、不利于农作物生长的盐碱地，土地作为核心要素，长期以来是东张村农业增长的资源劣势。针对村民收入来源少、劳动力外流的困境，东张村

蔬菜基地（东张村委会　供图）

以宏观管理和提升技术为主要发展手段，积极探索“三权分置”有效形式，通过推行、引进、建设“三步走”的现代农业建设模式，因地制宜地将原有资源劣势转化为优势，将低产低效的盐碱地改造成瓜果飘香的“利农地”。率先推行农村土地承包经营权流转工作，以土地租赁形式对村内土地进行统一流转，将 1200 亩盐碱地改造成无公害蔬菜示范片区，并通过最新科技的运用与推广，推进中低产田改造、农田标准化建设。

二是注重产业延伸。近几年，东张村逐步调整产业结构，逐渐提高第二、三产业的比重。以东张村协调农工业比重结构为例，在建设现代农业之外，东张村积极打造地方特色第二产业品牌，全村辖区内共有中小企业 18 家，其中省级农业产业化企业 2 家，上市公司 3 家，村内设立惠华商品街，共有店面 300 多家，实现工农业互补协调发展，建立“以农促工、以工带农”的现代产业经济发展格局。同时，深入实施农产品供给侧结构性改革，引导利农公司投资 2500 万元，建设果蔬包装收储和物流配送中心等产业链中下游项目，建立与厦门、泉州城区果蔬仓的长期合作，紧跟城乡需求侧各环节变动，通过消费者偏好变化数据反馈引导农产品提升方向。

三是打造地方特色。“农旅结合”“文旅结合”是近几年来富农强村的新思路，同时是从依赖农业转向一二三产融合发展的有效路径。东张村牢牢掌握“以农促旅、以旅惠农”发展优势，紧抓海洋与农田两方面禀赋优势，推进发展文化旅游产业园，将第一、二产业发展成果持续延伸至第三产业，有序推进产业结构转型升级，全力打造泉州市生态旅游精品村。2019年以来，共投入1500多万元支持村落环境修整工作，建成村级文体活动中心和传统文化建筑群，总面积超3200平方米，另有田间休闲漫道与绿化景观。加强外部建设，点对点精准打造乡村特色旅游地，采用串点成线、由线到面的生态旅游景观组织整理办法，建成龙马溪生态河道漫步长廊、利园农业生态景光园、海西农业休闲养生体验、传统特色油画村落4条旅游线路，共计18个项目，每年接待游客5万多人次，实现村民与村集体物质、精神双丰收。

（四）文化赓续，补钙强筋

东张村坚持以传统侨乡文化、孝德文化为根基，优党风、带民风，促和谐活力，通过文化赓续传承助力乡村文化振兴。

一是侨乡文化促进铸魂赋能。充分利用本村侨务资源优势，通过集中修缮保护南洋楼、设立侨史馆、成立华侨历史学会等，搭建“一馆、一社、一会、一楼、一园”五个平台，创新遗产保护，讲好乡贤故事，重构精神家园，最大限度葆有侨胞的悠悠乡思。加强与海内外侨亲的往来交流，广泛动员其返乡创业、捐款捐资，在东张村人文发展、凝心聚力等方面争取长期支持。通过重修祠堂宫庙、编撰陈氏族谱等，留住宗族信仰文化的载体，提升血缘宗亲的认同感与归属感。

二是孝德文化破解治理难题。大力推进社会主义核心价值观宣传教育，建设全区首个村级文化大礼堂，深入推进文化下乡。弘扬“二十四孝”、义烈祠、玉湖陈氏祖训家风等传统文化，制定村规民约，实行民主管理。连续21年在重阳节评选“孝亲好媳妇、好儿女”“最美家庭”“文明家庭户”等并进行表彰，开展奖教助学、关爱老幼孤残、扶贫帮困、慈善捐助、老人年生日会、百寿宴等活动，复兴与重塑传统孝德文化，推动社会主义核心价值观在全村范围内遍地开花。扎实开展移风易俗活动，立标杆“抓两头带一片”，由党员与乡贤企业家带头简办婚丧事，改造村内空地，搭建红白喜事公共用房，实现对办宴规模与标准的有效监督，培育文明向善乡风。

三是油画文化绘就供给体系。创新打造乡村文化供给体系，与维真工艺油画公司合作，投入补助资金50万元，创新建设旧村居油画创意走廊，打造有颜、有品、有效的乡村文化空间建设、管理和运营模式。借助文旅融合发展模式，组织动员村域文化人、传统艺人、文化爱好者、志愿者、乡贤等，打造文化人才梯队，并以文化旅游、油画体验、油画展、摄影展等方式，更好地提供多元公共文化产品和服务，不断满足群众多层次、多元化的精神文化需求。

（五）生态宜居，彩绘提质

东张村始终秉承“党建+”工作理念，多措并举提升服务群众能力和综合治理实力，进而推动基层党建与乡村人居环境整治有机融合、协同共进。

一是优化空间布局。积极促进传统农耕文化与现代农业农村的耦合发展，立足资源优势，全力做好统筹规划、特色培育、创新驱动等工

东张村航拍图（东张村委会　供图）

作。按照“二十字”总要求，围绕“五大振兴”，聘请专业团队与村“两委”、村民代表组成规划团队，结合村情民意，进行长远规划，编制“一心、两线、一园区”新村建设发展规划蓝图，明确乡村发展的工作思路、长远目标、阶段任务，形成可操作的执行方案，不断重塑生态涵养的伦理观念，构建生态宜居、文化赓续新农村。

二是力争民富村美。深入实施“家园清洁”系列行动，投入400多万元进行民房立面“洗脸式”修葺整治，填平“碉堡式”旱厕283座(面积1.33万平方米)。累计投入3000多万元，每年推进一批村庄环境卫生整治、村庄绿化美化、村路提级改造、公共配套设施等工程建设，建成村级休闲公园、文体活动中心、溪流整治、饮水安全等项目，在全区率先建设村级生活污水集中处置设施和雨污分流系统。2022年共争取各级配套建设资金补助400多万元，先后完成村庄景观提升、水利水渠整修、乡村振兴主题馆筹建、村庄污水及管线改造等10多个项目。

三是提升管理品质。始终关注民生需求，坚持“政府支持＋自主参与”发展模式，广泛发动企业家、乡贤、侨亲，每年集资50万元以上，用于开展奖教助学、关爱老幼孤残等扶贫帮困活动，举办趣味广场舞、大鼓队、老人腰鼓队、太极拳、春节篮球赛等群众喜闻乐见的农村文体活动。推进社会治安“天网”视频监控工程、数字化管理工程、文化站、多媒体综合楼等项目落地。落实农村医保、社保全民投保政策，每年增加30万元用于发放高龄老人生活补贴，促进美好生活共建共享。在全区率先建成“党建＋”邻里中心，创建“六共”邻里服务阵地集群，将“远亲不如近邻”的理念贯穿于乡村治理全过程，多措并举提升服务群众能力和综合治理能力。

三、发展成效

(一) 让班子强起来

20多年前，东张村是“一片荒凉、交通闭塞、农业基础设施落后和集体经济薄弱的农业村”，“经济落后、村容村貌差、社会治安差、村民纠纷矛盾多”是该村的主要特征。如今，东张村党委班子以“强支部堡垒，带五大振兴”为目标，实行“百万村财攻坚行动”，建立“党建+项目”工作模式，将乡村振兴项目纳入党建责任清单，成立项目党员攻坚小组，及时对上级出台的农村政策逐条研读，逐项找准对接，精心策划，为东张村振兴发展谋划了不少好项目，2022 年实现村集体经营性收入 100 万元以上。

（二）让队伍活起来

东张村党员干部队伍深刻认识到严明党的纪律规矩的重要性、必要性、紧迫性，充分发挥党员示范作用，在村级建设管理中以身作则，率先垂范，严守日常生活底线，做到忠诚、干净、担当。村“两委”干部在工作中积极协作配合，明确各自岗位工作职责，逐步建立起常态化集中培训、结对帮带、轮岗锻炼、实践提升等队伍提升方式，真正打造出一支政治过硬、本领高强的农村党员干部队伍，为实现社会稳定、乡村振兴提供了坚强的人才队伍支撑。

（三）让百姓富起来

东张村坚持资源优势和产业发展两手抓，为实施乡村振兴战略提供有力支撑。东张村立足村情实际，筑牢产业之基，紧紧围绕发展现代农业，围绕农村一二三产业融合发展，走出一条以商利工、以旅惠农的工商农旅融合发展新路子，构建出适合自己的乡村产业体系，实现产业兴旺。目前，村中建成全省最大的 3000 多亩连片现代农业示范蔬菜基地，生产规模辐射扩散到狮东、鸠林、河阳、大前等村，形成了生态农业观光园，每年果蔬产值超亿元，提供了大量劳动岗位，2022 年实现农民人均纯收入 3.58 万元。另外，东张村还搭建起支持本地企业家兴企创业的“双创”平台，建成中果红食品、海西生态立体农业等产业支撑企业。选址于界山镇北侧、国道 G228 线东侧潘南盐场周边区域的在建项目泉州“北大门”现代海洋文旅产业园，投资总额约 30 亿元，项目凭借高速公路与国道路线的交通便利优势，以天马科技集团海洋产业链为核心，以第一产业为基础打造现代海洋生态产业样板，以第二产业为核心驱动建造高附加值工业产业园区，以第三产业为保障建造高质量居住及商住环境，全力做好泉州“北大门”的“门面”建设抛磨工作，助力泉港区打造具有内生循环动力的生态和谐区域。

（四）让民风淳起来

一直以来，东张村创新推行德治、法治、自治“三治合一”的乡村治理模式，利用榜样示范、道德引领，多载体多平台开展活动，在讲好东张好人好事中传递道德的榜样正能量，发挥道德的引领正效应，使村民在村风文明建设中持续得到教育和感化，过去“小吵天天有，大打三六九”、闲聊赌博、婚丧喜庆大操大办等现象得到了根本性改变。如今，东张村家庭和美，邻里和睦，村庄和谐，没有一起上访事件和刑事案件，即使村民有纠纷，也是“矛盾不出村”，全村上下形成了热衷于奉献、一心建设美好家园的良好氛围，真正打造出了一个村风文明身心美的“和谐东张”。

（五）让乡村美起来

东张村用好用足规划、用地、立项、补助等方面政策优势，打造“全地域覆盖、全资源整合、全领域互动、全社会参与”的全域旅游发展模式。创新“村企联建、四联四促”模式，加快石结构房屋成片改造，建成花蕾居住小区和惠华商业街等规模性建筑；在全区率先建成农村生活污水集中处置设施和雨污分流建设系统；建设田园观景台、荷花池、水力风车、木栈道、景观亭等设施并整治近海流域龙马溪（界山母亲河）河道 3 千米，加强生态水系保护，向村民宣传绿色环保理念，及时改变焚烧秸秆、乱丢垃圾等落后的生产生活习惯，逐渐打造成为界山镇集商贸服务、行政办公、文化娱乐等功能于一体的最集中、最繁华的小集镇。

四、经验启示

（一）突出党建引领，带动全面提质

基层党组织在推进乡村振兴的生动实践中，必须强化党建引领的作用，不断完善村级党建引领下的乡村治理体制机制，夯实农村基层党组织在乡村振兴中的核心地位。必须强化队伍建设，充分利用支部“三会一课”、主题党日、支部微信群、微信公众号等集中开展作风建设思想

教育，全面提升农村党员干部的党性修养，强化促进村级经济发展、落实各项工作的综合能力。要积极践行党的群众路线，建立健全一套科学合理的工作运行机制，切实提升基层党组织的组织力，通过政策引导、化解矛盾等方式，发挥好基层党组织凝聚群众的“磁石”作用，形成“众星捧月”的基层治理合力。

（二）整合多方资源，促进经济发展

习近平总书记指出：“产业兴旺，是解决农村一切问题的前提。”“兴”是将各个产业的“蛋糕”做大，“旺”则是融合联动各个产业，在形成产业链、提高产业附加值的基础上将“蛋糕”做好。东张村因地制宜发展特色产业，深入实施“一村一品、一村一特色”，提升农业产业独特性和竞争力。经济发展不能一蹴而就，更不能见好就收。要用项目化的管理创建党建品牌、用工业化的理念发展现代农业，在原有的农业基础上进一步统筹规划，形成规模效应，通过农产品深加工、延长产业链、特色旅游业开发等方式，在提升农村可持续发展能力的同时创造出更多就业岗位，解决农村剩余劳动力就业问题，真正做到把农业附加值留在农村，使得乡村振兴的成效实实在在惠及更多村民。

（三）激活文化基因，提升精神风貌

推进乡村文化建设，就要重视农民群众这一主体，激发农民群众在乡村文化振兴中受益者和创建者的双重角色，探索农民群众参与乡村公共文化建设的有效路径，激活乡村发展的内生动力。要深入研究乡村文化的异质化和碎片化特性，以传承先进文化为主线，大力推动乡村文化资源的调查和发掘，不断集中具有本地特色的资源要素，推进生态文明、乡村振兴等理念的本地化传播与交流，改善乡村社会风貌。同时，要进一步强化村级文化设施建设和活动开展，打通公共文化服务的“最后一公里”，让农民群众的业余文化更加丰富多彩，在“润物细无声”中提升农民群众对乡村文化的认同感，将共享的价值观、公共规则等内化为自身的行动准则，进而提升乡村公共文化软实力与凝聚力。

（四）坚持创新驱动，塑造攻坚优势

东张村通过加大科技创新力度，引进农业新技术，培育果蔬新品

种，从传统露天种植，到无土栽培技术推广运用，再到从以色列引进最高端的水培蔬菜种植技术，实现了从传统种植每亩纯收入不到500元，到现在的每亩纯收入超5万元的华丽转型，有力推进科技兴农产业化进程，带领村民走上一条共同发展、共同致富的新路子。乡村振兴的经济基础和物质保障在于农业产业的兴旺，更在于科技创新提高农业质量效益和竞争力。因此，要坚持创新驱动，积极引企入村、引才入村，将创新贯穿于乡村振兴发展全过程，通过最新科技的运用与推广，实现农业全面升级、推动农村全面进步、促进农民全面发展。

案例评析

东张村不断探索党建引领乡村振兴新实践，坚持“精神补钙”挺在前，认真对接上级各项“三农”政策，增强班子决策的思想定力和推动落实的执行力，发挥基层党组织在实现乡村振兴战略目标中的引领作用。推行“党建+项目”工作模式，每年策划生成一批村级重点建设项目，党员干部率先垂范，有效推动村级工作落地见效，将党建引领的动力转化为乡村富美的实力。未来必须注重在党建引领下构建“三治合一”乡村治理模式，深入挖掘乡村熟人社会蕴含的道德规范，结合时代要求进行创新，推动乡村治理更加和谐有序又充满活力，提升特色产业发展的生态价值、文化价值、休闲价值、经济价值，促进乡村振兴战略在更高层次上取得新发展。

党建领航，“四众模式”走出强村富民路径

——安溪县虎邱镇湖西村的乡村振兴之路*

一、乡村概况

湖西村位于泉州市安溪县虎邱镇，列入镇区综合规划建设区域，是革命老区村、省级美丽乡村、省级乡村振兴试点村、高级版“绿盈乡村”、市级乡村振兴示范线路村、县级文明村、县级诚信村。面积3.92平方千米，其中耕地面积850亩，山地面积2200亩，果园面积50亩，茶园面积1500亩（集铁观音、本山、黄金桂、佛手四大名茶）。交通便

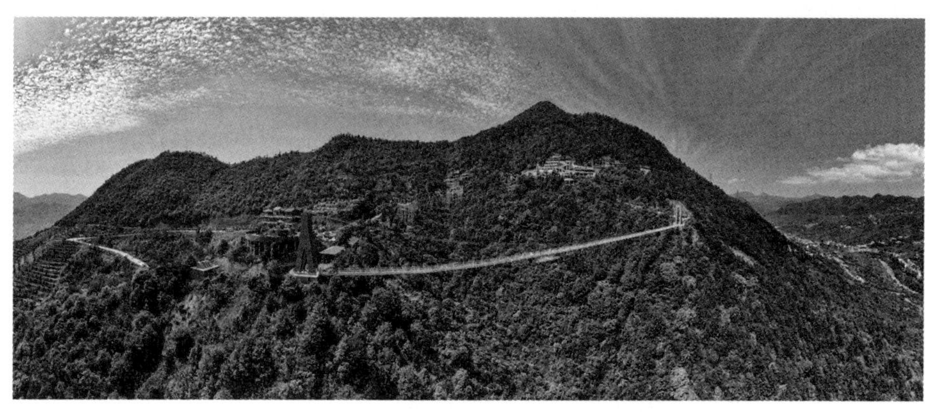

白石岩风景区全景（何国辉　供图）

* 本文资料由吴思颖（泉州市检察院第一检察部一级检察官、挂职虎邱镇副镇长）、刘桂昌（福建省财政厅采购办一级主任科员、挂职湖西村党支部书记助理）提供。

利，国道 G355、G358 穿村而过。全村人口 2282 人，有 11 个村民小组，428 户，分布在 5 个自然角落，党群服务中心设于湖西村中心点，现有村“两委”班子成员 7 人，设党支部 1 个，党员 50 人。

二、主要做法

（一）组织“众强”，让村民有依靠

湖西村牢记党中央“要把农村基层党组织建成坚强战斗堡垒”的指示精神，始终把抓班子、带队伍当作重中之重，把建强党支部作为乡村振兴的头等大事来抓。

一是选好带头人。湖西村原是软弱涣散村，在泉州洛江经商的林小海回乡担任村支部书记后，带领村民变“资源”为“资本”，发展乡村旅游业，村集体资产从“空壳”增加到 5000 万元以上的规模，为湖西乡村振兴打下坚实基础，尤其在 2021 年村“两委”换届中，他主动让贤，动员年轻乡贤返村参选村党支部书记，并留任乡村振兴导师，帮带新支部书记林德明尽快进入角色、熟悉情况。泉州市检察院挂职干部吴思颖到湖西村担任挂钩领导，做好政策带头人，带领村干部干事创业，发挥专业特长，为湖西村乡村振兴出谋划策，带领村民致富。

二是抓阵地建设。村部不仅是村干部的办公场所，还是党员学习的基地、群众议事的中心。而村里的旧村部设在旧小学，老旧到几乎不能使用，村干部基本在家办公。湖西村响应市县组织部推进基层党组织规范化建设号召，高效打造党建“十个一”工程，多方筹措，重新建设并打造“五星级”村部，集党务服务、村务服务、政务服务、社会服务于一体，成为凝聚党心民心的战斗堡垒和服务基层群众的“党建＋”邻里中心服务站，现有面积 800 平方米，设办公室、会议室、农村幸福院、长者食堂、医疗一体化设施、文体活动室、图书室、服务大厅、新时代文明实践站等。同时将相邻的祖厝修缮为集主题教育、文化休闲、教育培训等多功能于一体的“乡村振兴学堂”，定期邀请党校教师、老党员前来上党课。

三是抓队伍建设。村党支部选优配强村“两委”班子，把思想政治

素质好、带富能力强、公道正派、热心为群众服务的优秀人才选进村“两委”班子，班子成员平均年龄42.4岁。两名村干部参加泉州市实施乡村振兴人才学历提升计划，队伍整体素质和服务能力显著提升，精神面貌焕然一新。深入开展“海丝先锋”达标创星活动，全面落实“五抓五提升”工作方法，注重发挥班子作用，严格落实“三会一课”、组织生活会、党群活动日、主题党日等党内组织生活制度，进一步增强党支部的组织力、凝聚力和战斗力，把党支部打造成“五星级”党组织。通过“学习强国”等网上学习平台，以远程教育、专题讲座、走进道德讲堂等形式，采取集中学习和分散自学相结合的办法，加强党员学习教育，提高党员的素质。认真开展批评与自我批评，列出正、负面清单，对照整改，取长补短，党组织活力进一步增强。

（二）产业“众筹”，让村民变股民

湖西村党支部借助虎邱镇“省十佳旅游休闲集镇”“市茶旅特色小镇”“厦漳泉一小时经济圈”的旅游优势，精准定位乡村旅游发展方向，采取“支部牵头—集体带动—党员表率—全民参与”工作模式，动员和号召村民参与村集体建设，入股村集体项目。

一是荒山变景区。湖西村龙踪山人烟稀少，因海拔较高，原村民全部迁出。在湖西村党支部的带领下，乡贤捐资助力、村民众筹集资，全村428户村民筹资3000多万元，加上群众义务投工投劳，建成白石岩景区，设有空中玻璃水滑道、喊泉、卡丁车、200多米观光玻璃桥、华东第一庐、迷宫、古茶树园、果树林等旅游观光项目，在白石岩可观赏日出日落，探寻古茶树园，感受虎邱茶历史。荒山已变景区，2000多名群众成为“股民”。景区一对外开放，就成为远近闻名的网红景点，年接待游客量近100万人次，直接收入超1500万元，并解决村民就业岗位超50个，带动餐饮、便民超市、纪念品店蓬勃发展，成为源源不断的收入来源，群众满意率100%。同时景区的收入也反哺乡村建设和发展，用于加强景区旅游配套建设、乡村基础设施建设、人居环境整治、村容村貌提升等，实现财富共享、成果共享，为乡村振兴奠定坚实的产业基础、提供资金支撑。

二是资源变资本。2018 年以前，湖西村集体经济缺乏活力、农村劳动力流失严重，土地大量闲置。新一任村“两委”就位后，坚持“靠自己骨头长肉、凝聚群众谋共富”工作思路，深入开展农村集体资产清产核资工作，精准分类建立扶贫资产、集体土地、林场林地 3 类台账，对闲置集体资产进行打包回收，制定专项盘活方案，变“闲”为“宝”。例如：打包整合转租荒废茶园，进行生态茶庄园建设，引进日春茶业有限公司建设茶叶初制科研基地，转租龙头茶企；收回村里产能低、效益差的废旧水电站，由村民集资翻建扩容，水电站翻建后经济效益大幅提高，每年为湖西村增加集体经济收入近 20 万元。

三是撂荒地变良田。切实发挥党支部引领作用，压实工作责任，组织党员、群众“地毯式”“拉网式”实地踏勘，仔细核对位置、数量、面积、撂荒原因、撂荒年限、土地现状等情况，坚持“一户一策、一地一策”原则，引导有种植能力的群众主动履行责任，积极开展复耕复种，督促常年外出群众委托亲朋好友代耕代种，对于确实无人耕作的土地，由村集体集中流转整治 300 亩，实施小丘并大丘、格田化平整以及茶园退茶还耕，推行规模化、机械化种植，建设高标准农田。通过一系列改造，村里实现了“山上有景区白石岩、山下有连片农业大观园”，使农业和旅游互促共融，村民、村集体与产业共兴，为推动乡村振兴、实现群众增收致富提供有力的支撑。

（三）乡村“众治”，让村民成主人

湖西村织密“村党支部—网格党小组—党员联系户”党组织体系，将党的政治优势、组织优势转化为乡村治理效能，实现村情共知、村务共管、难题共解。

一是推“小房改”。开展“小房改”百日攻坚，将全村 22 座危废房及 80 余座裸房分包到各村民小组，由村民小组长和小组党员对本小组的相关问题房屋进行“三包”，即包做通村民思想、包统拆装统筹协调、包政策贯彻落实，驻村干部、村主干组建指挥小组统一规划部署，解决难题，争取资金，通过耐心细致做工作，动员全体公职人员、党员小组长、企业主、乡贤带头先行拆除危旧土坯房、破棚烂厕，调动周边农户

湖西村党建主题公园——芳厚堡遗址（林清金　供图）

参与整治的积极性，有序推进危旧土坯房拆除工作，全村危废房整治率达100%，裸房开工率达100%。

二是靓“新村貌”。开展农村人居环境专项整治改善行动，实行长效保洁，以网格化信息平台为基础，开展“不卫生情况随手拍、随手传”，让村民相互监督，共同进步。3年来，村卫生检查评分均保持在95分以上，在上级部门考核、督查中均达优秀等次。积极开展优秀传统文化普及、道德讲堂、广场舞比赛、好婆婆好媳妇好妯娌评选等文明创建活动，引导群众增强文明观念。整合全村文化资源，成立乡村振兴文艺队，利用文化广场和乡村振兴舞台等文化活动场所，积极传承、保护南音、布袋戏、山歌等非物质文化遗产，经常性开展公益巡回演出，不断丰富村民的文化生活。

三是树“好民风”。湖西村定期公开党务、村务、财务，保障党员、群众对党务、村务的知情权、参与权和监督权，不断提升乡村治理能力和水平。选树村级“身边好人”“道德模范”10余人，让先锋的形象立起来，群众的心热起来，自觉比学赶超、创先争优。组建党员先锋服务队，做好交通疏导、咨询引导、卫生保洁等服务，同时在景区内免费提供雨伞、矿泉水、草帽，强化日常巡查，维护景区市场秩序，充分发挥了党员志愿者的先锋模范作用，带动了更多群众加入志愿服务行列，潜移默化改变村民，美化村庄，处处绽放别样之美，好民风蔚然成风。

(四) 红利“众享”，让村民当赢家

一是村庄变美景。以农房管控和风貌提升为抓手，通过拆、改、修、建四大措施，“拆”出整洁环境，“改”好乡村厕所，“修”复古村古色，“建”好基础设施，引导群众统一装修风格、装潢要求，打造“旅游集散共治一条街”。投入1000万元建设村庄河道两侧的生态护坡工程，盘活水系变公园。投入1200万元改造危桥、实施村主干道“白改黑”工程、公路修建提级等，完成杆线入地、微景观提升、夜景亮化，提升村庄品质，建成5处公共停车场约8000平方米，完善基础设施配套。如今的湖西村焕然一新，青翠自然，屋舍俨然，美丽的乡村景致映衬着湖西村村民朴实幸福的笑脸。

二是庭院变共享。湖西村对公共地上的百年香樟树、古榕树等名木古树进行保护，按照“修旧如旧”原则对10余座青石房进行修葺加固，发动群众开展见缝插花、拆旧建绿活动，建设色彩丰富、季相变换的花园式景观，合理开展节点立面、休闲漫道建设，广泛开展花园庭院、花园路段建设，并对土楼、内宅等角落进行整片推进，拆除旱厕、鸡鸭圈、围墙，平整成公共停车场、微景观、文化广场，房前屋后成为村民的“共享庭院”，一个庭院一处风景。充分挖掘村里的历史文化元素及红色资源，在芳厚堡遗址周边进行环境整治，保护修缮特色青石房，修建了党员宣誓广场、红色书屋、芳厚堡遗址、游击队联络点等，建成占地20亩的湖西村党建主题公园，以红色文化涵养村民的内心，提升人居环境品质，党建公园成了村民们的红色教育场所、文艺休闲乐园、幸福享受之地。

三是阵地变服务。建设包含卫生所、老年安康院、法治广场、文体活动中心等多功能的“党建+”邻里中心，占地面积6000多平方米，建筑面积2500平方米，设有标准化卫生所、幸福院、棋牌室、长者食堂、应急储备室、档案室、近邻纪检工作室、检察官工作室、民情茶室、民兵之家、两代表一委员联络室、党员活动室、共享办公区、便民

湖西村党群服务中心（林清金　供图）

服务大厅、邻里健身室、农家书屋、乡村学堂、儿童之家、红色书屋、非遗传承室、邻里书画室等服务区域。其中长者食堂每天为60岁以上老人提供一顿午餐，每月为老人过一次集体生日、通过开展老人集体生日会及联合县医院义诊、文化义演、公益课堂等活动，用活邻里中心，实现“老有所养、幼有所育、病有所医、食有所安、居有所乐、事有所办”六大功能，拓展乡村旅游、非遗文化传承、共享民宿、党校教学基地等特色功能，用心构建“普惠村民，服务游客”的旅游生活圈。

四是祖厝变学堂。湖西村龙踪祖祠就位于村部旁边。2022年，湖西村投入近30万元修缮龙踪祖厝，建成集主题教育、文化休闲、教育培训等多功能于一体的“乡村振兴学堂”，是全村最大的文化活动中心，已成为组织学习法律法规、宣传党的农村政策、信息沟通、调解矛盾纠纷的阵地。在寒暑假等节假日期间，学堂开办了百科讲堂、书法班、早教班、课外阅读班等，高校大学生志愿者和文艺人才前来免费为村里的孩子们辅导作业、培养兴趣、传授知识，给湖西村增添了一抹和谐的亮色。

三、发展成效

乡村要振兴，因地制宜选择富民产业是关键。湖西村树立“三人成众、强村富民”理念，积极探索“组织众强、产业众筹、乡村众治、红利众享”的强村富民模式，推动形成了“支部牵头—集体带动—党员表率—全民参与”工作机制，立足生态优势，坚持“村庄＋景区”生态宜居宜业宜游乡村定位，以茶为针，以旅为线，茶旅融合，组织全体村民参与，统筹发展旅游业、茶产业、生态农业，着力打造茶旅融合乡村振兴示范村。打造出禅茶旅游“山水朝圣——白石岩”旅游品牌，景区吸引游客近100万人次，直接收入超1500万元，带动村民创收，壮大充实村集体经济，2021年人均收入21130元，村集体经营性收入超50万元，2022年更是超百万元。

湖西村深入贯彻落实乡村振兴战略，积极实践《抓党建促乡村振兴的若干意见》，以党建为引领，筑牢乡村振兴的坚强堡垒，加强基层党组织队伍建设，发展壮大村集体经济，探索“党组织牵头，社会协同，公众参与”的新路径，初步形成党建领航“四众模式”，获评市文明村、市级乡村振兴精品示范线村。2019年，安溪县乡村振兴现场推进会组织到白石岩现场观摩；2020年，泉州市乡村振兴现场推进会组织现场观摩；2020年获评省级乡村振兴试点村；2021年获评市级乡村振兴示范线创建村、福建省高级版“绿盈乡村”；2022年获评省级乡村振兴示范村。湖西村抓党建促乡村振兴的“四众模式”及成效被《人民日报》、人民网、《东南晚报》、安溪电视台、《安溪报》等各级主流媒体报道刊发。

四、经验启示

（一）发挥党组织的战斗堡垒作用

湖西村始终坚持“靠自己骨头长肉、凝聚群众谋共富”的思路，注重抓基层、强基础，提升基层党组织的凝聚力和政治功能，发展壮大村集体经济，建立集体和群众经济利益共同体，带领党员干部和村民共同参与经济发展和乡村治理，推进农村治理体系和治理能力现代化，让村财增收和村民致富更上新台阶，建设美丽宜居新乡村。

（二）尊重人民在治理中的主体地位

以“自治”为着力点，湖西村的乡村治理体系更加强调人民群众的主体地位，更加重视激发群众的创新活力，更加注重治理成果的“民享”，更加突出美好生活的“民生”。湖西村各项工作均通过支部大会、村委会研究后提请村民代表大会、村民大会等讨论通过。2019 年至今，湖西村召开村民代表大会 40 次、村民大会 40 次、村民小组会 10 次，不断改进农村基层治理，推进治理体系和治理能力现代化，极大地推动了乡村全面振兴发展。

（三）优化“带头人”的梯次结构

紧紧围绕“人才兴村”的理念，筑巢引凤，不断吸引各地各阶层人才与乡贤参与湖西村乡村振兴的规划与发展，让乡村人才结构与时俱进、不断优化，湖西村“四众”格局的形成既要归功于市、县下派挂职干部吸引对接帮扶政策，也要归功于本村乡贤回乡创业的大力支持。例如，泉州市检察院挂职干部吴思颖到村里担任挂钩领导，成为政策带头人；在深圳任安溪商会秘书长的林火辉在村里投资 1.5 亿元建设商业酒店等项目，变身项目带头人……靠着多领域多层次带头人的不断努力，才开启了乡村振兴新局面。

（四）“一核多点”的“15 分钟便民服务生活圈”

湖西村“党建＋”邻里中心遵循“邻里中心邻里建，建邻里中心为邻里”原则，以党群服务中心为核心，整合周边景区、党建公园、学校、敬老院等资源，科学规划设计邻里中心功能布局，精简办公场所，增加功能场所，打造“一核多点”的“15 分钟便民服务生活圈”，可辐射湖西村、湖垭村、芳亭村、金榜村，服务镇区近 2 万名群众。

（五）发挥祠堂文化的作用

湖西村充分利用现有的祠堂、祖厝，发挥它们立足基层第一线、地理位置便利、影响力大、有深厚传统文化底蕴的优势，发挥祠堂尊重先人、崇扬贤德、教化后人、凝聚人心的作用，积极拓展新功能，与红色教育、基层文化供给、农村党群服务、新时代文明实践等工作有机融合，将祠堂祖厝打造为基层善治阵地、文化集散阵地、新时代文明建设传播阵地。

案例评析

湖西村织密“村党支部—网格党小组—党员联系户”党组织体系，将党的政治优势、组织优势转化为乡村治理效能，树立“三人成众、强村富民”理念，创新党建领航“四众模式”，探索强村富民的发展道路，形成了“支部牵头—集体带动—党员表率—全民参与”工作机制，立足生态优势，坚持“村庄＋景区”生态宜居宜业宜游乡村定位，组织全体村民参与发展乡村旅游，促进茶产业、旅游业、生态农业统筹发展，走出强村富民的湖西模式。

乡村振兴是一个系统的社会工程，必须加强“在干中学、在学中干”，重视研究土地利用和产权确权问题，严格项目审批与监管制度，在法治框架内不断完善利益分配与保障机制，注意厘清政府职责与民众参与权责，促进资源配置的合理性与效率，实现利益分配的公平，切忌损害群众利益而影响投资热情，切实推动基层党组织的政治优势、组织优势转化为推动乡村振兴的发展优势。

构建党群“同心圆”，激活振兴“新引擎”

——洛江区罗溪镇洪四村的乡村治理之路*

一、乡村概况

罗溪镇洪四村地处泉州市洛江区北部山区，与莆田市仙游县、泉州市惠安县交界，地域面积28.48平方千米。全村辖6个自然村、21个村民小组，人口1265户5100人，60%以上村民外出，有党员72人。洪四村在加强和创新乡村治理，健全自治、法治、德治相结合的乡村治理体系上坚持全村一盘棋，依托“1+1+S党群同心圆”的良好实践，打造党建促乡村振兴的“圆心”，实现“让农村社会既充满活力又和谐有序”的目标。“1+1+S”党建同心圆模式实施以来，共解决党群问题48件，建设项目12个，该做法入选全国乡村治理首批20个典型案例。洪四村先后获评全国乡村治理示范村、福建省乡村治理示范村、福建省乡村振兴示范村、福建省农村社区建设示范社区、福建省乡村旅游特色村、福建省高级版“绿盈乡村”、福建省创建无邪教示范村、泉州市移风易俗典型村等荣誉。

二、主要做法

（一）组织引领为核心，党群同心共治理

洪四村坚持以党支部为核心，党群一条心，推进“三治融合”，将法治、德治、自治融入乡村治理各项工作中，探索在基层政权的神经末

---

* 本文资料由林秋玲（中共泉州市委党校、泉州行政学院副教授）提供。

“1+1+S”党建同心圆治理模式展示厅（黄桂珍　供图）

梢——村民小组，建立起由党员、小组长、村民代表、各类人才组成的党群圆桌会，形成1个支部+1个党群圆桌会议事制度+多种社会力量的“1+1+S”同心圆模式，坚持以人民为中心，树立问题导向，聚焦乡村治理和发展难题，以党群圆桌会为抓手，最大化发挥支部和党员作用，广泛凝聚党员干部群众力量，有效突破村、组自治发展局限，真正实现村民“自己的事情自己办，自己的权自己使，自己的利自己享”。

1. 组织引领为核心，提升支部凝聚力

进一步强化理论武装，深学细照笃行习近平新时代中国特色社会主义思想。通过定期召开支部扩大会，营造党支部书记带头学、党员深入学、群众广泛学的良好氛围。严格实行民主生活会制度，讨论和表决重要事项，发扬党内民主。实施“红色动力”工程，推进“同心圆”区域化党建，以党小组和村民小组为单位，开展党小组“达标创星”活动。创新“党员自荐+村民举荐+组织推荐”方式，通过内部培养、对外回引、统筹储备“三个一批”举措，多渠道多路径选拔村级后备力量，牵住引才聚才“牛鼻子”，确保乡村振兴力量源源不断。洪四村党支部被评为泉州市先进党组织。

2. 思想转变为契机，打造治理新格局

一是完善村民自治制度，激发乡村治理新活力。进一步转变工作理念，变“社会管理”为“社会治理”，变村委会“唱独角戏”为村民“大合唱”，通过阵地宣传、微信交流等多种形式，强化村民主人翁意识。落实“四议两公开”制度，创建村务事务“小微权力”清单化管理明白手册，切实落实群众的知情权。组建洪四村生态旅游发展沟通微信群，就是让群众协商社会事务、共同投入社会建设、共同参与社会治理、共同享有治理成果的有力例证。

二是提升依法治理水平，筑牢乡村振兴基石。依托法治文化广场建设，打造普法宣传阵地。充分利用村广播系统、移动端平台开展普法宣传。经常组织村委会成员深入群众，开展法治宣传活动，增强群众的法治意识。落实一村一法律顾问制度，设立村级公共法律服务点（每月不少于 4 小时或每季度举办一次讲座），提供法律咨询服务。

三是坚持德治滋养法治，培养良好村风民风。多形式开展道德宣传，如开展道德讲堂、家庭美德评选等活动。在村道、房前屋后绘制了上百幅道德宣传壁画，让道德滋养潜移默化见效果。

3. 方法创新为载体，构建党建“同心圆”

坚持以党支部为核心，党群一条心，建立起由党员、小组长、村民代表、各类人才组成的党群圆桌会，通过党群圆桌会议中的党员影响带动群众，特别是群众中有专长、有品德、有志向的人才，以好党风带动好民风。

党群圆桌会议（颜以忠 供图）

（二）产业发展为基础，提高农民生活水平

坚持“统筹规划，以点带面，分步实施”的发展思路，充分挖掘家门口的红色资源，发展红色旅游产业。依托生态优势，推进生态村建设，发展生态经济，切实增强群众的幸福感和获得感。

一是发展生态旅游产业。依托现有3个水库，充分发掘库区资源，发展生态旅游。规划“一心、三带、六片区”生态旅游发展蓝图（游客服务中心，花溪溪谷、山涧甘泉风、彩龙谷景观带，花海礼赞、三潭印月、情醉花谷、九龙叠翠、乡村雅景、芳林映厝片区）。改造溪堤1.1千米，种植乡村风景林（樱花为主）112亩，配套路灯、健身栈道、休闲亭台、彩虹桥等基础设施，作为村民的休闲公园，也为发展生态旅游打好基础。

二是打造红色教育基地。充分挖掘利用好家门口的红色资源，以发生在洪四村的一场战斗作为红色招牌，规划红色生态旅游路线，建设党史展馆、党群同心馆、军服发展史馆、烈士纪念碑公园等设施，创建洛江区“红色荣耀”党性教育基地，打造党员干部学习教育主阵地、新平台。把洪四影剧院、红色墙体彩绘和1951年围歼入窜海匪战斗点规划为红色旅游路线，形成集听红色歌曲、看红色故事、忆革命英雄于一体的旅游景点。2019年6月28日，洛江区“红色荣耀”旅游基地启用暨首发团仪式在洪四影剧院举办。区委常委、政法委书记黄清凯，区委常委、宣传部部长金玲珊，区委常委、人武部政委古领华，副区长陈倩，洛江区省级旅游村代表、部分旅游企业负责人、罗溪镇各村干部代表及洪四村乡贤等近200人参加。启动至今，洪四村已经累计接待游客3万余人次，村集体经济收入突破50万元。

三是发展花卉产业。成立洪岩花卉合作社和洪岩乡村旅游开发有限公司，吸引203户村民参与，利用山坡荒地设立花卉基地900多亩，种植苗木40万株，其中樱花80亩5200株，山油茶200多亩，以网销、直销方式销售，年销售额100多万元。

四是发展民生工程。洪四村坚持把教育事业摆在最重要的位置，多次发动乡贤热心捐资办学，改善洪德小学硬件设施。成立了教育基金

会，近年来每年奖励大学生和资助困难学生30余人，每年发放奖学助学金30多万元，每年开展洪德小学奖教奖学活动，深受社会上有识之士赞誉。近年来，洪四乡贤共为家乡建设捐资980多万元。此外，改善村民的出行问题。洪四村距镇区6.8千米，不仅有了按三级标准建设的公路，而且全程安装太阳能路灯237盏。2021年，争取各级政府支持，开通了往返镇区的公交车，每天8个班次，既方便了群众出行，也为游客提供了方便。

（三）环境治理为突破，建设美丽宜居新家园

一是沿溪两岸整治提升，打造乡村美丽风景线。对坝潭溪两岸进行清淤和杂草整治，砌筑生态护坡、设置拦水坝和亲水平台，沿溪两岸建设休闲栈道，配有亭台、廊坊等休闲场所，布置的路灯和夜景灯，成为村里一道亮丽的风景线。

二是推进环境卫生专项治理，提升人居环境质量。建设多个生活污水处理站，实现生活污水无害化处理及达标排放；清理多个垃圾堆，并改造成微公园；采购一批化粪池，做好村民厕所污水集中处理；建设多个公厕，并做好日常管理。制定畜禽散养管理办法，拆除村道两边的鸡舍和猪圈，指导集中圈养。制定“村‘两委’包片、党员包户”工作责任制，开展“房前屋后一日一清、沟渠一周一清、村庄环境一月一清”活动。建立卫生保洁机制，全面推进“户集、村收、镇运”垃圾集中处理方式，形成环境卫生长效管理良性循环。加强巡查劝导，成立包含老人会代表、妇女代表、乡贤代表的环境卫生监督劝导队，开展村庄日常巡查监督劝导工作，定期组织入户宣传，通过召开村民代表大会、户代表大会统一思想凝聚共识，群众知晓率达100%，村民环境意识大幅提高。

（四）文化建设铸灵魂，滋养和美新家园

一是繁荣和发展农村文化，焕发乡风文明新风尚。洪四村尤其重视乡村治理与乡村文化的耦合关系，自觉用文化引领风尚、服务发展。通过新时代文明实践中心、农民夜校等渠道，常态化组织开展习近平新时代中国特色社会主义思想、党的二十大精神等主题教育；组建农村文化、体育等兴趣小组，在口袋公园、运动角经常性开展农村文化体育活

动。将“乡村记忆文化”项目建设纳入本村总体规划，成立《洪四村志》编辑委员会，开展修史编志工作；在影剧院不定期开设孝心大讲堂，建设“乡村记忆——农耕文化、老旧件、竹编、电影体验馆”；拍摄《洪岩下的不速之客》《美丽乡村·洪四》乡村历史文化主题宣传片；开通村级官方微信公众平台“洪岩文旅”，更广泛、及时地为村民传递各类资讯。

二是创建文明家庭和文明村，提升村民文明素养。开展道德实践活动（如“文明家庭”“星级文明户”“五好家庭”“道德模范户”“优秀村民”“最美媳妇”“最美婆婆”等）。创建泉州市文明村并获得荣誉称号，创建一批省、市、区、镇级文明家庭，其中黄把芳家庭被评为福建省文明家庭。

三是创建移风易俗示范村，打造乡风文明新风貌。自觉开展移风易俗行动，彻底改变婚丧喜庆陋习。成立移风易俗理事会及农村红白理事会，举办道德评议会，广运用“积分制”整治大操大办、铺张浪费、厚葬薄养、迷信活动等专项问题，抵制不良社会风气。

（五）创建治安新平台，打造幸福平安村

创建农村智慧警务室，通过建设现代化监控系统，节省了大量人力物力，有效消除农村治安防控盲点。实行“一村一辅警”机制，组建治安管理专门人员队伍，建立健全治安制度（如24小时值班制度、辅警定期驻村制度）并实际运行。充分发挥党群“同心圆”作用，以支部为核心，凝聚乡贤参事会、老人协会等群团力量，组织一支庞大的调解队伍，几年来没有递交到上级的信访件，都把矛盾化解在村里，打造新时代的洪四村“枫桥经验”。

三、发展成效

（一）数据说话，村容村貌颜值提升

洪四村规范农户散养畜禽，对部分建筑进行外墙立面改造，先后动员群众拆除沿溪的猪圈、鸡鸭舍160多处，有效地保护水资源环境。建设4座生活污水处理设施，安装一体化污水处理设施80座，实现生活

污水无害化处理并达标排放。购置干湿垃圾装置950套，做到生活垃圾日产日清，营造良好农村生活环境。清除农村露天粪坑、简易茅厕、废杂物间，建设环保公厕3座、旅游公厕2座。近年来，洪四村的环境卫生市、区、镇卫生暗访年度平均成绩居全镇首位。

（二）实力说话，产业赋能收入提升

洪四村充分发挥党支部领办合作社作用，有序有效引导山坡荒地流转，成立洪岩花卉农民合作社和洪岩生态旅游发展有限公司，建成花卉基地900亩，创造集体收益100多万元。持续做强全市唯一村级影剧院品牌，串联市级党史学习教育基地洪岩烈士纪念园、党员文化公园等载体，与机关、企事业单位开展党建共建。累计承办300余个单位党建活动，接待人数达3万人；开讲福建省委党校首期“加快推进乡村振兴专题研讨班”第一课、举办全区“红色荣耀”旅游基地启用暨首发团仪式，挖掘开发旅游伴手礼“洪四酸茶”“洪岩三宝”初见成效，村集体经济红色旅游收入突破50万元。

（三）素质说话，浸润心田乡风提升

洪四村深化平安乡村建设，充分利用村广播系统、移动端平台开展宣传，在村道、房前屋后布置100余幅道德宣传壁画，建成社会主义核心价值观主题公园、德孝广场2000平方米，按季度开设孝心讲堂，按年度举行孝心宴，评选村级文明家庭等荣誉称号，成立教育基金会，惠及学生已达300余人，发放资金210多万元。近两年来，未发生治安刑事案件和非法宗教等活动，获评洛江区孝心示范村。

四、经验启示

（一）坚持党建引领

只有加强基层党组织建设，充分发挥党员先锋模范作用，才能把基层社会治理工作做好。洪四村着力发挥党支部在基层社会治理中的核心作用，以村支书黄水扬为领头雁的工作领导小组，充分发挥党组织的凝聚力和战斗力，调动党员参与村中事务的积极性，从2018年起率先探索实施“1+1+S”党建同心圆模式至今，洪四村通过每季度一次的党

群圆桌会，让党员和乡贤共谋洪四发展，结合党史党情与洪四历史实际，创建“红色荣耀”教育旅游基地，建设洪岩烈士纪念园、洪四影剧院、中国共产党历史展览馆、党建同心圆展馆、洪四村乡村振兴馆等现场教学参观点，成为党建团建旅游的热门景点。

（二）坚持群众主体

基层治理就是要办好群众的“心头事”，更好地满足人民日益增长的美好生活需要。洪四村在乡村治理中坚持做好日常治理工作，回应好群众的诉求，办好群众的“小事”，推行“大事明流程，急事提效率”的工作制度。一方面，推动基层减负增效，在规范化的同时尽可能简化办事流程，将办事流程、办事人员名单公示公开，确保群众来就能找到人，手续齐全就能办成事，提高微信群、公众号等线上办事平台效率，为出门在外的年轻人提供更多线上办事途径，如出台线上医保、社保的教程，让基层服务更加高效便捷。另一方面，着力解决急难险重问题，如疫情防控期间和暴雨天气中，村“两委”主动到不便出门的老人家中帮助办理养老保险认证，将群众的事当作自己的事，加强和群众的血脉联系。

（三）坚持久久为功

基层治理是一项长期性、基础性工作。洪四村在推动项目建设的同时也探索开创“党建＋乡村联动”的治理模式，坚持调动群众形成治理合力，联合周边党组织形成党建合力，依托上级部门形成政策合力，旨在形成长期有效治理的新模式。

案例评析

洪四村坚持党建引领，加强基层党组织建设，发挥党支部在基层社会治理中的核心作用，充分发挥党员先锋模范作用，探索实施“1＋1＋S”党建同心圆模式，打造党建促乡村振兴的“圆心点”，党员和乡贤共谋洪四村发展，实现“让农村社会既充满活力又和谐有序”的目标。

村委党员干部生产生活在“三农”的第一线，是带领广大农民发展村域经济的“火车头”，既要聚焦培育发展壮大村集体经济，也要健全完善党组织领导的乡村治理体系，担负起让农业强起来、农村美起来、农民富起来的重任，还要确保农村社会和谐稳定、农民群众安居乐业，村干部队伍建设对乡村振兴意义重大。通过党建引领乡村治理的实践路径，洪四村凝聚群众形成强大的动力，实现群众增收致富，推动乡村经济社会发展。未来应进一步引导带领广大农民发展新型农业、农村旅游、文化创意产业等新兴产业，推动农村产业升级。努力改善农村教育资源，研究鼓励有创业意愿的人留在农村发展，提升乡村生态旅游的品位和档次，延长产业链，提高附加值，使党建引领乡村治理的实践路径形成凝聚群众的更强动力，实现群众增收致富，推动乡村经济社会发展。

以党建引领奏响乡村振兴“最强音”

——安溪县城厢镇经兜村的乡村振兴之路*

一、乡村概况

城厢镇经兜村位于安溪县政府驻地东南 7 千米处、晋江西溪畔，总面积约 1.5 平方千米，保留原始耕地约 800 亩。有 875 户 3700 余人，党员 61 名。全村单姓“孙”，源于“一代兵圣”孙武，从唐末五代时期至今，历经 1000 多年的繁衍生息，底蕴深厚。经兜村是个革命老区村，老一辈革命家张克辉、彭德清都曾在此生活并战斗过，留下许多红色记

经兜村全景（吴耿琛　供图）

* 本文资料由吴丽萍（安溪县城厢镇经兜村村委会主任助理）提供。

忆。此外，经兜村还是个“乡贤驱动型”的乡村振兴示范村，在外乡贤创办企业达百余家，主营空压机、机器人、智能制造等产业，尤以空压机为最，占国内市场份额近四分之一，被称为“空压机之乡”，先后被评为全国美丽宜居示范村庄、首批国家森林村庄、全国乡村治理示范村、全国生态文化村、中国美丽休闲村庄、福建省乡村振兴示范村、福建省文明村等。

二、主要做法

在安溪县委、县政府和城厢镇党委、政府的领导下，经兜村立足乡村振兴战略全局，依托有利的区位和生态优势，科学规划，合理布局，坚持以“一核五轴”（一核即以提升党支部组织力为核心，五轴即以产业兴旺、生态宜居、乡风文明、治理有效、生活富裕为轴线）融合式党建为抓手，以点带面，点面结合，多维施策，有序推进乡村全面振兴，着力打造“治理有序”“美丽宜居”等品牌，勾画出乡村振兴的“满园春色”。

（一）产业融合，筑就振兴“快车道”

产业振兴是乡村振兴之基。经兜村立足本地实际情况，以农民增收致富为目标，促进产业融合发展，因地制宜走出一条“党建搭台、产业唱戏”的发展之路，为党组织引领乡村振兴打下了坚实经济基础。

一是发展乡贤经济。经兜村立足民间资本雄厚的优势，依托乡贤在外成功经营模式，设立了村企共建的“中国空压机创新创业孵化基地”，签约成立了集生产经营、研发创新于一体的泉州新能源核心科技产业园，举办了“压缩机产业助力乡村振兴”系列活动，通过总部经济的方式，引进经兜村在外乡贤企业（如优耐特斯、瑞松科技、航天思尔特、斯可络、申行健等）回乡“二次创业”，带动乡贤回家、人才回巢、资金回流，让空压机产业与乡村振兴融合发展，促进农民稳定增收，壮大村集体经济，提升自我造血功能。

二是发展观光体验农业。经兜村积极探索观光体验农业带动群众致富新路子，改变以往的捐资形式，采取“支部＋农场＋企业＋农户”的模式，通过土地流转、村企共建的方式，建设洋当生态农场、香帽寨休闲农场、御果源采摘农场、爱耕观光农场4个休闲观光农场，形成“可览、可游、可居”的综合环境和集自然、生产、休闲、康养、文化于一体的观光体验农业综合体，实现农业和服务业融合发展。

三是引进优质民营经济。民营经济作为实施乡村振兴战略过程中的精锐部队，对拓展投资新渠道、增加农民收入、培育集体经济具有重要意义。全面推进乡村振兴，必须充分发挥民营企业的作用。经兜村以党建为抓手，进一步搭建平台，引导更多民营企业从各个层面多个领域深度参与，推动巩固脱贫攻坚成果同乡村振兴有效衔接，实现城乡融合，乡村振兴与民营企业健康发展相互促进，为乡村振兴持续注入充沛的动力。如，联动五条人糖水铺公司，引进五条人糖水铺，使新式糖水首次入驻新农村，助力乡村振兴。

（二）生态宜居，描绘振兴“新画卷”

生态宜居是乡村振兴的环境基础。经兜村以“三山两水”为生态定位，大力推进农村基础设施建设和综合整治，打好乡村振兴战略的“第一仗”。

一是以项目为抓手，循序渐进完善基础设施建设。对辖区内的渊兜溪进行清淤改造，投资7500多万元建设“渊兜水乡”水利项目，将过去“垃圾成片、沿溪恶臭阵阵”转变为“水清、河畅、岸绿、景美”的乡村画卷；开展生活污水集中处理，在人口集中区域，按照地形地势规划建设4个集中处理的微动力污水处理站，在人口少、农户分散的角落采用三格化粪池＋小型人工湿地处理生活污水，目前已建设了8个，实施后全村生活污水处理基本实现全覆盖；依托古厝、农房、旧街等闲置资源，实施“天网落地”“雨污分流”“道路改黑”等工程，进一步完善基础设施。

二是以机制促提升，联合攻坚推进环境卫生整治。建立“支部牵头、村干部包片、党员带头、群众参与”的联合攻坚机制来推进环境卫生整治。如罗渡岭角落村道一侧的低洼处，原本遍布鸡鸭猪圈及旱厕。经兜村根据环境整治的总体要求，在该处建设污水处理站和环保公厕，周围群众知道后，怕不美观、有异味，提出异议，抵触心理较重。村委会通过将设计方案制作成3D动画、召开会议答疑解惑、多方协调等方式，打消了群众原有的顾虑。工程竣工后，呈现出来的是污水处理站、环保公厕、绿色停车场，湿地公园“四合一”，实用美观的综合效果。群众非常满意，并主动捐资20万元参与建设。

此外，经兜村采取土地确权、村财补贴、微景观打造等方式，开展旱厕整治“炸碉堡”行动，共拆除旱厕229座，建设公厕8座，完成户厕改造58个；在垃圾处理方面，探索出“三个一”机制（即实行一套保洁机制，制定一份严肃约定，建立一支监督队伍），对垃圾进行定时转运，引导村民由过去的被动应对向主动执行转变，并加强日常巡查，倒逼村民养成良好卫生行为习惯。

（三）塑形铸魂，绽放振兴“文明花”

乡风文明是乡村建设的灵魂。经兜村始终坚持把农村精神文明建设作为乡村振兴的重要内容来抓，广泛凝聚共识，培育文明乡风、良好家风、淳朴民风，焕发文明新气象。

一是加强“一约四会”建设。加强村级党组织引领，深入推进移风易俗工作，将婚事新办、丧事简办、佛事不得大操大办、尊老爱幼、和谐敦睦等内容纳入村规民约，发挥“四会”（红白理事会、村民议事会、道德评议会、禁毒禁赌会）作用，引导群众自我净化、自我完善、自我革新、自我提高。

二是开展家风建设，传承传播优良家训。挖掘孙氏祖训，收集新时代家规，在孙氏祠堂建设“家风家训馆”，统一制作上墙孙氏祖训和新时代家规等内容，对孙氏优良的家风家训进行传承和宣扬，通过讲解部分优秀乡贤的先进事迹，带动形成良好民风、乡风。从2018年开始，经兜村组建了一支家风家训馆文化志愿者队伍，宣讲经兜家风故事、乡贤故事，并开展了多场“好儿女”“好婆媳”“好邻居”等评选活动。

三是建设“仙鹤园”，倡导厚养薄葬。规划建设“仙鹤园”灵堂，采取家族式供奉方式，将经兜村内先人的骨灰迁至灵堂内。改变以往的陈规陋习，形成文明、节俭、平安、环保的新型丧葬祭祖观，传承礼仪民俗，弘扬文明乡风。

四是建设“枫下书院”，传播传统文化。经兜乡贤孙志宏四兄妹，为了寻找乡愁、传播传统文化，将旧居改造为书院，在文化教育方面贡献自己的力量。每年寒暑假，书院主人孙燕华女士（复旦大学教授）都会回乡举办学子交流分享会，助力乡村文化教育。

（四）乡村治理，勾勒振兴“同心圆”

为更好发挥党支部的战斗堡垒和党员干部的先锋模范作用，经兜村坚持把党建与乡村治理结合起来，积极探索农村党组织领导乡村治理新机制，创造性地提出了“321”机制。

一是搭建3个平台。在村部附近建设民情茶室、“两代表一委员”联络室、老党员工作室，安排一支由各级党代表、党员人大代表、党员政协委员、老党员等人员组成的服务队伍，常态化开展活动，切实打通服务群众的“最后一公里”，做到“群众有所呼，代表必有应”。

二是健全2项制度。让村干部周例会制度成为新常态，落实“四议两公开”工作法，推进村级行为规范化、决策民主化、管理科学化。实施党员联系群众网格机制，按照“村党组织—党员中心户—群众”三级管理体制，明确党员岗位职责、党员帮带对象和党员服务承诺，每名党员按照“就近就便”原则，联系帮带5～10户农户，基本实现“小事不

民情茶室（经兜村委会　供图）

2023 年经兜村乡贤议事会（经兜村委会 供图）

出角落，大事不出村口”。

三是创设 1 项会议。通过村党支部积极联络在外乡贤，创办乡贤议事会，让在外乡贤积极参与讨论村级事业发展，充分发挥乡贤筹资、集智、举贤作用，大大激发了乡贤的思乡为民情怀，促使他们积极投身到乡村振兴的建设大潮中。

(五) 人才培育，助推振兴“加速度”

乡村要振兴，人才是关键。经兜村创新乡村人才工作体制机制，充分激发乡村人才活力，打造乡村振兴的人才摇篮。

一是选拔好“班长”。经兜村借换届选举之机，召回事业有成的乡贤当“村官”，同时引进年轻、学历高的“新鲜血液”，打造一支中青结合的优秀干部队伍。如，动员在外乡贤孙开明回乡参选村党支部书记，选优配强村党组织的领头雁，带来的是发展思路、制度规划、项目落地等方面的全新改变。

二是提升创新能力。村党支部书记孙开明带领村“两委”到沿海城市参观学习；邀请创业专家指导团队，采取专家会诊、电话咨询、网上咨询、邀请上门指导等形式，系统化开展对村“两委”干部、农村基层党员、返乡创业人才的培训；对为家乡做出突出贡献的创新创业人才给予一定的政治荣誉；加强对村级后备干部进行培养，造就一支结构合理、素质优良、富有活力的乡村振兴工作队伍。

三是汇聚青年力量。经兜在外青年有500多人，大部分从小跟随父辈在外打拼，如今成为各行各业的佼佼者，逐渐成为经兜村发展的重要力量。为了汇聚青年力量、传承家乡情怀，经兜村以乡贤议事会为载体，成立安溪县首个村级青年联合会——安溪狮渊青年联合会，旨在打造青年互动交流平台和青年人才孵化基地，凝聚青年乡贤优势力量，增强青年乡贤家乡情怀，激发青年乡贤激情热情，助推宜居宜业和美乡村建设。

三、发展成效

经兜村经过多年探索和实践，从“一穷二白”的小乡村转变为安溪县乡村振兴的“标杆村”“明星村”，中央电视台、央广网、《人民日报》“学习强国”平台、《福建日报》、福建电视台、《泉州晚报》《泉州先锋》等多家主流媒体都曾对经兜村乡村振兴建设情况进行实地拍摄，采访当地村干部和党员群众，为泉州市乡村振兴发展提供了有益的参考素材。

（一）村财显著增长

经兜村通过盘活集体资产、引进民营经济等方式，实现村财高质量增长，群众的腰包变鼓了，干事创业劲头也变足了。所成立的4个休闲观光农场经营性收入为350万元，带动农户月增收3000元。2021年村财收入46万元，2022年为73万元，实现村财村民双增收。

（二）治理更加有序

经兜村创设的“321”工作机制，有效促进了乡村社会的和谐稳定。2022年来，民情茶室共服务群众1300余名，收集乡村治理意见建议135条，开展政策宣讲、法律咨询等活动20余场次，有效化解矛盾问题5起；“两代表一委员”工作室累计化解重点矛盾8件，为群众办实事32件；老党员工作室引导21名老党员发挥政治、威望、经验、时空、亲情五大优势，发挥余热，实现“善治乡村，老党员在行动”。

（三）推动资源回归

经兜村充分利用乡贤这一优势群体，优化了“不在场”的乡贤服务方式，即乡贤议事会和安溪狮渊青年联合会，让许多仍然在城市各行各业工作的乡贤，可通过各种渠道为乡村振兴提供智力、信息、物质、资金、宣传等方面的支持。乡贤议事会自2015年创设以来，年年如期举办，参会乡贤也从最早的几十名增加到如今的200多名，已筹集资金4000多万元，参事议事30多项。安溪狮渊青年联合会于2023年5月3日正式成立，吸纳来自各行各业的140多名优秀青年入会，并创办青狮学院，制订青狮计划，提供创业指导、技能培训、企业参访、项目实训等，定期召开交流会。

四、经验启示

（一）坚持党建引领

经兜村坚持党建引领，不断加强基层党组织自身建设，抓班子、强阵地，提升领导能力和治理水平，充分发挥基层党组织的坚强战斗堡垒作用，切实凝聚起广大党员干部的主人翁意识和战斗意志，促进党建工作与乡村振兴的同频共振、互促共赢。

（二）发挥乡贤优势

经兜村紧紧抓住乡贤这个特殊群体，多措并举，把握住在外乡贤人数众多且热心家乡事业发展的特点，让能人回归、资金回流、创业回乡，不断激发“归雁经济”内生动力，以“回创能人”唤醒乡村发展潜能，拉开了乡村振兴的序幕。

（三）发动全民参与

经兜村本着尊重广大群众意愿，激发广大群众积极性、主动性、创造性，激活乡村振兴内生动力，让广大群众在乡村振兴中有更多获得感、幸福感、安全感的工作目标，坚持依靠群众自主决策，绘就宏伟蓝图。在村党支部的带领下，让群众自己决策，自己拿主意、出方案，真正走自治之路。此外，加强公开公示，财权分离，专款专用，将资金花在刀刃上，群众大力支持村里工作，在乡村振兴工作中主动出钱出力、出谋划策。

案例评析

经兜村坚持以“一核五轴”融合式党建为抓手，不断加强基层党组织自身建设，抓班子、强阵地，提升领导能力和治理水平。坚持党建引领搭建乡贤“大舞台”，挖掘乡贤资源，探索把“党建＋乡贤”拓展为“党建＋乡贤＋”模式，既可以发挥乡贤经济优势，解决群众最关心、最直接、最现实的利益问题，也可以发挥乡贤心系乡土的优势，聚焦当地乡土资源，发展特色产业，同时借助乡贤人地亲熟的优势调解矛盾纠纷，更好地服务乡村治理，助力乡村振兴迈上新台阶。

“四创新·四破解”推动“整体拆迁村”基层治理提升

——海沧区东屿社区的乡村振兴实践

一、乡村概况

东屿社区是厦门市海沧区的第二大村，位于海沧大道西部、东南沿海的九龙江口海湾畔，三面环水，与厦门岛隔海相望，现有常住人口9833人。东屿旧称“长江”，又名“长屿”，其历史可追溯至唐代以前，自古以来村民都是以“讨小海”、养殖海产为生。2010年5月，海沧区委、区政府启动东屿CBD建设项目，东屿村整村搬迁至安置小区，80%的村民集中安置在水云湾小区，20%的村民安置在绿苑小区或自行在外购房。2013年，东屿村改为东屿社区。整体拆迁过程中，社区组织职能和治理模式明显变化，很多居民仅完成村民向居民的身份转变，不同群体重新组合后，社会结构更为复杂，社区发展面临瓶颈。为此，社区党委坚持以党建为引领，以治理为支点，以服务为抓手，通过党员示范、居民参与，积极开创村居治理新格局。

二、主要做法

城市化的快速发展，带来城市用地、工业用地骤增，农村土地被大量征用，失地农民被集中安置，治理方式、社会结构、居民生活环境及谋生手段等的转变，给基层治理带来新的挑战。东屿社区党委在区、街两级的坚强领导下，坚持党建核心引领，以加强社区治理为目标，探索实行“四创新·四破解”工作法，顺利实现整体拆迁村向现代社区的升级转型。

(一) 创新组织模式，破解农村党建向社区党建转型难

东屿社区是典型的村改社区，针对自然村落向现代社区过渡中面临的组织管理有空白、制度落地有难点、干部队伍有短板等挑战，积极探索“上下联动、横向互动、纵向贯通”的组织体制，推动社区党建、组织职能和治理模式的转型升级。

一是创新组织架构。以现有 12 个网格为基础，每 2 个网格成立 1 个网格党支部，由社区党委委员下沉担任支部书记，构建“社区党委—网格党支部—楼栋党小组”三级组织架构，实行“三定三包”（定人、定时、定片，包栋、包户、包人）网格化工作机制，夯实党建引领社区治理基础。

二是加强结对共建。与区工商联、区侨联联合党支部建立“一对一”联系挂钩关系，属地内吸纳海发集团、航运公司、北师大附属学校等 7 家单位进入社区大党委，建立联席会议、同驻共建、双向认领“三项机制”，汇聚整合组织合力。

三是配强干部队伍。专门聘请社区管理人才回乡担任专职负责网格化管理的党委副书记，发展 4 名 35 岁以下青年党员进入社区“两委”，组建了一个平均年龄 40.8 岁的专业化、年轻化“两委”班子，为社区治理转型奠定基础。

(二) 创新“四民”模式，破解村民意识向居民思想转变难

社区集中安置伊始，随着居民安置入住，不同群体重新组合，社会结构更为复杂，出现治理方式手段单一、居民传统意识强烈，社区自治程度较低等问题，构建和谐邻里关系面临挑战，东屿社区充分发挥党组织组织力和党员先锋作用，推动居民主动投身社区建设、融入社区生活。

一是建立党群议事机制。创设“四民工作法”（民事民提、民事民议、民事民决、民事民评）议定社区事务，建立“党员议事会”“东屿社区论坛”等，调动各方参与社区治理的积极性。比如，退休老党员积极发挥余热，主动加入社区事务论证小组，为配售房销售、菜市场管理等提供建议。

海沧区家庭教育创新实践基地揭牌仪式（《海峡导报》许茵茵 供图）

二是倡导居民自治共治。制定出台村规民约，与每户居民签订卫生公约和门前三包责任书，引导63户居民退出占用绿地、清理饲养禽类，拆除违章建设17起。打造平安巡逻、矛盾调解等多支队伍，273名社区党员、群众自发加入、义务参与，为社区安宁稳定提供保障。

三是搭建参与事务载体。发挥工青妇各类组织工作优势，调动各年龄段人群参与社区治理热情。比如筹划开展“红领巾公益积分”活动，对参与公益志愿活动的小朋友实行积分管理奖励，“小手拉大手”，带动各个家庭加入社区自治队伍。

（三）创新近邻模式，破解陌邻关系向睦邻关系转化难

迁入安置小区伊始，很多居民仅仅完成村民向居民的身份转变，面对新环境中社交场所缺失、居民结构重构、乡愁乡情淡化等变化，尚未完成思想的根本转变。东屿社区充分研究居民融入城市社区生活面临的挑战，深化近邻党建，和谐近邻关系。

一是推动资源共享。以东屿渔家书院为载体，推动阵地共享、活动共享、文化共享，在社区党员的倡议下，腾出原有8个楼栋架空层空间，购置桌椅，安装照明灯，为老邻居、新邻里泡茶、聊天提供场所。2023年3月落成的东屿村史馆，不仅陈列了渔具、农具、岛民器物等

极具渔岛风情的老物件、老照片，还通过9个篇章全方位、多角度介绍东屿的历史变迁，打造家门口的“记忆博物馆”，把渔村历史、优良家风和拼搏精神保留下来，让居民“记得住乡愁”“留得住乡情”。

二是汇聚能人贤人。以社区书院教师志愿者队伍为依托，开办“四点钟学校”，社区宣传委员牵头组建文艺队，吉红海上救援队定期开展事故预防技能培训，累计开展培训120余场、各类活动220余场，覆盖1.5万余人次。

三是弘扬耕读文化。以新时代文明实践为抓手，抓好第三批国家级非物质文化遗产海沧蜈蚣阁抬阁的保护和传承，每年正月二十邀请两岸同胞、“新东屿人”参与其中。连续3年举办“东屿好少年·渔家斗阵行”夏冬令营，在传承中延续耕读文化、渔家文化。近年来，东屿社区先后组建党员志愿队、巾帼志愿队、凡人微光志愿队、美哉少年志愿队、书香致远亲子阅读志愿服务队等9支志愿服务队，注册志愿者1275人，占户籍人数的18.2%；与共建单位志愿服务队伍开展共建合作，围绕洁净家园、敬老爱老、文明创建等，开展形式多样的志愿服务活动；开设广场舞班、合唱团等，并结合“我们的节日”主题举办丰富

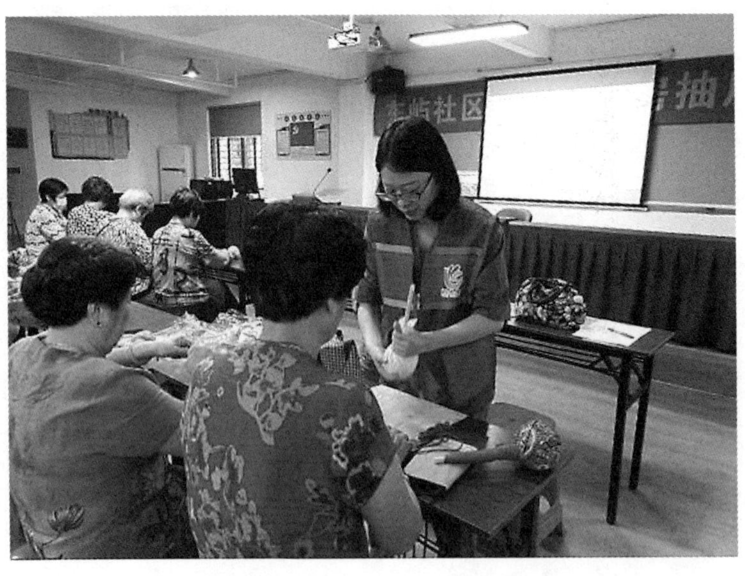

东屿社区指导老人制作艾草锤（东屿社区新时代文明实践站　供图）

多彩的文娱活动，真正实现乐在邻里、乐享邻里。

(四) 创新发展模式，破解单一渠道向多元增收转换难

整体拆迁导致农民失地失海，必须解决谋生就业问题，带动居民增收致富。面对发展形势的转变，东屿社区坚持党建引领，瞄准增富创收、转岗就业、集体经济发展等重点，为失地失海农民寻求谋生新路，为村居集体经济探索发展新路径，努力提升居民幸福感和获得感。

一是引入金融助力。针对居民拆迁款、房产“两多”情况，专门邀请建行、工行等上门开办理财知识讲座，聘请社区律师提供房屋租赁法律咨询服务，为居民守住“钱袋子”“房本子”。

二是推动转岗就业。建设400平方米的水云湾农贸市场，配套摊位70个，增加就业岗位100余个。免费开办职业技能培训、西点烘焙课堂，依托区人社局“春风行动”、社区党员致富能手等，为550名居民提供就业机会，帮助解决1950名失地失海农民的养老保险问题。

三是发展集体经济。成立社区股份经济合作社，整合新月湾和兴东花园1.69万平方米集体商铺资源，大力推进物业类、资本类集体经济项目发展，2020年社区集体经济收入近500万元，每个村民每年分红600元，居民收入得到进一步保障。

三、发展成效

(一) 战斗堡垒更加坚强

通过支部建在网格上、与驻区单位结对共建、选优配强“两委”班子、开展主题党日活动等举措，深化社区党组织网络与社会治理网格的“两网”融合，进一步优化社区组织设置，整合各级党建资源，提升基层治理水平，为推动村居各项事务落实提供坚强组织保障。2019年，社区党委被评为海沧区先进基层党组织。

(二) 社会氛围更加融洽

大力传承近邻理念，弘扬家风家训，崇尚孝老爱亲，广大居民积极参与社区治理、志愿服务，为社区创造多种服务平台，新入住居民共享社区建设红利，新老东屿人融为一体、不分彼此，邻里互助提升“幸福

值”，形成“邻里聚、邻里助、邻里情、邻里乐”的良好氛围。

（三）发展模式更加多元

在上级党委、政府的支持和社区党委的带动下，充分整合共建单位和党员能手等资源力量，推进转产转业，居民就业创业谋生手段进一步丰富，基本生活得到进一步保障，社区集体经济发展持续向好，较好地解决整体拆迁带来的农民失地失海等问题。

四、经验启示

（一）党建引领是核心

海沧区坚持把党建工作作为加强整体拆迁村基层治理的核心任务，进一步规范了拆迁村党组织建设，在全区 12 个拆迁村建立网格党支部 50 个，配齐配强 237 名“两委”班子成员，创新“党日五件事”“金牌引领·百支齐行”“533”党务村务议事决策、村干部备案管理等工作机制，大力提升村居党组织的战斗力和影响力，为推动村居各项事务落实提供了组织保障。

（二）汇聚能量是关键

整合区、街、村（社区）三级党建合力是补齐拆迁村资源短板、推进村居平衡发展、城乡统筹发展的关键所在。海沧区坚持一盘棋思想，深化“近邻党建”工作机制，创新打造“邻·家”模式，在全省率先建立“党群服务汇享联盟”，整合党群阵地资源，建立供需对接、协商议事、活动共办、监督激励等工作机制，累计发布服务清单 400 余项、开展服务活动 500 余场，区级引领共建、部门相邻共融、街社亲邻共助、小区睦邻共治，为失地失海村民提供一站式、多维度的便民服务。

（三）文化传承是支撑

弘扬耕读文化、加强文化传承，是拆迁发展中留住乡愁、凝聚共识的重要抓手。海沧区从 2016 年起就提出“弘扬耕读文化”部署，通过打造 48 个新时代文明实践中心（站、所）、开设 37 个“四点钟学校”、26 个村居老年大学教学点等，大力弘扬农耕文化的思想精华，做到以文化人、以文育人，为群众百姓留住乡愁、乡念、乡情，为城乡经济社会发展提供强大精神支撑。

（四）民生福祉是根本

增强民生福祉是我们党坚持立党为公、执政为民的本质要求，践行群众路线，抓好基本民生、基本就业、基本保障，是解决失地失海农民紧迫需求的根本响应。海沧区坚持以人为本，引领多元主体共同参与，建立问题收集、解决、反馈机制，民生保障走在全国、全省前列，跻身全省9个“教育强区”之一，城乡居民医保、社保参保率连续8年达100％，2019年农村居民人均可支配收入30556元，实现全省“十四连冠”，基本民生、基本就业、基本保障有了跨越式发展。

案例评析

东屿社区始终把农村基层党组织建设摆在突出位置，通过构建“社区党委—网格党支部—楼栋党小组”的三级组织架构，强化了社区党建和治理体系，实现基层治理精细化和网格化，为实施乡村振兴战略提供坚强组织保障。创新社会治理是乡村振兴的重要保障，其中基层社会治理是推进乡村振兴的关键环节。作为历经十余年拆迁之路的整体拆迁村，东屿社区坚持党建核心引领，创新治理模式，探索实行“四创新·四破解”工作法，从而顺利实现整体拆迁村向现代社区的升级转型，为我国整体拆迁村转型升级、群众顺利完成村民向居民身份转变提供有益借鉴。在未来发展中，东屿社区应继续加强和创新社区服务体系，提供更加多样化、个性化的服务，满足居民不同需求，增强居民的自我治理能力和社区服务能力，构建共建共治共享的社区治理体系。

凝心聚力，群策群力，唤醒渔村蝶变

——“五心工作法”推进诏安县四都镇西梧村乡村治理*

一、乡村概况

四都镇西梧村地处漳州诏安湾沿岸、四都镇南部，是一座依山傍海的沿海村庄，全村现有 512 户，2228 人，渔船 132 艘。西梧村设村党委，下辖 4 个党支部，现有党员 127 人，有耕地 770 亩，山地 2500 亩，虾池 1280 亩，滩涂地 4800 亩，浅海 3000 亩，呈“三分山七分海”，是一个以海水养殖和浅海捕捞为主的滨海渔村。曾经的西梧村，污水横流，牡蛎壳随意丢弃，“西梧路颠、西梧水咸、西梧人人咸”（闽南话“咸”同“嫌”）。由于长期受宗族势力、房派斗争、彪悍民风影响，村级组织软弱涣散，“三资”管理缺位，村民发生纠纷、上访、打架斗殴等问题长期突出，在 2014 年之前是诏安县出名的后进村，也曾经是漳州市综治重点整治村。

近年来，在省市县镇党委、政府的领导与支持下，西梧村“念好山海经”，围绕生态可持续发展理念，坚持以抓党建促乡村振兴，着力推动组织基础，通过“政治、自治、法治、德治、智治”五治融合，以“五心工作法”创新乡村治理新模式、新思路、新路径，治出新气象，找准后进症结、破解难题、促进经济发展，村容村貌取得巨大转变，唤醒渔村蝶变，逐步建成环境优美、生态宜居的滨海渔村，先后获得全国乡村治理示范村、福建省文明村、全省美丽乡村建设典型示范村、全省

---

* 本文资料由吴志雄（中共诏安县西梧村党委书记）提供。

西梧村统一规划的村居（吴志雄　供图）

美丽乡村建设培训基地、谷文昌学院现场教学点、全省首批人居环境整治试点村、全省乡村振兴试点村、省级宜居村庄培育对象等荣誉称号。

二、主要做法

（一）组织建设强基础

为了摘掉本村“软弱涣散村、后进村、上访村”的帽子，西梧村党委认真找出问题症结，摸索出“五心工作法”，破解五大难题：一是“初心”强班子，以换头脑不换人的方式，在学习中找差距，对现有村干部进行能力剖析和岗位调整，快速提高干部凝聚力和战斗力。二是“公心”收回资产，以党员干部带头，带动一般村民把集体资产全部收回。三是“爱心”化解房派斗争、宗族势力，办事不分宗族、不分身份地位，一碗水端平，推出 8 项措施，均以村民利益为中心。四是“恒心”治理脏乱差及服务群众，零补偿拆迁、和谐拆迁，拆掉违章建筑 350 户，面积 2 万多平方米，投入 20 万元对村级组织活动场所进行规范化建设，开设便民服务窗口，以“勤跑腿”的态度为民众代办事务，做到小事不出片区，大事不出村庄。五是“决心”践诺项目，重规划，多方听取民意，做好未来15年村庄规划，一张蓝图绘到底；按照先后缓急，几年来先后完成新村建设、旧村改造、渔港建设等62个项目，总投资达到1.5亿元，有序推进并公开项目进度，以实绩赢得群众支持。

（二）产业建设谋发展

西梧村领导班子积极实施乡村振兴战略，以党建促发展，按照村情实际推动产业发展。在“三资”清理促集体增收工作中，充分发挥党员带头模范作用，把被侵占多年的村集体资产4800亩滩涂地收回并进行公开招投标；再以党员干部包户模式，耐心做思想工作，把被原养殖户侵占20多年的1280亩虾池收回并进行公开招投标；随后对滩涂养殖进行科学规划，大力发展牡蛎产业，引进培育泥蚶、花蛤苗、美国蚶等技术，发展虾池养殖；进行升级改造，特别是引进高附加值的越冬鱼苗赤嘴鳖培育技术，目前形成全省最大的赤嘴鳖越冬鱼苗培养和销售基地，鱼苗远销东南亚国家和国内福建、广东、广西等地；投入600万元建设三级渔港，投入2500万元建设二级渔港，扩大远洋捕捞作业和养殖业装卸能力，进一步促进村集体与村民双增收。

（三）文化建设增活力

在村党委推动下成立奖教奖学基金促进会，发动乡贤筹资50多万元作为奖励基金，在全村形成尊师重教、注重人才培养的氛围；开展“贤媳孝妇”“道德楷模”“卫生文明户”“人居环境党员先锋”等评选活动，用身边人教育身边人，以点带面，弘扬正能量；结合党建元素举办元宵文娱活动、开蚝比赛，丰富村民精神生活，进一步联络村民感情，使全村更加和谐；坚持党为引导，弘扬传承良好的祖训、家风等传统文化，打造西梧村孝廉文化教育基地，进一步为党建储备力量。

（四）生态建设惠民生

结合本村实际，推动“一革命四行动”。“厕所革命”中全村三格化粪池改造覆盖全部380户，投入23万元建设一座旅游公厕，满足外来游客的需求；“污水行动”中投入560万元在全县率先实施“雨污分离”工程，在生活污水排放尾端建设一座微动力污水处理厂，实现生活污水一级A排放；“垃圾行动”中聘请第三方保洁公司负责处理生活垃圾，做到日清日运，针对废弃牡蛎壳，投入150万元建设一座牡蛎加工中心，同时引进福建玛塔生态科技有限公司，将废弃牡蛎壳加工为土壤调理剂，实现变废为宝；“农房行动”中几年来改造裸房320栋，在全省率先推动旧房屋顶“平改坡”工程并向全省推广，以统规自建“五统一”的模式规划建设新村“梧桐小区”，该小区被评为省级村镇住宅优秀小区和村镇住宅示范房；“村容村貌行动”中投入1100多万元建设硬化、拓宽村内道路10.5千米，绿化道路8千米，安装路灯173盏，投入600多万元建设覆盖全村“三线下地”、智慧村居等项目，投入650万元建设渔人集市一期、二期工程，投入78万元建设一座休闲公园，投入800多万元建设妈祖文化园项目，为村民提供休闲、娱乐、健身的好去处。

三、发展成效

(一) 用“初心”凝聚班子，提升班子战斗力

打造整合治理队伍，新组建的班子发挥党支部战斗堡垒作用。按原班子成员调整各自合适岗位，组建一支正义感重、责任心强、有战斗力的班子，由此快速提升工作效率，在村民中树立起威信，凝聚人心，引领建设美丽乡村，成为做好各项工作的组织保障。

(二) 用“公心”盘活资产，促进产业兴旺

村“两委”成员发挥表率作用，从“公心”出发，以强有力的思想政治工作动员相关人员讲大局，从可持续发展高度做实、做细、做通群众工作。诏安县法院四都法庭第四支部以与西梧村党委共建为契机，把好程序法律关，从起草通知书到合同法规保障，仅用一周时间，就把被侵占3年多的村集体资产4800亩滩涂地收回并进行公开招投标，通过资源发包，为村集体创收470万元。经过半年耐心的思想工作，把被虾农侵占20多年的1280亩虾池收回，以公开招投标形式租赁给本村村民经营发展，盘活了村集体资产3775万元，为规范村里后续的集体资产管理作出了示范。

(三) 用“爱心”关爱村民，推进乡风文明

一是成立奖学奖教基金促进会，为子孙后代的发展起到鞭策和鼓励作用，促进学子教师共同努力。二是每年举办元宵节联欢会、开蚝比

赛、乒乓球比赛等，丰富村民文化生活。三是设立三年一届“道德楷模”“贤媳孝妇”评选活动，由村民公开进行投票和老人乡贤会评分，9年来评选出8位“道德楷模”、10位“贤媳孝妇”以及48位“优秀村民”，促进敬老爱幼良好家风。四是对遇到重大变故等问题的村民，村干部都第一时间入户关怀，适当予以帮扶慰问。五是建设幸福院，做到老有所养、老有所乐、老有所为，成立老人乡贤会、红白议事会，实行联调机制，促进简化移风易俗新风尚，加强乡风文明建设。六是推动干部与群众“零距离”，村民遇到难题解决不了可以找书记及村干部，村干部手机号码公开，24小时不关机。七是制定村规民约，提倡移风易俗新风尚，破除一些陈规陋习，制约铺张浪费等现象，规范村民生活好习惯。八是主动触及与化解历史遗留问题，设立“诉源工作站”调理室，9年多来没有出现上访案件，打造“枫桥式”乡村。

(四) 用“恒心”整治脏乱差，生态宜居取得成效

多年来，村“两委”干部带领群众，坚持绿色发展，注重环境生态保护，大力实施“一革命四行动”，逐步治理污水横流和垃圾遍地等各项问题，高起点、高规格规划新村建设，让村庄更加宜居。

(五) 用“决心”践诺项目，让西梧村“旧貌换新颜”

从2015年开始，请省住建厅村镇发展中心对全村进行规划，明确项目的建设内容。2015—2018年共完成建设项目38个，总投入达5000多万元。2018年换届后，再次精心规划2019—2021年21项民生工程和人居环境整治工程，投入达6000多万元。2022—2026年践诺24个项目，目前已投入2000多万元。每个项目都有一名村“两委”干部负责，并实行责任终身制，使每个项目都建设成“务实、优质、廉政、平安、放心”工程，村容村貌发生翻天覆地的变化。

四、经验启示

(一) 树牢“社会稳定促发展”的理念，做到协调、有序、平稳、科学发展

村“两委”以习近平新时代中国特色社会主义思想为指引，学习习

近平总书记关于“三农”问题的重要论述和指示精神，紧密结合本地实际，用足用好国家赋予乡村发展的优惠政策，坚持用发展思维来解决乡村振兴过程中的各类问题，特别是多年堆积遗留的历史问题，开拓性地实现了全村经济社会的跨越式发展。

（二）发挥基层党组织堡垒作用，以和谐稳定促发展的理念，建设一支甘于奉献的乡村干部队伍

要全面加强基层党组织建设，特别是要选好一个有公心的带头人，村干部要甘于奉献、勇作表率、乐于吃苦、以身作则，要有对工作的执着追求和高度负责的精神。村干部的组织能力、治理能力与研判执行能力关系到整个村的稳定与发展。村干部要把村集体利益放在首位，始终牢记为群众办实事、办好事的信念，切实做到办实事、求实效，出实绩、落实处。要主动发现、及早解决问题，特别是历史遗留问题。要深入群众，了解群众，想群众之所想，急群众之所急，化解群众间矛盾。

（三）因地制宜，因势利导，促进农业产业融合升级

产业是乡村振兴的主要载体，要立足本村的资源，靠海吃海，打造“一村一品”，形成具有本村特色的农业、渔业融合之路，以第一产业为主导，结合第二产业，引申发展第三产业，建设好西梧牡蛎湾，拓展本村国家地理商标“大梧蚝”的产业链与价值链，实现产业深度融合，提升本村牡蛎、泥蚶、鱼苗、对虾等海产品的附加值。

（四）坚持共同富裕道路，不断完善持续发展的自治能力

一个村要实现可持续发展，必须要有持续造血功能和完善的乡村自治能力。要增强本村产品竞争力，促进产业不断升级，稳步提升村民收入，坚持一部分人先富起来的同时，以先富带动后富，最终实现共同富裕。同时，引领群众为全村的发展献计献策、同舟共济，提高自治水平，让农民在社会发展中取得实实在在的获得感和成就感。

案例评析

破解乡村治理结构性张力的发力点和关键应从完善乡村组织建设着

手。乡村组织振兴具体包括建立和完善以党的基层组织为核心、以村民自治和村务监督组织为基础、以集体经济组织和农民合作组织为纽带和以各种经济社会服务组织为补充的组织体系。本案例中的西梧村“念好山海经”，围绕生态可持续发展理念，坚持以抓党建促乡村振兴，着力推动组织建设，通过“五治”融合，找准症结、破解难题、促进经济发展，逐步建成环境优美、生态宜居的滨海渔村。当地探索出的“五心工作法”创新乡村治理新模式、新思路、新路径，从“治理有效”破题，促进乡风文明和谐，推进生态宜居环境建设，整合优势资源，发展乡村特色产业，并通过组织建设强基础、产业建设谋发展、文化建设增活力、生态建设惠民生。未来，西梧村可着力推进智慧乡村建设，利用信息技术，重点推进农业智能化、管理现代化，提高乡村治理的科学化、精准化水平。持续深化乡村治理体系和治理能力现代化，创新社会治理模式，增强自我发展、自我管理、自我服务的能力，建立更加完善的民主决策和监督机制，实现村民主体地位的全面提升。

“12358”工作法助推乡村治理提质增效

——诏安县秀篆镇陈龙村的乡村振兴之路*

一、乡村概况

陈龙村位于漳州市诏安县秀篆镇中心，南邻寨坪村，西接顶安村，东北与焕塘村接壤，处于福建省南部丘陵地带两大高山——龙伞崇和八仙座的中间地带，是省定革命老区基点村，也是旅游风景区。全村以山地为主，共有山地面积7963亩、耕地面积1265亩，村里有客家土楼群、省级文物保护单位龙潭家庙、县级文物保护单位泰山寺等。陈龙村共有35个自然村，设32个村民小组，全村人口共有1652户，7546人，外出人口为4546人，约占全村总人数的60%。

陈龙村“两委”干部8人，配套干部1人，合计9人。全村现有82名党员。2019年6月升格为陈龙村党总支部，下设3个党支部，即溪唇党支部、步升党支部和龙潭楼党支部。陈龙村党总支部于2019年7月被中共诏安县委授予“2016—2018年度先进基层党组织”，2021年6月被中共诏安县秀篆镇委员会授予“先进基层党组织”，2021年6月被中共漳州市委授予“全市先进基层党组织”，2022年1月被中共诏安县委授予“五星级党组织”等荣誉称号，2022年10月，陈龙村被中共福建省委农村工作领导小组办公室等单位授予“全省乡村治理示范村”荣誉称号。

---

* 本文资料由许鑫（中共诏安县秀篆镇党委副书记、政法委员）、张建活（中共诏安县秀篆镇党委委员、纪委书记、监察组组长）提供。

二、主要做法

陈龙村是漳州市域社会治理现代化试点村。为适应新时代基层治理新要求，陈龙村党总支部积极探索实践“一个核心、两块阵地、三支队伍、五种制度、八项指标”的“12358”工作法，把党的建设贯穿基层社会治理全过程和各方面，固本培元、守正创新，实现了党建工作与乡村治理深度融合，通过党的建设高质量推动基层乡村治理水平的提升。

(一) 突出党建引领，打造一个核心

坚持党建引领，以村党总支部为中心，充分发挥其在社会治理中的政治功能和龙头作用，以强化基层党建推进社会治理，切实把党的政治优势和组织优势转化为社会治理优势，把党的方针政策转化为社会治理的强大效能。围绕事关群众切身利益的重大事项开展民商、民议、民决，着力构建“村情民知、村务民管、村事民定、村利民享”的共建共治共享新格局。充分发挥党员的先锋模范作用，引领道德传承，孝亲爱老、勤劳致富、友善睦邻，通过党员事迹善行上墙，发挥道德引领作用，带动村民群众奋发向上，见贤思齐，推动形成向善向好的社会风尚。

(二) 凝聚德治力量，建设两块阵地

坚持德治、法治共建共享，建设龙潭家庙孝廉文化教育基地及法治长廊两个阵地。以龙潭家庙孝廉文化教育基地为载体，通过“孝廉榜”、孝廉故事、家规家训等内容推进德治，深入挖掘诏安特色文化中明礼让、重孝道、尊先贤、守村规等优质社会治理基因，广泛开展家风家训、孝慈礼仪、乡风民俗等基层文化活动，更好地服务群众、化解矛盾、促进和谐。广泛开展公民道德宣传活动，发放《客家家风》，使公民道德规范、文明意识深入千家万户。坚持把法治宣传教育作为社会治理战略性、基础性工程，建设法治长廊，强化民法典的宣传工作，深化普法宣传活动，推动形成办事依法、遇事找法、解决问题用法、化解矛盾靠法的良好法治环境。

龙潭家庙孝廉文化教育基地（王辉兵　供图）

(三) 强化多元调解，用好三支队伍

坚持和发展新时代“枫桥经验”，用好村“两委”干部、老党员以及村老人理事会三支队伍，畅通和规范群众诉求表达、利益协调、权益保障通道，构建镇、村及各小组三级调解，将矛盾纠纷“发现在早、化解在小”。陈龙村以党总支部书记作为矛盾纠纷调解的第一责任人，坚

陈龙村义务矛盾调解员（王辉兵　供图）

持民生诉求第一时间回应、矛盾纠纷第一时间化解，确保“矛盾不上交、服务不缺位、平安不出事”。陈龙村党总支部发动下辖步升、溪厝、龙潭楼3个支部老党员，成立老党员义务矛盾调解队，充分发挥他们德高望重、懂政策法规、说教能力强、处事公道等优势，协助村“两委”化解各类矛盾纠纷。发动步升、百顺楼两个理事会德高望重的老人担任义务矛盾调解员，加强调解邻里家庭矛盾纠纷问题，营造邻里和谐的良好氛围。2022年至今，共协调解决矛盾纠纷25起，及时解决群众诉求，将问题化解在村内，为深入开展乡村治理奠定坚实基础，不断提升村民幸福感。

（四）巩固基层治理，完善五项制度

发挥自治章程、村规民约、居民公约和村民议事会、道德评议会、红白理事会等五项制度的作用，健全基层党组织领导下的基层自治制度，深入开展道德评议、移风易俗、文明创建、诚信建设、依法治理等新民风建设行动，推动政府治理、社会调解、群众自治、发展共享良性互动，营造和谐有序、昂扬向上的社会氛围。例如，将移风易俗纳入村民自治规范，成立村红白理事会服务中心，服务村民操办红白喜事，对红白喜事的随礼标准、酒席规模等进行了合理界定，既减轻了群众的经济负担，又革除了讲排场、比阔气等陋习，形成了喜事新办、丧事简办、厚养薄葬、勤俭节约的文明新风尚，更好地推动了移风易俗。

（五）加强基层监督，明确八个指标

陈龙村共创建小微权力监督群2个，在平台进行“微权力”公开、处理群众诉求等工作。跟踪群众诉求、在线投诉、事前公示、村务公开、直播统计、纪检干部访民情、村务公开平均阅读量、群均聊天数8个指标，做好基层小微权力监督平台建设及维护工作，完善基层监督“123机制”，不断提升监督质效。

一是想群众之所想。每天都及时发布值班公告，及时答疑解惑，回应群众关切，让村民在群里有参与感，积极发言。二是急群众之所急。及时发布与村民息息相关的防台防汛、交通安全提示、预防电信网络诈骗、中秋国庆假期道路交通安全出行、医保政策和森林防灭火宣传等信

息，及时在群里分享村务公开、事前公示内容，鼓励引导村民在群里聊天，快速处置群众反映的垃圾清理不及时问题。三是解群众之所难。及时迅速组织力量解决老旧房屋拆除、人居环境整治等群众急难愁盼问题。基层小微权力监督平台运行以来，发布村务公开 69 条、事前公示 36 条、纪检干部访民情 21 条，村务公开平均阅读量 65 次，村干部每天在小微权力监督群发布驻群值班公告，及时为群众答疑解惑。小微权力基层监督的“123 机制”，让基层服务更近更暖。

三、发展成效

（一）强化党建引领，以安全稳定推进社会治理现代化

坚持发挥村党总支部总揽全局、协调三个党支部的核心作用。创新完善平安建设领导责任制，积极配合镇政法部门，落实平安建设工作协调机制。加快固本强基，推进村综治实体化建设，完善网格化管理制度，提升村网格员专业化水平，发挥一村一警（辅警）职能，提高响应群众诉求和为民服务能力。坚持打防并举，密切配合镇综治办依法加强对境外非政府组织在市场、村内活动的管理，防范化解社会矛盾风险，完善社会治安防控体系建设。

（二）抓实脱贫攻坚，引领脱贫奔小康

强力推进脱贫攻坚工作，全村原有建档立卡贫困户 81 户 275 人，已全部实现脱贫，并顺利通过国家、省里各项扶贫检查。2018 年来，累计投入各类资金 886.45 万元，推进 29 个项目建设。全村基础设施建设水平实现大幅提升，所有建档立卡贫困户住房条件全部达到“八有”标准。与此同时，加强土地流转，将抛荒土地资源集中起来，引进大企业、专业合作社等，将抛荒土地承包给企业，进行规模化种植，引领产业扶贫。

（三）发展壮大村级集体经济

按照上级要求，做好“三资”清理整治工作，并收回合同到期的山地 700 亩、鸡公塘水库承包拖欠租金 2.1 万元。为了更好发展壮大村级集体经济，将收回的山地和水库按照法律程序重新发包，鸡公塘水库以年租金 8.1 万元中标，增加了村集体经济收入。结合省级文物保护单位

龙潭家庙等客家土楼群，向外推介“体验土楼民宿生态游”，逐步发展客家文化旅游产业。发展茶叶种植和茶叶加工支柱产业，2022 年村集体经营性收入 12 万元。

(四) 高水平建设生态宜居美丽村庄

保护开发特色村庄，完善“留白、留绿、留旧、留文、留魂”的村庄规划，完成“一革命四行动”，高水平实施村庄绿化美化，提升农村建筑风貌，建立健全村庄人居环境管护长效机制，建成山水相宜、风貌独特、清新整洁的生态宜居美丽村庄。

四、经验启示

(一) 发挥党组织的战斗堡垒作用和党员先锋模范作用

近年来，陈龙村党总支部坚持党建引领，探索提升乡村治理水平工作机制，按照“抓班子、带队伍、建机制、兴产业、促和谐”的工作目标要求，强化党员教育管理，充分发挥基层党组织的战斗堡垒作用和党员先锋模范作用，完善党总支部负责体制，发挥村党总支部主导作用，强化社会治理职能，提高公共服务能力，做深做细群众工作。

(二) 发挥“五治”融合作用，形成共建共治共享新格局

制定《陈龙村推进市域社会治理现代化工作实施方案》，以习近平新时代中国特色社会主义思想为指导，坚定不移走中国特色社会主义法治之路，充分发挥村党总支部职能，紧密配合上级职能部门，推动市域社会治理社会化、专业化、法治化、智能化再上新台阶。依据“村级落细落小”的职责定位，完善社会治安防控体系建设，防范化解社会矛盾风险，保障公共安全，充分发挥政治、法治、德治、自治、智治“五治”融合作用，凝聚民智民力，挖掘村民群众自治潜能，形成共建共治共享新格局，以各方联动推进社会治理现代化，发挥法治引领保障作用。

(三) 强化教育培训，建好堡垒带队伍

充分发挥建筑面积达 630 平方米的村级活动阵地的作用，定期开展党员远程教育和现场培训，2019 年来共集中培训党员 30 期 2128 人次。

利用“学习强国”“党员e家”等平台，组织党员干部学习。坚持按月召开支部学习会，结合“两学一做”“三会一课”相关要求，认真召开支委会、党员大会，按时上好党课。扎实开展党员“设岗定责”和“党员承诺”活动，全村已有68名党员走上了政策法规宣传、民情民意收集、党务村务监督等岗位，打造了一支能干事、干成事的村级班子队伍。

（四）落实廉政建设，营造廉洁好氛围

始终坚持“为民、务实、清廉”的标准，把精力集中在研究和解决实际问题上，把功夫用在确定工作思路与措施的落实上。坚持廉洁从政，从严治政，严格遵守党的政治纪律、组织纪律、廉洁纪律、群众纪律、工作纪律、生活纪律。认真落实上级党委在党风廉政建设方面的规定，经常组织党员干部学习党章党规党纪，严格遵守财经纪律，加强对村组的财务监管。

案例评析

党的二十大报告强调“健全共建共治共享的社会治理制度，提升社会治理效能”，为优化完善社会治理体系和治理能力提供了战略指引，亦为全面推进乡村振兴指明了发展方向。乡村治理是市域社会治理现代化的基础，市域社会治理现代化是乡村治理的延伸和发展。作为漳州市域社会治理现代化试点村，陈龙村积极实践“12358”工作法，通过乡村治理与市域社会治理现代化的相互促进，加强基层小微权力监督，保障社会公平正义，发挥社会组织和群众的力量，提升基层治理效能，形成多元共治的治理格局，共同推动社会治理体系和治理能力的现代化。为适应新时代基层治理新要求，陈龙村把党的建设贯穿于基层社会治理全过程和各方面，固本培元、守正创新，从而实现党建工作与乡村治理深度融合，通过党的建设高质量推动基层乡村治理水平的提升。未来，陈龙村应继续推进社会治理现代化，利用大数据、云计算等现代信息技术提升治理智能化水平，构建更加高效、透明的治理体系。鼓励和支持村民参与乡村治理和发展，通过开展各种形式的培训和教育，提高其自我发展能力和创新意识，推动乡村振兴实现自我循环和持续发展。

党建引领，革命老区蹚出基层“智治”新路子

——平和县国强乡新建村的主要做法和启示*

一、乡村概况

国强乡新建村位于“闽南第一高峰”大芹山西北山麓，是老区基点村，红色底蕴深厚，革命遗址众多，有着强大的红色基因。新建村辖9个村民小组，共有243户1058人，距离乡政府23千米，距离县城42千米。新建村平均海拔820米，森林覆盖率94.5%，负氧离子每立方

新建村一景（赖宏亮　供图）

---

* 本文资料由赖文达（中共平和县国强乡新建村党支部书记、村委会主任）、赖宏亮（平和县国强乡乡村振兴人才驿站副站长）提供。

厘米2.1万多个，年均气温20.2℃，年日照时长超过2000小时，无霜期330天以上，年均降雨量1780毫米左右，是九龙江源头花山溪水源地。新建村有山地6万多亩，土地肥沃，主要经济作物为平和琯溪蜜柚。

新建村曾经是有名的“空壳负债村”和省级扶贫开发重点村。近年来，在实施乡村振兴战略的过程中，新建村积极探索，通过抓规划、抓产业、抓集体经济等措施，实现了乡村的快速发展，2022年村集体收入突破百万元，村民人均纯收入超过3万元，先后获得福建省乡村振兴试点示范村、福建省产业振兴示范村、福建省治理有效示范村、福建省乡村振兴典型案例村庄等近20项荣誉，并建成平和县委党校现场教学点、福建省乡村振兴调研基地、福建农林大学（平和）人才驿站、漳州市新四军研究会红色基地。

二、主要做法

2018年，赖文达响应政府号召，成为福建首例厅级“村官”，致力于乡村振兴志愿服务。他引领新建村坚持党建引领，推动党建工作与乡村振兴深度融合，强化党支部、培育带头人、优化村治理、发展产业，激活乡村振兴新活力。

（一）抓规划，确定发展方向

2019年以来，新建村邀请专家学者，在全省率先完成乡村规划，深挖红色资源，科学布局，以乡村振兴为抓手，因地制宜制定特色农业产业发展规划，立足美丽乡村自然条件，着眼长远效益，以打造漳州市地标产品示范村为引领，综合开发9个自然村寨，发挥“土字号”“乡字号”“福字号”特色品牌优势，积极开展绿色食品、有机食品和农产品地理标志认证和推广，塑造“平和九寨沟”乡村文旅品牌。

（二）抓产业，促进提质增效

新建村利用山高雾多的自然条件，发挥传统产业优势，建设3000亩茶叶生产基地。通过毛竹垦复，建设4000亩生产基地，带动周边竹农提高经济效益。发展中草药产业，建设千亩百草产业园。发展高山富硒蔬菜产业，建设千亩“菜篮子”。成立专业合作社，发展蜜蜂产业。调整产业结构，减柚提质增效，3 年内把 4000 亩蜜柚园退柚还林 500 亩、还茶 1000 亩、还粮 500 亩、园改耕 100 亩。创办茶叶加工厂、竹木加工厂 20 多家，年产值超亿元。利用 2 万亩原始森林、2 万棵古树的“天然氧吧”发展吸氧旅游，同时盘活农村闲置资产，发展民宿产业，抓旅游带动力，撬动农文旅融合发展。

（三）抓集体经济，提高村财收入

新建村以绿色生态为立足点，发展乡村生态旅游，带动一二三产业协调发展。把发展集体经济作为重中之重，创新发展平和首家村投公司“平和芹新旅游开发有限公司”，采取村委会控股、村民入股、困难户赠股的模式，壮大集体经济。发展林下经济和农副产品加工业，兴建毛竹加工厂、茶厂等，实现林、果、茶、蜂等一体化的十大产业发展。在推动生态环境治理和引导产业发展的同时，村“两委”成员分别领办集体企业，通过规范管理、专业运营、健全制度、保障经费，融资金额达 500 万元，下设策划部、市场推广部、运营部等，聘请专业人士负责景区的日常运作，村民与村财收入双提高。

（四）抓人才，培育乡村振兴动能

2018 年以来，赖文达响应党的号召，以厅级干部身份退休后返乡哺乡，不领报酬当起了“乡村振兴志愿者”，先后获得乡村文化和旅游带头人、福建省银龄人才、漳州市乡村振兴“一懂两爱好书记”等荣誉称号，并先后被聘为“特约监督员”“党风、政风、警风监督员”、漳州市委党校及谷文昌干部学院兼职讲师。同时，村里大力吸引乡贤回归、科技特派员驻村，通过科技人员、农业专家亲临现场指导，乡贤返乡献计献策落地创业，村民同心协力合作共赢。重视教育，创办幼儿园，解决“撤点并校”后学龄儿童就学难的问题。

（五）抓文化，塑造乡村灵魂

以乡村文化基础设施建设为抓手，大力实施文化惠民工程，不断加大对农村文化基础设施建设的投入力度，先后修缮中共平和县工作委员会旧址，延伸配套建成乡村大戏台、新建村文化中心、暗夜公园、桃花岛、文化园、咖啡屋、村史馆、篮球场、农家书屋等等，配套完善了老年活动室、党员活动室，打造村民满意的文化家园。全村通广播、网络电视，使国家的惠农政策、身边的新风新事走进人人心里，将文明和谐的道德风尚带到了四邻八乡，通过党建活动、乡村旅游、研学及各类民俗文化活动，把“流淌在大芹山的红色风情”扎根在游客心底。以传统文化“铸魂化人”，用“留下乡愁”重构文化生态，传承乡村文脉，通过发挥文明乡风、良好家风、淳朴民风等乡村文化的纽带作用，保护、传承、挖掘中华优秀传统文化，增强村民对地域文化、民族文化的归属感、认同感、自豪感，进一步增强乡村振兴的动力，展现乡村文明新气象，也让乡村文化建设更加接地气、聚人气。

（六）抓党建，乡村振兴启新高

以党建引领为宗旨，发扬伟大建党精神和革命老区精神，培养乡村振兴“铁军”队伍，通过“请进来、走出去”理念学习交流，增强活力，志愿者服务工作呈制度化、常态化、社会化、专业化发展态势，党员干部、红色后代、新乡贤、志愿者自愿为家乡代言、为游客服务。新建村党支部荣获平和县五星级党组织称号。

大芹山革命根据地、红色交通线红军古道（赖宏亮　供图）

三、发展成效

(一) 以红绿为基，培根铸魂，做强“一产接二连三”

新建村充分利用大芹山的独特优势、生态资源、赓续红色血脉，盘活传统古村落，弘扬农耕文化。利用大芹山与石皇帝山合流的母亲河途经9个自然村寨的特点，打造“平和九寨沟”景区，兴建旅游观光基础设施，打造“红军宿营地”等红色研学项目，将村庄变成红色旅游景点。通过红色讲堂、流动党课、互动体验等形式开展党史学习教育，推出“红色乡村旅”活动，让诸多红色革命遗址遗迹和历史展馆变身为教育基地，使其成为乡村振兴的强有力支撑，增强乡村文化软实力，走出一条“老区换新颜”的新建文旅之路。以文化铸魂、文旅赋能，兼顾社会性与经济性，推动乡村振兴向纵深发展，持续深化农文旅融合，大力探索乡村旅游、文化创意、生态康养融合发展新模式，加快推进“大芹山第一漂”漂流项目建设，推动“一产接二连三”，切实做强农产品精深加工，擦亮“生态茶博园”“生态金竹”等金名片。

芹溪谷中的“听涛阁”森林书吧（赖宏亮　供图）

（二）把山清水秀鸟语花香古村落变为富裕村

新建村将山区变为乡村旅游景区，将梯田变成茶博园，从穷山村变为富裕村，人均纯收入从 2019 年的 1.92 万元增长到 2022 年的 3.4 万元，村财收入从 2018 年的负债累累增长到 2022 年的 105 万元。

（三）发挥资源优势，助推乡村持续振兴

挖掘红色资源、人文风光、非遗文化、生态环境等方面优势，打造国强乡全域旅游发展格局，持续推进“一村多品”建设，依托高山千亩单枞茶博园、富硒蔬菜基地、绿色有机稻田和花山溪生态果园等，科学引导农民大力发展富硒果蔬、林下经济、高山茶叶等新农业，打造具有新建特色的“茶菜稻果”四大农业品牌优势，带动农户增收致富和村级集体经济发展。发展以大芹山为核心的红绿休闲度假游、“平和九寨沟”红色精品旅游、农文旅乡村游及以“六成楼”为主线的生态文化观光体验游，通过线上线下推广新建特色的美食产品、文化产品、旅游产品，形成美食新地标、打卡新地标、网红新地标，持续提高吸客能力，助推乡村持续振兴。

四、经验启示

（一）高质量党建引领革命老区乡村振兴的“新建模式”

新建村开展党建质量提升行动，转化组织优势和执行力，培养本土人才，壮大农村致富带头人队伍，支持农民培训，选派科技特派员指导农业产业技术，增强农村发展“内功”。解决人才的后顾之忧，培养一支留得住、能战斗、带不走的乡村振兴人才队伍，为乡村振兴提供支撑。

（二）红色文化＋绿色旅游的革命老区乡村振兴“新建模式”

新建村立足自身山清水秀的自然优势，深挖红色资源，打造党员干部和学生群众学习红色历史的热门旅游地，吸引众多游客前来观光旅游，实现经济发展与生态守护良性循环，推动乡村振兴向纵深发展。

（三）不忘初心，引领共同致富的“新建模式”

赖文达担任村支书兼村委会主任后，推行“党支部村委会＋村投公

司+精准扶贫户+合作社+农户”模式，成立平和芹新旅游开发有限公司和资产运营有限公司，盘活固定资产，创新发展运作方式。同时成立多家专业合作社，吸收群众和党员加入，合作社总产值达850万元，户均收入达9.2万元。赖文达也被聘请为多个行政村的乡村振兴指导员，带领各村共同走上致富之路。

(四) 以文化引领村级治理有效的“新建模式”

新建村积极挖掘红色资源，修缮革命遗址，展示烈士事迹和前辈生平，建设红色文化广场和长廊。同时设立新时代文明实践站，推出挂牌、入户等活动，完善制度，促进为民服务常态化。这些措施调动了党员和村民参与村级治理的积极性。在红色精神的引领下，新建村不断刷新全乡综合测评的“成绩单”，获得多项荣誉称号。

(五) 变自治为“智治”，实现乡村管理常态长效的“新建模式”

新建村实施“建管并重、以管促建”的微治理模式，包括建立“微组织”，搭建“微平台”，完善“微机制”。以党支部为核心，成立“一部二会三队”，利用新媒体搭建交流平台，发动能人建言献策，制定出台村规民约，规范村庄建设、风貌管控、环境卫生工作，实现自我管理、自我服务、自我监督。

(六) 组建乡村运营主体，助推乡村振兴的“新建模式”

新建村利用生态、文化和资源优势，成立资产管理公司，发展乡村特色产业，打造乡村特色品牌，与国企合作打造旅游康养基地，通过赎买商品林将绿水青山转化为实实在在的收益，促进村集体经济发展和农民增收。成立强村公司，与专业团队合资运营闲置资产，精准定位历史古村落、生态产业等特色，推动休闲农业、餐饮、民宿等业态项目入驻，创新打造“一村多企”业态集群，招募“乡村合伙人”，打造“乡贤众创”，实现资源、资产、资金的再整合、再利用，通过抱团发展实现村集体经济收入最大化，村集体获得“租金+分红”，老百姓通过“租金+股金+薪金”实现增收。

（七）抓党建、促联建、聚合力，助推村企共建共享共发展的“新建模式”

新建村通过抓党建、促联建、聚合力，推动村企共建共享共发展。探索村级党组织和企业党组织整合路径，完善“组织联盟”，助力“政策共商、信息共通、事业共建、成果共享”。与漳州市玉露食品科技有限公司、漳州市纯隆生态开发有限公司等企业牵手联建，增强党建向心力。抓人才队伍联育，推动资源共享、人才互补、共同发展。企业发挥资金、技术、管理等优势，帮助新建村理清发展思路，制定发展规划，发展特色产业，推进农业产业化，提高农产品附加值，带动农民增收、村集体壮大、企业获益。

案例评析

新建村在乡村振兴志愿者（厅级“村官”）的带领下，大力推行“1＋1＋N”经济组织形式，通过投资、合作、招商、技术服务、入股等方式盘活资源，带动村民增收致富，壮大集体经济，走出一条以组织保障为引擎，以“头雁引领”为动力，以促进共富为内生动力的乡村振兴发展之路，为地处革命老区、偏远山区的村庄打赢乡村振兴攻坚战、推进乡村全面振兴提供了可参考的经验。下一步，新建村应进一步筑牢基层基础，推动提升党支部标准化、规范化建设水平，加强和改进乡村治理，丰富基层民主协商的实现形式。要更加重视强化道德教化作用，深入挖掘闽南乡土社会蕴含的道德规范，推动乡村治理更加有魂，引导农民更加爱党爱国、向上向善、孝老爱亲、重义守信、勤俭持家，塑造福建美丽乡村新风貌。

城乡融合发展，创新跨村联建，促进乡村振兴

——浦城县莲塘镇山桥村的乡村振兴之路*

一、乡村概况

莲塘镇山桥村位于浦城县西部，距离县城 3.5 千米、离镇政府所在地 4 千米。辖区土地总面积 6.42 平方千米，其中耕地 4011.63 亩、山地 5527 亩，森林覆盖率 47.35%，是省级生态村。全村共有 5 个自然村、22 个村民小组，有 627 户 2813 人。村党支部下设 5 个党小组，有党员 84 名。2022 年村财收入 50.59 万元。近年来，山桥村发挥山水融合、风光秀丽、历史文化资源丰富，以及距离城关近的优势，抓住浦城县践行“两山”理论打造“十里莲塘”田园综合体的契机，在土地上做

山桥村全貌（浦城县融媒体中心　供图）

* 本文资料由余良娟（中共南平市浦城县莲塘镇党委副书记、镇长）提供。

文章，把生态资源转化为生产资本，通过打造特色品牌、开发生态银行、建设水美城乡，凝心聚力推动乡村振兴，走上高质量发展之路。山桥村于2019年被列为省级乡村振兴试点村，2020年入选福建省“一村一品”示范村名单，2021年成为福建省森林村庄，2022年被评为福建省乡村治理示范村镇，2023年被评为福建省乡村振兴示范村。

二、主要做法

（一）统一党的领导，下好乡村振兴“一盘棋”

为深入推进抓党建促乡村振兴工作，2022年9月，山桥村与周边2个村联合成立莲塘镇“十里莲塘”联建村党委，实行“333＋11”跨村联建机制，即3个村级党组织、3个共建单位、3个运营单位和11个联村企业的共建共享模式。联建村党委班子共有7人，由镇党委副书记担任党委书记，组织委员担任副书记，3个村的党组织书记、下派书记5人担任党委委员。联建村党委成员先后深入片区沿线村调查研究，以走访入户、实地查看和与老党员、小组长开座谈会等多种形式，充分了解各村生态、文化等优势，综合分析各类要素信息，为乡村振兴提供资源要素和人才支撑保障。

充分发挥党建引领作用，深挖农耕文化、非遗文化等内涵，统筹农文旅融合、特色化发展，推动各村从单打独斗向融合组团发展转变。一是推行“3333”跨村联建机制，即3个村级党组织、3个共建单位、3个运营单位和3个联村企业的共建共享模式，切实把党的组织优势巩固好、发展好、发挥好。二是以省级乡村振兴示范村山桥村为领建村，统筹资源，发展壮大村集体经济。三是以县级乡村振兴示范带沿线的山桥村、马西村、吕处坞村为片区，建立片区挂点领导、包村干部、村党组织书记等参加的联席会议制度，定期会商研究重点工作、分析研判关键环节，组建工作专班分工负责抓落实，促进专班上下心往一处想，劲往一处使，拧成一股绳。

（二）统一整体规划，绘好乡村振兴“大蓝图”

在联村党委的统一领导下，整合资源统筹发展，实现对策共商、大事共议、难题共解、实事共办、资源共享，由“单兵作战”转为“抱团发展”。山桥村充分发挥党建引领作用，在农旅融合推动乡村振兴上下功夫，发展新型农村集体经济，拓宽村民增收渠道，建设宜居宜业和美乡村；对马莲河东西两岸3000多亩土地实施高标准农田建设，对土地资源进行高效开发运营，为打造现代化农业园区奠定了坚实基础。山桥村党总支紧紧牵住产业兴旺的“牛鼻子”，培育“一袋米、一根蔗、一个棚”三大特色主导产业，成立了粮食种植、中草药种植、果蔬采摘、红糖制作等农业专业合作社，在摸索与实践中打造农旅结合特色品牌；按产业相应建立谷满山桥、古法红糖、现代农业三个党支部，发动年轻党员成立乡村振兴党员服务团，充分发挥支部引领、党员服务的作用。制定融合生产、生活、生态方面的专项规划，将马西村、山桥村、吕处坞村纳入浦城县农文旅融合项目整体开发，规划布局联片建设，项目规划总用地面积46.94平方千米，对规划区域内的基础设施进行整体设计，总投资1.7亿元，打造集农业生产、产业融合、休闲观光等于一体，可看、可学、可借鉴的乡村振兴样板项目，进一步促进稻米产业的融合发展，推动农业从传统业态向特色产业转变，打造武夷大旅游圈层中万亩沃野寻梦的乡村旅游目的地。

（三）统一资源整合，铺好乡村振兴“致富路”

联建村党委秉持各村产业融合的发展策略，全面摸清片区内土地、生态、水域、道路、文化等资源，以统筹整体资源为基础，多次召开会议研究讨论具体实施办法，补齐发展短板。浦城是“福建粮仓”，作为福建省乡村振兴试点村，山桥村坚持党建引领，把党组织建在产业链上，全力打造特色鲜明、富民强村的“十里莲塘”田园综合体，山桥村水稻种植面积达3500余亩，平均每年每亩可产水稻550公斤，成为远近闻名的网红打卡地。鼓励党员干部带头创办领办莲塘兴农病虫综防专业合作社、谷满山桥粮食种植合作社等6家粮食产业合作社，大力推广先进、高效、节能的农业专业设备，并与省农科院、省农林大学合作开展试验田种植基地建设，测产水稻品种达100多个。同时，立足于本区

山桥村红糖观光加工厂（浦城县融媒体中心　供图）

域特色农产品优势，积极发展红糖、菌种、大棚果蔬等特色产业，深挖农耕文化等乡土文化资源，实现人文资源与自然资源深度融合，建成优质科技稻示范基地8000余亩（包括再生稻4000亩、油稻3800亩、科研品种150亩、双海育种基地50亩等），联建村平均年收入达41.37万元，培育党员带富先锋8名、党员创业示范基地3个。

（四）统一项目建设，建好乡村振兴“共同体”

联建村党委成员迎难而上，对项目推进过程中遇到的问题主动担当，不推诿不后退，以完善基础设施为抓手，对浦城县农文旅融合项目中共计19.3千米的农村道路进行拓宽及周边绿化处理、局部道路亮化，并计划新建田间休闲驿站、漫道、健康跑道及其他配套服务设施，目前已基本完成马莲河西路山桥村段局部绿化提升和十里莲塘亮化主体安装工作，以及项目二期的马西村至阳墩村道路改扩建前期勘测工作、山桥潘墩自然村部分农户房屋的改造以及马西村的外立面改造、山桥村状元阁前期设计等工作，完成3800亩高标准农田土地平整，各个项目有序落地，并得到了周边群众的认可。

山桥村现代农业高标准大棚（浦城县融媒体中心　供图）

三、发展成效

（一）产业方面

近年来，山桥村充分利用资源禀赋、区域特色，坚持产业优先，一二三产融合发展，有效增强镇村发展的内生动力，推动各村差异化发展。立足红糖产业，建成谷满山桥红糖观光加工厂，打响“山桥红糖”品牌，通过糖厂租金及种植、加工、红糖销售等，2022 年实现村财增收 16 万元；通过村企共建，建成 16 个现代农业高标准大棚，种植草莓、食用菌、阳光玫瑰葡萄、巨峰葡萄、石斛等，打造集农业观光、果蔬采摘、乡村旅游等于一体的田园综合体，村集体通过土地入股的形式每年收取租金分成，村民可获得流转土地租金及就近务工等收入，年销售额达 800 余万元，实现村财增收 21.2 万元，吸引 300 余名村民在家门口务工，人均增收 6000 余元，群众生活幸福指数显著提升。

（二）文化方面

山桥村抓住文旅融合的发展趋势，通过翔实的资源盘点和分析，充分挖掘章氏功德院、红十军后勤仓库等特色文化资源，深入弘扬优秀家风文化和红色历史文化，串联建设音乐喷泉与生态步道，打造红色研学游、人文家风游、夏日避暑游、绿色休闲游、乡村采摘游，不断丰富农文旅融合的乡村旅游新业态。

（三）生态方面

以乡村振兴示范带重点村庄为核心区域，坚定不移走生态优先、绿色发展之路，统筹兼顾、共治共享，对流域、耕地、道路等基础设施进行整体设计，扎实开展“三治六清五美丽”专项行动，共清理示范带沿线垃圾420吨，整治乱贴乱画、小广告513处，植树4000余棵，整治裸房、危房、旧房70余处，有效提升群众生活品质，争创市级或省级乡村振兴示范带。

（四）组织方面

山桥村明确“夯实党组织基础、发挥党组织作用、增强党组织工作实效”的工作思路，在联村党委的统一领导下，实现对策共商、大事共议、难题共解、实事共办、资源共享。深化“支部联建、党员联动、产业联谋”党建“三联”工作机制，将支部建在产业上，围绕乡村发展定位，承接县乡重点工作，推动党建工作与产业发展互相融合、相互促进。

四、经验启示

山桥村在“十里莲塘”田园综合体建成的基础上，进一步推进农文旅融合示范区项目，以莲塘镇农文旅融合示范带建设为契机，创新推行“四个统一”的跨村联建模式，形成了党建引领、以点带面、连线成片的农文旅融合发展新局面。

（一）因地制宜，科学发展，创新跨村联建

实现乡村振兴要统筹保护和发展，要因地制宜做好产业规划和布局，充分了解各村资源、产业、生态、文化、地理等优势，通过创新跨村联建整合，将发展势能转化为推进乡村振兴的动能。山桥村近年来立足区域优势，积极探索一二三产融合的乡村发展路子，以产业发展为抓手，联建周边村培育“一袋米、一根蔗、一个棚”三大特色主导产业，科学规划，合理布局，推动联建村共同进步、生产生活生态和谐共融、田园家园乐园全民共享。

（二）补齐短板，提升效能，优化设施建设

基础设施建设是乡村振兴发展的“主动脉”，也是牵动民心的神经末梢。山桥村在推动乡村振兴的过程中，坚持以完善基础设施为重点，根据乡村振兴示范带的实际情况及联建村之间的地域优势，以完善基础设施为抓手，铺好乡村振兴致富路，不断增强人民群众的获得感、幸福感、安全感，助力乡村振兴。

（三）攻坚克难，分析研判，推进项目落地

项目作为乡村振兴的硬支撑，对推进地区发展有着非常重要的作用。山桥村积极探索乡村发展路子，以落实项目建设为抓手，促进联建片区经济发展，提高群众生活水平。通过实施基础设施、基本公共服务设施以及招商引资项目，既改善当地生产生活条件，优化发展环境，也为困难群体提供了就近就业获得劳务报酬的机会。

（四）多措并举，整治提升，推进乡村治理

山桥村以深化落实“六要”群众工作法为抓手，推动村务公开，扩大村民的监督和参与度，通过构建民事民议、民事民办、民事民管的多层次基层协商格局，真正把村级事务的决策权交给群众，激发群众参与基层事务的热情，为乡村振兴奠定了扎实的基础。

案例评析

浦城县莲塘镇山桥村与周边2个村联合成立“十里莲塘”联建村党委，创新推行跨村联建模式，强化组织建设，统一党的领导、统一整体规划、统一资源整合、统一项目建设，形成了党建引领、以点带面、连线成片培育“一袋米、一根蔗、一个棚”三大特色主导产业，推动一二三产融合发展的乡村发展路子。跨村联建过程中要坚持精准联建，统筹谋划“谁来联、联什么、怎么联”的抱团问题，选优配强联建党组织干部队伍，加大力度破解组织融合困难的问题，研究党员分类化管理和目标考核机制，聚焦提升联建融合发展实效，实现党建联盟“联”出合力，共同“跨”出乡村富裕的步伐。

党建引领聚合力，跨村联建促振兴

——政和县星溪乡“跨村联建”解锁乡村发展共富路*

一、乡村概况

政和县星溪乡位于政和县中部，地贯县境南北，交通便利，北部与松溪县、南部与建瓯市接壤，东峰、林屯、暗桥分别位于政和县城关的东、南、西大门，周边分别与石屯、铁山、外屯、杨源、镇前、熊山毗邻，四面环抱政和县城关，地理位置优越。星溪乡下辖村（场）距离城关平均在10千米之内，是距离城区最近的乡镇，有衢宁铁路、宁武高速、国道G528线和G353线、县道892线穿境而过，系政和县通往闽浙边的重要枢纽。星溪乡于1984年9月建乡，因七星溪贯穿全境得名，下辖11个行政村、1个社区和2个乡办场，占地面积206.2平方千米，户籍人口1.7万人。星溪乡各村海拔在400～1100米之间，具有高山、半高山、平原区三种地理气候，空气清新，环境优美，星溪河穿村而过，两岸一年四季鸟语花香，境内千亩大棚蔬菜示范基地是县级现代农业重点项目，还有县级高品质葡萄示范基地，境内矿产资源、生态资源丰富，文化底蕴深厚，自然风光秀美，是省级文明乡镇、绿盈乡镇，素有“熊城后花园”之美称。

二、主要做法

近年来，星溪乡深入推进“跨村联建”工作机制，探索出一条“党

---

* 本文资料由周方颖、郑胜燚（政和县星溪乡政府党政办干部）提供。

建引领、创新设置、优势互补、资源共享、抱团发展”的乡村振兴之路，有力地助推了政和乡村振兴发展。

（一）抓转型升级，促产业兴旺

一是做精优势产业。利用丰富的茶、竹资源优势，借助科技队伍力量，引导农业产业项目，实现“五节一循环”建设，推动农业绿色转型。以茶旅融合为抓手，实施富美生态茶园建设，做强茶文化、茶产业、茶科技。完善竹产业链，鼓励优质企业扩大经营范围，做强竹加工产业，推动传统农业现代化、信息化转型。

二是做强智慧农业。增加科技投入，进一步完善东峰智慧农业园浇滴管系统、溯源系统等基础配套，打通市场与消费者的“最后一公里”，形成智慧农业东峰样板，以点带面，打造“一村一品”发展格局，重点打造念山胭脂米、东峰葡萄、林屯毛芋、富美白茶、地坪吊瓜等农产品优质品牌，培育“三品一标”认证产品和“武夷山水”品牌。

三是做特新兴产业。积极融入洞宫山、佛子山、石圳湾“金三角”

东峰洋千亩现代农业园（吴信通　供图）

全域旅游，持续完善念山、东山、富美、梅坡等村旅游基础设施，开发观光农业、采摘体验、生态教育等绿色生态产品和民宿、农家乐等服务项目，发展休闲农业和森林生态旅游，打造绿色环保的生态旅游产业链。抓住衢宁快铁、过境环城路的开通和林屯与暗桥物流业迅速发展的有利时机，发展农业商贸和农产品物流，鼓励和扶持农业专业合作社发展壮大，大力推进农产品的商贸物流，提升综合经济效益。

（二）抓城乡统筹，促生态宜居

一是加快林屯集镇建设，培育魅力小镇。发挥林屯区位、交通优势，结合宝岱、章口、九蓬、长际等偏远山区村民下山需求，积极谋划林屯集镇建设，树立科学规划意识，抓住路网建设、生态搬迁点建设、河道整治、行政服务中心、物流产业园等重点建设目标，统筹谋划行政、产业、民生等项目。

二是着力改善生态环境。严格落实环境保护“党政同责、一岗双责”，强化国家湿地公园、生态红线、基本农田等重点区域的生态环保工作，加强水质、大气、土壤污染防治，坚决杜绝破坏生态环境行为。

三是着力打造美丽乡村。以“一革命四行动”为抓手，拓展优化“三清一改”，用好用活卫生考评、网格化管理等常态化管理机制，深入开展“绿化、美化、花化”行动，扎实推进农村人居环境整治，有序推进农村裸房及大棚房整治、生活污水治理等工作，持续改善提升人居环境。

四是着力发展绿色产业。加大招商引资力度，不断改善营商环境，引进适合星溪实际的企业，围绕“山水林田湖草”生态修复建设项目，大力发展符合绿色导向、有利生态优势转化的产业，提高绿色经济比重，让星溪青山常在、绿水长流、空气常新。

（三）抓文化提升，促乡风文明

一是加强农村思想道德建设。以社会主义核心价值观为引领，充分发挥党群队伍力量作用，深入开展爱国主义、集体主义、社会主义教育，强化农民的社会责任意识、规则意识、集体意识、主人翁意识，加强农村思想文化阵地建设。

二是探索建立“一约多会”。积极用好村规民约、红白理事会、道德评议会、村民议事会等村民自治组织，修订完善村规民约，将移风易俗、门前三包等纳入其中，形成村民普遍认同并自觉遵守的标准，让村规民约在基层自治中切实发挥作用。

三是树立典型文明示范。开展农村各类文明创建活动，以“美丽庭院”“好婆媳”“好妯娌”“好邻居”等评比活动为基础，树立一批可亲、可敬、可学、可比的新时代文明典型，带动乡风建设，努力构建家庭共享天伦、邻里守望相助、知孝悌遵伦理的文明社会。

四是培育特色乡村文化品牌。不断提炼念山黄巢文化、念山农耕文化、梅坡孝廉文化、富美茶文化等文化精髓，通过建设村史馆、文化大礼堂，举办“富美开茶节”“念山开镰节”“梅坡孝廉文化节”等活动，起到凝聚人心、教化群众、淳化民风的作用。

念山开镰节（宋观辉　供图）

（四）抓组织建设，促治理有效

一是加强村级党组织建设。积极开展村级党组织达标创星活动，做好新一届村“两委”换届选举工作，选优配强驻村工作队伍，发挥科技特派员、退休干部及后备干部力量，进一步增强农村基层党组织战斗堡垒作用。

二是推广“积分制”治理模式。指导乡村振兴试点示范村率先在垃圾分类、人居环境整治、好人好事推广等方面运用“积分制”，推动解决乡村“关键小事”，进一步总结经验，逐步扩大适用范围，形成可推广的治理模式。

三是推进平安乡村建设。加大政法干警、驻村工作队、网格员进村入户开展扫黑除恶、禁毒、反电信诈骗和综治三率的“大宣传、大发动、大排查”活动的工作力度，维护辖区社会和谐稳定。

四是积极引导新乡贤回村。通过党建引领，创造有利条件，引导新乡贤返乡参与村庄建设管理，发挥其在乡村治理、乡村发展、乡风文明中的作用，实现延续农耕文明、培育新型农民、涵育文明乡风、促进共同富裕的乡村新局面。

（五）抓成效巩固，促生活富裕

一是持续巩固脱贫攻坚成果。加强社会事业投入，提高公共服务水平，结合科技特派员制度，加强村民职业技能培训。加强社会保障体系建设，完善农村低保和重度残疾保障体系，完善社会福利制度，为特困群众和困难群体提供基本生活保障。

二是补齐基础设施建设短板。规划农村基础设施项目，包括公路、供水、环保、电网、物流、广播电视、通信建设。加大教育、文化、卫生、科技投入，改善办学条件，推进农村医疗卫生事业发展，落实惠农政策。

三是因地制宜发展特色产业。发挥各行政村资源及产业优势，秉持“人无我有、人有我优”的原则，围绕“魅力念山、浪漫东山、瓜果东峰、茶香富美、康养梅坡、红色地坪、神奇宝岱、生态九蓬、绿色章口和平安长际”的定位，鼓励农民自主创业，发展旅游、特色种养等优质产业，打造“一村一品”，带动富民强村。

三、发展成效

（一）党建联建，共谋村村发展“一盘棋”

星溪乡打破就村抓村惯性模式，强化基层党组织整合，推动组织建设由“封闭运行”向“融合推进”转变。

一是组织联建。采取先进带动、强村先行的模式，以念山村为中心村成立片区联合党总支，并与东燕果业等15家企业、合作社联建，实行“联合党总支+党支部+企业+合作社+农户”联建机制，以及党建工作同研究、组织生活同开展、党建资源同分享、党建经验同交流“四同机制”，推动各项工作村企联动、村村联动。

二是理论联学。整合片区的大中专毕业生以及“土专家”“田秀才”等人才资源，建立村级“师资库”，为共建片村党员和群团队伍授课，定期召开“书记讲坛”“党员论坛”等学习活动。截至目前，片区已举办种植技术、创业技巧等联学活动13期1600余人次，进一步筑牢思想根基。

三是人才联育。不断探索“政校村企”双向人才培养模式，汇聚省内高校专家学者、科技特派员等力量，对联建村“土专家”“田秀才”“乡创客”进行教育培训，采取小班教学、专家授课、现场指导、擂台比武等方式，促进能力素质双提升，指导解决项目发展、生产销售等各类难题，推广新技术17个，吸引7名乡贤返乡创办企业14家。

东峰阳光玫瑰葡萄丰收（陈昌村　供图）

（二）抱团共富，画好集体经济“同心圆”

星溪乡按照一体谋划、联动布局思路，通过村村捆绑、村企联动等形式，实现了由“单兵作战”向“抱团发展”转变。

一是发展共融。星溪乡立足联合片区区域优势，邀请河南大学专家团队对联建村的村庄建设、土地利用、产业布局等进行统一规划、集中管理。谋划实施致富增收项目 12 个，争取各类资金 5000 余万元；完成公路拓宽、河道整治、立面改造等基础设施建设 18 项。

二是资源共享。星溪乡整合联建村旅游资源，将念山云上梯田、东山云谷鹊桥等串点成线，推出玻璃索桥、茶旅体验等 9 个旅游项目，打造精品旅游路线；盘活闲置土地、民房、校舍等 1300 余亩，实现胭脂红米、阳光玫瑰葡萄等经济作物规模化、精细化种植，逐步打造农旅融合发展“经济圈”。2023 年以来，举办大学生星空露营文化旅游节、“庆丰收，促和美”念山云上梯田农耕文化旅游节等活动，接待游客 30 万人次，促进消费 182 万元。

三是产业共营。依托东峰智慧农业园等产业项目，创办专业合作社 8 家，成立党员创业致富示范基地 4 家，通过入股分红、线上销售、订单农业等方式将胭脂红米、果蔬等销售至深圳等地，集体经济收入按照“532”模式进行分配，即 50％用于村民分红，30％用于合作社管理，20％用于集体经济滚动发展，带动 182 户农户户均增收 1.1 万元。2023 年，3 个联建村村财平均收入突破 20 万元，较上年度同比增长 12％。

（三）协同共治，打好基层治理“组合拳”

星溪乡按照“党建引领、网格协同、群团参与”的思路，盘活区域内各类治理和服务要素，促进基层治理从各村“独唱”向联建村“合唱”转变。

一是事务联商。按照“联盟统一协商、各主体分别组织实施”原则，建立多元主体参与的常态化议事协调机制，依托“发展碰头会”“夜谈会”等党群联动载体，建立“一周一例会、一季一联动”的联商工作机制，畅通党员代表、驻地企业、村庄能人等群体议事协商通道，累计举办议事会 30 余场，收集整理意见建议 80 余条，议定生态公园建设、数字化平台打造等事项20余件。

二是基础联建。充分发挥“一网统管”优势，制定片区公约，探索推行矛盾纠纷区域化联调联解机制，设立联村矛盾纠纷调解中心，建立民情调查分析机制，定期召开协调会，发挥联村片区内妇女、退伍军人等各支队伍力量和群团组织作用，累计调解处置跨村矛盾纠纷10件次，成功化解4个历史遗留问题，形成共建共治共享格局。

三是民生联办。深化“三单四定”工作体系，建立党员先锋队、青年突击队、巾帼服务队等16支队伍，共275人，共同开展人居环境整治、“平安三率”宣传等志愿服务活动，形成“有事一起上，发展一路跑”干事氛围。完成东峰—念山—东山人居环境示范带培育，助力东峰洋万里生态水系等16个民生工程落地见效。

四、经验启示

（一）实施“跨村联建”机制，汇聚发展新动能

星溪乡3个相邻党支部建立“跨村联建”机制，引进社会资本，完善基础设施，实行多村合规，统一企业管理，建立党员创业带富示范基地，发展乡村旅游和农业产业，形成区域集体经济一体化发展。念山村利用自然文化资源发展乡村旅游，投入2000余万元建设基础设施，整合资源，形成华东地区线条优美、产量高的梯田群，为乡村振兴打下基础。念山村露营基地是新颖的旅游产业，深化“旅游＋”模式，提高乡村旅游的经济效益，壮大村集体经济，解决就业，促进农民增收。

（二）创新“政企合作”模式，铺就绿色致富路

星溪乡强化合作共赢，实施“村集体＋公司＋农户”发展模式，开展“三变”改革试点工作，创办星溪旅游开发有限公司，集约经营梯田和茶山，打造成为旅游金名片。采用“村集体＋公司＋农户”的运营模式，村民按照梯田和茶山面积入股旅游公司，构建利益共同体。念山村引进社会资本，深化“旅游＋”模式，新建儿童乐园、露营区、公共休闲区等设施，研发旅游产品，打造樱花露营基地，营造夜景氛围，为游客带来新体验，以此带动周边村庄发展，形成完整产业链。举办大型活

动，吸引年轻人返乡发展新兴旅游业态，促进全域旅游发展。

(三) 打造“结对共建”样板，强化力量促振兴

星溪乡以党建引领，强化支部战斗堡垒作用，在东山村开展“机关联乡村、党建促振兴”结对共建工作，借力机关资源，健全党员管理机制，为党员量身定做服务岗位，完善基础设施、产业链条。实施“党员创业带富”工程，引入企业，引导党员群众创办合作社、农家乐等，发展致富产业。挖掘乡村文旅产业发展潜力，做好“土特产”文章，开展全方位宣传，构建乡村振兴大舞台。围绕县委、县政府工作机制，吸引人才返乡就业创业，促进乡村振兴。

案例评析

跨村联建是一种创新的乡村振兴模式，通过联合多个村庄共同建设和发展，实现资源共享、优势互补、协同发展，为乡村振兴注入新的动力。本案例中的星溪乡通过联建合作，各个村庄可以共同利用各自的资源和优势，如土地、劳动力、资金、技术等，实现资源的优化配置和高效利用，这不仅可以降低单个村庄的发展成本，还可以促进整个区域的协同发展。在促产业升级方面，各个村庄可以共同打造产业链和产业集群，形成规模效应和品牌效应，提高整个区域的产业竞争力和市场竞争力，促进当地经济的快速发展，带动更多农民就业和增收。在推动乡村治理方面，各个村庄可以共同探索乡村治理的新模式和新路径，如联合党建、联合执法、联合调解等，提高乡村治理的效能和水平。在促合作共赢方面，可以通过深度合作和协同发展，实现各个村庄的共同发展和繁荣。未来，星溪乡要根据各联建村的实际，分类推进乡村规划编制，继续推行绿色发展方式和生活方式，促进整个区域进一步发展。

激活“红色引擎”，赋能乡村振兴

——建瓯市东游镇党建引领全面推进乡村振兴之路*

一、乡村概况

东游镇位于建瓯市东部，松溪河之畔，鹫峰山脉西侧，东与水源乡相接，西与顺阳乡毗邻，南与屏南县路下乡相连，北与川石乡接壤，松溪河、省道瓯政公路横贯全境，距市区 43 千米。全镇总面积 420 平方千米，耕地面积 4.15 万亩，辖 22 个村（场、居），总人口 4 万余人，常住人口近 3 万人。2022 年完成社会生产总值 29 亿元，农林牧渔业总产值 8.3 亿元，是建瓯市土地面积最大、集镇人口最多、商贸经济最繁荣的中心乡镇。镇党委下辖党支部 38 个，党员 1341 名。东游素有“粮仓之乡”之称，是省级商品粮基地乡镇之一，农业产业优势明显：近年

东游镇全景（蒋文华　供图）

* 本文资料由郑宇辰（建瓯市东游镇党政综合办公室干部）提供。

来，东游镇紧扣党建领航乡村振兴主题主线，探索形成“支部引路、党员带路、产业铺路、治理强路”的强村富民新模式，走出了一条具有东游特色的乡村振兴共富路，先后获得国家级生态乡镇、福建省文明村镇、福建省农村产业融合发展试点示范镇、全省农村宣传思想文化工作示范乡镇、南平市小城镇综合改革建设试点乡镇等荣誉称号。

二、主要做法

东游镇始终坚持以党建领航定标、聚力强能，围绕产业、人才、文化、发挥强项补短板，主动顺应“三农”工作重心转移的新形势新要求，开辟盘活村级集体经济新路径，推动基层党建与产业升级、兴村富民、基层治理等同向发力、同频共振，接续推动乡村振兴。

（一）筑巢引凤，培育振兴“领头雁”

乡村要振兴，人才是关键，东游镇紧紧围绕“举旗帜、塑先锋、聚人才”的发展思路，全面实施雁阵工程，着力打造政治强、敢担当、能带富、善治理的领头雁队伍，为乡村振兴注入新动能。

一是“旗帜”领航强堡垒。扎实推进基层党建、群建“双十双百”工程和“整乡推进、分片创优、整体提升”活动，多层次开展党建示范点现场模拟暨乡村振兴主题培训会、村党支部书记乡村振兴技能大比武、“书记讲给书记听”等活动 37 场次，不断提升全镇党组织书记抓党建促乡村振兴的能力，为各村发展举旗定向，谋篇布局。进一步完善考核机制，创新建立村支书“上来”向镇党委述职和考核组“下去”实地核查村“两委”评价的“双述双评”考核体系，不断激发农村“两委”干部的干事创业激情。

二是“先锋”带头共致富。全面实施党员带富工程，开展“组建先锋带富、扶持能人先富、壮大产业致富”行动，充分调动广大农村党员带头创业的积极性，打造党员创业致富示范基地 4 个、示范点 9 个、党员示范田 110 亩，实现创业一户、带动一片、辐射一村的目的。

三是“人才”汇聚夯基石。探索农业农村人才培养新途径，开展多层次、多类型、多内容的农业种植、机械耕作和培育植保等教育培训

党员叶恭贵指导贫困户采菇烤菇（东游镇扶贫办　供图）

60余场次，并注重从高素质农民、杰出青年、农村致富能手中吸收主动向党组织靠拢的优秀分子进行发展，为乡村振兴持续输送“田专家”和“土秀才”。成立21支服务农业种植的团队，为带动农户种植提供“土经验”和“老办法”，在解决种植技术难题的同时，增加农户种植效益。

（二）创新谋变，蹚出振兴“新路子”

立足特色资源，突出党建助力，构建新型产业体系，发展乡村振兴新产业、新业态。

一是党建赋能扬优势。紧紧围绕东游镇玉米产业发展实际，创新建立党建引领乡村振兴“1336模式”（一个战略、三个突出、三个支持、六种途径）。贯彻“粮食安全”战略，探索“党支部＋龙头公司＋基地”的新发展模式，由党委统领区域规划，打造东游万亩优质玉米示范基地；由支部引领发展方向，明晰玉米产业发展前景；由党员带领践行政策，带头参与土地流转，设立党员示范田；为产业发展争取政策支持、资金支持、人才支持，通过产业转型、盘活资产、双轨并行、科技助力、品牌赋值、全程服务等六种途径，实现东游玉米产业快速发展。

二是产业延链提价值。通过玉米特色产业“引路”，以万亩玉米示

东游万亩玉米田（魏永青　供图）

范基地为核心，围绕玉米产业发展上下游企业，出现了科达育苗、瑞福加工、长隆无人机、天耕销售、富万家秸秆回收等一批农业经营主体，实现一根玉米“吃干榨净”综合利用的全链条发展模式。聚力精深加工融合发展，支持企业建设现代化玉米真空包装一体化流水线，日加工即食玉米10万根，玉米产业成为当地农民增收致富的一大特色产业。

三是多产联动聚合力。以省委周祖翼书记到东游调研时指出“把东游镇万亩玉米示范基地打造成农业观光休闲旅游基地”的指示精神为指引，在农业产业改革升级上下苦功夫，向上争取玉米强镇项目，制定玉米产业规划，不断培育发展农村新产业新业态。谋划建设玉米产业园，打造“一心两带五节点”玉米园区，建成玉米之心、玉米文化景观带、玉米驿站、智慧农业数据中心、电商直播基地等，努力推动东游玉米由一产向二产、三产延伸，达到玉米产业链条环环相扣的效果。

（三）资源共享，迈出振兴“大步伐”

按照“区域统筹、资源整合、优势互补、共建共享”原则，通过政策保障、科研助力和畅通购销渠道，提高农户种植积极性，推动乡村产业振兴迈出坚实步伐。

一是政策支撑强保障。落实惠农政策，创新“党建＋金融助理”模式，选拔任命4名金融助理暨乡村振兴金融指导员入驻19个行政村，推出“惠农e贷”等金融产品，共授信3413户，放贷4.28亿元，切实解决公司、合作社、农户资金短缺困难；实施“政府＋保险＋农户”联办共保模式，为全镇玉米购买保险，最高每亩可赔付500元，加大农业风险保障力度。实行订单式收购模式，高瞻公司同党城村签订保底收购协议，每年保底收购玉米6000吨，保底收购价1.2元/斤，远高于市场玉米平均价格水平，每年为玉米种植户创收超1400万元，带动周边1100户农户种粮，以实际行动落实“粮食安全”战略。

二是多措并举创品牌。围绕多向发力、多点支持，以政策、资金、人才为抓手，为玉米产业高质量发展提供强劲动能。以政府为主导，申报“东游玉米”公用品牌，免费提供给合作社、公司使用，推动东游玉米品牌化发展；由政府搭台，举办快乐玉米节和玉米美食大赛等活动，逐步打造“东游玉米”黄金名片；依托党员创办的优质示范合作社，与省农科院合作成立玉米种业产业研究院，发挥科技特派员技术力量，加大玉米种质科研力度，研发“闽双色6号”等优秀品种，一年可种2～3季，亩产约2800斤，农户种植效益提升20％～30％；从省农科院引进的新品种“雪甜7401”号称“牛奶玉米”，成为电商网络红人直播卖断货的网红产品；成功申请梦甜玉米绿色食品标志，特色产业品牌效应逐步凸显。

三是拓链畅销添后劲。聚焦玉米电商销售环节，积极对接签约蚂蚁帮，成功争取快递优惠政策，每3千克包裹节约成本2.5元，切实增强物流环节保障力度。构筑面向全国的复合式、多渠道营销网络平台，发展“订单式”农业，线上与盒马鲜生、叮咚买菜、多多买菜等电商合作，年销售量6000吨；线下拓展国内中大型生鲜超市、批发市场等渠道，销往北京、上海、江苏、广东等地，年销售量5.4万吨，加强山海协作，与永辉、朴朴等企业合作，销往福州、厦门等沿海地区，年销售量约8000吨。营销网络平台提升了农产品销售规模，有力推进东游特色农产品“出山”又“出圈”。

（四）移风易俗，放稳治理“压舱石”

乡村振兴，乡风文明是保障；乡风文明，移风易俗是关键。东游镇坚持把移风易俗作为全面推进乡村振兴的重要抓手，通过党员带头、群团参与、群众跟上的治理举措，推动乡风文明程度不断提升，持续为乡村振兴增添精神动能。

一是协商民主议事，不断完善村规民约。开展“有事好商量”等系列活动，引导党员代表、群众代表等围绕“倡导移风易俗，树立文明乡风”议题开展讨论，把党员干部、村民代表的思想统一起来，从内部把力量拧成一股绳，再发挥“关键少数”的影响力、号召力，宣传移风易俗的重要意义，争取群众的广泛理解和支持，让修订的村规民约实实在在地符合每一位村民的期盼和内在需要。

二是强化监督管理，移风易俗落地生效。实行党员领导干部报备制度，加强事前、事中、事后监督检查，防止报备走过场。紧盯党员干部和公职人员落实移风易俗情况，以设立举报电话、发放宣传册、入户走访宣传等形式，打通群众监督与监察监督、纪律监督之间的路径，形成监督合力。村民违反村规民约的，则由村委会按照规定将其列入黑名单并进行相应处理。以镇村齐抓共管的监督模式，让移风易俗在全镇落地生根。

三是积极探索提升，持续深化移风易俗。在村规民约取得成效基础上，围绕丧葬领域再次出台《移风易俗新六条》，推动移风易俗改革挺进深水区。以宣传引导殡葬政策和绿色文明殡葬理念工作为抓手，锚定清明节等重点节日，宣传厚养薄葬、文明祭祀的治丧方式，形成生态环保的文明殡葬新风尚。同时谋划建设公益性骨灰楼坛，扩建公益性墓位，加强对“低保”“三无”等困难群众“逝有所安”的安葬设施保障力度，减轻群众身后事负担。

三、发展成效

（一）党建引领更加有力

持续育强基层党组织，以达标创星等重点任务为抓手，围绕产业发展、村务运行、村财增收、服务治理等方面加强组织建设，发挥党组织的先锋模范作用，培育金星村党组织1个、红星村党组织4个。持续育强党员致富领头雁，探索推行青年人才党支部工作法，5年来发展党员94人，建立农村优秀青年台账，现有高中及以上学历青年人才164人。2022年，东游镇19个行政村集体经营性收入达15万元及以上的占95%，全镇行政村收入1272.60万元，比增5.71%；人均可支配收入2.31万元，比增7.38%，实现村集体和村民双增收。

（二）乡村产业更加兴旺

东游镇立足全省50大商品粮基地资源优势，全力打造万亩优质玉米示范基地，成功入选“省级农业生产社会化展示基地”，获评省级农业产业强镇。目前东游镇玉米复种面积约5.3万亩，是全省玉米复种面积最大的乡镇，占全省玉米种植面积的10%，通过产业转型、盘活资产、双轨并行、科技助力、品牌赋值、全程服务六种途径，玉米年产值从2.3亿元上升到2.8亿元，亩产值提高700元，村民每亩收入增加345元。举办“5·28”快乐玉米节后，东游玉米已成为市场爆款，平均售价高于市场销售价格，玉米种植已成为本地农民增收致富的一大特色产业。通过同步实施竹产业初级加工园区及东河冷链物流商贸中心园区等配套项目，依托党城朱子理学文化、古民居和安国寺畲族、地质文化等资源，打造文旅融合产业区，成功构建“一镇四区、多点支撑、优势互补、多产联动”发展格局。

（三）基层治理更加高效

东游镇坚持以培育文明乡风为抓手，围绕文明村镇创建，坚持创新示范带动，探索网格化治理新路子，严格执行“六要”工作法，大兴移风易俗，逐步形成共约家规、共商家事、共建家园，“小事不出网格、大事不出村”的基层社会治理工作新格局。通过共约家规，推动各村制定《移风易俗村规民约》，推出《移风易俗新六条》，让全镇1300多名党员带头签订《移风易俗承诺书》，迅速营造移风易俗氛围；通过共商家事，党员群众共同参与解决基层事务，乡贤驿站、红白理事会、老人协会等主体应运而生，推动开展村民议事、引领乡贤参事商事等民主议事形式，构建并拓宽治理协商格局；通过共建家园，印发《东游镇深化殡葬改革推进移风易俗工作方案》，成立东游镇殡葬改革联合劝导队，全镇镇直、双管单位党员带头签订文明节俭办丧承诺书300余份，规范集镇丧事活动。上范村村规民约被评为福建省第一批优秀村规民约，基层社会治理逐步取得成效，乡村文明新风沁民心，为乡村振兴夯实基层治理基础。

四、经验启示

（一）树牢党建引领“旗帜”

创新党建引领乡村振兴“1336”模式，在玉米产业链上下游企业成立康粮、高瞻党支部，把支部建在产业链上，把党员聚在产业链上，将党建工作引入产业发展中，推动党建与玉米全产业链深度融合，在产业关键环节上发挥党员先锋模范作用，让支部引路、党员带路的同时，群众能自发跟随，共同踏上致富增收、富民强村的乡村振兴之路。

（二）激活产业发展“动力”

结合东游玉米资源禀赋，打造东游万亩优质玉米示范基地，培育壮大“两粒米”、科达育苗、高瞻、天耕、富万家等企业，形成包括选种育苗、智慧农业、农产品深加工、电商、冷链物流、秸秆回收的全产业链条，实现玉米产业“接二连三”。利用跨村联建盘活资源，通过流转联建村闲置耕地盘活土地资源，推动玉米规模化种植，集资筹建农产品冷库，盘活资金资源，完善玉米产业配套设施。通过举办玉米美食大赛、快乐玉米节等活动，吸引央视及地方各级媒体采访报道，逐步打造“东游玉米”黄金名片，以产业发展铺就乡村振兴之路。

（三）夯实基层治理“根基”

学习浙江省“千村示范、万村整治”的经验，以东游镇上范村为试点打造移风易俗样板村，通过全过程民主修订出台《移风易俗村规民约》，并在其基础上持续探索提升，形成《移风易俗新六条》，经过党员带头践行，成功在全镇营造文明新风、良好家风和淳朴民风氛围。鼓励网格员、党员群众代表、老年协会等团体参与疫情防控、政策宣传、人居环境提升等社会治理工作，提高村民自治水平，发挥人民主体作用。

案例评析

东游镇紧扣党建领航乡村振兴主题主线，围绕“举旗帜、塑先锋、聚人才”的发展思路，筑巢引凤，培育振兴领头雁，全面实施“雁阵工程”，探索农业农村人才培养新途径，完善科技特派员制度，激发乡村干部、乡贤、村民等多元群体的参与自觉和行动自觉，将文化、科技与农业要素相融合，拓展传统农业功能，提升传统农业价值。未来要进一步加强党建引领，立足特色资源，依托绿水青山、田园风光和乡土文化等优势，延伸玉米产业链，提升全链条价值，推动一二三产业融合发展，让农民共享更多的产业增值收益，促进共同富裕。

“五心”工作法筑就共同富裕之路

——福鼎市硖门畲族乡柏洋村乡村振兴的实践探索

一、乡村概况

硖门畲族乡柏洋村位于福鼎市西北部，地处国家AAAAA级旅游景区太姥山山麓，东望国家重点工程宁德核电站，西邻省级工业园文渡项目区，距太姥山火车站10千米，县道973线、福宁高速公路和温福铁路穿境而过，境内设有沈海高速柏洋互通口，交通区位优势显著。全村面积11.5平方千米，辖4个自然村，共有782户3150人（其中畲族人口147户447人），外来人口2200人，有党员82人。2011年村党总支升格为党委。2022年全村实现工农业产值23亿元，村集体经济收入1039.3万元，人均可支配收入37522元，成为宁德首个村集体经济收入突破1000万元的村。

2010年9月5日，习近平同志到柏洋村调研新农村建设情况，对村集体探索的“五心”（办事有公心、工作有信心、发展有恒心、为民有爱心、团结有诚心）工作法给予充分肯定。① 近年来，柏洋村认真贯彻落实习近平同志到村视察时的指示精神，始终坚持“五心”工作法，抢抓福宁高速建设、福鼎市全面建成小康示范村和浙南产业转移、温福铁路和宁德核电站建设等机遇，用足用好上级政策，积极探索多元化的发展路子，逐渐建设成为集工业、农业、旅游、商贸、文化于一体的

① 引自：习近平带着温热的赤诚之心看望“五心”［EB/OL］.（2016-08-12）［2022-04-06］. https：//pinglun. youth. cn/ll/201608/t20160812_8539458. htm.

“大柏洋”，全面建成“党建强、产业旺、村民富、村庄美、文化兴、邻里和”的新时代产村融合小康建设示范村。

二、主要做法

(一) 强化党建促保障，不断丰富党建新的时代内涵

一是定内容，科学设置指标。柏洋村按照福鼎市“先锋指数”工作部署，根据本村实际情况，围绕基本义务履行好、服务群众成效好、帮带作用发挥好、生产生活表现好、村规民约遵守好五个方面，将党员发挥先锋模范作用大小用具体的考核指标加以量化，打破了以往凭主观印象考评党员的习惯模式，使“先锋指数”以事实为依据，更具说服力。

二是评星级，加强动态管理。党员“先锋指数”每年评比一次，以“实时登记、每月公示、季度评议、年终评定”等程序实行动态管理，建立“能上能下”制度，对于不符合“先锋”标准的对象坚决予以退出，确保优秀共产党员的先进性和代表性。

三是重激励，激发内生动力。对于获评优秀共产党员的对象，除召开党员大会进行表扬、授予“党员示范户”牌子、在党务村务公开栏和村 LED 屏幕进行大力宣传外，还让他们可以享受到独有的党内激励政策和福利待遇，极大调动了党员的奉献热情，激发了党员活力，提升了组织力。

(二) 创新渠道，多元方式促脱贫、促共富、促发展

一是着力发展壮大村集体经济。柏洋村挖掘资源价值，实施“兴企创收”，建立柏洋村工业小区，引进 8 家工业企业，通过村集体投资、土地租金折价方式入股工业企业，形成工业经济，带动 1300 多人转岗就业，83 人成为个体户、专业户和民营企业主。大力发展物流、酒店等服务业，还结合自身区位优势，投资 7500 多万元兴建了“永和苑”宁德核电承包营地（村集体占股 36%），每年可为村集体增加收入 520 万元；投资 7000 万元建设柏洋振兴大酒店，每年可为村集体增加收入 600 万元，形成了“以产带村，以村促产”的互动发展模式，促进村民增收、村财壮大。

柏洋村金山农耕园（张德强　供图）

二是立足山区优势，改变农业结构。因地制宜，发展规模化特色农业生产，建立了紫菜、茶叶、苦柑、黄栀子等多个农业专业合作社，引导农民种植苦柑 830 亩、有机茶 3000 亩、黄栀子 1200 亩，全年实现农业产值 8000 万元；引进福建闽东福耕农业综合开发有限公司，流转土地 650 亩发展生态农业产业园，建成集生产、加工、养老、旅游、观光于一体的农业产业化体系，夯实产业发展基础。

三是用活金融体系，解决资金困难。柏洋村对有劳动力、有项目的村民，专为“三农”小企业和农产品提供贷款担保，帮助群众解决发展生产资金短缺难题。

四是健全社会保障体系。兴建 900 平方米的孤寡老人安置点和 1800 平方米的老人公寓，对全村 27 户 41 位低保对象和孤寡老人进行集中安置。在国家规定的惠农政策基础上，由村集体出资，承担所有村民的城乡居民养老保险费用，给 60 岁以上群众每月发放 70～320 元不等的养老补贴，为 60 岁以上及特殊病种对象购买惠民保。设立党员帮扶基金、教育帮扶基金，解决 20 多名困难党员子女上大学，帮助 72 户特困群众脱贫。

（三）发挥好村党委的领导核心作用，创新和完善乡村治理机制

一是坚持党建引领，切实加强基层党组织建设。村党委设立了社会

事务、农业科技、非公联合等6个党支部，下设村务监督、群众议事等5个党小组，使党支部、党小组和党员的作用延伸到乡村建设各个领域，村“两委”成为凝聚力强、威望度高、群众信得过的战斗堡垒，为村集体经济发展、带领村民脱贫致富提供了坚强有力的组织保证。

二是落实村“两委”责任制，推行划片区域管理。明确责任人，定期走家入户摸底排查重点人员情况，形成齐抓共管的局面；搭建“双网”平台，率先推行治安监控网络化和社会网格化管理，建立村网格化服务管理平台。成立了一支由退伍军人、老党员、青年志愿者组成的义务治安巡逻队，组建了由网格长，专职网格员、网格协管员、网格监督员、社区志愿者组成的“1＋3＋N”网格队伍，实现全面防控和重点部位密切防控相结合，做到了信息早掌握、问题早发现、矛盾早化解、服务早改善。

三是加强制度建设，推动自治精细完善。村党委在多年的村务管理实践中探索“干部问事、民主议事、分工办事、公开诺事、跟踪督事和考核评事”的“六事制度”并不断提升，推进民主管理；执行村党支部会提议、村“两委”会商议、党员大会审议、村民代表会议或村民会议决议，以及决议公开、实施结果公开的“四议两公开”制度，推动村务公开监督，推进村级重大事项决策制度化、民主化、科学化、规范化进程。

四是健全矛盾化解机制，建立畅通渠道。成立5支便民服务队，设立人大代表工作室，每月定期组织人大代表收集民情民声，帮助解决群众生产生活难题。建立妇女组织工作队伍，充分发挥女党员、妇女代表、女后备干部的作用，结对帮扶未达标户和留守儿童，妥善化解邻里矛盾，促进家庭和睦稳定。通过完善畅通渠道，做到矛盾纠纷100％得到及时有效的调处，实现“小事不出村，大事不出乡”。

创新推动城村融合、村企融合、村区融合，提升共治发展合力。企事业单位、社会团体、专业化组织等共建单位依托柏洋党员教育培训基地，带领班子成员和党员干部深入柏洋村开展“六个一”活动，帮助促进柏洋村组织建设、联户帮困、基础设施建设、文化发展等；柏洋村现有8家驻村企业，村委搭建共建平台，与本村及周边企业签订共建协议并定期召开协调会，分析在推进村区治理中出现的问题，加强交流合作；在上级党委、政府的支持下，制定了大柏洋规划，通过安排周边村的后备干部到柏洋村挂职锻炼，提升基本公共服务，培育服务性、公益性、互助性农村社会组织等措施，带动周边鱼井村、瑞云村、东稼村共同发展。

三、发展成效

（一）坚持“五心”、创建“五好”，形成农村基层党建工作机制

柏洋村始终坚持以党建为核心，探索并坚持“五心”工作法：“办事有公心”，始终以落实群众呼声为出发点，围绕公平公正办事，搭建群众合理诉求处理平台；“工作有信心”，通过优化组织、强化班子、健全机制，有效激发各类组织和队伍干事创业的责任意识和参与意识；“发展有恒心”，按照“规划上档次、工业上规模、发展上台阶”的要求，全力推进“大柏洋”建设；“为民有爱心”，始终把为民办实事、群众得实惠作为工作的出发点和落脚点，着力解决群众反映强烈的热点难点问题；“团结有诚心”，村“两委”班子坚持诚心纳谏、交流、剖析、整改，密切党群干群关系，团结带领村民加快新村建设。通过实行“六事”制度，形成了“五好”（支部班子好、党员队伍好、活动开展好、制度建设好、作用发挥好）农村基层党建工作机制。

（二）以产兴村、多产并进，壮大集体经济

柏洋村坚持产村融合，放大区位优势、融入全域发展，以资源开发、产业带动、资产经营、服务供给、合作共赢等方式带动村集体经济发展。探索形成“物业开发模式”，通过扩建改造、发包租赁、自主经营等方式，盘活集体性经营性资产，做实“核电服务”文章；探索形成“校村共育”模式，精准开发农村人才培育专业市场，助力形成乡村振兴的新支撑。探索形成“资源开发”模式，坚持就地取材，利用土地资源兴办企业，利用矿产资源合办企业，利用水资源独资建设自来水工程，利用集体山地资源合股建企业，利用生态资源建观光区，通过经营

柏洋村全景（张德强　供图）

收益和入股分红增加收入，做活山水文章；探索抱团发展模式，通过农村基层党建工作联建共建协调机制，推动农村区域产业共兴、人才共享、文化共传、项目共建、村民共富，构建互利共赢共同体，打造乡村振兴示范带。

（三）坚持民主决策，推动民主管理，形成54333“四治模式”

发挥基层党组织在农村各类经济、社会组织中的领导核心作用，深化农村社区建设试点工作，着力构建自治为基、法治为本、德治为先、共治为标的多维协同融合治理机制，形成了54333“四治模式”。“5”是“五心”工作创“五好”，强调党建引领；“4”是落实村“两委”责任制，推行划片区域管理、推进网络化管理机制，搭建“双网”平台、健全矛盾化解机制，建立畅通渠道、完善治安管理机制，推进社会治理、健全防控体系四项机制；“3”是提升“六事”制度、推进民主管理，执行“四议两公开”制度、推动村务公开监督，制定群众说事制度、促进纠纷化解三个制度，推动自治精细完善；“3”是丰富宣传渠道、拓展服务渠道、加大投入渠道三个渠道；“3”是创新推动城村融合、形成上下联动格局，促进村企融合、搭建共建共治平台，创新村区融合、带动周边村区发展三大融合，提升共治发展合力。

柏洋村先后获得全国文明村、全国小康建设明星村、全国民主法治示范村、全国脱贫攻坚考察点等国家级荣誉 19 项、省市级荣誉 26 项。村原党委书记王周齐荣获全国优秀党务工作者、全国劳动模范、全国脱贫攻坚奋进奖等荣誉，村委会主任张秋香当选为中华妇女第十二次代表大会代表、福建省第十届党代表、宁德市第四届人大代表。

四、经验启示

（一）突出党组织的领导是前提

柏洋村的发展很大程度上归功于选准了一名好书记，带活了一支好队伍。柏洋村党委特别是村党委书记王周齐始终以发展为第一要务，带领村“两委”班子探索并坚持“五心”工作法，积极为柏洋村的发展想办法、谋出路，先人一步把握住了四次发展机遇，形成柏洋村迅速发展的局面，以科学发展观制定五年规划，带领党员和群众朝着目标努力奋斗。发展壮大村级集体经济主体在村，关键在人，必须着力抓好村级班子建设，不断提高村干部的政治素质和驾驭市场经济的能力，使村“两委”成为带领群众发家致富的坚强堡垒。

（二）立足实际发挥优势是关键

发展壮大村级集体经济，既要立足村情实际，确立因地制宜的发展思路，又要敢于打破常规，敢为人先。20 世纪 90 年代以来，柏洋村在认真总结各地发展实践基础上，结合四次发展机遇带来的转机，利用不同时期在交通区位、土地流转、生态环境、周边产业发展等方面凸显出的优势，科学选择创办实体型、招商引资型、物业经营型等集体经济发展模式，并在实践中不断总结完善，实现了昔日贫穷落后村到小康明星村的华丽转变。

（三）动员社会各界支持是重点

历届宁德市、福鼎市各级党委、政府部门高度重视柏洋村发展，专门成立建设柏洋村工作领导小组，持续对柏洋村提供政策倾斜、资金投入，开展了“五共建争五优”“城乡结对，村企共建”等活动，有效发挥帮扶单位在信息、人才、资金等方面的优势，助推了柏洋村发展。发展壮大村集体经济要建立以各级党委政府为主导、相关单位协同配合、各方力量共同参与的互动发展一体化机制，广泛发动群众、企业、社会各界参与到农村建设中，整合优势资源，为做好农村工作和壮大农村集体经济增添新的活力和助力。

（四）健全民主决策机制是保障

“求真务实、干群同心”是推动柏洋村发展的一大法宝。在柏洋村发展历程中，无论是新村建设、招商引资或是产业发展，柏洋村“两委”干部始终公平公正办事，通过实行以“干部问事、民主议事、分工办事、公开诺事、跟踪督事、考核评事”为主要内容的“六事”制度，形成了“群众反映问题有秩序，党员参与村务有平台，解决村务工作有效率”的民主管理局面。实践证明，只有建立健全规范的村级组织运作机制，完善村民自治制度，用制度来约束人、管理财务，落实好群众的知情权、参与权、决策权和监督权，才能确保村集体“三资”保值增值，才能为村级集体经济发展提供有力的制度保障。

案例评析

乡村振兴是实现农业农村现代化的必由之路，要实现乡村振兴离不开农村基层组织的引领和基层党员的战斗堡垒和先锋模范作用，柏洋村的产业精准扶贫、发展工业项目经济、完善乡村治理体系等共治共富之路就是在党组织的领导下，从党员带头人开始的。柏洋村党委特别是村党委书记始终以发展为第一要务，带领村“两委”班子探索并坚持“五心”工作法，积极为柏洋村的发展想办法、谋出路，“求真务实、干群同心”是推动柏洋村发展的一大法宝。只有不断夯实党建基础，才能为乡村振兴提供强有力的政治保障。坚持党的领导，才能在农村工作中服务好群众，并调动和发挥群众的积极性、创造性，形成良好的干事创业的环境。下一步，党员带头人要持续强化人才支撑。分析新型经营组织发展后劲不足的原因，积极培育农业经营主体，进一步建立健全党组织领导的自治、法治、德治相结合的乡村治理体系，为农村发展提供新思路。

参考文献

［1］习近平．高举中国特色社会主义伟大旗帜　为全面建设社会主义现代化国家而团结奋斗：在中国共产党第二十次全国代表大会上的报告［M］．北京：人民出版社，2022．

［2］习近平．习近平谈治国理政（第1—4卷）［M］．北京：外文出版社，2014、2017、2020、2022．

［3］费孝通．江村经济［M］．长沙：湖南人民出版社，2022．

［4］贺雪峰．大国之基：中国乡村振兴诸问题［M］．北京：东方出版社，2019．

［5］张晓山．乡村振兴战略［M］．广州：广东经济出版社，2020．

［6］蒲实，袁威．乡村振兴战略导读［M］．北京：国家行政管理出版社，2021．

［7］费坚．全面推进乡村振兴须强化党建引领［J］．人民论坛，2023（20）．

［8］黄承伟．新征程上乡村振兴前沿问题研究［J］．华中农业大学学报（社会科学版），2023（5）．

［9］李培林．乡村振兴与中国式现代化：内生动力和路径选择［J］．社会学研究，2023（6）．

［10］民建中央课题调研组．大数据为福建乡村振兴注入新动能［J］．人民论坛，2018（12）．

［11］王春光．迈向共同富裕——农业农村现代化实践行动和路径的社会学思考［J］．社会学研究，2021（2）．

［12］王楠，王丹桐．加强乡村振兴战略理论阐释与思想引领［J］．中国农业资源与区划，2023（9）．

［13］张庆昉．打造金融支持乡村振兴的福建模式［J］．中国金融，2023（17）．

［14］周国华等．新时代“三农”问题和乡村振兴的理论思考与实践发展［J］．自然资源学报，2023（8）．

［15］张平，王曦晨．习近平乡村生态振兴重要论述的三维解读：生成逻辑、理论内涵与实践面向［J］．西北农林科技大学学报（社会科学版），2022（1）．

［16］鲁杰，王帅．乡村振兴战略背景下农村基层党组织的定位、困境与发展［J］．西北农林科技大学学报（社会科学版），2021（6）．

［17］兰思仁．坚定不移走福建特色的乡村振兴之路［N］．福建日报，2022-01-18．

［18］闵仲禾．坚定不移走具有福建特色的乡村振兴之路［J］．海峡通讯，2023（8）．

［19］牛震，张昆．共富共美　逐梦山海——福建乡村振兴走笔［J］．农村工作通讯 2023（8）．

后　记

福建省深入学习习近平总书记关于“三农”工作和实施乡村振兴战略的重要论述精神，贯彻落实党中央政策部署，围绕立足新发展阶段、贯彻新发展理念、构建新发展格局带来的新形势、提出的新要求，坚持把解决好“三农”问题作为全党工作重中之重，坚持农业农村优先发展，深度统筹谋划，提高站位，推动乡村振兴战略走深走实。在实践中健全完善工作机制，突出示范带动，狠抓任务落实，涌现出一大批产业发展、乡村建设、乡村治理等方面的乡村振兴示范案例。在全面推进乡村振兴的过程中，福建省不仅注重产业振兴，更加重视生态保护、文化传承、社会治理和人才培养等一系列关乎乡村经济社会全面发展的方方面面。总结这些示范案例的做法，不仅为福建省乡村振兴提供了有力支撑，也为其他地方的乡村振兴提供了可借鉴的经验和模式，对于我国统筹推进农村经济建设、政治建设、文化建设、社会建设、生态文明建设和党的建设，促进农业全面升级、农村全面进步、农民全面发展具有重要意义。

本书主编负责拟定大纲和组织征集案例，案例所在村（镇）提供基本资料，地（县）党校教师对案例初稿进行修改完善，中共福建省委党校、福建行政学院李四能教授、高云莺副教授、于立华副教授和陈慧萍博士将案例编纂成书，其中：李四能教授编纂前垵村、佛岭村、俞邦村、水际村、霞鹤村、宁化县、龙斗村、龙水村、半山村、仁山村、北港村、布墩村、常口村、三峡村、东张村、湖西村、洪四村、经兜村、山桥村、东游镇等案例；高云莺副教授编纂寨头村、竹岭村、古田镇、利洋村、南岩村、南塘村、梧桐镇、五云村、长汀县、露湖村、伯湖村、周宁县、涵江区、柏洋村等案例；陈慧萍博士编纂大宅社区、澳角村、围头村、阳春村、镜路村、田洋村、崎沟村、东屿社区、西梧村、陈龙村等案例；于立华副教授编纂新圩镇、下党乡、院前社、靴岭尾村、北墘村、下王村、星溪乡、新建村等案例。

参加编写人员包括案例亲历者或者案例所在地的部门领导干部和党校老师（按姓氏笔画顺序）：王惠燕、丘观盛、乐进朝、兰跃银、曲玫洁、吕辉木、刘媛、刘桂昌、汤鼎、许雅曼、许鑫、苏燕、李佳宇、连心怡、吴木生、吴志雄、吴丽萍、吴思颖、吴雪香、吴毓淮、何逸英、余丹、余良娟、邹小兰、张卫华、张建活、张雪凤、陈群、陈水让、陈宝玲、陈晓宇、陈锦芳、林秒、林小钦、林世星、林华忠、林秋玲、林晓新、罗娇赛、周方颖、周志江、郑宇辰、郑胜燚、徐志勇、郭惠婷、黄艳、黄天彬、黄春梅、黄俊玮、黄惠敏、章贤星、游莉榕、谢慧敏、赖文达、赖宏亮、赖蓉婷、廖丽榕等，在此对各位作者表示感谢！

本书编纂过程得到中共福建省委党校、福建行政学院校院领导的关心和支持，也得到各地的市委党校、县委党校老师和农业农村局相关同志的帮助，中共福建省委党校、福建行政学院林红教授为本书撰写导语，本书编写参考了新闻报道资料，引用相关领导的报告讲话和专家学者的研究成果，在此一并表示感谢！

由于时间比较仓促，加上编者水平有限，书中难免存在错误和不当之处，恳请批评指正。

编著者

2023 年 11 月